U0858269

浙江省全国导游人员资格考试同步练习题库

张海琼　夏正超　黄舒拉　马雯雯　高　哲　编著

图书在版编目(CIP)数据

浙江省全国导游人员资格考试同步练习题库/张海琼等编著.— 杭州：浙江工商大学出版社，2014.10(2015.6 重印)

ISBN 978-7-5178-0639-4

Ⅰ.①浙… Ⅱ.①张… Ⅲ.①导游—资格考试—习题集 Ⅳ.①F590.63－44

中国版本图书馆 CIP 数据核字(2014)第 218855 号

浙江省全国导游人员资格考试同步练习题库

张海琼　夏正超　黄舒拉　马雯雯　高　哲　编著

责任编辑　王黎明　赵　丹
责任校对　何小玲
封面设计　杭州雅萦斋文化创意有限公司
责任印制　包建辉
出版发行　浙江工商大学出版社
(杭州市教工路 198 号　邮政编码 310012)
(E-mail:zjgsupress@163.com)
(网址:http://www.zjgsupress.com)
电话:0571-88904980,88831806(传真)
排　　版　杭州朝曦图文设计有限公司
印　　刷　杭州恒力通印务有限公司
开　　本　787mm×1092mm　1/16
印　　张　19
字　　数　463 千
版 印 次　2014 年 10 月第 1 版　2015 年 6 月第 2 次印刷
书　　号　ISBN 978-7-5178-0639-4
定　　价　45.00 元

浙江工商大学出版社营销部邮购电话　0571-88904970

前 言

2014年5月，浙江省旅游局组织旅游界专家对《浙江省全国导游人员资格考试教材》进行了全面的修编。为了让参加浙江省2014年全国导游人员资格考试的广大朋友能够更好地学习和理解新版教材及考试内容，顺利通过考试，浙江工贸职业技术学院第一时间组织优秀专业团队，特别针对2014年新版教材进行了“导考”练习题库的编写。团队成员奋战酷暑，经过数月的辛勤劳作，《浙江省全国导游人员资格考试同步练习题库》一书终于要与广大考生朋友见面了。

《浙江省全国导游人员资格考试同步练习题库》是在充分学习和研究领会2014年新版教材以及吃透新版教材中新知识的基础上编写而成的。编写团队成员全部从事一线导游专业教学工作，不仅导游实务经验丰富，而且具有多年的考前辅导经验，知识点把握准确，本团队成员直接辅导的考生连续5年平均通过率达96%。在本书的编写过程中，特别结合了历年考试中常见的问题，加强了对习题集的顶层设计。因此，本书内容全面、信息量大、实用性强，既体现了最新考试信息，还突出了重难点问题，题型及知识点均具有高仿真特点。

全书由四部分构成：第一编《导游业务》由张海琼负责编写；第二编《浙江导游文化基础知识》由夏正超负责编写；第三编《旅游政策与法规》由高哲编写；第四编《导游文化基础知识》由黄舒拉负责编写。

在《浙江省全国导游人员资格考试同步练习题库》出版之际，首先要感谢浙江工商大学出版社的老师们的意见和建议，感谢浙江工贸职业技术学院管理系领导的理解和支持，感谢王艳教授的悉心指导，感谢关心和支持我们编写的同行们和学生们。

由于时间匆忙，本书难免有不当和错误之处，恳请旅游界的前辈、教师同行和广大考生提出宝贵意见，以便我们及时进行修订，更好地为大家服务。

编 者

2014年8月于温州

目　录

第一编　《导游业务》

第一章　导游概述 …… 1

第二章　导游服务工作程序 …… 7

第三章　旅游者个别要求的处理 …… 17

第四章　旅游事故及问题的预防与处理 …… 22

第五章　导游服务技能 …… 32

第六章　导游服务相关知识 …… 57

第二编　《浙江导游文化基础知识》

第一章　浙江地理与历史 …… 67

第二章　浙江旅游与文化 …… 70

第三章　浙江民族、民俗与民间艺术 …… 73

第四章　浙江风物特产与美食 …… 79

第五章　浙江著名景点诗词、楹联、游记选读 …… 85

第六章　杭州旅游 …… 92

第七章　嘉兴、湖州旅游 …… 98

第八章　宁波、舟山旅游 …… 105

第九章　绍兴、台州旅游 …… 111

第十章　温州、丽水旅游 …… 118

第十一章　金华、衢州旅游 …… 123

第三编　《旅游政策与法规》

第一章　旅游的法律调整与政策调整 …… 130

第二章　中国特色社会主义理论体系 …… 134

第三章　我国的基本国策与外交政策…………………………………………………………… 140
第四章　行业价值观与文明旅游……………………………………………………………… 145
第五章　旅游标准……………………………………………………………………………… 150
第六章　民事基本法律制度…………………………………………………………………… 155
第七章　市场规制法律制度…………………………………………………………………… 163
第八章　旅游者权利与义务…………………………………………………………………… 172
第九章　旅游服务合同………………………………………………………………………… 176
第十章　旅游规划和促进……………………………………………………………………… 183
第十一章　旅行社法律制度…………………………………………………………………… 189
第十二章　导游与领队人员法律制度………………………………………………………… 196
第十三章　出境入境管理法律制度…………………………………………………………… 204
第十四章　旅游安全法律制度………………………………………………………………… 211
第十五章　旅游资源管理与保护法律制度…………………………………………………… 218
第十六章　旅游饭店法律制度………………………………………………………………… 224
第十七章　旅游市场监管法律制度…………………………………………………………… 231

第四编　《导游文化基础知识》

第一章　中国历史文化………………………………………………………………………… 239
第二章　中国民族民俗………………………………………………………………………… 245
第三章　中国自然旅游景观…………………………………………………………………… 253
第四章　中国古典园林………………………………………………………………………… 259
第五章　中国古代建筑………………………………………………………………………… 266
第六章　中国四大宗教………………………………………………………………………… 273
第七章　中国饮食文化………………………………………………………………………… 280
第八章　中国著名风物特产与大型节庆活动………………………………………………… 287

参考文献 ……………………………………………………………………………………… 295

第一编 《导游业务》

第一章 导游概述

一、判断题(正确的填 A,错误的填 B)

1. 早期的导游服务主要是向导服务,它向现代导游服务的转变经历了一个漫长的过程,这种转变是量的积累过程。 ( )
2. 人类最早的旅行活动在原始社会时期就已经开始进行了。 ( )
3. 原始社会时期,专门从事商品交换的商人,为了了解其他地区的生产和需求状况,为了到异地他乡交换产品,成为最早的旅行者。 ( )
4. 公元前 1490 年埃及荷赛特女王访问旁特地区,此行被视为世界上第一次以和平游览观光为目的的旅游活动。 ( )
5. 古代向导不可能成为一种社会化的需要,因此,不会形成一种社会化的职业。 ( )
6. 1842 年,托马斯·库克包租了一列火车,运送了 560 人赴拉夫巴勒参加禁酒大会,往返行程 32 公里。 ( )
7. 1845 年,托马斯·库克组织首次从莱斯特到利物浦的团队旅游,这次团队旅游属于包价旅游。 ( )
8. 1846 年,托马斯·库克在苏格兰之行中又设置了专职导游,这是世界上第一次为旅行团正式配备职业导游。 ( )
9. 1872 年,托马斯·库克的公司成功组织了一次历时 222 天的 10 人环球旅游。 ( )
10. 目前,中国已经实行了导游职业自由化制度。 ( )
11. 在我国,导游服务费不包含在包价旅游中,需要另外计费。 ( )
12. 从不同角度、不同层面上思考,导游服务是很难做到规范化的。 ( )
13. 旅行社应当与其聘用的导游签订劳动合同,支付劳动报酬,缴纳社会保险费用。 ( )
14. 我国在 1988 年建立全国导游人员资格考试制度,1995 年开始实行导游等级考试制度。 ( )
15. 导游为旅游者提供服务的前提是必须接受旅行社的委派。 ( )
16. 旅游活动是经济活动,所以导游服务具有经济属性。 ( )
17. 1928 年,上海商业储蓄银行的旅行部从银行独立出来,成立了“中国旅行社”。 ( )
18. 华侨服务社在 1979 年统一更名为“中国国际旅行社”。 ( )
19. 目前,导游人员资格考试制度、导游人员年审制度、导游人员等级评定制度已成为中国导游管理的基石。 ( )

20. 2013 年 10 月 1 日实施的《中华人民共和国旅游法》，标志着我国对导游管理的进一步规范化和法制化。（　）
21. 随着信息化发展，图文声像导游必定会取代实地口语导游。（　）
22. 图文声像导游方式形象生动、便于携带和保存，因此，地位会发生变化，由辅助地位变为主导地位。（　）
23. 基于导游服务的特殊性，实地口语导游不仅不会被图文声像导游方式所取代，而且将永远在导游服务中处于主导地位。（　）
24. 导游服务与其他旅游服务相比，是一般性的体能服务或简单的技能服务。（　）
25. 知识是旅游的灵魂，旅游产品只有依托文化，挖掘文化内涵，才具有吸引力和生命力。（　）
26. 导游服务商品化是指导游服务是一种有偿服务。（　）
27. 导游服务的优劣对于旅游目的地的接待服务具有某种代表性，起着一定的扩散作用。（　）
28. 导游人员是指取得导游证，为旅游者提供向导、讲解及相关旅游服务的人员。（　）
29. 导游人员由于工作范围、业务内容的不同，服务对象和使用的语言各异，其业务性质和服务方式也不尽相同。（　）
30. 全程陪同导游人员，指受组团旅行社委派，代表该接待社实施旅游行程接待计划，为旅游团（者）提供当地旅游活动安排、讲解、翻译等服务的导游人员。（　）
31. 实习导游人员指在旅游院校或其他院校接受学历教育，因学习需要，从市级或者受其委托县区级旅游行政管理部门取得"实习导游证"。（　）
32. 从低一级导游员向高一级导游员晋升，均需在原级别导游岗位上工作满 3 年。（　）
33. 高尚的思想品德是社会主义社会对其成员的共同要求，也是导游人员应具备的基本素质之一。（　）
34. 语言是导游服务的必备工具，是导游人员进行导游讲解和同游客进行信息传递、文化交流和情感沟通的主要手段和方法。（　）
35. 游客中不乏"专才"，他们对导游人员的期望较高，希望导游人员的讲解不仅有广度，而且有深度。因此，导游人员合理的知识结构应是具备有从事科研工作的深度。（　）
36. 导游应具有应变能力，包括保持头脑清醒、处变不惊的能力，快速分析和理智判断的能力，以及运用经验和智慧合情合理合法地处理问题的能力。（　）
37. 没有强壮的身体很难完成高强度的导游工作，因此，导游只需要有强壮的身体，而心理健康是其次的。（　）
38. 导游工作既是一项高智能的脑力劳动，也是一项非常艰苦的体力劳动。（　）
39. 一名合格的导游人员应是优良的素质和良好的职业形象的完美结合。（　）

二、单选题

1. 关于向导服务和导游服务的区别，下列说法错误的是（　）。

A. 在性质上，前者是业余的，后者是职业化的

B. 在服务方式上，前者是随意性的，后者是规范化的

C. 在服务内容上，前者是路径引导，后者是全方位的服务

D. 不管是前者还是后者，都是导游职业化的标志

2.(　　)被认为是我国最早的探险家和旅行家。

A. 徐霞客　　B. 沈括　　C. 夏禹　　D. 纪晓岚

3. 托马斯·库克于(　　)成立世界上第一家旅行社。

A. 1841 年　　B. 1845 年　　C. 1872 年　　D. 1846 年

4.(　　)年托马斯·库克在苏格兰之行中又设置了专职导游,这是世界上第一次为旅行团正式配备职业导游。

A. 1841 年　　B. 1845 年　　C. 1872 年　　D. 1846 年

5. 下列还没有实行导游职业自由化的国家是(　　)。

A. 德国　　B. 日本　　C. 中国　　D. 新加坡

6. 下列文件中除(　　)以外,都是对导游服务规范化的要求。

A.《中国职业分类大典》　　B.《关于包价旅行、包价度假、包价旅游的指令》

C.《导游服务质量》　　D.《旅行社国内旅游服务质量要求》

7. 在中华人民共和国成立之后到改革开放之前,周恩来总理对导游提出"三过硬",不包括以下的(　　)。

A. 素质　　B. 政治　　C. 外语　　D. 业务

8. 实地口语导游不会被图文声像导游方式所取代有很多原因,除了下面的(　　)。

A. 导游服务的对象是有思想和目的的游客

B. 网络传播迅速发展

C. 现场导游情况复杂

D. 旅游是一种人际交往和情感交流关系

9.(　　)是旅游者外出旅游的主要动机。

A. 经济动机　　B. 社会动机　　C. 休闲动机　　D. 文化动机

10.(　　)是文化人,是文化的传播者,是文明使者。

A. 旅游者　　B. 服务员　　C. 导游人员　　D. 旅游从业人员

11. 关于"导游服务的社会性"的说法错误的是(　　)。

A. 旅游活动是一种社会活动

B. 旅游活动是一种更广泛的经济往来活动

C. 导游服务过程中,要与社会诸多方面发生社会关系

D. 导游人员自身的思想情感、道德标准、言行举止也是其所处社会环境和人民精神面貌的反映

12. 下列旅游产品质量构成中,(　　)与导游服务无直接密切关系。

A. 旅游资源质量　　B. 旅游服务质量

C. 旅游环境质量　　D. 旅游活动组织安排质量

13.(　　)不是按照劳动就业方式划分的导游人员。

A. 实习导游员　　B. 全程陪同人员　　C. 专职导游员　　D. 兼职导游员

14. 下列关于导游人员的晋升,说法正确的是(　　)。

A. 获得初级导游证满 3 年或具有大专以上学历 2 年,申报前实际带团不少于 90 个工作日,有良好职业道德,经考试合格者可以晋升为中级导游人员

B. 本科以上学历或旅游类及外语类大专学历,取得中级导游证满 3 年,并且在申请前 3

年中以中级导游员身份实际带团至少90个工作日以上，经考试合格后可以晋升为高级导游人员

C. 业绩优秀，有突出贡献，有高水平的科研成果，在国内外同行和旅行商中有较大影响，经考试合格者晋升为特级导游员

D. 获取导游证后即自动成为初级导游员

15. 高尚的思想品德是社会主义社会对其成员的共同要求，也是导游人员应具备的基本素质之一。导游员应该具有下列思想品德除（　　）以外。

A. 具有爱国主义意识　　B. 遵守社会公德和旅游职业道德

C. 有敬业精神　　D. 政治、社会、经济知识

16.（　　）是社会道德与旅游业的特点结合而成的职业行为和规范或标准。

A. 旅游职业道德　　B. 社会公德　　C. 敬业精神　　D. 爱国主义意识

17. 关于导游讲解能力的表述，错误的是（　　）。

A. 良好的语言表达能力是基础

B. 景区讲解可以随意发挥，才能显示个性化服务

C. 了解要讲解景区景点的知识

D. 讲解时要运用一定的技巧

18. 以下不能体现导游人员的组织协调能力的是（　　）。

A. 与有关接待单位的协调　　B. 与司机工作的协调

C. 与全陪工作的协调　　D. 自身身体的协调

19. 导游人员合理的知识结构应是（　　）。

A. 博而专　　B. 非常专业的　　C. 个性化的　　D. 非常有深度的

20. 导游人员以（　　）的精神对待自己的工作，才能努力为游客提供满意的服务，成为旅游活动的“灵魂”。

A. 爱国爱企　　B. 敬业　　C. 热情好客　　D. 传播文化

21. 早在公元（　　）世纪，埃及便已经是世界闻名的旅游胜地。

A. 13　　B. 15　　C. 16　　D. 17

22. 托马斯·库克组织的第一次团队旅游是（　　）。

A. 从莱斯特到利物浦　　B. 从莱斯特到拉夫巴勒

C. 从伦敦到利物浦　　D. 从利物浦到拉夫巴勒

23.（　　）时期诞生了职业导游人员，是导游服务逐步走向职业化的时期。

A. 16世纪古埃及　　B. 中国帝王巡游

C. 18世纪工业革命　　D. 第二次世界大战结束后

24. 1927年，上海商业储蓄银行的旅行部独立出来，成立了（　　），开启了中国近代旅游业发展的序幕。

A. 华侨服务社　　B. 中国国际旅行社　　C. 青年旅行社　　D. 中国旅行社

25. 导游（　　）是导游人员应具备的各项能力中的核心能力。

A. 人际交往能力　　B. 语言表达能力　　C. 组织协调能力　　D. 讲解能力

26. 中国最早成立的旅行社是（　　）

A. 中国国际旅行社　　B. 中国青年旅行社　　C. 中国旅行社　　D. 中国康辉旅行社

三、多选题(五个选项中,至少有两个正确)

1. 古代的旅游形式有(　　)。
   A. 皇帝、君主为代表的帝王巡游
   B. 文人、学士怀着不同的目的进行的士人漫游
   C. 治学和旅游相结合的学术考察旅行
   D. 外交公务旅行,如张骞出使西域
   D. 以商人为核心的商务旅行
2. 下列(　　)是旅游活动产生的条件。
   A. 经济发展,不同地区之间的往来频繁
   B. 交通工具革新,使得到目的地的时间缩短
   C. 一部分人财富激增,产生了旅游的需要
   D. 城市化进程加速,基础设施完善
   E. 带薪假期制度出现
3. 导游服务在旅游服务中的重要性越来越受世界的关注,下列说法错误的是(　　)。
   A. 美国把导游人员誉为"祖国的一面镜子"
   B. 埃及人把导游人员誉为"祖国的脸面"
   C. 中国人把导游人员誉为"城市的名片"
   D. 日本旅行业协会认为"导游业务是旅游业中最重要的业务"
   E. 英国伦敦旅游局人把导游人员视为"伦敦大使"
4. 现代导游服务呈现的特点有(　　)。
   A. 导游服务职业化　　B. 导游服务品质化　　C. 导游服务商品化
   D. 导游服务规范化　　E. 导游服务法制化
5. 关于导游人员管理的法制化叙述,正确的是(　　)。
   A. 我国在1989年建立全国导游人员资格考试制度,1991年开始导游等级考试制度
   B. 导游人员进入旅游行业从事导游工作时需要进行注册,只有经过注册的导游人员才有执业资格
   C. 在我国,参加导游资格考试成绩合格,就可以申请导游证
   D.《旅游法》规定,导游必须持证上岗,为旅游者提供服务必须接受旅行社的委派
   E.《旅游法》规定,导游不得擅自变更旅游行程,不得向旅游者索要小费
6. 在中华人民共和国成立之后到改革开放之前,周恩来总理对导游提出认真完成"五大员",下列正确的是(　　)。
   A. 服务员　　B. 安全员　　C. 协调员　　D. 翻译员　　E. 宣传员
7. 下列属于图文声像导游方式的是(　　)。
   A. 旅游指南　　B. 旅游地图　　C. 电子导游
   D. 微电影　　E. "游浙里"官方微信
8. 属于导游服务的范围的是(　　)。
   A. 导游讲解服务　　B. 帮助落实住房服务
   C. 提供购物、娱乐服务　　D. 安排就餐服务
   E. 市内交通服务

9. 导游服务的性质有（　　　）。

A. 服务性　B. 文化性　C. 社会性　D. 娱乐性　E. 知识性

10. 导游服务与其他旅游服务相比，它是一种（　　　）服务。

A. 脑体结合　B. 复杂的　C. 高智能的

D. 低技能的　E. 体力为主的

11. 导游服务的经济性，表现为（　　　）。

A. 服务经济，直接创收　B. 促进与其他地区人民的情感交流

C. 传播旅游目的地的文化　D. 扩大客源，间接创收

E. 沟通搭桥，促进经济和技术交流

12. 导游服务的作用是（　　　）。

A. 纽带作用　B. 促进经济发展作用　C. 标志作用

D. 扩散作用　E. 反馈作用

13. 下列旅游产品质量构成中，（　　　）与导游服务有直接密切关系。

A. 旅游资源质量　B. 旅游服务质量　C. 旅游自然环境

D. 旅游活动组织安排质量　E. 旅游社会环境

14. 按照业务范围划分，导游人员分为（　　　）。

A. 出境领队人员　B. 全程陪同人员　C. 专职导游员

D. 兼职导游员　E. 实习导游员

15. 导游人员应熟悉的客源国（地区）知识有（　　　）。

A. 风土人情　B. 宗教信仰　C. 民俗禁忌　D. 语言知识　E. 法律知识

16. 旅行交通知识有（　　　）。

A. 货币知识　B. 保险知识　C. 出入境手续知识

D. 航空行李托运知识　E. 铁路交通运输知识

17. 导游人员应该具备下列（　　　）业务能力。

A. 语言表达能力　B. 导游讲解能力　C. 人际交往能力

D. 组织协调能力　E. 应变能力

18. 1845 年，托马斯·库克组织第一次团体旅游，属于包价旅游，旅游费用包括（　　　）。

A. 餐费　B. 运输费　C. 住宿费　D. 景点门票费　E. 导游服务费

19.（　　　）主要业务是对旅游活动具有组织和协调功能。

A. 出境领队　B. 全陪　C. 景点导游　D. 地陪　E. 司机

20. 对导游服务使用的口头语言有（　　　）要求。

A. 语音清晰　B. 语意清楚　C. 逻辑性好　D. 语速适中　E. 语言流畅

21.（　　　）已成为中国导游管理的主要基石。

A. 导游人员计分管理制度　B. 导游人员资格考试管理制度

C. 导游人员年审制度　D. 导游人员规范化服务制度

E. 导游人员等级考试制度

22. 2002 年，国家旅游局颁布了《导游人员管理实施办法》，规定了（　　　）。

A. 资格考试制度　B. 计分管理制度　C. 年度审核制度

D. 规范化服务制度　E. 等级评定制度

参考答案

一、判断题

1—5 BAAAA 6—10 BAABB 11—15 BBABA 16—20 ABBAA 21—25 BBABB 26—30 ABBAB 31—35 BBAAB 36—40 ABAA

二、单选题

1—5 DCBDC 6—10 AABDC 11—15 BCBDD 16—20 ABDAB 21—25 CACDD 26 C

三、多选题

1. ABCDE 2. ABCDE 3. ABC 4. ACDE 5. BDE 6. ABDE 7. ABCDE 8. ABCDE 9. ABC 10. ABC 11. ADE 12. ACDE 13. ABD 14. AB 15. ABC 16. CDE 17. ABCDE 18. BCD 19. ABD 20. ABDE 21. BCE 22. ABCE

第二章 导游服务工作程序

一、判断题(正确的填 A,错误的填 B)

1. 地陪的业务准备工作就是阅读计划和落实接待事宜。 ( )
2. 地陪应该尽早地在旅游团抵达前,与旅行社有关部门或人员联系落实,检查旅游团的交通、住宿、行李运输等事宜。 ( )
3. 接待大型旅游团时,须在车上贴有醒目的编号或接待标记。 ( )
4. 导游人员自身的形象美仅仅是个人的行为。 ( )
5. 导游人员要注重穿戴,一定要把注重穿戴和追求工作质量结合起来。 ( )
6. 导游人员可以光脚穿鞋子,若要穿袜子,袜子口一定要低于裤脚,袜口露在外面为宜。 ( )
7. "工欲善其事,必先利其器",新时期的导游人员需要穿得讲究点,佩饰、名牌包包,一样不能少。 ( )
8. 遇到游客有抱怨和投诉时,导游必须要有足够的心理准备,冷静、沉着地面对,并要以热情感化旅游者。 ( )
9. 地陪在接站时,被通知到航班晚点,地陪可以留在接站点继续等候旅游团。 ( )
10. 地陪在接站时,被通知到航班晚点,地陪可以先回去,迟点再来。 ( )
11. 旅游团抵达时,导游人员首先自我介绍,再核实人数。 ( )
12. 为了更好地认找旅游团,地陪应持导游旗或接站牌站在醒目的位置,让领队或全陪前来联系。 ( )
13. 旅游者上车时,导游人员要恭候在车门一侧,尽量帮助每一位游客登车。 ( )
14. 旅游者上车后,导游应协助其就座,礼貌地清点人数,等所有人员到齐坐稳后,方可示意司机开车。 ( )
15. 年轻者对年长者,或地位低者对地位高者握手时,应双手握住对方,以示尊重。 ( )

16. 多人同时握手，可以交叉进行。（ ）
17. 若游客手中有外套、提包或是密码箱，导游可以为之“代劳”。（ ）
18. 致欢迎词是导游人员的就职宣言，因此，欢迎词要尽量华美、多许诺、精彩纷呈。（ ）
19. 为了方便旅游者，有些行李物品可以放在车上过夜。（ ）
20. 旅游者经过长途跋涉，首次沿途讲解要把握好内容，必要时让旅游者有时间休息。（ ）
21. 导游人员在使用话筒时，应用手轻拍话筒来试音量情况。（ ）
22. 旅游者到达饭店后，地陪尽快向饭店接待处告知团队名称、订房的旅行社，并填写住房登记情况。（ ）
23. 地陪不仅要记下全团成员的房号，也要记下全陪、领队的房号，以便及时联系。（ ）
24. 地陪提醒旅游者住店期间的注意事项是职责所在，但是各项服务的收费标准不是地陪的职责，可以让旅游者自己去了解。（ ）
25. 核实、商定日程是做好接待工作的重要环节，也是地陪和领队、全陪之间合作的序曲。（ ）
26. 商定活动日程时，对方提出与原日程不符且涉及接待规格的要求，地陪按照旅游者的要求，尽量予以满足。对于规格升级的，地陪说明情况，收取相关费用。（ ）
27. 参观、游览活动通常在日间进行，也称“日间活动”，是旅游者活动最重要的部分，是旅游产品实施的核心内容，也是导游服务工作的中心环节。（ ）
28. 在参观时，导游如遇到参观点主方人员或翻译的介绍语言有不妥之处，或涉及有价值的经济情报，地陪要严格把关，予以提醒。（ ）
29. 如果是计划外的风味餐，游客邀请导游参加，导游应该婉言拒绝。（ ）
30. 在现行《旅游法》实施背景下，购物有风险，导游应该拒绝为客人提供购物服务。（ ）
31. 送客服务是旅游团接待工作的最后服务。（ ）
32. 当旅游者进入安检口或隔离区时，地陪应跟旅游者道别，然后方可离开。（ ）
33. 如旅游者系乘坐汽车离开，地陪应等汽车启动后方可返回；如系乘坐飞机离开，等飞机起飞后，方可离开。（ ）
34. 送走旅游团后，意味着全部接待工作都结束了。（ ）
35. 全陪和地陪的本质区别是前者不需担任讲解角色，后者需要担任讲解角色。（ ）
36. 全陪与地陪都要做好形象准备、心理准备，特别是知识准备。（ ）
37. 散客旅游兴起，意味着团体旅游将逐渐消失。（ ）
38. 散客旅游产品的特点是即可“组合”又可“拆零”，便于旅游者按需选择购买。（ ）
39. 只有散客委托旅行社提供单项服务的，才是单项委托服务。（ ）
40. 旅游咨询服务是旅游服务中不可缺少的组成部分，旅行社根据服务内容，决定是否收取费用。（ ）
41. 信函咨询的书面答复应做到语言明确、简练规范、字迹清楚。（ ）
42. 人员咨询服务应当做到热情友好、礼貌待客，不得强行推销商品。（ ）
43. 选择性旅游，又称小包价旅游，其可选的服务内容为接送服务、风味餐、景点游览、导游服务等。（ ）
44. 散客包价旅游是旅行社为了推销某个旅游产品，向游客提供定期、定时间、定地点、固定价格、固定服务标准的一种服务形式。（ ）

45. 组合旅游介于团体旅游和散客旅游之间，游客分别从不同的地方来到旅游目的地，然后参加当地旅行社预先确定的旅游活动。（ ）

46. 组合旅游一般不超过 10 人，成为旅游团，无领队和全陪。（ ）

47. 散客包价旅游是指 9 名以下(包含 9 人)游客采取一次性预付旅游费用的方式，有组织地按照预定行程计划进行的旅游形式。（ ）

48. 散客旅游和团体旅游最大的区别在于价格。团体包价要求是 10 名以上(含 10 名)，同样的旅游项目，散客包价会贵一些。（ ）

49. 接散客比接团体旅游者要困难得多，因为人数少且散，稍有疏忽就会出现漏接。因此，导游和司机应站在不同的出口迎接旅游者。（ ）

50. 参加散客旅游的旅游者通常文化层次较高，而且有较丰富的旅游经验，因此，他们对服务的要求高，更重视旅游产品的文化内涵。（ ）

51. 选择性旅游服务和组合旅游服务的共同点是游客来自不同的地方，不同点是选择性旅游产品价格按单项旅游服务价格计算，而组合旅游服务产品价格按团体包价形式收取费用。（ ）

52. 组合旅游和散客包价旅游的产品都是按团体包价形式收费。（ ）

二、单选题

1. 下列不属于地陪要熟悉和研究计划的内容的是（ ）。

A. 团队的构成情况　　B. 组团社联络人的姓名及电话号码

C. 落实车辆、住宿、用餐等问题　　D. 有无增收费用的项目

2. 关于导游人员的形象，下列错误的是（ ）。

A. 导游人员的形象仅是个人行为　　B. 形象美，主要是指人的内在美和外在美

C. 内在美是长期努力培养的结果　　D. 外在美经过修饰即可达到

3. 面对游客的抱怨和投诉，以下关于导游人员处理不正确的是（ ）。

A. 有足够的心理准备　　B. 有应变能力，随时为自己说理

C. 冷静、沉着地面对　　D. 以热情感化旅游者

4. （ ）在整个接待服务过程中至关重要，其服务质量的好坏直接影响到以后的工作。

A. 致欢迎词　　B. 接站工作　　C. 落实接待事宜　　D. 讲解服务

5. 地陪与司机联络，提前（ ）抵达机场(车站、码头)。

A. 30 分钟　　B. 60 分钟　　C. 15 分钟　　D. 10 分钟

6. 关于递名片给他人，正确的做法是（ ）。

A. 应郑重其事，最好使用双手或左手，将名片正面对对方

B. 名片可以发给自己想发的人，所以可以进行“跳跃式”递交

C. 单用左手接过名片，再仔细阅读名片上的信息

D. 将名片递给他人时，可以说“请多关照”

7. 关于握手礼，错误的是（ ）。

A. 握手时行至距握手对象约 0.46 米处

B. 年轻者对年长者，应双手握住对方，以示尊重

C. 双目注视对方并微笑，伸出右手

D. 男子与女子握手时，一般需等女方先伸手

8. 导游人员在引导游客行走时，错误的是(　　)。
   A. 在单道行走时，导游人员走在前方，游客跟在后面
   B. 在双道行走时，导游人员主动走在内侧，把宽阔的空间留给客人
   C. 在转弯或有楼梯时，导游人员要提前示意或者提醒游客
   D. 引导时，不要影响游客观赏的视线，且要按客人的步速轻步行进
9. 欢迎词的内容要(　　)。
   A. 视旅游者的文化水平、国籍、职业的不同而不同
   B. 尽量华美，多许诺，精彩纷呈　　C. 符合导游人员身份，可以夸张一些
   D. 将旅游的内容做概要简介
10. 下列属于风光讲解的内容的是(　　)。
   A. 有代表性的建筑物　　B. 当地风俗习惯
   C. 当地礼节礼仪　　D. 当地的经济情况
11. 入住手续办好后，由(　　)向游客分发房卡。
   A. 地陪　　B. 全陪或领队　　C. 团长　　D. 游客代表
12. 商定日程的时间是(　　)。
   A. 旅游团抵达前一天　　B. 旅游团进行游览活动时
   C. 旅游团抵达的当天　　D. 旅游团进行第一天的游览活动后
13. 关于核实、商定日程的时间、地点和对象，表述错误的是(　　)。
   A. 对一般的团，在首次沿途导游过程中，宣布本地游览项目时用最短的时间确定日程安排
   B. 对重点团、学术团、专业团、交流团、考察团等，则应较慎重地在旅游团到达饭店后进行商定
   C. 对一般的团，没有必要与全团成员一起商谈活动日程
   D. 对重点团、学术团、专业团、交流团、考察团等，可邀请团内有关负责人一起参加商谈
14. 旅游团抵达杭州的某饭店后，地陪、全陪、领队、团内的有关负责人一起商定活动日程，发现地陪和全陪的接待计划有出入，地陪处理办法正确的是(　　)。
   A. 地陪及时报告旅行社，查明原因
   B. 地陪按照全陪的计划进行接待
   C. 若责任在地接社一方，地陪说明是旅行社责任，切不可统揽责任
   D. 若责任在对方，一定要对方承认错误并道歉
15. 地陪在商定活动日程时，地陪处理措施错误的是(　　)。
   A. 全陪代表旅游者提出增加项目，地陪应报告旅行社，征得旅行社同意即可
   B. 增加项目如需要收费，地陪应事先向旅游者讲明，按规定收取费用
   C. 对于无法满足的要求，地陪应做好详细解释、耐心说服工作
   D. 对方提出与原日程不符且涉及接待规格的要求，地陪一般婉言谢绝
16. 地陪在旅游团出发前应提前(　　)到达集合地。
   A. 10 分钟　　B. 15 分钟　　C. 30 分钟　　D. 60 分钟
17. 在游览过程中，注意旅游者的动向，应做到(　　)。
   A. 合理分工，地陪管讲解，全陪留意旅游者的动向
   B. 地陪、全陪、领队密切配合，随时清点人数

C. 灵活调整讲解内容和速度,保证旅游者能认真倾听

D. 地陪应保证在计划时间和费用内,使旅游者充分地游览、观赏

18. 地陪在返程途中应回顾当天参观、游览活动的内容,作必要的(　　)讲解,回答旅游者的提问。

A. 风光　　B. 风情　　C. 补遗　　D. 景点

19. 导游为旅游者提供购物服务时,要严格按照(　　)来安排。

A.《中华人民共和国宪法》　　B.《中华人民共和国旅游法》

C.《中华人民共和国消费者权益保护法》　　D.《导游人员管理条例》

20. 导游在送行前要做到三核实,除(　　)以外。

A. 计划时间　　B. 新旧时刻表时间

C. 票面时间　　D. 问讯时间

21. 导游人员要提醒旅游者(　　)不能放在行李中托运。

A. 护照、贵重物品　　B. 白酒　　C. 小孩玩具　　D. 药品

22. 下列属于不能随身携带的物品是(　　)。

A. 有效证件　　B. 贵重物品　　C. 交通票据　　D. 白酒

23. 欢送词是地陪最后一场压轴戏,通过饱含(　　)的讲解,让游客深刻感受到不虚此行。

A. 激情　　B. 热情　　C. 真诚　　D. 细致

24. 欢送词中不需要用到的是(　　)。

A. 致歉语　　B. 感谢语　　C. 请教语　　D. 祝愿语

25. 旅游者乘坐出境航班、国内航班、动车离开本地,分别要提前(　　)抵达离站点。

A. 2 小时、1 小时、0.5 小时　　B. 3 小时、2 小时、1 小时

C. 2 小时、2 小时、1 小时　　D. 2 小时、1 小时、1 小时

26. 如系送国际航班离开本地,________应请________一起与行李员交接行李,清点检查后将行李交给________,由________携带行李办理托运手续。(　　)

A. 旅游者,领队和全陪,地陪,地陪　　B. 地陪,旅游者,领队和全陪,领队和全陪

C. 地陪,领队和全陪,旅游者,旅游者　　D. 旅游者,地陪,领队和全陪,领队和全陪

27. 地陪移交交通票据后,(　　)办理离站手续。

A. 继续　　B. 协助　　C. 不需要　　D. 帮助旅游者

28. 全陪通常在(　　)抵达旅游团入境口岸城市,同地接社取得联系,妥善安排好有关接待事宜。

A. 旅游团抵达前一天　　B. 尽可能早

C. 旅游团抵达当天　　D. 旅游团抵达当天前 5 小时

29. 接到旅游团后,________向________自我介绍,将________介绍给________,立即与领队核实各项情况。(　　)

A. 全陪,领队,地陪,领队　　B. 领队,全陪和地陪,旅游者,全陪和地陪

C. 全陪,旅游者,地陪,旅游者　　D. 领队,全陪,地陪,全陪

30. 全陪欢迎词的内容和地陪的基本一致,但侧重点应该有所不同,应该做到(　　)。

A. 面面俱到　　B. 突出重点

C. 真诚热情的服务意愿　　D. 言简意赅

31. 全陪在整个旅游团中起着穿针引线的作用,应该始终以(　　)的角色出现。
A. 演员　B. 团长　C. 节目主持人　D. 观众

32. 承接入境旅游团,应请________分配房间;如是国内旅游的单位组团无领队,可请________分配;如是散客拼团无领队,由________分房。(　　)①
A. 地陪,全陪,团长　B. 领队,团长,全陪
C. 全陪,地陪,团长　D. 团长,全陪,地陪

33. 旅游团到下站旅游目的地的过程中,全陪应负起旅游团(　　)的责任。
A. 讲解和生活照顾　B. 安全保卫和生活照顾
C. 调节矛盾和调配资源　D. 监督质量和安全保卫

34. (　　)是由游客自行安排旅游行程,零星现付各项旅游费用的旅游形式。
A. 散客旅游　B. 包价旅游　C. 组合旅游　D. 零包价旅游

35. 选择旅游的可选择部分由除(　　)以外构成。
A. 午、晚餐　B. 景点　C. 文娱活动　D. 市内交通

36. 散客旅游产品的价格应该是(　　),即每一个产品的构成部分均有各自的价格。
A. 包价式　B. 选择式　C. 拼装式　D. 零散式

37. 导游接分别乘坐飞机、火车、轮船的散客,分别要提早(　　)抵达接站点。
A. 2 小时、1 小时、1 小时　B. 1 小时、0.5 小时、0.5 小时
C. 1 小时、1 小时、0.5 小时　D. 0.5 小时、0.5 小时、0.5 小时

38. 导游人员若没有接到散客,应在尽可能的范围内寻找,寻找(　　)后,向旅行社汇报。
A. 至少 10 分钟后　B. 至少 20～30 分钟
C. 至少 30 分钟　D. 至少 1 小时

39. 当导游确定接不到散客时,须经(　　)同意方可离开机场。
A. 旅行社总经理　B. 计调部或散客部　C. 全陪　D. 领队

40. 导游在沿途导游服务时,对个体散客,沿途导游服务可采取(　　)的形式进行。
A. 概要　B. 对话　C. 请教　D. 归纳

41. 在接待散客旅游者时,导游人员应提前(　　)抵达集合点,引导散客上车。
A. 10 分钟　B. 15 分钟　C. 30 分钟　D. 60 分钟

42. 导游人员应提前(　　)到达散客旅游者下榻的饭店,协助旅游者办理离店手续。
A. 10 分钟　B. 15 分钟　C. 20 分钟　D. 30 分钟

43. 某旅游团计划第二天早晨 6:00 离开饭店前往机场乘机,因为时间太早,饭店餐厅无法提供正常早餐。在这种情况下,地陪的正确处理方法是(　　)。
A. 与餐厅经理交涉,要求餐厅提早开餐
B. 请餐厅提前准备简便餐食
C. 把餐费退还给游客,让其根据喜好自行解决早餐
D. 帮助游客提前在早餐店购买

三、多选题(五个选项中,至少有两个正确)

1. 地陪的准备工作包括(　　)。

---

① 一般来说,国内旅游团本身就无领队,散客拼团无领队也无全陪。如果碰到此题,请根据考试教材第 57 页知识点回答。

A. 业务准备　B. 知识准备
C. 票证、表格、费用等准备　D. 形象准备　E. 身体准备

2. 有无增收费用的项目包括(　　)。
A. 娱乐项目费用　B. 旅游车超公里费　C. 额外游览项目
D. 自费项目费用　E. 行李车费

3. 旅游污染有(　　)。
A. 游客的抱怨　B. 游客的投诉　C. 精神污染
D. 物质诱惑　E. 艰苦复杂的工作

4. 接站服务时，地陪应做到三核实是(　　)。
A. 计划表时间　B. 票面时间　C. 时刻表时间
D. 问讯处时间　E. 与全陪或领队确认时间

5. 旅游团抵达前的导游服务有(　　)。
A. 确认旅游团所乘交通工具的准确抵达时间　B. 提前 15 分钟抵达接站点
C. 再次核实航班抵达的准确时间　D. 持接站标志迎候旅游团
E. 与行李员联系

6. 持接站标志迎候旅游团，要注意(　　)。
A. 站在出站口醒目的位置
B. 亮出标志醒目的接站牌
C. 若接站对象是散客，接站牌可以白纸黑字打出客人的名字
D. 面带微笑，热情地迎候
E. 若一时找不到，导游人员应用文明礼貌的语言问询

7. 旅游团抵达时，地陪应做好以下(　　)方面的工作。
A. 认找旅游团　B. 核实人数　C. 集中清点行李
D. 询问团队情况　E. 集合登车

8. 导游欢迎词的内容包括(　　)。
A. 问候语　B. 欢迎语　C. 介绍语　D. 承诺语　E. 祝愿语

9. 地陪带旅游团赴饭店途中的服务有(　　)。
A. 致欢迎词　B. 本次主要游览景点简介　C. 调整时差
D. 首次沿途导游　E. 宣布第二天集合时间、地点及停车位置

10. 下列属于风光导游的内容的是(　　)。
A. 有代表性的建筑物　B. 城市标志建筑　C. 城市风貌
D. 老百姓生活　E. 风土民情

11. 下列属于风情导游的内容的是(　　)。
A. 当地经济　B. 当地风土　C. 当地历史　D. 土特产品　E. 注意事项

12. 导游要对游客所下榻的饭店进行介绍(　　)等项目。
A. 饭店的历史　B. 饭店的房间价格　C. 饭店的星级
D. 饭店总经理的联系方式　E. 饭店的服务设施设备

13. 旅游者下车前，导游人员要讲清的是(　　)。
A. 车牌号码　B. 停车位置　C. 集合时间

D. 集合地点　　　　　　　　E. 提醒旅游者贵重物品可以放在车上

14. 地陪如何带领旅游团用好第一餐，下面概述正确的是(　　)。

A. 等全体成员到齐后，带领旅游者进入餐厅，向餐厅领座服务员询问本团的桌次，然后带领旅游团成员在指定的餐桌入座

B. 应向旅游者介绍就餐的标准，告之哪些包含在餐费之中

C. 将领队介绍给餐厅经理或主管，以便直接联系

D. 等客人开始用餐后，地陪方可离开餐桌并祝大家用餐愉快

E. 地陪向餐厅说明团内有无素食旅游者，有无特殊要求或饮食禁忌

15. 地陪应向全团旅游者重申当天或第二天的日程安排，包括(　　)。

A. 叫早时间　B. 早餐时间　C. 早餐地点　D. 集合时间　E. 出发时间

16. 地陪与领队、全陪一起商定叫早时间后，并通知饭店(　　)办理叫早手续。

A. 饭店前台　　　　B. 饭店总机　　　　C. 饭店值班经理

D. 饭店工程部　　　E. 饭店楼层服务台

17. 商定日程的地点选择，可以是(　　)。

A. 旅游车上　　　　B. 饭店大堂

C. 全陪或领队房间　D. 饭店的会议室　　E. 餐厅里

18. 下列属于出发前的导游服务的是(　　)。

A. 落实用餐事宜　　B. 参观前的准备工作

C. 提前抵达发出点　D. 清点核实人数　　E. 提醒注意事项

19. 在景点服务过程当中，地陪应保证在计划时间和费用内，使旅游者充分地游览、观赏，做到(　　)。

A. “导”和“游”相结合　B. 劳逸结合　　C. 虚实集合

D. 情景结合　　　　E. 适当集中和分解相结合

20. 导游在讲解的时候，力求做到(　　)。

A. 心中有数，先讲什么，后讲什么，中间穿插什么典故和趣闻故事都要预先设计

B. 讲解内容翔实，语言流畅

C. 讲究方法和技巧，并观察旅游者的反应

D. 力求有声有色、情景交融、详略得当、虚实结合

E. 灵活调整讲解的内容和速度

21. 导游宣布次日活动日程时，要特别强调(　　)。

A. 第二天的叫早时间　　B. 第二天的早餐时间和地点

C. 第二天的出发时间　　D. 第二天的集合地点

E. 第二天提前抵达的时间

22. 宴请活动包括(　　)。

A. 宴会　B. 舞会　C. 冷餐会　D. 酒会　E. 品尝风味餐

23. 当游客在购物时，导游要积极维护旅游者的利益，做法正确的是(　　)。

A. 提醒旅游者不要上当受骗

B. 事先向旅游者介绍如何区分真假伪劣

C. 维护当地商家的利益，不要涉及旅游者购物事宜为宜

D. 让旅游者自己判断商品优劣问题

E. 一旦发现商店出售伪劣产品,一律通过旅行社交涉,导游人员首先应当保护自己

24. 导游如何为旅游者提供购物服务(　　)。

A. 严格按照《旅游法》的规定去操作　B. 不得指定具体的购物场所

C. 根据旅游者的需要安排购物活动　D. 大力推销当地的土特产品

E. 当好购物顾问

25. 全陪首次沿途讲解的内容一般包括(　　)。

A. 致欢迎词　B. 简要介绍旅游行程　C. 风光讲解

D. 注意事项　E. 景点概括

26. 商定行程的原则有(　　)。

A. 主随客便　B. 客随主便　C. 服务第一　D. 遵循合同　E. 自由平等

27. 全陪在履行安全保卫职责时,应做到(　　)。

A. 提醒旅游者人身和财务安全

B. 保管好旅游者的财务和证件

C. 注意饮食卫生

D. 发生抢劫事件,导游员要挺身而出,与歹徒做斗争

E. 系旅游者财务失窃,要陪同旅游者办理有关保险索赔手续

28. 旅游团到下一个旅游目的地的过程中,全陪要(　　)。

A. 做好上下的联络工作　B. 负责旅游团在旅行活动中的生活服务

C. 提醒旅游者人身和财产安全　D. 主动分配机位和铺位

E. 保管好旅游团的行李托运单和交通票据

29. 若在旅游过程中出现服务缺陷,在末站服务中,全陪应(　　)。

A. 向旅游者表示歉意　B. 设法做好弥补工作

C. 承诺下次做得更好　D. 尽量消除旅游者的不快情绪

E. 希望得到配合,不要投诉

30. 散客旅游兴起的原因有(　　)。

A. 旅游者年轻化　B. 信息技术的不断更新

C. 旅游者个性化需要的出现　D. 旅游者经验丰富,日趋成熟

E. 旅游者心理需求上更高层次

31. 散客旅游的服务形式主要包括(　　)。

A. 单项委托服务　B. 旅游有偿咨询服务

C. 选择性旅游服务　D. 产品推广服务

E. 散客包价旅游服务

32. 单项委托服务中,常规的服务有(　　)。

A. 代订机票　B. 代订酒店　C. 代办团体签证

D. 代确认交通票据　E. 代办保险

33. 选择旅游的非选择部分由(　　)构成。

A. 风味餐　B. 住宿　C. 早餐

D. 机场至饭店的交通　E. 文娱活动

34. 散客旅游产品的特点(　　　　)。
A. 价格高　B. 批量小　C. 要求多　D. 变化多　E. 预订期短

35. 旅行社经营散客旅游产品,应该做好(　　　　)。
A. 提供优良的服务　B. 设立门市柜台
C. 建立销售代理网络　D. 宣传广告多投入
E. 设计散客旅游产品

36. 导游员在为外国旅游者讲解时,切忌涉及(　　　　)内容。
A. 对方的职业　B. 对方的家庭收入
C. 对方的婚姻状况　D. 对方所在国曾经发生过的灾难
E. 对方所在国的新闻

37. 一国内旅游团当日 22:00 入住饭店,按常规地陪要做好(　　　　)等工作。
A. 协助全陪帮助游客办理入住登记手续
B. 和饭店行李员一起送行李到客人房间
C. 向客人介绍饭店各种服务设施的地点、收费情况和营业时间
D. 请值班经理办理第二天的叫早时间
E. 带领客人用好第一餐

38. 为了防止游客在景点游览时走失,地陪最好做到(　　　　)。
A. 时刻不离游客　B. 事先向游客交代清楚游览安排
C. 尽量避免游客自由活动　D. 随时清点人数
E. 尽量避开人群集中的地方

39. 地陪接到从新疆某市过来考察的旅游团来杭州旅游时,首先要做到(　　　　)。
A. 致欢迎词　B. 调整时差　C. 沿途讲解
D. 告知地区气候差异　E. 宣布活动日程

40. 在为散客旅游者提供现场导游时,应该(　　　　)。
A. 多采用对话形式　B. 多采用问答形式
C. 尽量让其自由活动　D. 边游览边讲解
E. 集中讲解,分散活动

参考答案

一、判断题

1—5 BBABA　6—10 BBABB　11—15 BABAA　16—20 BBBBA　21—25 BBABA
26—30 BAABB　31—35 BBBBB　36—40ABABB　41—45 AABBA
46—50 BABAA　51—52 AB

二、单选题

1—5 CABAA　6—10 DABAA　11—15 BCCAA　16—20 ABCBB　21—25ADCCB
26—30 CBAAD　31—35 CBBAD　36—40 CDBBB　41—43 BCB

三、多选题

1. ABCD 2. BCE 3. CD 4. ADE 5. ACDE 6. ABDE 7. ABCDE 8. ABCE
9. ACDE 10. AB 11. ABCDE 12. ACE 13. ABCD 14. ACDE 15. ABCE
16. ABE 17. ABD 18. ACDE 19. ABE 20. ABCDE 21. ABCD 22. ACDE
23. AB 24. ABE 25. ABD 26. CD 27. ACE 28. BCE 29. ABD 30. BCDE
31. ACE 32. ABCDE 33. BCD 34. BCDE 35. BCE 36. BC 37. AC 38. ABD
39. ACDE 40. ABD

第三章 旅游者个别要求的处理

一、判断题(正确的填 A,错误的填 B)

1. 导游人员对旅游者提出的个别要求,要引起充分重视,视难易程度和合理程度,给予及时、合情合理地处理。 ( )
2. 当旅游团提出增加活动项目要求时,地陪应尽量予以满足。 ( )
3. 如有客人要求提供房内用餐,一般而言,作为导游员应帮助其与餐厅联系,提供免费服务。 ( )
4. 对于游客的个别无理取闹的要求,导游人员对旅游者要始终以礼相待、不卑不亢,不能与旅游者正面冲突。 ( )
5. 临用餐时,旅游者提出自己不吃荤腥、不吃油腻的食物,请导游另行安排。导游发现客人的要求没有在合同中标注,可以不予理会此类问题。 ( )
6. 旅游者提出希望住单间,导游人员告之费用自理,其原因可以不用理会。 ( )
7. 旅游者看上了客房内的一个洗漱杯,想要买下来,导游人员应做好解释,酒店不是商店,非卖品不出售。 ( )
8. 旅游者要求去不健康的娱乐场所,导游人员应说明情况,如果旅游者不听,则随他去。 ( )
9. 旅游者提出自由活动,导游人员应根据不同情况,按“合理而可能”的原则妥善处理。( )
10. 导游劝阻客人不要到治安差的地方自由活动,并耐心解释,但旅游者坚持去,导游告之后果自负即可。 ( )
11. 旅游团在泰国旅游过程中,旅游者希望不随团游览,想去看看红裳军游行活动,导游人员应该劝阻游客不要前往。 ( )
12. 海外旅游者希望不随团旅游,去探望在中国的亲戚朋友,导游人员应设法予以满足,帮助旅游者联系在中国的亲友。 ( )
13. 海外旅游者放弃 5 天时间的随团旅游活动,去探望在中国的亲戚朋友,导游人员应设法予以满足,帮助旅游者联系在中国的亲友。 ( )
14. 海外旅游者希望去探望失散多年的亲友,且地址不详,不知如何寻找,导游人员应劝阻旅游者盲目寻找,协助其通过公安部门帮助寻找。 ( )

15. 海外旅游者要求会见某位名人，导游人员应了解情况并向领导汇报，按规定办理。 （　）

16. 海外旅游者要求会见在华工作的外国人或驻华使、领馆的外交官，导游人员应了解情况并向领导汇报，按规定办理。 （　）

17. 外国驻华使、领馆的外交官请海外旅游者去使、领馆参加会见，也盛情邀请导游参加，导游要郑重体面参加。 （　）

18. 海外旅游者找到在华的亲朋好友，并邀请他们随团旅游，但是他们是外国驻我国使、领馆的工作人员或外国记者，导游人员一般婉拒。 （　）

19. 旅游者如果要求导游人员帮助向其朋友或有关部门转递信件、资料或其他物品，导游人员一般满足其要求。 （　）

20. 若旅游者转递的物品或信件收信人是我国国家领导人，经请示旅行社同意后，方可同意接受委托。 （　）

21. 若旅游者转递的物品或信件收信人是外国驻华使、领馆的工作人员或记者，导游人员应该推脱。 （　）

22. 当旅游团或部分旅游者提出提前离开中国或延长旅游期的要求时，导游人员一般婉言拒绝。 （　）

23. 有正当理由要求中途退团的要求，经接待旅行社和组团旅行社协商后可以予以满足。 （　）

24. 有旅行社中途要求退团时，导游人员可以自行决定哪些费用可以退还旅游者。 （　）

25. 旅游投诉是指旅游者对旅游产品和服务质量低于旅游合同的约定或其期望表示不满，以书面形式提出诉求。 （　）

26. 旅游者若故意针对导游而投诉，导游人员应以理力争，不能任由污蔑。 （　）

27. 旅游者投诉时，导游人员设法弥补，将大事化小、小事化了，防止事态扩大，影响旅行社的形象。 （　）

二、单选题

1. 处理旅游者个别要求时，需把握的原则除（　　）以外。

A. 合理而可能原则　　B. 认真倾听，耐心解释原则

C. 服务第一原则　　D. 尊重旅游者，不卑不亢原则

2. 旅游者在用餐前（　　）提出换餐要求，导游要尽量解决。

A. 3 小时　　B. 2 小时　　C. 1 小时　　D. 前一天

3. 来杭州旅游的客人，下午游完西湖已是夕阳西下时，登车后，旅游者提出晚上晚饭取消，去河坊街吃当地美食，导游人员应该（　　）处理。

A. 与餐厅联系，取消订餐　　B. 不接受要求，做好解释工作

C. 建议弥补预订损失　　D. 告知餐费不退，费用自理

4. 团中有个别旅游者听说杭帮菜非常好吃，建议导游取消团餐，去楼外楼吃晚饭，导游人员应该如何处理（　　）。

A. 征求大家的意见，按规定办理

B. 若时间许可，所有旅游者都同意，帮助预订餐厅

C. 坚持原则，不准换餐

D. 做好解释工作，改天再安排风味餐

5. 个别旅游者因与团友相处不融洽，提出要单独用餐，导游人员做法不正确的是（　　）。

A. 情节严重，立即答应要求，告之费用自理　B. 耐心解释

C. 请领队调解矛盾　D. 如坚持，协助其与餐厅联系

6. 在与旅游者的合同中旅行社已经安排观看《宋城千古情》，但团内有一部分旅游者提出，想去看《印象西湖》。以下导游处理中不正确的是（　　）。

A. 若时间许可，又可能调换，可向旅行社汇报，并出面调换

B. 若无法安排，做好解释

C. 若《宋城千古情》票已经购买，又不能退票，请旅游者谅解

D. 若旅游者坚持观看《印象西湖》，导游人员可以让旅游者自行前往，并保证不能以此作为投诉旅行社的理由

7. 旅游者提出晚上想去观看《印象西湖》，但此项娱乐活动不在合同计划内，导游处理正确的是（　　）。

A. 婉言拒绝，做好旅行社不能单方面违约的解释

B. 满足其要求，协助办理

C. 导游人员必须陪同前往，以保证安全

D. 导游人员让旅游者自行购买门票、自己解决交通问题，当作不知道此事

8. 不能满足旅游者自由活动的情况（　　）。

A. 来此地很多次，希望不随团旅游　B. 在此地有亲朋好友要探望

C. 景区人多、秩序乱　D. 晚上无活动安排

9. 下列不属于投诉心理的是（　　）。

A. 求尊重心理　B. 求补偿心理　C. 求发泄心理　D. 求信任心理

10. 团体包价旅游中，下列费用需要旅游者自理的是（　　）。

A. 餐费　B. 饮料费　C. 住宿费　D. 景点门票费

11. 旅游者要求去不健康的娱乐场所和过不正常的夜生活，导游人员应（　　）并介绍中国的传统观念和道德风貌，严肃指出不健康的娱乐活动和不正常的夜生活在中国是禁止的。

A. 适当阻止　B. 婉言拒绝　C. 断然拒绝　D. 告之法律

12. 旅游者提出种种要求，导游人员应本着（　　）为第一原则，视具体情况妥善处理。

A. 合理而可能　B. 合理自用原则　C. 就地解决　D. 耐心解释

13. 正值农历八月十八的钱江观潮日子，旅游团内的部分游客提出不参加计划内的活动，要求前往海宁观潮。针对这种情况，地陪的正确处理方法是（　　）。

A. 婉言拒绝

B. 答应其要求，请全陪陪同前往，以保证安全

C. 答应其要求并帮助安排车辆，费用由客人支付，并请游客留下书面证明材料

D. 说服其他游客一同前往，以保持整团活动

14. 某国内旅游团结束杭州一地游后，旅游团内有部分游客提出要去千岛湖游览 2 天，希望地陪帮助安排相关接待事宜。地陪正确的处理是（　　）。

A. 做好说服工作，让其放弃千岛湖游计划而随团一起返回

B. 答应其要求，但请客人自行前往

C. 经旅行社同意，帮助其安排相关接待事宜，费用按散客标准收取

D. 经旅行社同意，帮助其安排相关接待事宜，费用按散客自行支付

15. 旅游团内有位游客找到地陪，请求地陪帮助将他购买的一只瓷碗转交给他的好友。地陪的正确处理方法是（　　）。

A. 答应其要求，并办理委托手续

B. 拒绝转交，以免引起麻烦

C. 若非文物类，则帮助办理转交

D. 地陪应予以婉言拒绝，请其亲自交送或通过快递公司投送

三、多选题（五个选项中，至少有两个正确）

1. 导游人员对于（　　）要求，需要耐心解释的。

A. 看似合理，但旅游合同上没有规定的这类服务　B. 要求本身不合理的

C. 出于某些私心，故意为难的　D. 在中国范围内不允许的服务

E. 无理取闹的要求

2. 下列（　　）情况，导游可以同意旅游者的要求。

A. 旅游者提出在客房里用餐的要求　B. 要求自费品尝风味餐的要求

C. 因自身原因不随团用餐的要求　D. 提出增加菜肴和饮料的要求

E. 已预订，又在 3 小时内提出换餐的要求

3. 在用餐问题上下列（　　）情况，是需要费用自理的。

A. 要求单独用餐　B. 合同里已有同意特殊饮食要求

C. 不随团用餐　D. 临时换餐的要求

E. 提出增加菜肴和饮料的要求

4. 下列（　　）原因，旅游者可以提出换房。

A. 卫生不达标　B. 设施故障

C. 饭店标准低于合同规定　D. 环境吵闹　E. 朝向不好

5. 旅游者提出高于合同标准的住房要求，导游人员应该（　　）。

A. 一般拒绝其要求　B. 帮助其联系饭店有关部门

C. 如有空房，可以予以满足　D. 告之旅游者支付退房损失和房费差价

E. 饭店没有空房，帮其联系其他饭店

6. 晚上没有活动安排，旅游者提出要自由活动，导游处理正确的是（　　）。

A. 满足其要求　B. 考虑安全问题，婉言拒绝

C. 多一事不如少一事，就说当地治安差，建议不要前往

D. 建议其不要走得太远　E. 不要去秩序乱的地方

7. 以下自由活动，需要劝阻的有（　　）。

A. 旅游团要离开本地时，旅游者提出在此地多留几天

B. 旅游团刚抵达此地，旅游者要去外地，等旅游团离开时，回来汇合

C. 旅游者要去不对外开放的地区游览

D. 在西湖划船时，旅游者想要下湖游泳

E. 晚上，游客要去美食街，寻访当地美食

8. 旅游者提出自由活动的要求，若不影响团体旅游行程，且不涉及不对外开放的场所，地陪

应该(　　　　)。

A. 强化地方治安差　　B. 提醒他们带上饭店名片　　C. 不要走得太远

D. 不要太晚回酒店　　E. 协助安排车辆

9. 海外旅游者找到在华的亲朋好友，并邀请他们随团旅游，导游应该(　　　　)。

A. 婉言拒绝　　B. 说明异地不方便，与其签订合同等

C. 征求领队和旅游团其他成员的同意　　D. 办理相关手续

E. 提供同等服务

10. 旅游者如果要求导游人员帮助向其朋友或有关部门转递信件、资料或其他物品，导游人员处理程序(　　　　)。

A. 首先了解情况，系不是重要或贵重物品，予以满足要求

B. 首先婉拒　　C. 征得领导同意后接受委托

D. 核对物品　　E. 办好委托手续

11. 不管旅游者因为何种原因要求提前离开中国，导游人员应该(　　　　)。

A. 想方设法劝阻其离开　　B. 协助办理分离签证　　C. 重订航班

D. 机座及其他离团手续　　E. 通知下一站人员数变化

12. 旅游团在中国旅游结束后，旅游者希望继续在中国旅行游览，导游(　　　　)。

A. 若不需要延长签证，一般满足其要求　　B. 若要延长签证，应该婉拒

C. 在旅行社指示下，提供必要的帮助　　D. 告诉他在中国滞留是不合法的

E. 劝其随团回国

13. 旅游投诉的处理(　　　　)。

A. 主动沟通　　B. 分清责任　　C. 分析原因　　D. 积极弥补　　E. 处罚相关人员

14. 旅游者提出个别要求时，下列(　　　　)费用需要旅游者自理。

A. 要求单独用餐　　B. 要求增加菜肴

C. 要求调换同类房间　　D. 要求房间升级　　E. 要求住单间

15. 一般情况下，可以满足旅游者要求的有(　　　　)。

A. 旅游者家中有变故，中途退团　B. 海外旅游者在华亲友随团活动

C. 帮忙转递不重要的物品　　D. 要求会见名人

E. 不需要延长签证的前提下，继续在中国游览

16. 旅游者要求导游人员帮助传递物品或信件，以下(　　　　)，导游人员应予以婉拒。

A. 金银首饰　　B. 信访信件　　C. 茅台酒　　D. 视频光盘　　E. 粽子

17. “八月十八潮，壮观天下无”，钱江潮早已闻名天下。今年农历八月十八前夕，小张接待了一个来杭州旅游的新加坡旅游团。小张接到旅游团的当天，领队与小张商量，要求次日安排去观潮。你认为小张正确的处理方法是(　　　　)。

A. 婉言拒绝，告知旅行社不能单方面违约

B. 尽量安排，以满足客人要求

C. 向客人说明实际困难，请客人自行前往，并提醒安全注意事项

D. 向客人说明实际困难，并告知无法安排

E. 向客人说明计划外活动旅行社不予安排

参考答案

一、判断题

1—5 BBBAB 6—10 BBBAB 11—15 AABAA 16—20 BBABB 21—25 ABABB 26—27 BA

二、单选题

1—5 CABBA 6—10 DBCDB 11—15 CACCD

三、多选题

1. ABCD 2. ABCD 3. ACDE 4. ABCDE 5. BCD 6. ADE 7. ABCD 8. BCDE 9. CDE 10. BCDE 11. BCDE 12. ABC 13. ACD 14. ABDE 15. ABE 16. ABCDE 17. AD

第四章 旅游事故及问题的预防与处理

一、判断题(正确的填 A,错误的填 B)

1. 一名合格的导游,要具有讲解能力和尽心服务的精神即可。 ( )
2. 旅游计划具有唯一性和权威性,一经制定,不得随意变更,具有法律效力。 ( )
3. 合同不能完全履行,旅行社经向旅游者做出说明,可以在合理范围内变更合同。 ( )
4. 因客方原因旅游团延迟抵达某地,地陪可根据实际情况,适当减少计划内的游览项目。 ( )
5. 只要不是自身原因,而造成旅游团延迟到达某一地,导游可以征求得到旅游者的同意更改活动日程。 ( )
6. 重新设计和变更有关旅游计划要征得旅行社、全陪、领队的同意即可实施。 ( )
7. 重新设计和变更有关旅游计划时,地陪必须要取得领队、全陪和游客的口头同意。( )
8. 导游在接待入境旅游团时,发现团队人员增加,增加的人员无入境签证,导游应该告诉他中国的法律不允许未签证人员进入,因此,要拒绝其进入中国。 ( )
9. 导游在接待入境旅游团时,团队持团体签证,发现团队人员增加,需要办理增加签证手续;发现团队人员减少,则无须办理减少手续。 ( )
10. 地陪应核实境外旅游团减少人员的团体签证是否办理注销手续,如没有,请领队到入境口岸办理该手续。 ( )
11. 如果是客观原因造成漏接,导游人员切不可统揽责任,也无须诚恳道歉。 ( )
12. 错接也有主观原因和客观原因,不完全属于责任事故。 ( )
13. 错接不一定都是导游人员责任心不强、工作马虎而造成的。 ( )
14. 旅游团错接了,但两个团系同一家旅行社的,那么将错就错,不必向旅游者说明情况。 ( )
15. 旅游团错接了,两个团系同一家旅行社的,但导游承担的角色不一样,团队必须交换。 ( )

16. 旅游团错接了，两个团属于不同的旅行社，必须交换旅游团，并诚恳道歉。（ ）
17. 漏接是指由于某些原因，旅游团没有乘坐计划的航班抵达，导游人员仍按原计划的航班接站而没能接到旅游团。（ ）
18. 误机属于一般事故，不会对旅行社造成重大损失。（ ）
19. 全陪应时刻提醒入境游客将贵重物品、证件交给领队保管，以免丢失。（ ）
20. 旅游团旅游过程中，导游人员多做提醒，防止财物丢失或被窃。（ ）
21. 为了防止旅游者将证件丢失，导游人员应将旅游者的证件、票据收齐，统一保管好，离站前再统一返还。（ ）
22. 如系非责任原因而造成旅游者证件丢失的，补办所需费用都由旅行社承担。（ ）
23. 旅游者系丢失证件，先请失主冷静回忆，详细了解证件丢失情况，找到线索，组织其他旅游者一起寻找。（ ）
24. 如旅游者的证件确认丢失，应立即向组团社或接待社报告，请旅行社开遗失证明。（ ）
25. 如旅游者的证件确认丢失，须补办必要的手续，费用由旅游者自理。（ ）
26. 华侨遗失中国护照和签证，应到中国公安机关出入境管理部门办理新护照和签证。（ ）
27. 护照是代表一个国家允许其进入该国境的证明。（ ）
28. 签证是旅游者到他国去旅游的身份证明。（ ）
29. 旅游者出境旅游，应先办理护照，再办理签证手续。（ ）
30. 2014 年 8 月，中国赴泰国旅游可免签证。（ ）
31. 港澳同胞遗失来往内地通行证，可到内地公安机关出入境管理部门办理“中华人民共和国出入境通行证”或重新申领相应的旅行证明。（ ）
32. 台湾同胞遗失来往大陆通行证，可到内地公安机关出入境管理部门办理“中华人民共和国出境通行证”或重新申领相应的旅行证明。（ ）
33. 为了防止旅游者证件丢失，证件必须由全陪统一保管或存放在饭店保险柜内。（ ）
34. 旅游者的行李遗失或破损一般发生在交通运输过程或者搬运过程中，所以其主要责任在交通运输部门或行李员。（ ）
35. 无论什么原因导致境外旅游者在中国旅游过程中行李丢失，责任都属于旅行社。（ ）
36. 被损坏的行李无论实际价值多少，都统一按人民币 50 元每公斤赔偿。（ ）
37. 旅游者的行李因其他交通工具进行托运而被损坏，目前在国内没有明确的赔偿方法，导游可参照航空公司有关规定去处理。（ ）
38. 若旅游者丢失的是进入中国时登记并要求复带出境的或保险的贵重物品，导游人员要帮助失主去接待社开具证明，失主持证明再到公安局开具遗失证明，以备出海关时检验或向保险公司索赔。（ ）
39. 旅游过程中，旅游者对某一事物或现象感兴趣，或者在某景色优美处拍照滞留时间较长，而暂时脱离旅游团，也属于旅游者走失。（ ）
40. 为防止旅游者走失，导游人员应加强责任心，时刻关注旅游者的情况，经常清点人数，多做提醒工作，杜绝此类事件发生。（ ）
41. 如走失责任在于旅游者自己，导游要严肃批评，以免再次发生类似事件。（ ）
42. 为防止旅游者生病，在盛夏的午后，注意让旅游者到酒店休息，建议多喝水。（ ）

43. 导游人员不擅自给患病旅游者用药，但对一般疾病，可建议患病旅游者使用何种药物。（　）
44. 导游人员不擅自给患病旅游者内服药，但给外用药一般无碍。（　）
45. 导游人员夏天带团出去旅游，可以备一些常用药给旅游者以不时之需，如感冒药、风油精。（　）
46. 在安排旅游者治疗过程中，全陪和地陪可以进行适当分工，同时安排好其他旅游者的旅游活动。（　）
47. 旅游者在旅游过程中生病，无论是什么原因导致旅游者患病，旅行社都应该承担一部分责任，承担患病旅游者的一部分费用。（　）
48. 导游人员根据实际工作情况，不时去探望患病旅游者，以示关心。（　）
49. 导游碰到处理旅游者死亡情况时，导游人员要保持沉着冷静，保证能单独处理某些细节，并做文字记录。（　）
50. 如碰到旅游者死亡情况时，应尽快解散旅游团，以避免事态扩大，对旅行社不利。（　）
51. 对于正常死亡和死因明确的非正常死亡者一般不做尸体解剖。（　）
52. 突发事故通常包括自然灾害和意外伤害。（　）
53. 突发事件的紧迫性是指处理此类事件及消除其造成影响不仅要花费许多物力和财力，而且涉及的部门和环节多。（　）
54. 突发事件的威胁性是指事件发生以后有可能或者已经给旅游者带来重大损失，同时给事件处理也带来了许多想象不到的困难。（　）
55. 中暑是在烈日下或高温环境里，人体内热量不能及时散发，引起机体体温调节发生障碍的一种慢性疾病。（　）
56. 如果旅游者溺水，导游人员熟悉水性，导游人员可游到溺水者附近，从正面接近，一面用手托住溺水者的头部，一只手抓住溺水者的手臂。（　）
57. 旅游者溺水，导游人员不熟悉水性，也要义无反顾下水施救溺水者。（　）
58. 如果溺水者不能自主呼吸了，应该进行人工呼吸，口对口吹气，每分钟16～18次。（　）
59. 为了防范司机疲劳驾驶，在行车途中导游人员应多跟司机拉拉家常，以保持清醒的头脑。（　）
60. 若遇到歹徒向旅游者行凶，导游人员要挺身而出，保护旅游者的安全。（　）
61. 若遇到歹徒持武器抢劫的情况，导游人员可态度强硬，吓唬歹徒。（　）
62. 饭店发生火灾，导游人员应该第一时间疏散旅游者，让他们尽早乘坐电梯离开现场。（　）
63. 若旅游者在客房内被大火封门，导游人员应设法和旅游者取得联系，鼓励他们从窗户逃生。（　）
64. 海啸是地震的“排头兵”，若发生海啸，说明地震就要到来了。（　）
65. 地震或海啸来临前，导游人员要带领旅游团马上撤离本地，往高处撤退。（　）
66. 如果旅游者处在快要沉没的船上，导游人员不要等到最后快要沉船时才带旅游者离开。（　）
67. 泥石流发生时，如果身边有大树木或者大石块，应该躲在大树或大石块后面。（　）
68. 旅游团被压在废墟下，如果在覆盖物不多的情况下，要带领大家自己想办法，移动覆盖物时要试探性用力，以保持体力。（　）

69. 一旦出现旅游者死亡等重大事故，旅游团停止一切活动，做好善后处理工作。（　）
70. 旅游者死亡后，遗体必须在当地火化。（　）

二、单选题

1. 旅游团因为提前离开造成在某地游览时间缩短，导游应该（　　）。
   A. 调整活动时间，放弃某些游览项目
   B. 确有困难的，先放弃重点景点
   C. 不要急于将提前离开的消息告诉旅游者，以免引起旅游者异动
   D. 若提前离开的责任不在我方，导游不需要进行道歉
2. 造成旅游计划被迫改变的原因可以是（　　）。
   A. 全陪甩团罢工　　B. 不可抗力
   C. 地陪身体不舒服　　D. 大部分旅游者要求
3. （　　）是指旅游团按照计划抵达某地机场，没有导游人员迎接的情况。
   A. 漏接　　B. 空接　　C. 错接　　D. 责任事故
4. 造成漏接的客观原因是（　　）。
   A. 导游人员工作疏忽，忘记接机　　B. 新旧时刻表交替　　C. 航班、车次变更
   D. 计调人员没有将变更消息及时转达给导游人员
5. 漏接事故的预防，错误的是（　　）。
   A. 认真仔细阅读接待计划　　B. 核实交通工具抵达的时间
   C. 真诚道歉　　D. 提前抵达接站点
6. 导游人员应该与司机协商好出发前往接站地点的时间，切实做到提前（　　）抵达接站点。
   A. 3 小时　　B. 2 小时　　C. 1 小时　　D. 0.5 小时
7. 下列业务事故中，属于重大事故的是（　　）。
   A. 漏接事故　　B. 错接事故　　C. 空接事故　　D. 误机事故
8. 下列不是造成空接的原因是（　　）。
   A. 旅游团提前抵达本站　　B. 旅游团滞留上一站或正在旅行途中
   C. 旅游团推迟抵达本站　　D. 旅游者本身原因取消旅行
9. 造成误机的非责任原因是（　　）。
   A. 旅游者走失
   B. 日程安排不当，使旅游团未能及时到达交通港
   C. 导游人员没有认真核实交通票据
   D. 接待部门没有及时通知变更情况
10. 下列（　　）是为了防止旅游者遗失财物。
   A. 将贵重物品、钱包、有关票据交给导游统一保管
   B. 将贵重物品打包托运
   C. 旅游时，将贵重物品、钱包、有关票据放在车上
   D. 阻止小商小贩上车兜售物品
11. 下列（　　）不属于旅游者的有效证件。
   A. 身份证　　B. 护照
   C. 团体签证　　D. 职业证书（驾照、教师证、学生证）

12. 外国旅游者在中国遗失护照和签证，下列(　　)是错误的。
A. 到当地旅行社开具遗失证明
B. 持遗失证明到公安机关出入境管理部门申请开具“护照报失证明”
C. 持“护照报失证明”到所在国出入境部门补办新护照
D. 到我国公安机关出入境管理部门办理新签证

13. 境外旅游团在华遗失团体签证，应该到(　　)补办团体签证。
A. 境外团所在国公安机关出入境部门　　B. 旅游当地公安机关出入境管理部门
C. 境外团所在国驻中国大使馆或领事馆　　C. 中国驻该入境国的大使馆或领事馆

14. 补办团体签证，需要收齐(　　)。
A. 每位团员的签证遗失证明　　B. 每位团员的护照
C. 每位团员的原始签证复印件　　D. 每位团员的身份证

15. 华侨遗失中国护照和签证，首先应(　　)。
A. 到侨居国驻中国大使馆办理新护照
B. 到中国公安机关出入境管理部门办理新签证
C. 到侨居国驻中国大使馆办理新签证
D. 到中国公安机关出入境管理部门办理新护照

16. 境外旅游者在中国旅游过程中丢失证件，应由(　　)开遗失证明。
A. 境外组团社　　B. 境内组团社
C. 当地接待社　　D. 公安机关出入境管理部门

17. 港澳同胞在遗失来往内地通行证，可到内地公安机关出入境管理部门办理“中华人民共和国出境通行证”，该证件(　　)。
A. 一次性有效　　B. 15 日内有效　　C. 两次有效　　D. 一个月内有效

18. 旅游者在国内旅游过程中丢失身份证，到(　　)开户籍证明。
A. 旅游地派出所　　B. 旅游者居住地派出所
B. 旅游者居住地公安局　　D. 旅游地公安局

19. 境外旅游者在乘机来华旅游时遗失行李，其责任主要在(　　)。
A. 旅游者自己　　B. 领队　　C. 航空公司　　D. 行李员

20. 旅游者在中国大陆境内丢失行李物品，其责任通常在于(　　)。
A. 交通运输部门或行李员　　B. 旅游者或行李员
C. 导游或行李员　　D. 交通运输部门或导游

21. 被托运的行李全部或部分损坏、丢失赔偿金额每公斤不超过(　　)元人民币。
A. 20　　B. 50　　C. 80　　D. 100

22. 下列不是目前我国机场行李查询处采用的赔偿方法的是(　　)。
A. 与旅游者协商后进行现金赔偿　　B. 以新的行李箱调换被损坏的行李箱
C. 出具证明，向投保的保险公司索赔　　D. 按最高赔偿办法现场赔偿

23. 旅游过程中，旅游者患一般的疾病，导游人员应除(　　)之外处理。
A. 劝旅游者及早就医，以防病情恶化
B. 主动建议其留在饭店休息
C. 关心旅游者的病情，经常问候，让其感觉温暖

D. 不擅自给患病旅游者用药

24. 如果境外患者需要手术，但一时不能找到其家属，导游可以根据（　　）书面意见灵活处理。

A. 旅行社　　B. 驻华大使馆、使领馆

C. 当地旅游局　　D. 当地公安局

25. 死亡者系国外旅游者，死因确定后，导游人员在与领队、死者亲属协商一致后，请（　　）向全团宣布死亡原因及抢救、死亡的经过。

A. 死者亲属　　B. 公安部门

C. 领队　　D. 死者所属国驻华大使馆或使领馆工作人员

26. 突发事故通常包括（　　）。

A. 责任事故和非责任事故　　B. 自然灾害和人为事故

C. 自然灾害和意外伤害　　D. 财物丢失和人身意外

27. 预防食物中毒措施不得当的是（　　）。

A. 经常更换用餐地点

B. 发现饭菜有异常，马上联系餐厅

C. 提醒旅游者少吃生冷食物

D. 提醒旅游者不要在卫生状况不佳的摊点吃东西

28. 发现旅游者食物中毒后，第一件事是（　　）。

A. 送医院就医　　B. 进行催吐　　C. 喝水稀释毒性　　D. 报告旅行社领导

29. 发现旅游者食物中毒后，让旅游者喝（　　）稀释毒性。

A. 白开水　　B. 饮料　　C. 盐水　　D. 生理盐水

30. 如果旅游者集体食物中毒而不得不放弃某些旅游活动，导游人员事先要和（　　）沟通。

A. 旅行社　　B. 领队　　C. 团长　　D. 旅游者

31. 如果旅游者集体食物中毒，应追究________，索赔事宜参考________。（　　）

A. 旅行社、旅游合同　　B. 旅行社、民法

C. 供餐单位、旅游法　　D. 供餐单位、旅游合同

32. 旅游者出现头昏、眼花、耳鸣、面色潮红、胸闷、皮肤灼热、体温 38 度以上、恶心、呕吐等现象，导游人员可基本判断旅游者（　　）。

A. 中暑　　B. 食物中毒　　C. 腹泻　　D. 感冒

33. 旅游者中暑后的急救措施，正确的是（　　）。

A. 中暑的旅游者面部发红将头略放低

B. 患者躺平后在患者头上捂上一块热毛巾

C. 轻症患者待体温下降至 38.5℃左右让其回饭店休息

D. 若患者失去知觉，可让其嗅一些有刺激气味的东西，刺激其苏醒

34. 由于呼吸道被水、污泥、杂草等杂质阻塞，喉头、气管发生发射性痉挛，引起窒息和缺氧，称为（　　）。

A. 中暑　　B. 溺水　　C. 食物中毒　　D. 高原反应

35. 如果溺水者心脏停止，在对其做人工呼吸的同时，要进行体外心脏按压，每分钟应（　　）。

A. 20～40 次　　B. 40～60 次　　C. 60～80 次　　D. 80～100 次

36. 旅游团行车途中,导游应该(　　)。

A. 多和司机交谈说笑,使其保持清醒的头脑

B. 司机累了,可以帮司机开车

C. 危险地段让旅游者下车行走

D. 提醒司机严格遵守时间规定

37. 交通事故报警电话(　　)。

A. 12122　　B. 122　　C. 121　　D. 112

38. 下列不属于治安事故的是(　　)。

A. 火灾　　B. 偷窃　　C. 抢劫　　D. 欺侮

39. 在雨季或下雨过程中,导游人员不要让旅游团在(　　)行走,以免发生泥石流。

A. 山脊上　　B. 水边　　C. 山谷水流汇集处　　D. 有树木的山坡上

40. 旅游者被困在泥石流中,导游人员应该(　　)。

A. 从侧面挖掘　　B. 从垂直面挖掘

C. 顺着泥石流方向挖掘　　D. 逆着泥石流方向挖掘

41. 地震时宜躲藏的地方有(　　)。

A. 厨房里　　B. 保险柜边　　C. 地窖　　D. 地下通道

42. 导游人员要出示由(　　)签字的"抢救经过报告""死亡诊断证明书"给死者亲属或好友。

A. 公安局　　B. 主治医生　　C. 医院　　D. 法院

三、多选题(五个选项中,至少有两个正确)

1. 旅游团因为提前离开造成在某地游览时间缩短,相关人员做法正确的是(　　)。

A. 地陪立即与全陪、领队协商,尽可能采取弥补措施

B. 全陪立即将提前离开的消息告诉旅游者,要求旅游者提前做好准备

C. 全陪及时告知下一站有关变更情况

D. 领队应将有关部门的预订进行退订手续办理

E. 地陪可采用加餐、赠送小礼品的方式进行补偿

2. 造成旅游团在某地延长游览时间的情况有(　　)。

A. 延迟到达　　B. 延迟离开　　C. 提前到达　　D. 提前离开　　E. 正常到达

3. 旅游团在某地延长游览时间而变更游览日程,地陪应该(　　)。

A. 落实有关事宜　　B. 迅速调整旅游团活动日程

C. 通知下一站有关变更情况　　D. 重新设计和变更有关旅游计划

E. 将变更情况汇报旅行社即可

4. 造成旅游计划被迫改变,导游人员应该(　　)。

A. 尽量美化事实,说明情况

B. 符合法律规定的前提下,提出代替的方案

C. 以热情的服务和精彩的讲解来弥补

D. 诚恳道歉　　E. 适当的物质补偿

5. 造成漏接的主观原因是(　　)。

A. 导游人员工作疏忽,忘记接机　　B. 新旧时刻表交替

C. 航班、车次变更　　D. 计调人员没有将变更消息及时转达给导游人员

E. 没有收到原预订航班变更的消息

6. 防止旅游团错接的措施有(　　)。

A. 仔细阅读研究接待计划　　B. 提前抵达接站点

C. 接到团后,仔细核对旅游团的各种信息

D. 接待团后,与领队核对信息　　E. 接到团后,先自我介绍

7. 为了防止空接事故的发生,导游人员应采取(　　)预防措施。

A. 上一站应及时将变更消息告之下一站

B. 本站导游应主动联系上一站,确认团队抵达情况

C. 导游要做到三核实

D. 相关工作人员要有高度责任心,及时沟通

E. 接站导游再次落实旅游团接待计划

8. 造成误机的主观原因有(　　)。

A. 旅游者走失

B. 日程安排不当,使旅游团未能及时到达交通港

C. 途中遇到交通事故、严重堵车

D. 导游人员没有认真核实交通票据

E. 接待部门没有及时通知变更情况

9. 导游人员提前做好旅游团离站的交通票据的落实工作,需要核对(　　)。

A. 日期　　B. 班次　　C. 时间　　D. 座位　　E. 目的地

10. 离开本站的当天,导游人员下列做法中不当的有(　　)。

A. 安排旅游团到范围广、地域复杂的景点游览

B. 安排旅游团到热闹的商场去购物　　C. 安排旅游者自由活动

D. 尽早离开下榻的饭店　　E. 尽早抵达离站点

11. 误机事故已发生,导游人员应该(　　)。

A. 向旅行社领导汇报,请求帮助　B. 争取安排旅游团改乘后续航班离开

C. 安抚旅游者的情绪　　D. 向旅游者赔礼道歉

E. 总结事故,分析原因,分清责任

12. 导游人员发现旅游者行李遗失,应协助旅游者到(　　)办理行李报失手续。

A. 机场行李托运处　　B. 机场失物查询登记处

C. 所乘坐航空公司办事处　　D. 航空公司总部　　E. 机场安检处

13. 导游人员发现旅游者行李遗失,应协助旅游者办理行李报失手续,旅游者要出示(　　)。

A. 护照　　B. 身份证　　C. 签证　　D. 机票　　E. 行李牌

14. 导游人员发现旅游者行李遗失,导游人员应(　　)。

A. 协助旅游者办理行李报失手续

B. 自己出钱,帮助失主购买一些必要的生活用品

C. 经常与航空公司办事处或机场失物查询登记处联系,询问行李的下落

D. 若行李已经被找到,导游要督促机场或航空公司将行李送至失主所下榻的饭店

E. 若行李确认丢失,协助失主向航空公司索赔

15. 旅游者在旅游期间丢失了钱物,导游人员应(　　)。

A. 首先稳定失主的情绪，帮助其回忆丢失的经过、地点、时间
B. 分析物品丢失的时间和地点，组织其他旅游者帮助寻找
C. 如系被盗，应该向公安部门和保险公司报案
D. 及时报告旅行社，听取指示
E. 如有银行卡丢失，应第一时间挂失

16. 为防止旅游者走失，导游人员采取的措施得当的是（　　）。
A. 将自己的手机号码或旅行社号码告之旅游者，以防万一
B. 每天向旅游者报告详细的行程，讲清各环节的时间节点和地点
C. 时刻与旅游者在一起，切不可随意离开旅游者
D. 地陪、全陪合理分工，地陪负责讲解、全陪负责清点人数
E. 要以丰富的讲解内容和高超的导游技巧吸引旅游者

17. 为了防止旅游者走失，当旅游者要外出活动时，导游人员应（　　）。
A. 阻止旅游者单独外出活动
B. 负强化当地治安问题
C. 提醒旅游者不要前往秩序差、人多的地方
D. 提醒旅游者携带饭店名片
E. 提醒旅游者太晚不要回酒店，就近住宿，以免在回来途中被打劫

18. 旅游者走失处理，正确的是（　　）。
A. 向团内旅游者了解情况，组织熟悉情况的旅游者分头寻找
B. 请领队、全陪迅速分头去寻找
C. 报告景区管理处，让其协助寻找
D. 不影响整团活动，地陪继续带团参观或游览
E. 必要时可以向当地公安部门求助

19. 为了更好地预防旅游者生病，导游人员应做到心中有数（　　）。
A. 接待前，认真阅读接待计划，了解本团成员的年龄结构
B. 身边备齐适用一般病情的药物，以备不时之需
C. 了解团内有无特殊照顾的患病旅游者
D. 通过观察，有无面部表情或举止异样的旅游者
E. 根据旅游者实际情况，可适当减少游览的项目

20. 为了更好地预防旅游者生病，在安排游览活动上（　　）。
A. 劳逸结合　B. 留有余地　C. 适当安排体力消耗大的活动
D. 晚间活动时间不宜太晚　E. 提醒旅游者早睡晚起，充分休息

21. 为了更好地预防旅游者生病，导游的预报提醒工作有（　　）。
A. 预报天气情况，提醒增减衣服　B. 提醒健康饮食，不要暴饮暴食
C. 提醒旅游者不吃路边摊、不洁食品　D. 提醒旅游者早睡晚起，充分休息
E. 提醒旅游者及时吃药，预防生病

22. 自然灾害通常包括（　　）。
A. 地震　B. 泥石流　C. 火灾　D. 食物中毒　E. 台风

23. 突发事故的特征（　　）。

A. 突发性 B. 短期性 C. 紧迫性 D. 威胁性 E. 时效性

24. 突发事件处理的原则有( )。

A. 主动性原则 B. 合理而可能原则 C. 损失最小化原则 D. 沟通性原则 E. 合法性原则

25. 食物中毒的特点( )。

A. 潜伏期短 B. 发病快 C. 影响大 D. 范围广 E. 全员患病

26. 旅游者中暑的预防措施有( )。

A. 定点餐厅用餐 B. 戴隔热草帽 C. 中午休息 D. 多喝白开水 E. 多喝盐开水

27. 下列( )属于预防和治疗中暑的药物。

A. 清凉油 B. 三滴水 C. 十滴水 D. 人丹 E. 藿香正气丸

28. ( )情况下,建议旅游者不要下水游泳。

A. 过度疲劳 B. 过饱过饿 C. 心情郁闷 D. 饮酒后 E. 患有先天性心脏病

29. 交通事故发生后,导游人员应该( )。

A. 立即组织抢救 B. 第一时间向旅行社汇报 C. 保护现场,立即报案 D. 设立警示牌 E. 安抚旅游者的情绪

30. 治安事故的预防工作( )。

A. 知道目的地的禁忌和法律 B. 不轻信陌生人 C. 不随身携带贵重物品和大量现金 D. 不在公共场所喧哗和高调消费 E. 不让小商小贩上车兜售商品

31. 如果遇到水灾,下列做法正确的是( )。

A. 水里横渡 B. 抓住固定点 C. 顺流而下 D. 逆流而上 E. 体力不支,采取漂浮方法

32. 地震具有( )性质。

A. 范围广 B. 突发性 C. 破坏性强 D. 持续时间长 E. 潜伏期短

33. 感觉地震来临前,导游人员应( )。

A. 远离高大建筑物 B. 远离高大物体 C. 带领大家进入山洞 D. 待在山坡上 E. 远离海滩

34. 旅游团正在行驶的路上发生了地震,车子不能在( )等地方停留。

A. 树下 B. 桥上 C. 电线杆下 D. 广告牌下 E. 桥面

35. 在处理旅游者死亡事宜,导游人员切记单独行事,某些环节必须有( )在场,并做好文字记录。

A. 公安局 B. 旅游局 C. 保险公司 D. 公证处人员 E. 医生

36. 旅游者死亡,解剖尸体可由( )提出,经医院同意后方可进行。

A. 死者亲属 B. 领队 C. 全陪 D. 旅游者所在国驻中国的使、领馆官员 E. 组团社

37. 清点死者生前遗物，由(　　)共同参与。

A. 领队　　B. 旅游者所在国驻中国的使、领馆官员

C. 旅行社代表　　D. 亲属　　E. 好友代表

38. 火灾事故的预防(　　)。

A. 导游人员掌握正确使用灭火器的方法

B. 提醒旅游者不携带易燃易爆的物品

C. 判断火情，引导旅游者自救

D. 掌握团队的所住房间，以便及时通知

E. 要求旅游者熟悉饭店的安全出口、安全电梯等

参考答案

一、判断题

1—5 BAABB　6—10 BBBBA　11—15 BBBBA　16—20 ABBBA　21—25 BBBAA
26—30 BBBAA　31—35 BBBAA　36—40 BBAAA　41—45 BABBB　46—50 ABABB
51—55 AABAB　56—60 BBABA　61—65 BBBBA　66—70 AABBB

二、单选题

1—5 CBADC　6—10 DDAAD　11—15 DCBBD　16—20 CABCA　21—25 BDBBC
26—30 CABAD　31—35 DADBC　36—40 CBACA　41—42 BB

三、多选题

1. ACE　2. BC　3. ABCD　4. BCDE　5. ABC　6. ABC　7. ABDE　8. BDE　9. ABCE
10. ABCE　11. ABCDE　12. BC　13. DE　14. ACDE　15. ACDE　16. ABCE　17. CD
18. BCDE　19. ACD　20. ABCD　21. ABC　22. ABE　23. ACD　24. ADE　25. AB
26. BCE　27. ACD　28. ABDE　29. ACDE　30. ABCDE　31. BCE　32. ABC　33. ABE
34. ABCDE　35. ABCD　36. ABD　37. ABCDE　38. ABDE

第五章　导游服务技能

一、判断题(正确的填 A，错误的填 B)

1. 导游语言技能是导游人员在旅游活动中进行导游讲解和沟通的一种具有丰富表现力的语言运用能力。(　　)

2. 表情语不仅可以传递有声语言无法传递的信息，而且可以起到补充强化有声语言的作用。(　　)

3. 导游人员运动下的站姿就是站在电梯、汽车、火车等工具上的姿态。(　　)

4. 导游人员运动下的站姿应该昂首挺胸，直面游客，双腿微分，身体重心落在两脚之间，双手自然下垂或互抱置于小腹前方。(　　)

5. 如果座位上有靠背和扶手，导游人员可以整个身体靠在上面。(　　)

6. 坐下后，导游人员双腿应自然弯曲，男导游员的两膝左右略分开，女导游员的两膝并拢。（ ）
7. 导游人员坐下后，与游客交谈时要将身子略微转向游客方向，仰视游客。（ ）
8. 导游人员走路应该与游客统一步调，游客走得快导游也快，游客走得慢导游也慢。（ ）
9. 遇到紧急情况，导游若慌慌张张，游客会产生恐慌情绪。（ ）
10. 表情语是通过人的面部表情来传递情感和信息的体态语言。（ ）
11. 导游人员与游客相处过程中要以真诚为第一原则，即使碰到挫折显示在脸上，游客也能理解。（ ）
12. 导游人员在控制自己的表情时要注意真诚，真诚即表情要自然、合理、和谐。（ ）
13. 表情变化透露着一个人千变万化的心理，表达着细微的思想感情。（ ）
14. 有经验的导游人员总是能够恰如其分地、巧妙地运用目光语去调整导游讲解的气氛，帮助自己与旅游者进行沟通。（ ）
15. 有"社交注视区"之称的部位应该是从人的头发到颈部。（ ）
16. 导游人员过多地注视游客的头发、服装或手脚，会使游客不安并下意识关注自己相应的部位。（ ）
17. 导游人员一般不戴墨镜，但可以戴有色眼镜。（ ）
18. 导游人员在讲解景物时，一般先用目光把游客的目光引过去，再及时收回目光。（ ）
19. 导游人员在讲解景物时，视线所在的方向要与脸部方向一致。（ ）
20. 表情语被称为是无声的"交际世界语"。（ ）
21. 微笑语是口头语言沟通的"润滑剂"和"催化剂"。（ ）
22. 指示手势是用来表达情感的，使之形象化、具体化。（ ）
23. 所谓协调一致是指导游人员手势运用频率和幅度一致。（ ）
24. 导游人员的动作幅度应视游客多少和场合大小而定。（ ）
25. 导游人员的服装要控制在 3 种颜色之内，如果颜色过杂，会显得太过俏丽和时尚。（ ）
26. 界域语是交际者之间以空间距离所传递的信息，是导游语言中一种很重要的语言。（ ）
27. 亲热界域语是指接触性界域语，即双方身体上接触，表现为拥抱、亲吻等，导游可在特定的场合使用。（ ）
28. 个人界域语是接近性界域语，距离一般为 1—2 米左右，语义为"亲切、友好"。（ ）
29. 社交界域语是交际性界域语，距离一般为 2 米，语义为"严肃、庄重"。（ ）
30. 导游人员带团过程中，比较常用的界域语是亲热界域语和个人界域语，避免使用社交界域语。（ ）
31. 导游人员不可忽视导游旗的作用，因为导游旗有证明导游人员身份和代表旅行社的重要作用。（ ）
32. 导游旗的举旗方式一般有：直举式和侧举式。（ ）
33. 导游语言的清楚性主要指导游人员的语言必须以客观事实为依据，在遣词造句、叙事时要以事实为基础，准确反映客观实际，并做到语法、语音、语调准确。（ ）
34. 导游人员对心里没底的问题要进行资料查实，一时不能查实的问题，可以随意组织。（ ）
35. 导游讲解语言的逻辑性指导游人员的语言要符合思维的规律性。（ ）
36. 导游讲解语言的情感性是指导游人员的语言要具有活力，能打动人心，能引起游客的共

鸣。 ( )

37. 导游讲解语言的现场提问,其要点是在"问",让旅游者回答,使导游讲解有效进行。( )

38. 导游语言要"有情",是指导游人员要善于运用富有感染力的语言,消除导游人员与旅游者的心理距离。 ( )

39. 导游语言在与游客达到"共情"的基础上后,导游人员可以适当宣泄自己的情感,否则会让游客觉得导游没有诚意。 ( )

40. 导游人员在讲解时所站的位置非常讲究,导游人员应面向游客,将游客聚拢为一个半圆形,导游人员站在半圆形的圆心上,这样声音可以均匀地传递给每一位旅游者。( )

41. 分段讲解法是指导游人员在讲解时避免事无巨细、面面俱到,而是有主有次、有轻有重,以重点为主的讲解方法。 ( )

42. 所有景区都游览和讲解完成后,可以适当概括和总结,让游客再次从宏观上了解游览对象的整体面貌和价值,进一步加深游客对旅游景区的印象和旅游审美感受。( )

43. 讲解景点突出"……之最"时,要实事求是,要有根据,绝不能无中生有。 ( )

44. 借题发挥是指导游讲解不能就事论事,要依托景物进行跳跃式的延伸和发挥。 ( )

45. 导游讲解必须虚实结合,"虚"为主,"实"为辅,"虚"为"实"服务,以"虚"烘托情节,以"虚"加深"实"的存在。 ( )

46. 导游人员在运用制造悬念法时,先讲什么,后讲什么,中间穿插什么典故、传说,都应心中有数。 ( )

47. 导游人员在讲解过程中遇到游客提问,应停止讲解并让游客提问。 ( )

48. 导游人员应诱导旅游者回答问题,但不要强迫他们回答,以免使其感到尴尬。 ( )

49. 导游人员在讲解过程中提出问题,让旅游者猜想,但并不期待他们的回答,只是为了吸引他们的注意力。 ( )

50. 借题发挥法是一种先藏后露、欲扬先抑、引而不发的手法。 ( )

51. 将梁山伯和祝英台的故事称为中国版的罗密欧与朱丽叶,是一种同类相异类比。 ( )

52. 用凝练的词句概括所有游览景点的独特之处,给旅游者留下深刻印象的导游讲解手法称为画龙点睛法。 ( )

53. 导游人员因职业的特点,更多地要注重说,听是其次。 ( )

54. 导游人员的道歉语并不一定表示认错,而是为了消除误会,求得原谅,恢复与旅游者的和睦关系。 ( )

55. 如果是导游自身或旅行社主观原因而引起的不愉快,导游人员首先应辩解,不应该统揽责任,其次再道歉。 ( )

56. 没有安全就没有旅游,在旅游过程中应经常提醒旅游者注意安全。 ( )

57. 导游人员要时刻提醒旅游者人身、财物安全,某种程度上说,游客的证件比财物更为重要。 ( )

58. 在接待国内外旅游团时,全陪和地陪要统一保管旅游者证件。 ( )

59. 海外领队在带团出境旅游时,一般不要保管旅游者的证件,防止统一丢失。 ( )

60. 导游人员对挫折的承受能力、应变能力和适应能力,心理上称之为挫折的容忍力。( )

61. 社会经验丰富、经历过大风大浪的导游人员的挫折容忍力一般比一帆风顺、娇生惯养的导游人员更强。 ( )

62. 一般来说，导游人员挫折的容忍力是天生的，很难通过后天社会生活、社会实践学习得到。（ ）

63. 导游人员要树立正确的挫折观，面对挫折必须“接受”它，即要“正视”并“承认”它。（ ）

64. 第一印象是指导游人员要在游客心目中确定可信任、有能力带领他们安全、顺利地在旅游目的地进行旅游活动的形象。（ ）

65. 导游人员的第一次亮相必须在“出面”“出手”“出口”等方面引起重视，而其中“出面”是指导游人员的姿态、行为等方面表现出来的干练与应变能力。（ ）

66. 致欢迎词就是导游人员的“就职宣言”。（ ）

67. 第一印象是旅游者对导游人员的短期认识，导游人员还要在以后的服务中注意维护和保持自己的良好形象。（ ）

68. 旅游团是由素不相识、各种各样的游客构成的临时性团队，极具凝聚力。（ ）

69. 对于自由散漫型的游客，导游人员的指导思想是有礼貌地耐心说服，并采取“三牢”方式，即看牢、盯牢、带牢。（ ）

70. 东方人的思维方式是从抽象到具体的“整体式”。（ ）

71. 西方人的思维方式是由具体到抽象的“分解式”，导游人员给他们做讲解时，一般可先给结论，再讲具体事实。（ ）

72. 导游人员给东方游客讲解时，可先不下结论，而要对他们讲真的，让他们看实的，再由他们自己下结论。（ ）

73. 一个团队由不同性别的旅游者构成，在某些问题上产生分歧时，导游通常做男性旅游者的工作，而迁就女性旅游者，切不可拆分团队，分头行动。（ ）

74. 导游人员先清理好、控制好自己的情绪是保障营造旅游团愉快氛围的前提。（ ）

75. 导游过程中最好不要用声像导游手段，否则会被旅游者误会导游不会讲解。（ ）

76. 全陪和地陪在旅游接待工作中处于主导地位，他们之间的合作更为重要。（ ）

77. 全陪和地陪的合作中，如果一方犯错了，另一方要毫不忌讳地指出，以免对方再犯类似的错误。（ ）

78. 在导游服务集体三者的关系中，最主要的是地陪与全陪之间的合作。（ ）

79. 在导游人员与领队的关系中，领队相对处于主导地位。（ ）

80. 领队是旅游团的组织者，导游人员是旅游团的实际指挥者。（ ）

81. 当旅游团内领队与游客之间发生矛盾、游客之间出现争执时，无论什么情况下，导游人员都不应介入其中。（ ）

82. 经验丰富的导游人员要树立与领队共事的信心，新导游则要消除与外国领队争高低的念头。（ ）

83. 合情合理、妥善处理是弥补供给缺陷的关键，使出现供给缺陷的接待单位能有机会及时弥补服务缺陷，提高接待质量。（ ）

84. 导游人员在与接待单位的合作过程中，要适当摆高自己的位置，没有旅行社给他们输送客源，就没有合作的机会。（ ）

85. 导游人员要尊重合作者，与之建立良好的人际关系，不能把自己摆在高于合作者的位置而对其工作人员指手画脚、指挥命令或横加指责。（ ）

86. 心理服务也称姿态化服务，是导游人员为调节旅游者在旅游过程中的心理状态而提供的

服务。 （ ）

87. 成人自我状态是人格中支配理性思想和信息的客观处理的部分，以权威感和优越感为主要特征。 （ ）

88. 儿童自我状态起指导作用时，其行为是固执的；家长自我状态起指导作用时，其行为是冲动的。 （ ）

89. 只有在成人自我状态作用下，其行为才是明智的、合情合理的。 （ ）

90. 导游在接待小朋友的时候，要引导小朋友从儿童自我状态转向家长自我状态。 （ ）

91. 据人口统计学家预测，21 世纪将成为青年人的世纪。 （ ）

92. 导游人员对老年旅游者提出的各种问题要给予耐心的解答，即使是一些显得幼稚的问题。 （ ）

93. 老年旅游团的安全问题有随行的医护人员负责，导游人员无须关心。 （ ）

94. 导游人员要每天向老年旅游者报告天气、气象信息，如气温变化，要提醒他们增减衣服。 （ ）

95. 老年旅游者的饮食应以清淡为主，少盐、少辣、多糖、少油腻。 （ ）

96. 给老年旅游者安排的房间要尽量安静、干净、通风，要保证他们能得到充分的休息。（ ）

97. 乘坐火车时，导游人员应根据老年人年龄，尽量为其安排在上铺，便于靠倚车窗、防止颈椎疼痛。 （ ）

98. 老年团晚间活动时导游人员还应提醒司机将旅行车停在有灯光、平坦、没有台阶的地点，以防止他们上下车时摔伤。 （ ）

99. 在给老年团进行景点讲解的时候，语速要适当慢一点，声音要响一点，少讲一些文化含量高的内容。 （ ）

100. 向老年旅游者交代某些事情的时候要耐心，要不厌其烦地反复提醒、说明。 （ ）

101. 为防止老年人走失，导游人员可给每位老人发一张饭店名片卡，禁止自制名片卡。（ ）

102. 从某种意义上来说，儿童旅游者占旅游者的少数。 （ ）

103. 许多家长把旅游作为儿童开阔视野、增长知识、陶冶情操、锻炼意志的途径。 （ ）

104. 导游人员对儿童旅游者的服务，越热情效果就越好。 （ ）

105. 儿童旅游在我国才刚刚起步，需要不断地发展和完善。 （ ）

106. 儿童旅游者具有较强的求知欲和探索心理，对周围的环境及许多事物充满好奇，具有明确的出游目的。 （ ）

107. 儿童不能成为是否参加旅游和选择旅游目的地的决策者。 （ ）

108. 儿童消费能力弱，甚至无消费能力。 （ ）

109. 我国大多数旅游购物定点商店不适合儿童消费。 （ ）

110. 儿童往往容易受好奇心驱使，容易发生安全事故。 （ ）

111. 目前世界上信奉各种宗教的教徒占世界总人口的 1/3。 （ ）

112. 影响最大的是三大宗教，即基督教、道教、佛教。 （ ）

113. 基督教是信仰耶稣基督为救世主的各教派的总称。 （ ）

114. 中国是一个多宗教并存的国家，特别是道教和佛教。 （ ）

115. 全世界有 4 亿多佛教信徒，分布在 86 个国家和地区，中国是佛教的第二故乡。（ ）

116. 宗教旅游者政策性强，目的明确、计划严格，禁忌较多、要求严格，与人为善、待人宽容。（　）

117. 对于宗教旅游者只要能达到目的，旅游设施、条件差一点，吃点苦受点累也心甘情愿。（　）

118. 我国对国外的宗教旅游者来华旅游是禁止的。（　）

119. 导游人员在接待基督教旅游者时，为表虔诚，可以以上帝的名义起誓。（　）

120. 非基督教徒不能对基督教徒称呼先生、小姐、女士。（　）

121. 非信徒可以以同道、兄弟、姐妹等称呼基督徒。（　）

122. 导游人员陪同进入教堂时，在殿内要脱帽，不抽烟，不嬉笑、打闹。（　）

123. 基督教徒在圣诞前夕，只食肉类和水果，不食素菜和鱼类。（　）

124. 基督教徒讨厌 13 这个数字和星期五。（　）

125. 导游人员与佛教徒交往时不应该主动与其握手。（　）

126. 导游人员不可以直接询问僧尼的尊姓大名。（　）

127. 不能向佛教朝拜的旅游者道"辛苦"。（　）

128. 佛教徒住宿要求简单，希望房间卫生、干净、整洁、没有伤风化的装饰。（　）

129. 许多穆斯林认为人的右手不干净，所以导游人员与之握手或递送物品时不能用右手。（　）

130. 在穆斯林做礼拜时，导游人员无论何时都不能喊叫礼拜者，也不能在礼拜者面前走动。（　）

131. 穆斯林对住房要求不高，一般两星级就可以满足其要求了。（　）

132. 佛教是世界上分布最广泛的宗教。（　）

133. 在中国，在清真寺任职并主持清真寺教务的人被称为教父或伊玛目。（　）

134. 佛教徒不吃葱、蒜。（　）

135. 佛教徒禁止偶像崇拜。（　）

136. "伊斯兰"的阿拉伯文原意是祝福。（　）

137. 考察旅游团不仅会认真听讲解介绍，而且会从不同角度大量地提问。（　）

138. 在面对专家、学者时，导游人员的讲解原则是"不求深，只求精"。（　）

139. 探险旅游团有配套装备较多的特征。（　）

140. 探险旅游团要求导游具备较强壮的身体和一定的专业知识。（　）

141. 在探险旅游中，导游人员要对突发事件采取谨慎的措施，以防万一。（　）

142. 在最短时间内能获得最大刺激、奇特不同的感受，成为探险旅游者选择旅游目的地进行消费的重要标准。（　）

143. 目前全世界有 6 亿多的残疾人，我国的残疾人有 6000 多万。（　）

144. 残疾人一般都有自卑心理。（　）

145. 对残疾旅游者最大的尊重就是把他们视为正常人。（　）

146. "扬旅游者之长，避旅游者之短"，这句话特别适合于对残疾旅游者的接待。（　）

147. 导游人员在接待聋哑旅游者时，尽量把他们安排在靠后的位置，以便让他们享受自由。（　）

148. 导游人员在接待盲人旅游者时，应让他们使用各种感官来体验旅游的乐趣。（　）

149. 导游人员在接待肢体残疾旅游者时，选择景点和饭店考虑的第一因素是有无“无障碍设施”。（　）

二、单选题

1. 导游作为一种社会职业，在长期的社会实践中逐渐形成了具有本职业特点的语言，即（　）。
A. 讲解语言　B. 介绍语言　C. 导游语言　D. 服务语言
2. （　）是指以人的表情、姿态、动作等来表达思想、传递信息的一种无声语言。
A. 体态语言　B. 表情语言　C. 界域语　D. 手势语
3. （　）是导游人员对客服务时运用最频繁的姿态。
A. 站姿　B. 坐姿　C. 走姿　D. 眼神
4. 下列关于导游人员的走姿，错误的是（　）。
A. 导游人员带领旅游者上车或游览讲解，导游人员必须走在最前面
B. 在引导游客时，导游人员应走在客人的侧前方
C. 进出门口和经过客人时，导游人员应略微侧身
D. 与客人告别时，导游人员应说完“再见”再转身离去
5. （　）处于人体首位，也是最暴露的部分，是人体传递情感信息的最重要部分，是表达情感和态度的首要信息源。
A. 头部　B. 眼睛　C. 面部　D. 手势
6. 信息的总效果＝________言辞＋________语调＋________面部表情。（　）
A. 7％，40％，53％　B. 10％，40％，50％　C. 7％，38％，55％　D. 10％，38％，52％
7. （　）是内心世界的真实写照。
A. 目光语　B. 表情语　C. 体态语　D. 微笑语
8. 导游人员的目光注视的部位应是游客面部（　）区域，这个区域被称为“社交注视区”。
A. 头发到颈部　B. 眼睛到下巴　C. 两眼到嘴巴　D. 额头到下巴
9. 导游正确的目光语应该是（　）。
A. 正视和仰视　B. 环视和正视　C. 正视和俯视　D. 俯视和仰视
10. 导游人员在与游客交谈或者讲解时，双方视线接触时间应占全部时间的（　）。
A. 20％　B. 40％　C. 50％　D. 60％
11. （　）是导游人员最有力的表情武器之一。
A. 表情语　B. 微笑语　C. 目光语　D. 服饰语
12. （　）运用有助于导游人员的情感表达，也可以在游览过程中为游客指明方向，还能增强导游讲解的表现力。
A. 表情语　B. 微笑语　C. 目光语　D. 手势语
13. 当讲解“5 公斤重的西瓜”时用手指比画球形，其所运用的手势是（　）。
A. 情意手势　B. 指示手势　C. 象形手势　D. 比拟手势
14. （　）能显示一个人的道德修养、文化素养、审美情趣和精神面貌。
A. 表情语　B. 微笑语　C. 目光语　D. 服饰语
15. 导游人员的服装有四个表现形式，即色彩、款式、风格、质地，其中（　）是第一要素。
A. 色彩　B. 风格　C. 款式　D. 质地

16. 导游人员的服装颜色要讲究(　　)。

A. 特色原则和三色原则　　B. 自然原则和 TPO 原则

C. 协调原则和自然原则　　D. TPO 原则和三色原则

17. 下列哪项不属于界域语的类别(　　)。

A. 亲热界域语　　B. 友谊界域语　　C. 个人界域语　　D. 社交界域语

18. 导游人员举旗方式中的直举式是小臂前开,与大臂呈(　　)角。

A. 30℃　　B. 45℃　　C. 60℃　　D. 90℃

19. 导游旗斜举式即手臂自然弯曲举起旗杆,斜靠在同侧肩部,旗子高度以(　　)为宜。

A. 方便游客看清　　B. 自然协调　　C. 自己舒服　　D. 尊重游客

20. (　　)以上的旅游团必须使用导游旗。

A. 5 人　　B. 9 人　　C. 10 人　　D. 16 人

21. 导游人员使用耳麦扬声器,将耳麦向下,发声筒对准嘴唇,发声筒一般离嘴唇(　　)。

A. 1～2 厘米　　B. 2～3 厘米　　C. 3～5 厘米　　D. 3～8 厘米

22. 旅游车话筒使用时,一般是________持话筒,话筒离嘴唇________。(　　)

A. 左手,1～2 厘米　　B. 右手,2～3 厘米　　C. 左手,3～5 厘米　　D. 右手,3～8 厘米

23. 导游人员使用话筒试音时宜用(　　)。

A. 对话筒吹气　　B. 问候方式　　C. 拍打话筒方式　　D. 报名方式

24. 导游人员在使用话筒时应(　　)。

A. 先拍打话筒,试下声音　　B. 使嘴尽量贴近话筒,保持足够的音量

C. 用左手拿话筒,右手扶住把　　D. 用右手拿话筒,左手扶住把

25. (　　)不是对导游讲解语言准确性的要求。

A. 遣词造句要精确　　B. 收集有关原始资料

C. 重要数据、时间和人物等要真实可靠　　D. 传说故事不可太过牵强附会

26. 导游员在讲解杭州西湖时,先讲解西湖成因及演变过程,再讲解西湖的格局,最后讲解西湖的美,让游客听后记忆犹新,这样的讲解体现了导游语言的(　　)特征。

A. 准确性　　B. 逻辑性　　C. 生动性　　D. 情感性

27. 俗话说"看景不如听景",讲的就是导游人员(　　)的语言对突出景点所起的画龙点睛的作用。

A. 生动形象　　B. 清晰准确　　C. 幽默优美　　D. 条理清晰

28. 导游语言最集中发挥的场合便是(　　)阶段。

A. 景点和沿途的讲解　　B. 致欢迎词

C. 从机场到饭店转移　　D. 导购

29. 导游语言(　　)就是指导游人员要善于发现旅游者的兴趣,在旅游者为某人、某事、某物感到兴奋时,导游人员要积极地去"分享",以实现与旅游者在情感上的默契和和谐。

A. 有情　　B. 动情　　C. 激情　　D. 共情

30. 导游人员讲解时对,相应的信息应加重音量,例如"这天晚上,天黑得伸手不见五指,庙里静得出奇,突然,一阵电闪雷鸣划破夜空……"这句话的重音应该在(　　)。

A. 天黑得　　B. 静得出奇　　C. 突然　　D. 电闪雷鸣

31. 关于导游人员讲解的语速搭配错误的是(　　)。

A. 讲解涉及数字、人名、地点时应该放慢速度

B. 讲解不重要的内容应该加快语速

C. 讲解进入高潮时，语速应该放慢速度　　D. 如果面对的是老年客人，语速应该放慢

32.（　　）是指在游览一处规模大的景点时，导游人员根据景点布局，按照游览线路，将景点分为前后衔接的若干部分。

A. 概括介绍法　　B. 突出重点法　　C. 分段讲解法　　D. 概要式讲解法

33. 导游在讲解寺庙时，讲白马寺是官府创建的第一座寺庙，少林寺的精髓在于禅和武，灵隐寺的妙在于“隐”，这样的讲解（　　）。

A. 突出景点的特征及与众不同之处　　B. 突出代表性的景观

C. 突出旅游者感兴趣的内容　　D. 突出景点“……之最”

34.（　　）是一种见物生情、借题发挥的讲解方法。

A. 虚实结合法　　B. 触景生情法　　C. 制造悬念法　　D. 借题发挥法

35. 下列属于同类相异类比方法的是（　　）。

A. 将唐朝长安城与东罗马帝国的首都君士坦丁堡相比

B. 将北京王府井与美国纽约的第五大街相比

C. 将苏州比作威尼斯

D. 将许仙和白娘子比作罗密欧与朱丽叶

36. 关于导游讲解的类比法，说法正确的是（　　）。

A. 类比法是一种以熟喻生，达到触类旁通的讲解方法

B. 同类相似类比是将时间和风俗习惯等进行比较

C. 同类相异类比是物和物的唯一性进行类比

D. 康熙与彼得大帝比较属于同类相似类比

37. 导游在讲解西湖三潭印月时，说八月十五西湖有33个月亮，旅游者产生疑问，哪里来的33个月亮。而后导游人员进行了详细的解释。这种讲解方法是（　　）。

A. 制造悬念法　　B. 虚实结合法　　C. 借题发挥法　　D. 画龙点睛法

38. 导游讲解苏州园林时点出中国古代园林的造园艺术用“抑、透、添、夹、对、借、障、框、漏”9个字概括，这种讲解手法是（　　）。

A. 制造悬念法　　B. 虚实结合法　　C. 借题发挥法　　D. 画龙点睛法

39. 导游应根据不同的对象选择不同的交谈话题，下面搭配正确的是（　　）。

A. 与西方游客谈谈工资收入、家庭成员、婚姻状况等

B. 与老年人谈谈风土民情、历史文化

C. 与儿童交流宗教、民族发展　　D. 与妇女谈谈经济、科学、军事等话题

40.（　　）是结束交谈的最佳句号。

A. 总结　　B. 说“再见”　　C. 笑容　　D. 点头

41.（　　）是指导游人员在劝说对方时，顺应对方的思路，有意引出一个对方感兴趣的话题，诱使对方顺其自然赞成你的意见。

A. 诱导式说服　　B. 曲语式说服　　C. 暗示式劝说　　D. 委婉式说服

42. 一位地陪导游带团上黄山，发现自己的团队不少客人随便丢垃圾。导游看在眼里，急在心里。在大家休息时，导游说前几天带了一个新加坡团队，他们一路爬山一路捡垃圾，结

果爬到山顶累坏了，但是大家心里很开心，觉得有了他们黄山更美了。导游采用（ ）说服方式。

A. 诱导式说服　B. 曲语式说服　C. 暗示式劝说　D. 委婉式说服

43. 导游人员的自我调适是指导游人员借助各种条件，通过一定的方法与手段，使自己的需要及行为适合客观环境，达到（ ）的过程。

A. 和谐　B. 适应　C. 自然融入　D. 目标明确

44. 导游人员是一种（ ）角色，应根据旅游者的要求，在特定的环境里，暂时退出原有角色，转入导游人员职业角色的扮演中。

A. 家庭　B. 职业　C. 社会　D. 服务

45. 导游人员作为一名服务员，首先要明确自己与旅游者之间（ ）的关系。

A. 雇用和被雇佣　B. 尊重和被尊重　C. 平等一致　D. 服务与被服务

46.（ ）的高低往往决定了旅游服务的成败，而每次旅游服务的质量都直接影响着旅游企业的声誉，也影响着地区乃至国家旅游业的声誉。

A. 导游服务质量　B. 导游讲解质量　C. 导游接待质量　D. 导游生活服务

47. 一般来说，身体健康、发育正常的导游人员的挫折容忍力总是比那些体弱多病、发育不良，或者生理上有缺陷的导游人员更强，这是人的（ ）决定的。

A. 生理因素　B. 心理因素　C. 社会因素　D. 知觉因素

48. 导游人员的第一次亮相必须在“出面”“出手”“出口”等方面引起重视，而其中“出口”是指导游人员（ ）。

A. 仪容仪表　B. 神态风度

C. 姿态行为　D. 语音语调和讲解的内容

49. 导游人员的第一次“亮相”是在（ ）时候。

A. 接站迎接　B. 首次沿途讲解　C. 自我介绍　D. 致欢迎词

50. 下列不是东方人的特点是（ ）。

A. 含蓄　B. 内向　C. 自由　D. 善于控制感情

51. 下列属于男性旅游者的特点的是（ ）。

A. 喜欢讨论商品　B. 喜欢购物

C. 爱听有故事情节的讲解　D. 行动比较独立、行动干脆

52. 下列不是年轻旅游者的特点的是（ ）。

A. 行动节奏快　B. 反应敏捷　C. 追求新意　D. 思古怀旧

53. 导游要学会“察言观色”，下列判断错误的是（ ）。

A. 游客歪头侧听，可能表示该旅游者偷偷摸摸不正道

B. 撇嘴可能表示客人对某事不屑一顾

C. 皱眉表示游客对讲解的内容没有听懂

D. 眼睛东张西望可能表示游客对讲解的内容不感兴趣

54. 游客的姿态也是一种无声语言，通过观察可以得出一些信息，下列判断错误的是（ ）。

A. 膝盖晃动或坐立不安表示旅游者对某事不耐烦

B. 旅游者不断看表，表示他赶时间

C. 走路快速的，表示旅游者干事情沉着冷静

D. 步履缓慢表示游客悠然自得

55. 导游人员（　　）的讲解风格和讲解内容是营造愉快氛围的关键。

A. 严谨　　B. 保守　　C. 幽默风趣　　D. 科学认真

56. 富有情趣的游戏和活动是（　　）的重要手段。

A. 调节游客情绪　　B. 营造愉快的氛围

C. 激发游客的兴趣　　D. 增加游客的积极性

57. 全陪、地陪、领队的合作基础是（　　）。

A. 不同的利益　　B. 执行旅游合同

C. 同一旅游团的旅游者　　D. 实施旅游计划

58. （　　）是地陪、全陪与领队合作共事的前提。

A. 互相尊重、互相体谅、求同存异

B. 平等互利、互守信用、向旅游团提供优质服务

C. 共同的经济利益

D. 旅游企业、旅行社和旅游者之间签订的协议

59. （　　）既对旅游团的旅游活动负有全责，又是旅游团的领导者和代言人。

A. 地陪　　B. 全陪　　C. 领队　　D. 全陪和地陪

60. 为了搞好同领队的关系，导游人员应（　　）。

A. 同领队商量叫醒及出发时间，并由他（她）向客人宣布

B. 在领队同客人发生矛盾时帮领队说话

C. 满足领队为使客人满意而提出的要求　　D. 为领队多提供超常服务

61. 导游人员尊重领队，主要表现在（　　）。

A. 支持领队工作　　B. 满足领队的表现欲

C. 遇事要与领队多磋商　　D. 尽量采纳领队的意见和要求

62. 当旅游团内游客之间发生争执时，导游人员的正确做法是（　　）。

A. 尽力做好劝说工作　　B. 由领队出面协调

C. 公平对待，妥善解决　　D. 协助领队进行调解

63. 在旅游过程中，有的领队可能为讨好旅游者“抢话筒”自我表白没完没了；指手画脚，当着全团旅游者的面“出主意”，使旅游者产生“领队如果不说，地陪不干”的感觉，使地陪的工作比较被动。地陪的下列做法不当的是（　　）。

A. 采取措施变被动为主动，不能让领队牵着鼻子走

B. 对于喜欢“抢话筒”的领队，要及时反抢回来，不能听之任之，无所作为

C. 先让领队“亮相”一番，记住其讲话中的错误和不足，在适当的时候予以纠正

D. 向游客表明自己的态度，让游客感觉到“还是地陪讲得好”

64. 带团过程中，接待导游人员与领队对某些活动安排或有关问题出现意见分歧时，导游人员正确的做法是（　　）。

A. 据理力争　　B. 当着游客的面质问领队

C. 坚持原则，避免正面冲突　　D. 为了和气隐忍不说

65. 旅游过程中，对于领队的各种行为，导游人员不合理的做法是（　　）。

A. 无论什么情况都要沉着冷静、坚持原则

B. 对领队某些违反合同内容的不合理要求也要考虑予以满足
C. 对领带的某些侮辱性言行不能置之不理
D. 应当采取适当措施，避免正面冲突

66.（　　）在旅游活动中扮演着非常重要的角色，与导游人员关系也最为直接和密切。
A. 旅游车司机　　B. 饭店服务员　　C. 计调　　D. 旅行社经理

67. 带团过程中，当遇到困难的时候，（　　）是第一个可以商量、请教和帮助导游人员的人。
A. 领队　　B. 全陪　　C. 地陪　　D. 司机

68. 导游人员和接待单位的关系，以下说法不恰当的是（　　）。
A. 导游人员责无旁贷地需要同相关接待单位多进行协调
B. 导游人员应通过各种手段及时联络和调整，保证工作有序进行
C. 导游人员要经常与接待单位联系，及时了解各种信息
D. 导游人员应明白自己的工作是导游，其他事宜尽量不管

69. 有些接待单位可能出现为了经济利益而降低接待标准、由于工作失误造成供给缺陷，导游人员不可（　　）。
A. 不管不问　　B. 据理力争
C. 以协议合同为依据　　D. 监督计划的落实情况

70. 当旅游供给单位出现问题或缺陷时，导游人员应遵守（　　）原则，与之进行交涉。
A. 就地消化，当场解决　　B. 谁接待，谁负责
C. 维护共同利益　　D. 合情合理

71. 下列不是活泼型的旅游者的主要表现的是（　　）。
A. 反应迅速　　B. 喜欢与人交往　　C. 注意力容易转移　　D. 兴趣稳固不变

72. 导游接待稳重型的旅游者时，下列说法错误的是（　　）。
A. 尽量为其选较为安静的房间　　B. 点菜或选购商品时，适当催促他们尽快决定
C. 讲解时语速适当慢点　　D. 与其交谈应该直截了当、简单明了

73. 不是忧郁型的旅游者基本特征有（　　）。
A. 行动迟缓　　B. 洞察力敏锐　　C. 沉默寡言　　D. 细致敏感

74. 心理学上，一个人的人格由三部分构成，但不包括以下（　　）项。
A. 儿童自我状态　　B. 家长自我状态　　C. 成人自我状态　　D. 权威自我状态

75. 家长自我状态是指人们通过模仿自己的家长态度和行为而形成一种状态，以（　　）为标志。
A. 固执感和权威感　　B. 优越感和权威感　　C. 客观和理智　　D. 感情用事

76. 儿童自我状态是一个人最初形成的自我状态，是以（　　）为基本特征的。
A. 易冲动　　B. 固执和专断　　C. 客观和理智　　D. 感情用事

77. 旅游初期阶段，旅游者心理通常（　　）。
A. 求安全和求新心理　　B. 懒散和求全心理
C. 急切和求新心理　　D. 急切和不安心里

78. 下列不是老年团的特征的是（　　）。
A. 出游目的以增长见识为主　　B. “经济”旅游为主
C. 对安全要求高　　D. 对讲解要求高

79. 儿童一般指处于(　　)岁年龄阶段的人。

A. 0～12　　B. 2～12　　C. 2～13　　D. 0～14

80. 下列不属于儿童旅游团的特征的是(　　)。

A. 出游目的不明确　　B. 安全意识差,管理难度大

C. 经济不独立,消费能力弱　　D. 经济旅游为主

81. 对待儿童旅游团,不需要(　　)。

A. 建立情感　　B. 注意儿童安全问题

C. 满足儿童的一切要求　　D. 生动形象的讲解

82. 在交通方面,(　　)是按照年龄来购买的。

A. 汽车票　　B. 船票　　C. 机票　　D. 景点门票

83. 在旅游过程中,如果所接的儿童旅游团内有孩子身体不适或生病时,导游人员的以下行为不正确的是(　　)。

A. 不鼓励他们带病出游　　B. 不建议家长给其服用何种药

C. 将自己携带的药品给其服用　　D. 建议家长请医生诊治

84. 佛教中的在家两众是指(　　)。

A. 优婆塞和比丘尼　　B. 优婆塞和优婆夷　　C. 沙弥和沙弥尼　　D. 比丘和比丘尼

85. “穆斯林”的阿拉伯文原意是(　　)。

A. 顺从者　　B. 祝福者　　C. 征服者　　D. 崇拜者

86. 对于不出家而遵守一定戒律的佛教信徒不应称(　　)。

A. 居士　　B. 施主　　C. 先生　　D. 护法

87. 宗教旅游团的主要目的不包括(　　)。

A. 朝拜圣地　　B. 敬重还原　　C. 参加法事活动　　D. 宣传信仰

88. 在我国总人口中宗教信徒占(　　)。

A. 1/5　　B. 1/6　　C. 1/9　　D. 1/10

89. 下列不属于基督教三大教派的是(　　)。

A. 撒门教　　B. 东正教　　C. 天主教　　D. 基督新教

90. 在基督教徒眼中,(　　)是不祥的。

A. 星期一　　B. 星期三　　C. 星期五　　D. 星期日

91. 信徒之间,无论在什么地方,无论职位高低,都互称兄弟都互称兄弟的宗教是(　　)。

A. 基督教　　B. 伊斯兰教　　C. 佛教　　D. 道教

92. 遵循过午不进食的宗教是(　　)。

A. 佛教　　B. 基督教　　C. 伊斯兰教　　D. 道教

93. 世界上信奉各种宗教的教徒占世界总人口的(　　)。

A. 1/3　　B. 2/3　　C. 1/4　　D. 2/5

94. 下列关于伊斯兰教饮食说法错误的是(　　)。

A. 禁食无鳞鱼　　B. 禁茶喜酒

C. 普遍能接受西餐　　D. 禁食自死物、血液

95. 下列不属于考察旅游团的组织形式的是(　　)。

A. 官方组织　　B. 民间组织　　C. 行业组织　　D. 会议组织

96. 世界上最深、最壮观的大峡谷是在我国的(　　)。

A. 云南　　B. 青海　　C. 西藏　　D. 新疆

97.(　　)是探险旅游的最主要特征。

A. 刺激性　　B. 风险性　　C. 专业性　　D. 参与性

98. 参加探险旅游,除了具有强壮的身体之外,还必须要有(　　)。

A. 一定的专业知识和能力　　B. 坚强的意志

C. 充足的食物和工具　　D. 很好的队友

99. 探险旅游团的生活照料主要指对旅游者的(　　)。

A. 精神鼓励　　B. 食宿安排　　C. 衣食冷暖　　D. 疾病防控

100. 聋哑人在记忆方面的特点为(　　)。

A. 记得慢,忘得快　　B. 记得快,忘得快

C. 记得慢,忘得慢　　D. 记得快,忘得慢

101. 残疾人普遍的心理特征不包括(　　)。

A. 自信　　B. 自卑　　C. 敏感　　D. 富有同情心

102. 对待残疾人,导游人员的做法错误的是(　　)。

A. 尊重　　B. 怜惜

C. 真诚关心　　D. 针对不同类型的残疾人提供不同的服务

103.《中华人民共和国残疾人保障法》是我国第一部关于全面保障残疾人权益的法律,颁布于(　　)年。

A. 1988　　B. 1989　　C. 1990　　D. 1991

104. 中国残疾人联合会正式成立于(　　)年。

A. 1985　　B. 1988　　C. 1990　　D. 1992

105. 暗示式劝说是指用一种(　　)、不公开的语言给对方以启示,以达到劝说目的。

A. 含蓄　　B. 隐蔽含蓄　　C. 眼神　　D. 肢体

三、多选题(五个选项中,至少有两个正确)

1. 导游语言根据表达方式有(　　)。

A. 有声语言　　B. 体态语言　　C. 服务语言　　D. 讲解语言　　E. 书面语言

2. 导游服务的对象来自世界各地的不同阶层,导游服务的场合复杂多变,决定了导游语言具有(　　)特点。

A. 快　　B. 美　　C. 急　　D. 简　　E. 难

3. 导游语言还要辅助(　　)来达到服务效果。

A. 手势　　B. 姿态　　C. 表情　　D. 文字　　E. 音像

4. 体态语是一种无声的语言,它还可以称为(　　)。

A. 态势语言　　B. 肢体语言　　C. 人体语言　　D. 动作语言　　E. 表情语言

5. 在旅游活动中,导游人员应特别注重体态语言中的(　　)。

A. 姿态语　　B. 工具语　　C. 表情语　　D. 手势语　　E. 服饰语

6. 导游人员站立时(　　)的动作应该避免,以免引起游客的不满。

A. 双手叉腰　　B. 频繁换脚　　C. 侧甩头发　　D. 身体摇晃　　E. 手插衣兜

7. 坐姿方面有一些忌讳的举止,有(　　)。

A. 腿脚颤动　　B. 跷二郎腿　　C. 摆“八”字腿
D. 把腿盘在座位上　　E. 把腿架在前排座位

8. 导游人员要取得交际的成功，要做到(　　)。
A. 注意目光语的使用　　B. 注意微笑语使用
C. 要学会控制自己的表情　　D. 要有快乐、积极的神情
E. 要学会观察游客的面部表情

9. 导游人员控制自己的表情时要注意(　　)。
A. 灵敏　　B. 鲜明　　C. 积极　　D. 真诚　　E. 分寸

10. 关于导游人员的目光语，运用正确的是(　　)。
A. 与个别旅游者交谈，宜用仰视，表示尊敬
B. 面对全团成员讲解时，宜用正视和环视结合
C. 目光不能只停留在少数人身上
D. 导游人员应避免用俯视，以免给人傲慢、目中无人的感觉
E. 导游人员应避免用仰视，会给人感觉不自信

11. 导游人员在讲解时，关于目光的移动说法正确的是(　　)。
A. 导游人员的视线和脸朝向相反
B. 导游人员在与游客交谈或者讲解时，双方视线接触时间应占全部时间的 60%
C. 假如双方视线接触时间应占全部时间的 60%以上，会令对方局促不安
D. 假如双方视线接触时间过短，给人感觉导游人员心不在焉
E. 导游人员眼睛乌溜溜地不停转动，但是头不动，会令人生厌

12. 美好的微笑语训练要注意(　　)。
A. 掌握好微笑时露出 8 颗牙齿　　B. 掌握好微笑的要领
C. 注意良好的心态　　D. 注意整体配合　　E. 力求表里如一

13. 手势的种类有(　　)。
A. 情意手势　　B. 指示手势　　C. 象形手势　　D. 比拟手势　　E. 情感手势

14. 手势使用要注意的事项(　　)。
A. 准确严密　　B. 恰如其分　　C. 协调一致　　D. 表里如一　　E. 自然和谐

15. 关于拇指和食指成 O 形，后面三个手指伸直，不同国家有不同含义，正确的是(　　)。
A. 中国人表示数字 3　　B. 英国人表示 OK
C. 法国人表示“污蔑”　　D. 巴西人表示“微不足道”
E. 法国人表示“微不足道”

16. 关于导游人员的着装，下列说法正确的是(　　)。
A. 导游人员工作着装应庄重　　B. 导游人员参加宴会着装应典雅
C. 导游人员着装要注意身份与配饰的搭配　　D. 导游人员不宜佩戴过多饰品
E. 导游人员着装可以随性点

17. 导游人员在带团过程中，比较常用的是(　　)。
A. 亲热界域语　　B. 亲切界域语　　C. 个人界域语　　D. 社交界域语　　E. 友谊界域语

18. 导游旗使用时的忌讳有(　　)。
A. 破损、污秽　　B. 乱摇导游旗　　C. 让游客持导游旗

D. 当作嬉戏工具　　E. 在车上持导游旗

19. 导游人员使用话筒时忌讳(　　)。

A. 双手紧握　　B. 左手紧握　　C. 贴住嘴唇

D. 话筒过远使用　　E. 随意放置

20. 导游人员的语言表达直接影响着游客的心理活动，所以导游人员必须在(　　)上下功夫，不断提高自己的语言艺术。

A. 达意　　B. 美感　　C. 责任　　D. 诚信　　E. 舒服

21. 导游人员在进行讲解时，(　　)能让游客听了舒服。

A. 嗓音甜润悦耳　　B. 语音高低和谐　　C. 语调抑扬顿挫

D. 语速快慢适中　　E. 修辞恰当优美

22. 导游讲解语言的运用原则有(　　)。

A. 清楚性　　B. 生动性　　C. 层次感　　D. 现场性　　E. 情感性

23. 导游讲解语言要求遣词造句要精确，下列表述正确的是(　　)。

A. 带团前，导游词要准备充分

B. 根据事实编写导游词

C. 不生造词语、不说错词，不出现不合乎语法习惯的句子

D. 传说故事不可太牵强附会

E. 在多重语言表现形式中选择最准确、最具表现力的语言表现形式

24. 导游讲解语言现场性要运用(　　)手法来实现。

A. 生动形象的语言　　B. 与游客双向交流

C. 表现现场性的词汇　　D. 现场导引语　　E. 面对面设问

25. 导游讲解语言现场性的表现词汇有(　　)。

A. 刚刚　　B. 此时此刻　　C. 此处　　D. 将要　　E. 这样

26. 导游语言中“有情”的语言有(　　)。

A. 早安　　B. 对不起　　C. 谢谢　　D. 有劳　　E. 辛苦了

27. 导游人员要通过调节音量来增强表达效果，说法正确的是(　　)。

A. 根据游客多少及导游地点、场合来调节音量

B. 根据讲解的内容调节音量　　C. 根据游客的年龄来调节音量

D. 根据游客的职业来调节音量　　E. 根据游客的文化背景来调节音量

28. 导游人员讲解的不良习惯有(　　)。

A. 含糊　　B. 拖沓　　C. 口齿不清　　D. 重复啰嗦　　E. 口头禅

29. 口头语与书面语的区别有(　　)。

A. 书面语是无声的，口头语是有声的

B. 书面语周全而规范，口头语可以通过肢体、表情等来传情达意

C. 口头语可以简略些，书面语必须工整

D. 口头语不需要用修辞来增强效果

E. 书面语需要加强口语化才能增强效果

30. 下列(　　)属于熬言惯用语。

A. 自然是这样　B. 绝无仅有　　C. 毫无价值　　D. 坦率地讲　　E. 果真如此

31. 导游讲解的分段讲解法，具体有(　　)。
A. 概括介绍　B. 突出重点　C. 虚实结合　D. 顺次讲解　E. 整体总结
32. 导游讲解突出重点法，主要要突出(　　)。
A. 突出代表性景观　B. 突出景点的特征及与众不同之处
C. 突出旅游地的宣传和销售　D. 突出游客感兴趣的内容
E. 突出"……之最"
33. 虚实结合法中的"实"是指景观的(　　)。
A. 实体　B. 艺术价值　C. 史实　D. 趣闻轶事　E. 民间故事
34. 虚实结合法中的"虚"是指景观的(　　)。
A. 神话传说　B. 艺术价值　C. 史实　D. 趣闻轶事　E. 民间故事
35. 导游讲解过程中运用问答法的目的是(　　)。
A. 加固有关景点知识　B. 活跃游览氛围
C. 激发旅游者的想象思维　D. 使旅游者获得参与感与自我成就感
E. 避免导游人员唱独角戏
36. 导游人员不宜与西方游客交谈的内容有(　　)。
A. 风土习惯　B. 工资收入　C. 婚姻状况　D. 宗教信仰　E. 种族歧视
37. 导游人员与旅游者之间的谈话一般不要涉及(　　)。
A. 疾病　B. 死亡　C. 历史　D. 荒诞离奇　E. 黄色淫秽
38. 下面关于导游人员与旅游者的交谈方式正确的有(　　)。
A. 旅游者喜欢导游人员单刀直入、直奔主题地交谈，显得坦率、真诚
B. 导游人员讲解时可以增加大幅度动作，增加讲解的效果
C. 导游人员与旅游者交谈时，不宜用手指指人，也不能手舞足蹈
D. 导游人员与多名旅游者交谈时，照顾到全场不现实，应该有所重点对待
E. 导游人员说话时目光要照顾全场，不可只注视一两个人
39. 导游人员如何把握谈话的过程(　　)。
A. 参加客人的谈话要找好切入点，自然融入
B. 如客人之间在谈话，不要主动趋前旁听
C. 客人与自己主动谈话时，要积极回应，表示乐于交谈
D. 第三者参与谈话，应以握手、点头或微笑表示欢迎
E. 谈话中遇有急事须离开，在不打扰别人兴致下，悄悄离开
40. 导游人员在使用道歉语时，应注意(　　)。
A. 真诚及时　B. 把握分寸　C. 方式灵活　D. 热情积极　E. 重复进行
41. 导游人员如何增强自我克制的能力(　　)。
A. 多读书，增强自身的修养　B. 不能以自我为中心　C. 克服胆怯
D. 克制冲动　E. 掌握克制冲动的技巧
42. 挫折容忍力的影响因素有(　　)。
A. 生理因素　B. 心理因素　C. 社会因素　D. 知觉因素　E. 教育因素
43. 导游人员挫折调适的步骤有(　　)。
A. 做好思想准备，正确认识导游工作　B. 接受挫折，正确认识挫折

C. 采取行动，突破挫折　　D. 及时分析挫折原因
E. 吸取教训，避免下次犯错

44. 导游人员的自我调适技能有(　　)。
A. 职业角色转换　　B. 营造愉快的氛围
C. 调适不利的心理行为　　D. 调适面对困难和挫折　　D. 树立良好的形象

45. 导游人员的组织技能表现为(　　)。
A. 树立良好的形象　　B. 调适不利的心理行为　　C. 建立活动秩序
D. 调节导游节奏　　E. 营造愉快的氛围

46. 导游人员的第一次亮相必须在“出面”“出手”“出口”等方面引起重视，而其中“出面”是指导游人员上团时的(　　)。
A. 姿态　　B. 仪容　　C. 仪表　　D. 神态　　E. 风度

47. 导游人员要积极主动与旅游者沟通，下列属于情感沟通的是(　　)。
A. 热情地招呼　B. 微笑问候　　C. 间接了解客人的需要
D. 征求客人的意见　　E. 多与客人聊天

48. 导游在建立活动秩序的时候，要处理好与(　　)关系。
A. 领队　　B. 全陪　　C. 自由散漫型游客
D. 遵守纪律型游客　　E. 团队中心人物

49. 导游要识别团队中的“中心人物”，他们往往具有(　　)特点。
A. 职务最大　　B. 年龄最大
C. 比较丰富的社会阅历　　D. 较强的认知能力
E. 比较娴熟的社会交往技巧

50. 关于导游利用“中心人物”来积极配合组织好导游工作，说法正确的有(　　)。
A. 充分发挥“中心人物”的责任心　B. 聘请“中心人物”担任一些组织工作
C. 随时听命于“中心人物”　　D. 满足“中心人物”的自尊心和荣誉感
E. 处理好与“中心人物”的关系

51. 下列属于西方人的特点的是(　　)。
A. 开放自由　　B. 感情外露　　C. 含蓄
D. 善于控制感情　　E. 喜欢直截了当地表示意愿

52. 不同国家的游客有着不同的特点，下列说法错误的是(　　)。
A. 德国人较刻板、守时、重诺言　B. 英国人喜欢自由、自主、自立
C. 阿拉伯人通常比较严谨　　D. 法国人纪律性较差，通常会迟到
E. 美国人讲究绅士风度，遵守纪律

53. 女性旅游者的特点有(　　)。
A. 喜欢讨论商品　　B. 喜欢购物
C. 交谈的话题主要是美容、教育　D. 爱听有故事情节的讲解
E. 行动比较独立、行动干脆

54. 下列属于老年旅游者特点的有(　　)。
A. 行动节奏慢　　B. 反应敏捷　　C. 追求新意
D. 思古怀旧　　E. 不易孤独

55. 导游为老年人提供讲解服务时，应该（　　）。
A. 多讲一些热门话题　B. 反复强调群体活动秩序
C. 要照顾他们的行动速度　D. 多讲解名胜古迹
E. 多与他们交谈，安慰其孤独的心理

56. 导游为年轻人提供讲解服务时，应该做到（　　）。
A. 节目安排要丰富　B. 反复强调群体活动秩序
C. 适当加快节奏　D. 多讲解名胜古迹
E. 多与他们交谈，安慰其孤独的心理

57. 导游为文化层次较高的旅游者提供服务时，要注意（　　）。
A. 严格遵守旅游合同　B. 活动内容要突出文化品位
C. 营造轻松的旅游氛围　D. 多穿插一些有故事情节的讲解
E. 主动与他们商量活动日程安排

58. 导游为普通的旅游者提供服务时，要注意（　　）。
A. 满足其高雅的精神享受的需要　B. 可较随意地与其交谈
C. 多讲些他们普遍关心社会问题　D. 活动内容要突出文化品位
E. 营造轻松的旅游氛围

59. 导游人员（　　）会激发游客的游兴。
A. 运用语言艺术　B. 选择生动的历史故事
C. 趣味盎然的问题和悬念　D. 营造良好的氛围
E. 富有情趣的游戏和活动

60. 导游人员提高旅游者情绪的措施有（　　）。
A. 导游人员幽默风趣的讲解风格和讲解内容是营造愉快氛围的关键
B. 富有情趣的游戏和活动时调节游客情绪的重要手段
C. 利用声像导游手段也是营造愉快气氛的一个有效方式
D. 晚间适当安排一些合情、合理、合法的健康娱乐活动
E. 导游要学会“察言观色”

61. 狭义的导游服务集体包括（　　）。
A. 全陪　B. 地陪　C. 领队
D. 景点讲解员　E. 购物点导购员

62. 导游服务集体有共同的服务对象，其特点是（　　）。
A. 有共同的工作任务　B. 同一旅游团的旅游者　C. 实施旅游计划
D. 代表不同的利益　E. 解决不同的矛盾

63. 地陪与全陪的合作要注意（　　）。
A. 主动沟通，建立伙伴关系　B. 各尽其职，尊重对方权限
C. 相互学习，做好补台工作　D. 争取旅游者理解
E. 避免冲突，敢于承担责任

64. 地陪和全陪建立良好伙伴关系的要点有（　　）。
A. 必要时牺牲游客的利益　B. 尊重彼此的隐私权
C. 工作上没有保密禁区　D. 以旅游者利益和旅游活动顺利进行为出发点

E. 主动联系，态度诚恳

65. 从沟通的内容上说，导游人员同游客之间的沟通包括(　　)。

A. 双向沟通　B. 群体沟通　C. 意见沟通　D. 情感沟通　E. 单向沟通

66. 在与地陪合作中，全陪要尊重地陪，并做到(　　)。

A. 不要过多把持话筒　B. 保持自己在团中的权威

C. 尊重地陪的工作权限　D. 忌讳抢话筒

E. 当众指出地陪的不足

67. 导游人员在与领队合作共事时，应注意(　　)。

A. 关心领队，支持领队工作　B. 尊重领队，主动争取配合

C. 坚持原则，避免正面冲突　D. 技高一筹，掌握工作主动权

E. 争取所有游客的理解和支持

68. 旅游团抵达后，对该团的旅游活动日程和旅行生活安排一定要征求领队的意见，这是因为(　　)。

A. 领队是旅游团的组织者和实际指挥者

B. 领队有权审核旅游活动计划的具体实施方案

C. 通过领队可以更清楚地了解游客的兴趣爱好

D. 通过领队可以了解游客在游览和生活方面的具体要求

E. 有利于导游人员提供更具有针对性的服务

69. 在领队的意见被证明不当的情况下，导游人员应(　　)。

A. 要给领队“台阶”下　B. 适当地给领队“留面子”

C. 维护领队的自尊和威信　D. 往后疏远些，避免出现新的矛盾

E. 遇事需要商量，最好有第三方在场

70. 导游人员与司机配合得好，是保证旅游活动顺利进行的基础。因此，导游人员应(　　)。

A. 尊重司机，主动沟通　B. 协助司机，保证安全

C. 坚持原则，讲究方法　D. 生活上适当照顾　E. 掌握工作主动权

71. 导游人员主动协助司机做好安全行车工作，应做到(　　)。

A. 认真检查车辆　B. 不违章、超速行驶

C. 谨慎驾驶　D. 阻止司机酒后开车

E. 如果司机疲劳了，导游人员有B型驾照，可以代其开车

72. 为了令司机安全驾驶，不疲劳驾驶，导游人员应(　　)。

A. 与司机谈笑聊天　B. 安排途中休息　C. 给司机一颗糖

D. 适当提醒　E. 到服务区休息

73. 导游人员与司机合作坚持原则，讲究方法，在没有违反旅游协议和原则的情况下，导游人员应该(　　)。

A. 主动沟通，买好地图与司机研究路线

B. 为司机泡茶、买烟，尽量维护司机在用餐、住宿等方面的利益

C. 与司机沟通时，注意说话的方式，多做自我批评

D. 司机挑逗异性导游人员，应该立即遏制，不可给可乘之机

E. 司机若侵害旅游者的合法权益，导游人员应坚持原则，提出警告

74. 导游人员作为旅行社的代表，在旅游活动中，与相关接待单位之间是(　　)关系。

A. 长期协作　B. 利益相关　C. 相互配合　D. 相互克制　E. 相互依存

75. 根据心理学对不同气质类型人的划分，可以将旅游者分为(　　)。

A. 急躁型　B. 活泼型　C. 幼稚型　D. 稳重型　E. 忧郁型

76. 急躁型旅游者的主要表现是(　　)。

A. 情绪缓和，心境变化慢　B. 对人热情，讲话速度快

C. 交谈中表现自信，喜欢讲"我认为……"　D. 不顺心的事不说出来难受

E. 喜欢与人争论问题，力求争赢

77. 旅游过程中，急躁型的旅游者，具体表现为(　　)。

A. 导游讲解精彩时，不由自主发出赞叹声　B. 随时提出问题，不思索提问的时机

C. 购物时，非常谨慎，精挑细选　D. 宴席上，一言不发，显得很低调

E. 经常很粗心，经常遗失东西

78. 导游接待急躁型的旅游者应该注意(　　)。

A. 不要计较他们不顾后果的言语　B. 应当避其锋芒

C. 办理各项手续应该尽量快速　D. 经常提醒他们不要遗留物品

E. 购物时，提醒他们谨慎、精挑细选

79. 导游接待活泼型的旅游者应该注意(　　)。

A. 满足他们喜欢交谈的需要

B. 多花些时间和精力在他们身上，令他们得到很多快乐

C. 他们的思维易转移，谈话应多次重复

D. 介绍他们吃新款的食物

E. 碰到问题时，可以请他们一起出点子

80. 稳重型旅游者的基本特征有(　　)。

A. 反应缓慢　B. 心平气和　C. 善于忍耐

D. 注意力容易转移　E. 兴趣容易转变

81. 导游接待忧郁型的旅游者应该注意(　　)。

A. 不得随便开玩笑

B. 特别地关心、帮助、安慰

C. 为其安排单间、清静的房间

D. 向他们解释问题时简单些，以免引起不必要的猜忌

E. 给他们自由，不要约束太多

82. 儿童自我状态具体表现为(　　)。

A. 感情用事　B. 不善于思考　C. 易冲动　D. 凭感觉　E. 理智

83. 在心理学上，家长自我状态常表现为(　　)。

A. 任性　B. 理智　C. 固执　D. 专断　E. 客观

84. 在旅游的中期阶段，游客的心理特征主要表现为(　　)。

A. 求安全心理　B. 求全心理　C. 懒散心理

D. 探新求奇心理　E. 迫切不安心理

85. 旅游团在旅游中期阶段，导游人员的任务最重，也最容易出差错。这就要求导游人员在

工作中应做到(　　　　)。

A. 保持精神高度集中，讲解要精彩

B. 合理安排日程，活动项目宜精不宜多

C. 游览活动要更有计划性，更多强调注意事项

D. 切实做好生活服务，特别对老弱病残者给予特殊照顾

E. 多组织一些轻松愉快的参观游览活动并作生动精彩的讲解，耐心回答他们提出的各种问题

86. 导游人员针对旅游者最后阶段急切的心理，应该做到(　　　　)。

A. 加快旅游活动的节奏　　B. 讲解要突出本站的特色

C. 留有充分的自由时间　　D. 多询问他们对住宿和用餐的意见

E. 耐心解答他们提出的问题

87. 接待老年旅游者，要做到(　　　　)。

A. 安全上挂心　B. 生活上关心　C. 游览中留心　D. 服务上耐心　E. 让自己安心

88. 下列不属于老年人共性的生理和心理特征的是(　　　　)。

A. 求知欲强　　B. 争强好胜心强　　C. 感觉迟钝

D. 反应迟缓　　E. 习惯心理固定化

89. 有关老年旅游团(者)的表述，以下正确的是(　　　　)。

A. 旅游活动多以游览观光、健身疗养和探亲访友为主

B. 消费程度和消费观念已不再趋于节俭和实用

C. 希望游览行程安排在时间和空间上始终处于一种轻松的状态

D. 希望听到导游人员较高水平的讲解，以满足自己求知、求异的需要

E. 特别喜欢向导游人员提问，提出的所有问题既有高度又有难度

90. 老年人的旅游活动多以(　　　　)为主。

A. 度假休闲　B. 游览观光　C. 探亲访友　D. 寻根祭祖　E. 健身疗养

91. 针对老年人行动迟缓，手脚不灵便，记忆力、反应力下降的特点，导游人员在游览过程中，应处处留心，多做提醒工作。以下做法正确的是(　　　　)。

A. 每次到达景点下车前，要重复强调集合时间、地点，旅游车的特征、车号等

B. 在游览过程中提醒老年人应“一看二慢三通过”

C. 应根据他们生理的特点，增加上厕所的次数

D. 在景点讲解时，语速要适当地慢一点，声音要响一点，少讲一些文化含量高的内容

E. 在离开景点时，要仔细清点人数，待老年人全部到齐后方可离开

92. 接待儿童旅游团(者)时，应照顾好儿童的生活。导游人员的以下做法正确的是(　　　　)。

A. 遇到天气变化，及时提醒家长为其增减衣服或带好雨具，预防感冒

B. 掌握好回饭店的时间，以保证他们有充足的睡眠时间以便及时恢复体力

C. 旅游期间要尽可能做到饮食有规律，建议他们的食品不要太过于清淡

D. 提前与餐厅联系，安排好他们的用餐事宜

E. 如孩子身体不适，不鼓励他们带病出游

93. 导游人员在给儿童进行讲解时，应做到(　　　　)。

A. 语言生动形象　　B. 语速亲切、缓慢　　C. 富有激情

D. 通俗易懂　　E. 多讲些传说故事

94. 导游人员为儿童旅游者提供服务时的“四不宜”原则是(　　)。

A. 不宜一味地突出儿童而冷落了其他成年旅游者

B. 不宜为讨好儿童而给其买食品、玩具

C. 不宜按成人旅游消费价格标准收费

D. 不宜单独带儿童旅游者外出活动

E. 儿童生病,不宜建议家长给其服用何种药,更不能将自己携带的药品给其服用,而应建议家长请医生诊治

95. 在旅游接待过程中,导游人员应注意儿童的旅游消费价格标准。以下按照儿童的身高来购买的是(　　)。

A. 机票　B. 火车票　C. 船票　D. 汽车票　E. 景点门票

96. 旅游者不得随意触摸的圣物有(　　)。

A. 佛像　B. 寺庙里的经书　C. 钟鼓

D. 活佛的身体　E. 活佛佩戴的念珠

97. 出家五众不包括(　　)。

A. 沙弥　B. 式叉摩那　C. 比丘尼　D. 优婆塞　E. 优婆夷

98. 下列(　　)属于荤食。

A. 葱　B. 蒜　C. 辣椒　D. 鱼　E. 肉

99. 下列(　　)不属于伊斯兰教禁食。

A. 血液　B. 猪肉　C. 马　D. 鲫鱼　E. 虾

100. 基督教徒不吃的食品是(　　)。

A. 烟　B. 酒　C. 蛇　D. 鳝鱼　E. 鱼

101. 宗教旅游团(者)的特征有(　　)。

A. 政策性强　B. 目的明确　C. 计划严格　D. 禁忌较多　E. 待人宽容

102. 宗教旅游者的禁忌表现是多方面的,主要有(　　)等。

A. 服饰禁忌　B. 饮食禁忌　C. 行为禁忌

D. 居住禁忌　E. 交往语言禁忌

103. 导游人员在接待宗教旅游者前,必须认真研究接待计划,做好接待前的宗教专业知识准备,包括(　　)。

A. 信仰的宗教派别　B. 宗教的起源、教义　C. 宗教信徒的禁忌

D. 有关的宗教政策　E. 宗教的主要节日

104. 当导游人员陪同基督教旅游者进入教堂从事宗教活动时,以下行为正确的是(　　)。

A. 注意服饰端庄、整洁,在殿堂内要脱帽

B. 不抽烟,不嬉笑、打闹,不高声说话,不去触摸教堂内设施

C. 当教徒们祈祷、唱诗时,应一起祈祷、唱诗

D. 当全体起立时,跟随其他人一起起立

E. 若有人分饼和面包给自己,应表示谢意

105. 导游人员接待基督教旅游团(者)时,在用餐、住宿方面应注意(　　)。

A. 在圣诞节前夕，只食素菜和鱼类，不食其他肉类
B. 平时通常不吃蛇、鳝等爬行动物
C. 如和他们一起用餐，要待教徒们祈祷完毕后，再拿起餐具开始用餐
D. 安排住宿时，尽量避免楼层、房间是“13”的数
E. 避免在房间内出现其他宗教的神像或其他民族所崇拜的图腾

106. 导游人员可以称佛教徒中出家的男性为(　　)。
A. 法师　B. 师父　C. 和尚　D. 护法　E. 居士

107. 关于佛教旅游者的接待，以下说法正确的是(　　)。
A. 导游人员与佛教徒交往时，应主动与他们握手
B. 非佛教徒对寺院里的僧尼或在家修行的居士行礼，以合十礼为宜
C. 导游人员不要直接询问僧尼的尊姓大名
D. 导游人员与佛教旅游者的谈话不能与一般旅游者一样
E. 严禁将一切荤腥及其制品带入汉族地区寺院内

108. 接待伊斯兰教旅游者时，导游人员的以下行为正确的是(　　)。
A. 与之握手或递送物品时用右手　B. 不送雕塑、画像之类的物品
C. 送礼时送带有动物形象的东西　D. 尽量将参观清真寺安排在周六
E. 帮助他们辨认朝向圣地麦加的礼拜方向

109. 非穆斯林进入清真寺，不经阿訇等寺内宗教教职人士批准，不准(　　)。
A. 袒胸露背　B. 穿短裙短裤　C. 进入礼拜大殿
D. 拍照　E. 乱叫礼拜者

110. 在穆斯林做礼拜时，导游人员不能(　　)。
A. 进入礼拜大殿　B. 喊叫礼拜者
C. 在礼拜者面前走动　D. 唉声叹气、呻吟或无故清嗓
E. 大笑、吃东西

111. 宗教旅游团参加学术会议，导游人员要事先了解会议的有关情况，包括(　　)。
A. 会议参加人员层次　B. 会议召开日程
C. 与会者的报道时间和地点　D. 会议内容　E. 会议参加人数

112. 考察旅游团是融(　　)为一体的特色旅游。
A. 知识性　B. 趣味性　C. 风险性　D. 参与性　E. 探索性

113. 考察旅游团(者)的特征是(　　)。
A. 目的明确　B. 对讲解要求高　C. 风险性较高
D. 观察细致、要求多　E. 有较多的相关专业知识

114. 在接待考察旅游团时，导游人员的讲解应注意(　　)。
A. 讲浅不讲深　B. 讲深不讲浅　C. 讲共性不讲个性
D. 讲个性不讲共性　E. 保证充足的游览时间

115. 考察旅游团考察的对象可能是当地的(　　)。
A. 产业经济　B. 社会文化　C. 自然奇观　D. 文物古迹　E. 风土人情

116. 为探险旅游团(者)提供服务时，要求导游人员(　　)。
A. 有较强壮的身体　B. 有一定的专业知识

C. 做好充分的物质准备　　D. 生活照料要周到　　E. 果断地处理问题

117. 下列属于探险专用装备的(　　)。

A. 帐篷　B. 防寒手套　C. 护目镜　D. 登山杖　E. 登山靴

118. 导游人员接待探险旅游团，在生活照料方面应做到(　　)。

A. 提醒餐厅提供易消化、水质食物　　B. 饭前热汤必不可少

C. 提前落实住宿　　D. 可为旅游者熬制姜汤

E. 提供热量高、蛋白含量丰富的食物

119. 探险旅游的形式有(　　)。

A. 登山　B. 骑车　C. 驾车　D. 滑雪　E. 漂流

120. 以下对不同残疾人的心理特征描述正确的是(　　)。

A. 肢体残疾人有严重的自卑感，往往在学习、生活、工作中表现出惊人的毅力

B. 盲人性格比较内向，温文尔雅，但内心世界有着丰富的情感

C. 盲人的记忆力和分辨能力比较差，但语言能力强

D. 聋哑人在记忆方面表现出记得慢、忘得快的特点

E. 聋哑人视觉敏感，其形象思维、逻辑思维和情绪思维都很发达

121. "工欲善其事，必先利其器"，(　　)技能是导游人员必须熟练掌握的工具。

A. 有声语言　B. 体态语言　C. 服饰语言　D. 表情语言　E. 书面语言

122. 一名优秀的导游人员能以准确、自然的语言生动形象地进行导游讲解(　　)，语义准确，让游客听了感到舒服。

A. 嗓音甜润悦耳　　B. 语音高低和谐

C. 语调抑扬顿挫　　D. 语音清晰　　E. 语言流畅

123. 导游人员和旅游者之间一般不涉及的话题包括(　　)。

A. 传说故事　B. 荒诞离奇　C. 黄色淫秽　D. 疾病　E. 收入

124. 旅游中期阶段，游客表现出懒散和求全的心理，具体表现为(　　)。

A. 群体观念强　　B. 丢三落四　　C. 对旅游服务随意

D. 要求没有得到满足，产生对立情绪　　E. 时间观念差

参考答案

一、判断题

1—5 BAABB　6—10 ABBAA　11—15 BBBAB　16—20 ABBAB　21—25 ABBAB

26—30 AABAB　31—35 ABBBA　36—40 BBBBA　41—45 BAABB　46—50 BBAAB

51—55 BABAB　56—60 AABBA　61—65 ABABB　66—70 AABAA　71—75 BBBAB

76—80 ABBBA　81—85 BBABA　86—90 BBBAB　91—95 BABAB　96—100 ABABA

101—105 BBABA　106—110 BAAAA　111—115 BBAAB　116—120 AABBB

121—125 BABAA　126—130 BAABA　131—135 BBAAB　136—140 BABAA

141—145 BABAA　146—149 ABAA

二、单选题

1—5 CAADC　6—10 CACBB　11—15 BDCDA　16—20 DBDAB　21—25 BDBDA

26—30 BAADC　31—35 CCABA　36—40 AADBC　41—45 ABACD　46—50 AADDC

51—55 DDACC 56—60 ABBCA 61—65 CBBCB 66—70 ADDAB 71—75 DBBDB
76—80 DAADD 81—85 CCCBA 86—90 CDDAC 91—95 BABBC 96—100 CBABA
101—105 ABCBB

三、多选题

1. ABE 2. ACE 3. ABC 4. ABCD 5. ACDE 6. ABCDE 7. ABCDE 8. CE
9. ABCD 10. BC 11. CDE 12. BDE 13. ABC 14. ABE 15. ABE 16. BCD
17. CD 18. ABCDE 19. ACDE 20. AE 21. ABCDE 22. BDE 23. CE 24. CDE
25. ABCDE 26. ABCDE 27. AB 28. ADE 29. ABC 30. ADE 31. ADE
32. ABDE 33. ABC 34. ADE 35. BCDE 36. BCDE 37. ABDE 38. CE
39. BCD 40. ABC 41. ABE 42. ABCD 43. ABC 44. ACD 45. ACDE 46. BCDE
47. ABCE 48. CE 49. CDE 50. ABDE 51. ABE 52. BCE 53. ABCD 54. AD
55. CDE 56. ABC 57. ABE 58. BCE 59. ABC 60. ABCD 61. ABC 62. ABC
63. ABCE 64. BDE 65. CD 66. ACDE 67. ABCE 68. BCDE 69. ABC
70. ABC 71. ABCD 72. BCDE 73. ABCE 74. ACE 75. ABDE 76. BCDE
77. ABE 78. ABCDE 79. ADE 80. ABC 81. ABC 82. ABCD 83. CD 84. BC
85. ACD 86. BC 87. ABCD 88. CDE 89. ACD 90. BCE 91. ABCE 92. ABDE
93. ABCDE 94. ABDE 95. BCDE 96. ABCDE 97. DE 98. ABC 99. DE 100. CD
101. ABCDE 102. CDE 103. ABCDE 104. ABD 105. ABCDE 106. AB 107. BCE
108. ABE 109. CD 110. BCDE 111. ABC 112. ABDE 113. ABDE 114. ADE
115. ABCDE 116. ABCDE 117. CDE 118. BCDE 119. ABCDE 120. ABD
121. ABE 122. ABC 123. BCDE 124. BDE

第六章 导游服务相关知识

一、判断题(正确的填A,错误的填B)

1. 大部分旅行社按照内部生产过程划分和设立业务部门和管理部门。 ( )
2. 当今旅行社的业务逐渐由销售部转向接待部。 ( )
3. 接待部门由导游人员(包含出境领队)为主体组成。 ( )
4. 接待部门仍然是旅行社的利润中心,与市场销售部门对应设部。 ( )
5. 旅行社人事部门起着重要的管理和监督作用。 ( )
6. 会议型酒店经营的季节性较强。 ( )
7. 所谓“面门为主”,是指在每一张餐桌上,以面对宴会厅正门的正中那个座位为主位。 ( )
8. 所谓“各桌同向”就是指多桌宴会时,其他各桌的主陪之位,均应与主桌主位保持相反方向。 ( )
9. 每桌只有一个主位,但是可以有多个谈话中心。 ( )

10. 主宾位置在主人位置的左手边。（　）
11. 如果主人夫妇在同一桌就座，以男主人为第一主人，女主人为第二主人，他们相对而坐，主宾夫妇分别在男女主人右侧而坐，可以形成两个谈话中心。（　）
12. 如果主宾身份高于主人，为表示尊重，可以安排在主人位子上坐，而请主人坐在主宾的位置上。（　）
13. 导游人员如果被邀请参加宴会，一般选择上菜附近的位置，以表示谦虚。（　）
14. 正式的宴会厅内安排桌次时，以距离主桌远近为区别尊卑，距其越远，餐桌的桌次越高。（　）
15. 西餐位置排法与中餐有一定的区别，中餐多使用圆桌，西餐则以长桌为主。（　）
16. 西餐长桌就座方式中法式就座方式：桌子两端为男女主人，陪同客人尽量往中间坐。（　）
17. 在西餐礼仪中，一般来说，宴会由女主人主持，如果女主人说"祝大家胃口好"这就意味着大家可以吃了。（　）
18. 正式西餐宴会，一般男主人站在大门口迎接客人，微笑表示欢迎。（　）
19. 吃西餐时，刀叉平排放盘内，表示还未吃完；如果交叉摆放，表示已吃完。（　）
20. 西餐用匙只用来喝汤，不用于其他食物。（　）
21. 西餐用匙来喝汤，应由外向内外舀送入口内。（　）
22. 西餐中，经常用柠檬作为佐餐材料，可用手将汁滴入食品，以增加酸味。（　）
23. 比较高级的西餐宴会一般要用 6 种酒，而且每道菜要跟 1 种酒。（　）
24. 西餐非常注重礼仪，菜单要专门设计，向来宾展示菜肴。（　）
25. 吃肉类时，欧洲人习惯边割边吃，美国人喜欢用刀切割完，把刀放在食盘右侧，单用叉子取食。（　）
26. 西餐中，打饱嗝表示对女主人丰盛晚餐安排的最好感谢。（　）
27. 无论是离席还是入席，男宾都要为女宾拉椅，协助其离席或入席。（　）
28. 西餐离席后，不可急忙告退，应等男主人出门送客，才可握手言别。（　）
29. 西餐中，如欲取摆在同桌其他客人面前的调味品，应站起来走到客人身边再取。（　）
30. 西餐中，用餐完毕，餐具务必要摆放整齐，餐巾也要折好，放在桌上。（　）
31. 以等腰三角形排列的三堆火焰是国际通用的求救信号。（　）
32. 灯光发出"SOS"求救信号的方法是：长闪三下，再短促闪三下，最后再长闪三下。（　）
33. 世界上第一家国际医疗风险管理公司——国际 SOS 救援中心，于 1985 年成立。（　）
34. 游客被烫伤，要用"冷却治疗"，就是用酒精冲洗伤口。（　）
35. 游客发生车祸，双腿不能直立行走，当时不能判断其是否骨折，导游人员按骨折来处理。（　）
36. 上止血带的时间，上肢不超过 1 小时，下肢不超过 1.5 小时。（　）
37. 游客受伤流血时，导游人员要及时止血，包扎伤口时应该用布带紧紧扎住伤口，否则难以止血。（　）
38. 游客骨折后，不得任意牵拉或搬运病人，固定的器材最好用夹板。（　）
39. 发生高原肺水肿的主要原因是过度疲劳和感冒，发病率在 5%左右。（　）
40. 进入高原后，提醒游客要减少洗澡次数或不洗，是为了降低感冒概率。（　）
41. 预防呼吸性碱中毒最有效的方法是：用报纸卷成圆锥状，在锥尖处撕开一直径 1～2 厘米

的小孔，将圆锥状的报纸紧贴面部，使呼出的氧气再度吸回来，改善体内的酸碱度，减轻呼吸性碱中毒。（ ）

42. 签证是一国主管机关发给本国公民出国或在国外居留的证件，用以证明其国籍和身份。（ ）

43. 海关验收进出境旅客行李物品，对不同类型的旅客行李物品规定不同的范围和征免税款数量和限值，以自用合理数量为原则。（ ）

44. 海关通道一般分为红色通道和黄色通道，红色通道也叫应税通道。（ ）

45. 机票只限票上所示姓名的旅客使用，不得转让、涂改和更变，否则机票无效，机票款不退。（ ）

46. 不定期机票称为 OPEN 票。（ ）

47. 优惠和低折扣的机票一般不予变更和退票。（ ）

48. 菜刀、大剪刀、大水果刀都是旅客乘机时禁止随身携带或托运的物品。（ ）

49. 根据《中华人民共和国护照法》规定，普通护照的有效期以 18 周岁为分界。（ ）

50. 签证的种类主要有外交签证、公务签证、礼遇签证和普通签证四种。（ ）

51. 持婴儿票的旅客不享受免费交运行李待遇。（ ）

52. 小明 13 岁、身高 1.4 米，在乘坐火车时，应该购买全价票。（ ）

53. 对于旅游者而言，旅行支票比现金更安全便利。（ ）

54. 旅行支票是没有指定付款人和付款地点的定额票据。（ ）

55. 外汇，是指以外国货币表示的可用于国际结算的一种支付手段，包括外国货币、外币有价证券等。（ ）

56. 在中国境内，外币可以流通、使用、质押。（ ）

57. 我国对外汇实行国家集中管理、统一经营的方针。（ ）

58. 信用卡根据发卡机构的不同，可以分为银行卡和非银行卡。（ ）

59. 信用卡根据流通范围的不同，可分为世界通用卡和地区通用卡。（ ）

60. 旅行社责任险是一种非强制险。（ ）

61. 所有的旅行社保险的保险期限都为一年。（ ）

62. 行李承运人如果办理声明价值，则按旅客声明价值中超过上述规定限额部分的价值的 5％收取声明价值附加费。（ ）

63. 液体物品包括液体、凝胶、气溶胶等，常用的眼药水、口红、牙膏、发胶等物品均在受限范围内。（ ）

64. 旅客乘坐飞机不得携带武器、利器和凶器。（ ）

65. 当天往返或短期内多次来往港、澳地区的旅客，免税烟草制品限量：香烟 50 支、雪茄 5 支、烟丝 40 克，免税 12°以上酒精饮料限量 1 瓶。（ ）

二、单选题

1. 下列部门是属于旅行社企业的管理部门的（ ）。

A. 销售部　　B. 计调部　　C. 接待部　　D. 人力资源部

2. 下列不属于旅行社企业的财务部门的功能（ ）。

A. 负责培训教育和业务考核　　B. 对旅行社进行财务分析

C. 管理好资金，使资金保值、增值

D. 建立完整的账户系统、审核系统、支出系统

3. 下列不属于旅行社企业人事部门的功能的是(　　)。

A. 负责培训教育和业务考核　　B. 招聘和录用员工

C. 管理好资金,使资金保值、增值　　D. 负责保险、核定工资

4. 以接待休假的客人为主,多兴建在海滨、温泉、风景区附近的是(　　)。

A. 商务型酒店　　B. 度假型酒店　　C. 经济型酒店　　D. 会议型酒店

5. 公寓式酒店最早兴起于(　　)年的欧洲,意为“酒店式服务,公寓式管理”。

A. 1984　　B. 1994　　C. 1995　　D. 1949

6. 在正式的宴会厅内安排桌次时,(　　)原则是指以背靠讲台的餐桌为主桌。

A. 以右为上　　B. 临台为上　　C. 以远为上　　D. 居中为上

7. 西餐礼仪中,往往体现(　　)原则。

A. 居中为上　　B. 以左为尊　　C. 以远为上　　D. 女士优先

8. 关于西餐礼仪,下列说法错误的是(　　)。

A. 女主人为第一主人,在主位就位　　B. 距离主位远的位置表示位尊

C. 按礼仪规范,右侧的地位要高于左侧之位

D. 面对餐厅正门的位子要高于背对餐厅正门的

9. 关于中西餐礼仪的区别,正确的是(　　)。

A. 中餐体现以男为尊,西餐体现女士优先

B. 中餐以左为尊,西餐以右为尊　　C. 中餐背门位尊,西餐面门位尊

D. 中餐男主宾排女主人左侧,西餐女宾排男主人右侧

10. 参加正式西餐宴会,如果有餐前鸡尾酒,正餐时间至少比请柬上延迟________,若不招待鸡尾酒,一般延迟________就可以。(　　)

A. 1 小时,30 分钟　　B. 2 小时,30 分钟　　C. 1 小时,20 分钟　　D. 2 小时,20 分钟

11. 关于西餐中的刀,说法错误的是(　　)。

A. 刀除了切割食物外,还用于将食品拨到叉齿上

B. 刀不用于切割食物时,应将刀齿向上

C. 刀可以用于单独进食或取食　　D. 若未吃完,刀口应向内摆放

12. 西餐宴会中,什么菜配什么酒,下列搭配正确的是(　　)。

A. 上冷盘和海鲜,要饮用烈酒　　B. 上汤时,用红葡萄酒

C. 上海鲜时,用雪利酒　　D. 上主菜时,用白兰地酒

13. 西餐餐巾使用,说法错误的(　　)。

A. 餐巾主要是防止弄脏衣服　　B. 等大家坐定后,方可使用餐巾

C. 餐巾可以平摊在大腿上,也可挂在西装领口

D. 切忌用餐巾擦拭餐具

14. 火光信号一般在晚上或者是光线比较暗时使用,火堆之间的距离宜为(　　)。

A. 10～20 米　　B. 20～30 米　　C. 30～40 米　　D. 40～50 米

15. 在雪地和沙滩上,求救信号可以直接用英文字母 SOS,每个字母约(　　)大小。

A. 5 米　　B. 10 米　　C. 15 米　　D. 20 米

16. 游客晕车,导游人员应该(　　)。

A. 打开窗户，令其呼吸新鲜空气　　B. 让游客保持站立姿势
C. 按压其太阳穴　　D. 在其肚脐眼贴含有兴奋剂的贴布

17. 游客被烫伤，采用“冷却治疗”时，不能用的材料是（　）。
A. 白酒　B. 酒精　C. 凉开水　D. 冰块

18. 一般来说，海拔高度达到（　）米左右时，就会产生高原反应。
A. 1500　B. 2500　C. 1700　D. 2700

19. 下列不是高原肺水肿的急救措施的是（　）。
A. 半卧位休息　　B. 多喝水，加速排泄
C. 两腿下垂　　D. 充分吸氧

20. 下列不属于抗高原反应药物的是（　）。
A. 藿香正气水　B. 红景天　C. 高原康　D. 高原安

21. 普通护照的有效期为：护照持有人未满16周岁的为______年，16周岁以上的为______年。（　）
A. 2，5　B. 5，10　C. 10，20　D. 15，20

22. （　）是一国主管机关在外国公民所持的护照或其他有效出入证件上签注、盖印，表示准其出入本国国境或者国境的手续。
A. 护照　B. 签证　C. 普通签证　D. 旅行证明

23. （　）人以上的旅游团可发团体签证。
A. 9　B. 9（不包含9）　C. 10　D. 10（不包含10）

24. 《港澳居民来往内地通行证》是港、澳同胞来往于中国香港、澳门与内地之间的证件，由（　）签发，于1999年1月5日启用。
A. 香港公安厅　B. 澳门公安厅　C. 深圳公安局　D. 广东省公安厅

25. 旅客携带人民币出入境限额为（　），超出的应向海关申报并办理有关进出境手续。
A. 5000元　B. 10000元　C. 20000元　D. 25000元

26. 旅客携带中药材、中成药出境，前往国外的总值限人民币________，寄往国外的总值限人民币________。（　）
A. 100元，200元　B. 150元，100元　C. 200元，100元　D. 300元，200元

27. 旅客携带金、银及其制品进境应以自用合理数量为限，超过（　）克，应向海关申报。
A. 20　B. 30　C. 40　D. 50

28. 我国发给来中国旅游、探亲或其他私人事务入境的人员的签证是（　）签证。
A. L字　B. J字　C. F字　D. G字

29. 进入中国境内的外国游客携带自用的烟草制品和酒精饮料限量为（　）。
A. 香烟200支，酒1瓶（不超过1.5升）　　B. 雪茄50支，酒2瓶（不超过1.5升）
C. 烟丝500克，酒2瓶（不超过1.5升）　　D. 香烟400支，酒1瓶（不超过1.5升）

30. 在实施双通道制的海关现场，旅客携带有须向海关申报的物品时，应选择（　）色通道。
A. 红　B. 黄　C. 蓝　D. 绿

31. 中国海关规定，外国人入境时携带的外币（　）。
A. 限额20000元　　B. 以自用合理数量为限
C. 不超过5000美元　　D. 数量不受限制

32. 下列中药材中，不准携带出境的是（ ）。

A. 人参　B. 鹿茸　C. 麝香　D. 阿胶

33.（ ）是旅游活动中最主要的交通方式。

A. 航空交通　B. 铁路交通　C. 公路交通　D. 水运交通

34. 持 OK 票的旅客，若在该联程或回程上机地点停留 72 小时以上，则其国际机票须在（ ）办理座位再证实手续，否则座位不予保留。

A. 飞机离站前两天中午 12 点之前　B. 飞机离站前 72 小时之前

C. 飞机离站前一天中午 12 点之前　D. 飞机离站前 12 小时之前

35. 国内和国际航班规定离站前分别是（ ）分钟，停止办理乘机手续。

A. 30，40　B. 30，50　C. 40，50　D. 40，60

36. 对于当天往返或短期内多次来往港澳地区的旅客，其免税 12 度以上酒精饮料限量（ ）。

A. 1 瓶　B. 不超过 0.75 升　C. 不超过 1.5 升　D. 不准免税带进

37. 一位身高 1.3 米的 12 岁半的孩子买机票________，买火车票________。（ ）

A. 全价，全价　B. 全价，半价　C. 半价，全价　D. 半价，半价

38. 旅客在航班规定离站时间 2 小时之内要求退票，收取票价（ ）%的退票费。

A. 10　B. 20　C. 30　D. 50

39. 已订妥回程国际航班座位的某旅游团计划在中国旅游半个月，该团导游员应该最迟在航班机起飞前（ ）小时确认机票。

A. 12　B. 24　C. 48　D. 72

40. 根据我国国内航空运输中规定，一名 3 周岁的儿童随其父母乘飞机旅行时应（ ）。

A. 付成人全票价的 10%　B. 付成人全票价的 50%

C. 付成人全票的 30%　D. 免费

41. 根据民航规定，持有公务舱和经济舱客票的旅客每人分别可免费托运行李（ ）。

A. 40 千克和 30 千克　B. 30 千克和 15 千克

C. 30 千克和 20 千克　D. 40 千克和 20 千克

42. 一对夫妇带三名儿童（其中一名小孩身高 1 米，一名小孩身高 1.2 米，另一名小孩身高 1.5 米）从杭州坐火车前往北京旅游，他们应该买（ ）张车票。

A. 2　B. 3　C. 4　D. 5

43. 乘坐飞机旅行，儿童未满 2 周岁按成人票价的（ ）付款，不另单独占位。

A. 50%　B. 30%　C. 10%　D. 5%

44. 旅客购买的是特别优惠和低折扣票一般（ ）。

A. 预定航班起飞前 48 小时可变更航班，日期和航位等

B. 2 小时内至起飞前变更收 20%

C. 24 小时内至起飞前 2 小时内变更收 10%

D. 不予变更和退票

45. 民航允许持票旅客随身携带的物品体积不能超过 20 厘米×40 厘米×55 厘米，重量不超过（ ）。

A. 5 千克　B. 10 千克　C. 15 千克　D. 20 千克

46. 持头等舱票的旅客，每人可随身携带（　　）件物品。

A. 1　　B. 2　　C. 3　　D. 4

47. 行李托运过程中，行李损坏、丢失，赔偿金额每公斤不超过人民币（　　）元。

A. 30　　B. 50　　C. 80　　D. 100

48. 大型客轮的舱室一般分为五等，一等舱是（　　）。

A. 软卧　　B. 硬卧　　C. 硬座　　D. 软座

49. 乘坐沿海和长江客轮，持全价票的旅客可随身携带免费行李（　　）。

A. 10 千克　　B. 15 千克　　C. 20 千克　　D. 30 千克

50. 旅游者乘坐火车旅行时，每人免费携带品的长、宽、高总和不超过（　　）厘米。

A. 120　　B. 160　　C. 180　　D. 200

51. 中国银行兑付旅行支票时，按票面金额（　　）支付贴息。

A. 7.5‰　　B. 8.5‰　　C. 1%　　D. 1‰

52. 在购买、使用时，需要旅行者当场签字，作为预留印鉴证的是（　　）。

A. 外汇　　B. 信用卡　　C. 旅行支票　　D. 水单

三、多选题（五个选项中，至少有两个正确）

1. 从目前，我国旅行社组织机构设置来看，主要有（　　）。

A. 直线制　　B. 职能式　　C. 直线职能式

D. 市场部门式　　E. 管理部门式

2. 下列属于旅行社企业的业务部门的有（　　）。

A. 人力资源部　B. 计调部　C. 接待部　D. 销售部　E. 财务部

3. 下列是属于旅行社企业的销售部的功能的（　　）。

A. 了解和掌握旅游市场的需求动向

B. 设计出各种能够吸引旅游者的产品

C. 组织促销活动　　D. 组织人员接待

E. 将产品销售给中间商

4. 下列属于旅行社企业的计调部门主要职责（　　）。

A. 组织接待　B. 采购业务　C. 客流调度　D. 平衡和统计　E. 销售产品

5. 下列关于各种酒店说法正确的是（　　）。

A. 商务型饭店客流量一般不受季节影响　　B. 度假型酒店一般会议设施齐全

C. 经济型酒店以提供住宿和餐饮服务为主　　D. 观光型酒店一般建在旅游点内

E. 酒店式服务公寓一般集中在市中心的高档住宅区内

6. 中餐宴请时，每张餐桌上的具体位次有主次尊卑的分别，下列正确的是（　　）。

A. 主人在主桌背对正门之位就座　　B. 多桌宴请时，每桌都有主人位

C. 距离主人位以近为尊，以远为下　　D. 宴请时，位置以右为尊

E. 主人夫人一般与主人相邻而坐

7. 在正式的宴会厅内安排桌次时，要遵循以下（　　）原则。

A. 以右为上　B. 以左为上　C. 以远为上　D. 以近为上　E. 临台为上

8. 西餐位序的排列和中餐具有一定差异，主要有（　　）原则。

A. 女士优先　B. 距离定位　C. 以左为尊　D. 背门为上　E. 交叉原则

9. 长桌排位主要有（　　　　）方式。
A. 法式就座方式　　B. 美式就座方式　　C. 英式就座方式
D. 女士优先就座方式　　E. 先女士后男士就座方式

10. 西餐宴会礼仪，下列说法错误的是（　　　　）。
A. 男主人站在大门口迎接客人　　B. 男主人领着女主宾最后入座
C. 女主人最后一位进入餐厅　　D. 客人若迟到了，要向男主人表示歉意
E. 男女主人一般在大厅里迎接客人

11. 西餐宴会刀叉使用礼仪正确的（　　　　）。
A. 左手持刀，右手持叉
B. 刀除了切割食物外，还用于将食品拨到叉齿上
C. 欧洲人使用刀叉要换手
D. 刀叉使用顺序由外及里　　E. 刀叉平衡摆放，表示吃完

12. 宴会开始后，下列（　　　　）做法是正确的。
A. 每上一道菜，男主人让菜后，才可以开始进餐
B. 餐巾应平放在骨盘下面，主要用来擦嘴
C. 每道菜上来时来宾都不可以拒绝
D. 如果不喜欢某道菜，尽量少取　　E. 把吃不完的菜肴放在盘子里

13. 西餐中，关于食物和工具使用正确的是（　　　　）。
A. 肉饼、煎蛋、沙拉都不用刀，只用叉　　B. 吃面包不能用刀，可以用叉
C. 炸薯片、炸肉片、芹菜，可用左手取食　　D. 吃甜点时，用点心刀叉取
E. 喝咖啡时，小茶勺用来舀饮咖啡

14. 晕车的原因有（　　　　）。
A. 气压低、含氧量少　　B. 空气干燥浑浊
C. 大脑释放一种压力荷尔蒙　　D. 内耳平衡中心振动过度
E. 行车速度过快

15. 预防晕车的措施有（　　　　）。
A. 避免喝酒　　B. 避免过度饱食
C. 不能吃高蛋白食品　　D. 坐车时阅读报纸以分散注意力
E. 尽量坐后排

16. 烫伤的创面上不能涂用（　　　　）。
A. 红药水　　B. 紫药水　　C. 碱面　　D. 白酒　　E. 酱油

17. 高原反应是由于高海拔（　　　　）引起头晕、心慌、气短等现象。
A. 速度过快　　B. 气压差　　C. 含氧量少　　D. 空气干燥　　E. 空气闷热

18. 高原反应可能出现的常见重症有（　　　　）。
A. 头痛　　B. 肺水肿　　C. 脑水肿　　D. 呕吐　　E. 呼吸性碱中毒

19. 避免或减轻高原反应的方法有（　　　　）。
A. 不可暴饮暴食　　B. 多洗澡讲卫生　　C. 不断大量喝水
D. 学会腹式呼吸　　E. 避免将皮肤裸露在外

20. 护照一般分为（　　　　）。

A. 外交护照　　B. 公务护照　　C. 礼遇护照
D. 普通护照　　E. 临时护照

21. 中国公安部授权的口岸签证机关最早设立的口岸有(　　)。
A. 福州　　B. 大连　　C. 杭州　　D. 昆明　　E. 南京

22.《台湾居民来往大陆通行证》分为两种，有效期分别为(　　)。
A. 2 年　　B. 5 年　　C. 10 年
D. 一次性有效　　E. 永久有效

23. 下列物品中禁止进入我国国境的有(　　)。
A. 仿真枪　　B. 黄金　　C. 麝香
D. 传播疾病的食品　　E. 烈性毒药

24. 下列物品中禁止出境的有(　　)。
A. 大熊猫标本　　B. 宋代出土的陶瓷　　C. 有价证券
D. 新鲜水果　　E. 海洛因

25. 航空公司对航班进行编号，其中我国相关区域的数字代码，正确的是(　　)。
A. 1 是新疆　　B. 2 是西北　　C. 3 是华南　　D. 4 是东北　　E. 5 是华东

26. 航空公司机舱等级有(　　)。
A. F 为头等舱　　B. C 为公务舱　　C. Y 为普通舱　　D. K 为经济舱　　E. C 为经济舱

27. 关于行李托运造成破损的相关规定，叙述正确的是(　　)。
A. 赔偿金额每公斤不超过人民币 50 元
B. 实际价值不足 50 元每公斤，按 50 元每公斤计算
C. 承运人行李价值超过 50 元每公斤，可办理声明价值
D. 声明价值附加费按 5%收取
E. 旅客已办理声明价值的行李丢失，按声明价值赔偿，声明价值附加费不退

28. 中国目前受理的外汇信用卡有(　　)。
A. 牡丹卡　　B. JCB 卡　　C. 万事达卡　　D. 百万卡　　E. 金穗卡

29. 大型客轮的舱室一般分为五等，以下为软卧的是(　　)等舱。
A. 一　　B. 二　　C. 三　　D. 四　　E. 五

30. 旅游保险与其他保险合同相比较，旅游保险具有(　　)特征。
A. 短期性　　B. 强制与自愿结合
C. 均属于强制性　　D. 均属于自愿性
E. 财产保险与人身保险相结合

31. 旅行社责任险与旅游意外保险的区别(　　)。
A. 旅行社责任险投保主体是旅行社
B. 旅游意外险投保主体是旅游者
C. 旅行社责任险是自愿险，旅游意外险是强制险
D. 两者保险期限不一样
E. 旅行社责任险和旅游意外险的受益人均是旅游者

参考答案

一、判断题

1—5 ABAAB 6—10 BABBB 11—15 AAABA 16—20 BABBA 21—25BBBBA 26—30 BABBA 31—35 ABBBA 36—40 ABABA 41—45 BBABB 46—50 AAABB 51—55 ABAAA 56—60 BAABB 61—65 BBAAB

二、单选题

1—5 DACBB 6—10 BDBAC 11—15 CACBB 16—20 ABDBA 21—25BBBDC 26—30 DDACA 31—35 DCCBA 36—40 DBBDB 41—45 CCCDA 46—50 BBADB 51—52 AC

三、多选题

1. ACD 2. BCD 3. ABCE 4. BCD 5. ADE 6. BCD 7. ACE 8. ABE 9. ABC 10. ABD 11. BDE 12. CD 13. ACD 14. CD 15. ABC 16. ABCE 17. BCD 18. BCE 19. ADE 20. ABD 21. ABCD 22. BD 23. ADE 24. ABE 25. BCE 26. ABCD 27. ACE 28. BCD 29. AB 30. ABE 31. ABD

第二编 《浙江导游文化基础知识》

第一章 浙江地理与历史

一、判断题(正确的填 A,错误的填 B)

1. 浙江省地处中国东南沿海长江三角洲北翼。 ( )
2. 1963 年在建德市乌龟洞发现的 5 万年前的"建德人",是迄今为止发现的浙江省最早的古人类化石。 ( )
3. 浙江省海岸线总长 6486.24 公里,居全国第二位。 ( )
4. 浙江省盛夏,受热带高压影响,易出现晴热干燥天气,造成干旱现象。 ( )
5. 面积为 495.4 平方公里的舟山岛是我国第一大岛。 ( )
6. 浙江省秋季平均气温 16℃~21℃,东南沿海和中部地区气温偏高,西北山区气温偏低。 ( )
7. 浙江省的少数民族达 53 个,仅缺德昂族和布依族。 ( )
8. 南宋画家马和之画山水,常画"一角"之景,因此人称"马一角"。 ( )
9. 19 世纪初,民族危机继续加深,资产阶级革命运动兴起,章炳麟、鲁迅等广泛传播民主革命思想。 ( )
10. 浙江省的森林覆盖率为 70.5%,居全国前列。 ( )
11. 曾在浙江第一师范学校提倡"人格教育"的近代先贤是经亨颐。 ( )
12. 1127 年南宋建立,1138 年,正式定都杭州,称"行在所"。 ( )
13. 鸦片战争前,浙江文化发展到一定的高度,有早期启蒙思想家黄宗羲、龚自珍。 ( )
14. 明朝浙江经济逐步发展,手工业以丝织业为盛,杭嘉湖是全国丝织业的中心。 ( )
15. 南宋理学有"四明学派""永嘉学派""金华学派""永康学派"。 ( )
16. 唐朝时,浙江的越窑青瓷十分著名,诗人沈约作诗赞曰:"九秋风露越窑开,夺得千峰翠色来。" ( )
17. 章学诚是戏剧理论家,著有《比目鱼》《闲情偶寄》。 ( )
18. 西汉顺帝时,分浙江以西为吴郡,以东为稽郡,这是浙江为界划分行政区的最早记录。 ( )

二、单选题

1. 浙江省的陆域面积为( )万平方公里,是中国面积较小的省份之一。
   A. 8.18　　B. 9.18　　C. 10.18　　D. 11.18
2. 浙江地势( ),山地多呈东北、西南走向。
   A. 南高北低　　B. 北高南低　　C. 东高西低　　D. 西高东低

3. 浙江省共有地级市(　　)个。

A. 9　　B. 10　　C. 11　　D. 12

4. (　　)多年前,浙江地区已经开始炼铜和铸造青铜器。

A. 2500　　B. 3000　　C. 4000　　D. 4500

5. 长兴曾出土(　　)时期的铜钟和铜篮。

A. 商　　B. 西周　　C. 东周　　D. 北宋

6. (　　)不仅是浙江最早的地方志,也是国内现存最早的地方志。

A.《论衡》　　B.《越绝书》　　C.《吴越春秋》　　D.《会稽刻石》

7. 东汉时期的王充著(　　),成为中国最早的唯物主义思想家之一。

A.《国榷》　　B.《文史通义》　　C.《四库全书》　　D.《论衡》

8. 据省政府 2013 年 5%人口抽样调查结果显示,浙江省年末常住人口为(　　)万人。

A. 5493.8　　B. 5230　　C. 5140　　D. 5492.8

9. 浙江省有 7 个民用机场,其中是国际机场的是(　　)。

A. 舟山机场　　B. 黄岩机场　　C. 义乌机场　　D. 宁波栎社机场

10. 浙江矿产资源以________为主,浙江是我国________。(　　)

A. 金属矿产,高产综合性农业区　　B. 非金属矿产,高产综合性工业性

C. 金属矿产,高产综合性工业性　　D. 非金属矿产,高产综合性农业区

11. 书画家(　　)是元初画家的宗主,他的诗、书、画名噪一时。

A. 赵孟頫　　B. 黄公望　　C. 马远　　D. 马和之

12. 浙江少数民族人口总数不多,但 56 个少数民族,仅缺(　　)和保安族。

A. 畲族　　B. 傣族　　C. 回族　　D. 德昂族

13. 春季,浙江省降水量分布为由(　　)递减。

A. 东南沿海地区向西北地区　　B. 西南地区向东北沿海地区

C. 西南地区向西北地区　　D. 西北地区向东北沿海地区

14. 1945 年 8 月 15 日,日本政府投降,蒋介石命陈公博控制南京、上海、(　　)三角地区,抵制八路军、新四军接收。

A. 江苏　　B. 嘉兴　　C. 杭州　　D. 湖州

15. 传入浙江省历史最久的宗教是(　　)。

A. 伊斯兰教　　B. 基督教　　C. 道教　　D. 天主教

16. 秦始皇曾(　　)次南巡,最后一次到达钱塘县。

A. 3　　B. 4　　C. 5　　D. 6

17. (　　)曾盛赞杭州是世界上最华贵、最美丽的"天城"。

A. 哥伦布　　B. 马可·波罗　　C. 雨果　　D. 莎士比亚

18. 医学家(　　),人称丹溪先生,其学说传入日本,形成日本汉医中的"丹溪学派"。

A. 杨维桢　　B. 赵孟頫　　C. 黄公望　　D. 朱震亨

19. (　　)年 2 月 26 日,南麂列岛解放,浙江全境解放。

A. 1944　　B. 1955　　C. 1959　　D. 1960

20. 东汉时期,浙江的铜镜制造业已相当发达,其中以现在的(　　)为著名的铸镜中心。

A. 绍兴　　B. 宁波　　C. 杭州　　D. 湖州

21. 南宋瓷器生产以杭州凤凰山下修内司(　　)最为著名,民窑则以龙泉窑最负盛名。
A. 官窑　　B. 哥窑　　C. 弟窑　　D. 汝窑
22. (　　)画家精于佛画,成为中国佛画之祖。
A. 北魏　　B. 南朝　　C. 吴国　　D. 北宋
23. 北宋建立后,浙江属于两浙路,(　　)成为东南沿海的大城市,被誉为"东南第一州"。
A. 杭州　　B. 宁波　　C. 嘉兴　　D. 绍兴
24. 杭州孤山文澜阁是清代珍藏(　　)的七阁之一。
A.《文史通义》　　B.《明儒学案》　　C.《四库全书》　　D.《资治通鉴》
25. 浙江省平均水资源按单位面积计算居全国第________位,人均资源拥有量________全国人均水平。(　　)
A. 三,低于　　B. 三,高于　　C. 四,低于　　D. 四,高于
26. 浙江省少数民族人口以(　　)为最多。
A. 回族　　B. 土家族　　C. 苗族　　D. 畲族
27. 在浙江省丽水市设有全国唯一的畲族自治地——景宁畲族自治县,辖(　　)畲族乡(镇)。
A. 17 个　　B. 18 个　　C. 19 个　　D. 20 个
28. 浙江省的男女性别比是(　　)。
A. 102∶100　　B. 103∶100　　C. 104∶100　　D. 106∶100

三、多选题(五个选项中,至少有两个正确)

1. 浙江省旅游资源丰富,下列属于国家级历史文化名城的是(　　　　)。
A. 湖州　　B. 杭州　　C. 宁波　　D. 绍兴　　E. 金华
2. 浙江省旅游行业品质提升明显,(　　　　)等地加快推进智慧旅游试点城市建设。
A. 杭州　　B. 绍兴　　C. 宁波　　D. 温州　　E. 嘉兴
3. 宁波拥有众多寺庙古迹,下列属于宁波境内的寺庙有(　　　　)。
A. 天童寺　　B. 慧济寺　　C. 雪窦寺　　D. 法雨寺　　E. 阿育王寺
4. 浙江省夏季主要气象灾害有(　　　　)等。
A. 台风　　B. 干旱　　C. 寒潮　　D. 龙卷风　　E. 大风
5. 天台山国清寺被(　　　　)的佛教奉为天台宗祖庭。
A. 美国　　B. 印度　　C. 新加坡　　D. 日本　　E. 韩国
6. 史学家沈约的作品有(　　　　)。
A.《越绝书》　　B.《齐春秋》　　C.《晋书》　　D.《四声谱》　　E.《梦溪笔谈》
7. 浙江素有(　　　　)之称。
A. 江南渔乡　　B. 鱼米之乡　　C. 丝茶之府　　D. 文物之邦　　E. 旅游胜地
8. 浙江省内有五大宗教,各宗教历史悠久,信徒众多,下列传入浙江超过 1000 年的宗教有(　　　　)。
A. 佛教　　B. 道教　　C. 天主教　　D. 基督教　　E. 伊斯兰教
9. 1947 年 6 月,温州学生以及工人、市民举行(　　　　)大会。
A."反迫害"　　B."反革命"　　C."反内战"　　D."反饥饿"　　B."反斗争"
10. 越窑窑址主要集中于(　　　　)。

A. 上虞　　B. 宁波　　C. 绍兴　　D. 杭州　　E. 余姚

11. 唐朝时，杭州渐趋繁荣，与(　　　)是分不开的。

A. 李泌　　B. 王安石　　C. 沈括　　D. 李白　　E. 白居易

12. 浙江省内的四大名湖是(　　　)。

A. 杭州西湖　　B. 绍兴东湖　　C. 嘉兴南湖

D. 宁波东钱湖　　E. 淳安千岛湖

13. 吴越国佛教特别盛行，曾修建了许多寺庙和佛塔，仅西湖四周就兴建了 300 多个寺院和(　　　)等 100 多座佛塔，有"佛国"之称。

A. 保俶塔　　B. 飞英塔　　C. 六和塔　　D. 雷峰塔　　E. 白塔

14. 浙江沿海建有万吨以上泊位的港口有(　　)。

A. 北仑港　　B. 舟山港　　C. 海门港　　D. 温州港　　E. 象山港

15. 世居浙江的少数民族有(　　)。

A. 畲族　　B. 回族　　C. 满族　　D. 侗族　　E. 土家族

16. 明清时期浙江书院盛极一时，杭州有(　　)书院。

A. 敷文　　B. 求是　　C. 紫阳　　D. 诂经精舍　　E. 崇文

参考答案

一、判断题

1—5 BABBB　6—10 ABBBB　11—15 ABAAA　16—18 BAB

二、单选题

1—5 CACBB　6—10 BDADD　11—15 ADBCC　16—20 CBDBA　21—25 ACACC　26—28 DBD

三、多选题

1. BCDE　2. CD　3. ACE　4. ABDE　5. DE　6. CD　7. BCD　8. ABE　9. ACD　10. ABCE　11. AE　12. ABCD　13. ACDE　14. ABCD　15. ABC　16. ACDE

第二章　浙江旅游与文化

一、判断题(正确的填 A，错误的填 B)

1. 浙东史学的开山祖师是章学诚。(　　)

2. 浙北地区，著名的京杭大运河纵贯富饶的杭嘉湖平原，这里是著名的蚕乡，是丝绸文明的发祥地之一。(　　)

3. 中国最早成熟的戏剧样式——南戏。(　　)

4. 北宋末年，钱塘词人杨万里被誉为词坛泰斗。(　　)

5. 盛行于宋元时期浙江的灯影戏(皮影戏)，被世界电影历史学家认定为电影发明的先导。(　　)

6. 1919 年鲁迅在《新青年》上发表《狂人日记》，开了现代小说的先河。(　　)

7. 浙江以“诗画江南，山水浙江”为旅游主题形象。 （ ）
8. 南渡的朱淑真和世居钱塘的李清照乃宋代女作家的双子星座。 （ ）
9. 截至2013年底，浙江有龙泉青瓷传统烧制技艺、中国蚕桑丝织技艺2项世界非物质文化遗产。 （ ）
10. “十二五”期间，浙江旅游业实施“东进西扩”的战略。 （ ）
11. 晚清时期，张岱的小品，徐渭、袁枚的诗文和以朱彝尊、厉鹗为代表的浙东学派影响很大。 （ ）
12. 在清传奇“四大声腔”中，浙江即占其二。 （ ）
13. 北宋时期，浙江舞蹈以“瓦子”间的群体性舞队活动为主体。 （ ）
14. 明初洪升的《长生殿》是戏剧瑰宝。 （ ）

二、单选题

1. （ ）年在杭州成立的湖畔诗社是我国第一个新诗社。
A. 1822 B. 1922 C. 1937 D. 1948
2. （ ）时的浙江，最为流行的是以士大夫为消费对象的小唱和大曲。
A. 南宋 B. 北宋 C. 唐代 D. 清代
3. （ ）年蔡元培主持建立杭州国立西湖艺术院，从此杭州再次成为中国美术重镇。
A. 1938 B. 1928 C. 1918 D. 1908
4. 1931年，浙江人张石川等拍摄制作了中国第一部蜡盘配音有声电影（ ），成为中国电影艺术的奠基之作。
A.《人小志大》 B.《孤儿救祖记》 C.《马路天使》 D.《歌女红牡丹》
5. 四大南戏为《荆钗记》《白兔记》《杀狗记》与（ ）。
A.《琵琶记》 B.《拜月亭》 C.《长生殿》 D.《西厢记》
6. 电影《流亡大学》反映的是抗战期间（ ）西迁的历史题材影片。
A. 杭州大学 B. 复旦大学 C. 北京大学 D. 浙江大学
7. 1973年，考古学家在浙江余姚河姆渡发掘出（ ）支骨哨，还有一个吹孔的陶埙。
A. 107 B. 108 C. 138 D. 159
8. 在中国早期电影史上，（ ）是国内知名的电影艺术家。
A. 张石川 B. 张元济 C. 邵醉翁 D. 夏衍
9. （ ）时期出现的说唱艺术，如陶真、弹词、评话、评词和俗曲等，它们在浙江曲艺史上起着承前启后、继往开来的作用。
A. 秦汉 B. 唐宋 C. 明清 D. 民国
10. 2013年浙江省全年接待入境游客866万人次，外汇收入近（ ）亿美元。
A. 54 B. 45 C. 47 D. 50
11. 截至2013年底，浙江有西湖、（ ）2处世界遗产。
A. 江郎山 B. 乌镇 C. 普陀山 D. 雁荡山
12. 2013年浙江（ ）被国家旅游局批复为全国旅游综合改革试点县，桐庐被省政府批复为第一批改革试验点，全省形成国家级试点与省级试点、综合改革与专项改革齐头并进的局面。
A. 温州 B. 金华 C. 桐乡 D. 乌镇

13. 1928 年，杭州国立西湖艺术院曾聘任（　　）为雕塑系主任。

A. 李金发　　B. 刘开渠　　C. 卢鸿基　　D. 萧传玖

三、多选题（五个选项中，至少有两个正确）

1. 迄今为止浙江省所发现的工艺美术最早的源头是（　　）。

A. 雕塑　　B. 彩陶　　C. 青铜　　D. 丝绸　　E. 苇编

2. 浙江著名的雕塑家有（　　）。

A. 周轻鼎　　B. 程曼叔　　C. 刘开渠　　D. 卢鸿基　　E. 萧传玖

3. 茅盾是中国现代文学史上最重要的长篇小说家，他的《蚀》三部曲、（　　）等都是现代最优秀的长篇小说。

A.《母亲》　　B.《沉沦》　　C.《子夜》
D.《腐蚀》　　E.《霜叶红似二月花》

4. 长篇弹词（　　），以及杭州评话《海瑞》、温州鼓词《王十朋》等成了书场上久演不衰的保留书（曲）目。

A.《董小宛》　　B.《白罗山》　　C.《智斩安德海》
D.《武林旧事》　　E.《闹稽山》

5. 南宋时，词学中的浙江名家有（　　）等。

A. 吴文英　　B. 周邦彦　　C. 陆游　　D. 张炎　　E. 朱淑真

6. 1925 年，（　　）一起创办了天一影片公司。

A. 邵醉翁　　B. 邵石川　　C. 邵屯人　　D. 邵仁枚　　E. 邵逸夫

7. 绍兴人蔡元培于 1917 年在《新青年》上发表了（　　）。

A.《美术与生活》　　B.《美术的起源》　　C.《美术的进化》
D.《美术与科学的关系》　　E.《美术对人类未来的影响》

8. 2013 年（　　）等城市加快智慧旅游城市建设。

A. 温州　　B. 宁波　　C. 桐乡　　D. 金华　　E. 杭州

9. 以下属于浙江省“十二五”旅游发展规划目标的是（　　）。

A. 优化旅游空间布局　　B. 拓宽旅游发展领域
C. 丰富旅游产品供给　　D. 扩大旅游消费市场
E. 提升旅游产业素质

10. 王旭峰的“茶人三部曲”包括是（　　）。

A.《南方有嘉木》　　B.《暗算》　　C.《不夜之侯》
D.《筑草为城》　　E.《无梦谷》

11.（　　）等一批杰出的浙江藉剧作家、戏曲理论家，如巨星闪耀，彪炳史册。

A. 茅盾　　B. 叶文玲　　C. 高则诚　　D. 徐渭　　E. 王国维

12.《浙江省旅游业“十二五”发展规划》，为浙江省旅游业发展提出了“形成五个产业，建成三个省”的总目标，这“三个省”指的是（　　）。

A. 旅游业创新发展示范省　　B. 旅游经济强省　　C. 旅游文化强省
D. 国际化发展先行省　　E. 旅游消费强省

参考答案

一、判断题

1－5 BAABA　6－10 BABAB　11－14 BBBB

二、单选题

1－5 BBBDB　6－10 DDDBA　11－13 BCB

三、多选题：

1. BE　2. ABCDE　3. CDE　4. ABC　5. ACDE　6. ACDE　7. BCD　8. AB
9. ABCDE　10. ACD　11. CDE　12. ABC

第三章　浙江民族、民俗与民间艺术

一、判断题(正确的填 A,错误的填 B)

1. 畲族最重要的民族传统节日和汉族一样也是春节 。（　　）
2. “浦江迎会”有着“江南第一灯会”的美誉。（　　）
3. 德清“扫蚕花地”在清末至民国时期广泛流传于杭嘉湖一带。（　　）
4. “金华斗牛”相传为孙权所创,旨在寓教于乐,距今已有 1600 年历史。（　　）
5. 《白蛇传》的故事基本成型于元代时期的杭州 。（　　）
6. 2006 年活跃于绍兴一带的大禹祭典被列入国家级非物质文化遗产名录。（　　）
7. 江南水乡独具风采的“龙舟盛会”的名称由乾隆皇帝口头御封。（　　）
8. 宁海十里红妆婚俗相传和宋代历史人物赵匡胤有关。（　　）
9. 磐安茶场庙有“中国现存最早的茶叶交易场所”的美誉。（　　）
10. “武义接仙女”是武义人过七夕节的传统习俗,在南宋以后盛行开来。（　　）
11. 温州汤和信俗是温州地区为纪念明朝抗倭民族英雄汤和设立的,基本内容是巡游和祭祖。（　　）
12. 浙江畲族多为明朝初年从福建迁来,景宁是畲族迁入浙江省的最早落脚点。（　　）
13. 泰顺百家宴起源于北宋时期,绵延至今,一般在元宵节晚上开餐。（　　）
14. 永康方岩庙会起源于宋代祭祀胡公的活动,北宋胡则被百姓尊称“胡公大帝” 。（　　）
15. 迎龙灯和演大戏是海宁硖石灯会的经典节目。（　　）
16. 缙云是我国南方黄帝文化的祭祀中心,清明祭祀黄帝自西汉末年形成,至今久盛不衰。（　　）
17. 全国第二大剧种越剧在浙江省流传广泛,起源于民国时期的浙江嵊县(今嵊州市)。（　　）
18. 杭州小热昏因其演唱内容经常要借题发挥、针砭时弊,故俗称“唱新闻”。（　　）
19. 西施传说产生于春秋末期的诸暨地区。（　　）
20. 畲族民歌是畲族人民在田间劳作是即兴所唱的歌曲。（　　）
21. 浙江民间舞蹈长兴百叶龙应邀参加“首都国庆 60 周年联欢晚会”,成为“腾飞中国”环节中的一抹亮色。（　　）

22. 十二月花名体的《五姑娘》是嘉善田歌的代表作。（　）
23. “艺人一台戏，演文演武我自己”说的是流行浙东一带的宁波走书。（　）
24. 永康十八蝴蝶舞蹈动作有“大飞”和“小飞”2 种，是展现江南水乡绝美意境的民间舞蹈艺术。（　）
25. 张小泉剪刀的创始人张小泉，1663 年开始在杭州制作剪刀。（　）
26. 海宁市硖石灯会是元宵节规模盛大、品种众多的灯彩展示，驰名中外，历久弥新。（　）

二、单选题

1. 相传农历（　）是潮神的生日，故潮汛最大，为观潮最佳日，南宋把这天定为观潮节。
   A. 八月十五　B. 八月十六　C. 八月十七　D. 八月十八
2. 社戏源于绍兴农村春秋两季祭祀（　）的习俗。
   A. 火神　B. 门神　C. 土地神　D. 灶神
3. 下列民间音乐与佛教密切相关的是（　）。
   A. 嘉善田歌　B. 舟山锣鼓　C. 江南丝竹　D. 嵊州吹打
4. 熔绘画、刺绣、建筑等艺术于一炉的民间艺术品是（　）。
   A. 龙泉青瓷　B. 浦江麦秆剪贴　C. 永康锡雕　D. 仙居唐灯
5. 乐清细纹刻纸发源于元代乐清民间剪纸“龙船花”，至今已有（　）多年的历史。
   A. 600　B. 650　C. 700　D. 750
6. 《西厢记》是（　）的经典剧目。
   A. 婺剧　B. 绍剧　C. 越剧　D. 海宁皮影戏
7. 被誉为“东方艺术之花”的是（　）。
   A. 杭州织锦　B. 杭州丝绸　C. 萧山花边　D. 乐清细纹刻纸
8. 浙江省是一个少数民族散杂聚居的省份，全省有（　）个民族。
   A. 52　B. 53　C. 54　D. 56
9. 一个人能敲打 4～6 种乐器，塑造多种不同性格的人物是（　）的最大特色。
   A. 温州鼓词　B. 杭州小热昏　C. 宁波走书　D. 金华道情
10. 唱法采用真假嗓相结合，韵味独特，音乐多锣鼓，雄壮豪放的剧种是（　）。
    A. 绍剧　B. 婺剧　C. 越剧　D. 海宁皮影戏
11. 有“国之瑰宝”美誉的是（　）。
    A. 青田石雕　B. 昌化鸡血石雕　C. 杭州织锦　D. 东阳木雕
12. 龙泉宝剑闻名于世界，始创于（　）。
    A. 旧石器时代　B. 西周　C. 春秋战国　D. 东汉
13. 白居易曾写诗“红袖织绫夸柿蒂，青旗沽酒趁梨花”赞美（　）的制作水准。
    A. 瓯绣　B. 杭州丝绸　C. 杭州织锦　D. 龙泉宝剑
14. 具有军事操练特色，给人以阳刚之美的是（　）。
    A. 海盐滚灯　B. 奉化布龙　C. 长兴百叶龙　D. 青田鱼灯
15. 体现了先民在与海患抗争中所形成的特有的尚武精神的是（　）。
    A. 海盐滚灯　B. 奉化布龙　C. 长兴百叶龙　D. 青田鱼灯
16. 和卖梨膏糖结合在一起的是（　）。
    A. 温州鼓词　B. 杭州小热昏　C. 宁波走书　D. 金华道情

17. 由人们在劳作时一唱一和的田头山歌演化而来的是（　　）。
A. 温州鼓词　B. 杭州小热昏　C. 宁波走书　D. 金华道情
18. 被誉为“印石皇后”的是（　　）。
A. 青田石　B. 昌化鸡血石　C. 寿山石　D. 芙蓉石
19. 内容大多表现中国民间神话传说中人物是（　　）。
A. 青田石雕　B. 昌化鸡血石雕
C. 乐清黄杨木雕　D. 东阳木雕
20. 东阳木雕因产于东阳而闻名于世，它的历史悠久，可以追溯到（　　）。
A. 唐　B. 宋　C. 元　D. 南北朝
21. 绍兴祝福是绍兴城乡春节风俗的特色，相传起于（　　），后广为流传。
A. 唐　B. 宋　C. 元　D. 清
22. 擅于表演《西游记》等神话剧和《水浒传》等武打戏的是（　　）。
A. 绍剧　B. 婺剧　C. 越剧　D. 海宁皮影戏
23. 平湖市迎大蜡烛发端于对（　　）的尊崇。
A. 胡则　B. 岳飞　C. 韩世忠　D. 刘琦
24. 苏庄舞草龙十分具有地方特色，是开化县农民在（　　）表演的民间娱乐活动。
A. 春节　B. 重阳节　C. 中秋节　D. 元宵节
25. 金华斗牛相传为孙权所创，旨在尚武强身，（　　）时发展为庆丰收、祈平安的传统斗牛节。
A. 东晋　B. 唐　C. 元　D. 明
26. 传说畲族祖先盘瓠生三子一女，女婿姓（　　）。
A. 盘　B. 蓝　C. 钟　D. 雷
27. 自 1992 年以来，金华斗牛于每年的（　　）隆重举行。
A. 中秋节　B. 端午节　C. 元宵节　D. 重阳节
28. 水上婚礼是久居（　　）上九姓渔民特有的风俗。
A. 瓯江　B. 兰溪　C. 富春江　D. 新安江
29. 西施的传说发端于诸暨，产生于（　　）。
A. 春秋初期　B. 春秋末期　C. 战国初期　D. 战国末期
30. 梁山伯与祝英台的传说形成于（　　）。
A. 汉代　B. 东晋　C. 明　D. 南宋
31. 既可扇风取凉，又能遮阳避雨，历来有“一把扇子半把伞”的美称，指的是（　　）。
A. 黑纸扇　B. 檀香扇　C. 芭蕉扇　D. 油纸扇
32. 被誉为“五金之都”的是（　　）。
A. 东阳　B. 永康　C. 乐清　D. 青田

三、多选题（五个选项中，至少有两个正确）

1. 宁波走书的道具主要有（　　　　）。
A. 惊堂木　B. 檀板　C. 折扇　D. 牛筋琴　E. 手绢
2. “杭产三绝”是（　　　　）。
A. 张小泉剪刀　B. 龙井茶叶　C. 杭州雅扇　D. 杭州丝绸　E. 萧山花边
3. 关于湖笔表述正确的是（　　　　）。

A. 湖笔始于晋代，兴于元代

B. 按性能分为软毫和硬毫两大类

C. 原料可以分为羊毫、狼毫、兼毫、紫毫四大类

D. 具有“尖、齐、圆、润”的优良品性，号称“湖颖四德”

E. 素有“毛颖之技甲江南”的美誉

4. 下列关于杭州织锦描述正确的是（　　）。

A. 织锦是有花纹图案的丝织品

B. 明代就闻名全国，清代与云锦、宋锦、蜀锦齐名

C. 1921 年 3 月都锦生设计并织出我国第一幅彩色风景织锦画《九溪十八涧》

D. 1926 年都锦生五彩风景获得美国费城国际博览会金奖

E. 分两大类：风景织锦、装饰织锦

5. 下列关于畲族的描述正确的是（　　）。

A. 浙江人口最多的少数民族，达 16 万多人

B. 女性传统服装为“凤凰装”

C. 民族史诗《高皇歌》，长达 300 行

D. 四大姓为“盘、蓝、雷、钟”

E. “三月三”吃乌米饭

6. 下列活动和重阳节有关的是（　　）。

A. 苏庄舞草龙　　B. 永康方岩庙会　　C. 磐安赶茶场

D. 平湖市迎大蜡烛　　E. 泰顺百家宴

7. 下列活动和浙江省元宵节有关的是（　　）。

A. 苏庄舞草龙　　B. 永康方岩庙会　　C. 海宁硖石灯会

D. 平湖市迎大蜡烛　　E. 泰顺百家宴

8. 下列属于我国四大民间传说的是（　　）。

A.《白蛇传》　　B.《沉香救母》　　C.《孟姜女》

D.《哪吒闹海》　　E.《梁山伯与祝英台》

9. 近年来，西湖又多了许多新的赏月胜地，如（　　）。

A. 三潭印月　　B. 月岩望影　　C. 曲院风荷　　D. 花港观鱼　　E. 平湖秋月

10. 浙江省四大曲种是（　　）。

A. 杭州小热昏　　B. 宁波走书　　C. 温州鼓词　　D. 绍兴莲花落　　E. 金华道情

11. 永康十八蝴蝶较好地展现了江南文化的秀丽之美，其舞蹈基本动作有（　　）。

A. 滚、盘　　B. 跳、走　　C. 大飞　　D. 中飞　　E. 小飞

12. 关于象山县渔民开洋节、谢洋节的表述正确的是（　　）。

A. 源于渔民长期的生产生活，主要流传于象山县沿海各乡镇

B. 一年举办一次，使之成为省级非物质文化遗产

C. 祭祀是开洋节、谢洋节的核心

D. 祭祀对象具有唯一性、祭祀地点具有广泛性

E. 具有祭祀形式和内容多样性、祭祀目的唯一性的特点

13. 关于江南丝竹表述正确的有（　　）。

A. 以丝竹、管弦、锣鼓等民族乐器合奏为主
B. “江南丝竹”乐队组织灵活
C. 风格清新活跃、细致秀雅，曲调优美流畅，柔和婉转
D. 多用于民间的红白喜事及庙会活动
E. 传统曲目有《欢乐歌》《云庆》《行街》《四合如意》等

14. 关于嵊州吹打表述正确的是(　　　　)。
A. 起源于庙会活动，与佛教音乐密切相关
B. 分丝弦乐和吹打乐两大派系
C. 创造性的使用了排锣、排鼓
D. 传统曲目有《炉花》《绣球》《五场头》等
E. 是越剧音乐的基础

15. 浙江“三雕一塑”是指(　　　　)。
A. 东阳木雕　　B. 青田石雕　　C. 昌化鸡血石雕
D. 乐清黄杨木雕　　E. 瓯塑

16. 下列剧目是绍剧经典的有(　　　　)。
A.《断桥》　B.《龙虎斗》　C.《于谦》　D.《水浒传》　E.《红楼梦》

17. 下列演员为婺剧名演员的有(　　　　)。
A. 江和义　B. 郑兰香　C. 袁雪芬　D. 六龄童　E. 吴光煜

18. 关于海盐滚灯的表述正确的是(　　　　)。
A. 是一种带有杂技性、竞技性的民间舞蹈　　B. 与明代开国功臣刘基有关
C. 至今已有 500 多年的历史　　D. 红心是武灯，黑心是文灯
E. 展现出了一种江南民间舞蹈少有的阳刚之美

19. 关于德清扫蚕花地表述正确的是(　　　　)。
A. 带有仪式性质的模仿养蚕生产过程的歌舞表演形式
B. 清末至民国时期广泛流传于杭嘉湖一带
C. “文化大革命”时期曾中断
D. 主要有上山踏青、背蚕种包祭祀蚕神等
E. 这种民俗活动与古代蚕神信仰和祛蚕祟的驱赶巫术有着一定的渊源

20. 关于龙泉青瓷的表述正确的是(　　　　)。
A. 龙泉始于汉代，兴盛于宋代
B. 分为哥窑和弟窑
C. 哥窑在宋代被列为五大名窑之一
D. 弟窑瓷器釉层丰润、釉色青碧，以梅子青、粉青为上品
E. 龙泉青瓷与中国茶叶在古代中国对外贸易史和文化交流史上是一对形影相随的伴侣

21. 关于浦江、桐庐剪纸的表述正确的有(　　　　)。
A. 发源于元代民间剪纸的“龙船花”
B. 两地被命名为“中国民间艺术(剪纸)之乡”
C. 以油盆和刻刀为主要工具
D. 浦江剪纸题材广泛，形象生动，装饰性和想象力强

E. 桐庐剪纸被称为“中国剪纸的南宗代表”

22. 关于浦江麦秆剪贴的表述正确的是（　　）。

A. 是在剪纸基础上发展而来的一种工艺美术品　B. 由民国才女倪仁吉首创

C. 被中外人士称为“迷人的艺术”　D. 有龟背、打束、结边等200余种

E. 吸收了剪纸、烙画及刺绣等艺术的手法

23. 关于金华道情表述正确的是（　　）。

A. 是民间一种说白加唱的叙事曲艺　B. 道具主要有惊堂木、折扇、手绢等

C. 唱词通俗易懂、音韵和谐、节拍多样　D. 唱腔有平调、悲调、哭调等

E. 目前演唱者仅存3位艺人，亟须培养接班人

24. 关于含山轧蚕花的表述不正确的有（　　）。

A. 从宋代开始，含山民间就有轧蚕花的习俗

B. 活动的重心是祭祀蚕神蚕花娘娘

C. 1998年被列入国家级重点节庆活动之一

D. 2008年被列入第二批国家级非物质文化遗产名录

E. 蚕农都要请艺人到家中举行“扫蚕花地”的仪式

25. 关于东阳木雕的表述不正确的是（　　）。

A. 有“国之瑰宝”的美誉

B. 保留原木天然纹理色泽，格调高雅，称之为“白木雕”

C. 2009年，中国工艺美术协会授予东阳“中国木雕之乡”称号

D. 雕刻方法多种多样，尤以镂雕技艺见长

E. 自唐代至今已有千余年历史。

26. 古人最推崇的西湖赏月之地有三处分别是（　　）。

A. 三潭印月　B. 柳浪闻莺　C. 平湖秋月　D. 月岩望影　E. 花港观鱼

27. 2008年，（　　）被确定为浙江文化七夕节保护基地。

A. 西湖　B. 萧山　C. 武义　D. 海宁　E. 永嘉

28. 下列属于奉化布龙的主要艺术特征的是（　　）。

A. 舞得活　B. 舞得圆　C. 神态真　D. 套路多　E. 速度快

29. 下列关于舟山锣鼓的描述，正确的有（　　）。

A. 具有浓厚的海洋文化气息

B. 风格清新活跃，细致秀雅

C. 创造性地使用了组合打击乐器排锣、排鼓

D. 表现了东海渔民粗犷豪爽的性格、海上生活壮阔惊险的场面和渔民节日热烈欢腾的气氛

E. 创造性地使用了组合打击乐器“五小锣、四大锣”

30. 海宁观潮习俗沿袭千年，历久不衰，发展至今已形成“一潮三看四景”的追潮旅游。“一潮三看四景”是指（　　）。

A. 大缺口看“双龙相扑碰头潮”　B. 盐官看“惊涛裂岸回头潮”

C. 夜间观看“月中齐鸣半夜潮”　D. 盐官看“江横白练一线潮”

E. 老盐仓看“惊涛裂岸回头潮”

参考答案

一、判断题

1—5 BBABB 6—10 AABAB 11—15 BABAB 16—20 BBBAB 21—25 AABAB 26 A

二、单选题

1—5 DCDDC 6—10 CBCAB 11—15 DCBDA 16—20 BCBCA 21—25 CDDCA 26—30 CDDBB 31—32 AB

三、多选题

1. ACE 2. BCD 3. AC 4. ABDE 5. BDE 6. BD 7. CE 8. ACE 9. CD 10. BCDE 11. CE 12. ACE 13. BCDE 14. ABDE 15. ABDE 16. BC 17. ABE 18. AE 19. ABE 20. BCD 21. BD 22. ACE 23. AD 24. AE 25. CD 26. ACD 27. BC 28. ABCDE 29. ACD 30. ACDE

第四章 浙江风物特产与美食

一、判断题(正确的填 A,错误的填 B)

1. 西湖龙井茶具有利尿、强心、解痉、抑制动脉硬化、抗菌抑菌、减肥、防龋齿、抑制癌细胞八大功能。（ ）
2. 径山茶以清明前采制品质最佳。（ ）
3. 通常 1 公斤“特一”径山茶需采 6.2 万个左右的芽叶。（ ）
4. 桐庐产茶历史悠久,早在三国时代的《桐君采药录》中就有“武昌、庐江、晋陵好茗,而不及桐庐”的记载。（ ）
5. 宋代谢灵运曾作“潇洒桐庐郡,春山半是茶。轻雷何好事?惊起雨前芽”的诗句。（ ）
6. 在中国名茶中产制历史最悠久的品种是长兴顾渚紫笋茶。（ ）
7. 茶树茶芽的颜色会随着时令的转变而发生变化的是安吉白茶。（ ）
8. 普陀佛茶历史悠久,早在明朝就被列为贡品。（ ）
9. 景宁惠明茶产于丽水景宁畲族自治县,因唐朝的慧明和尚在此建寺植茶而得名。（ ）
10. 绍兴加饭酒选用高粱、麦曲和鉴湖水为原料,采取独特的工艺,用摊饭法酿制而成。（ ）
11. 根据贮存时间不同,女儿红的酿酒有三年陈、六年陈、八年陈、十年陈,甚至十几年陈等,以陈为贵。（ ）
12. 绍兴女儿红酒性温和,可直接饮用,亦可温烫至 38℃～40℃时饮用。（ ）
13. 内含 18 种氨基酸,属半甜型的黄酒是嘉善黄酒。（ ）
14. 川贝具有散结消肿之功效。（ ）
15. 昌化山核桃的重点产区在天目山海拔 400～800 米的地带。（ ）
16. 大约在 7000 年前,余姚地区已有杨梅原种存在。（ ）
17. 红娘是葫芦科丝瓜属植物中的一种。（ ）

18. 将桐乡醉李鲜果贮存3～4天后，果肉化为浆液，皮色红晕透明如琥珀，拭去表面白色蜡粉可在皮上戳个小孔，插入空心管吮吸浆液，风味绝佳。 ( )
19. 曾被康熙皇帝大为赞赏的浙江名菜是砂锅鱼头豆腐。 ( )
20. “杭白菊”的主原料白菊花产于临安。 ( )
21. 最为正宗的宋嫂鱼羹还要数楼外楼、天外天的宋嫂鱼羹。 ( )
22. 新风鳗鲞是温州人在冬令时节及过春节时制作的一种鱼鲞，略为风干，即可食用。 ( )
23. 浙江产的杭白芍，产量最大；安徽产的称亳白芍，品质最佳。 ( )
24. 霉干菜焖肉是绍兴名菜，民国初期，绍兴当地菜馆将其纳入菜谱。 ( )
25. 金华佛手，雅称金佛手，有较高的药用价值。“沁人诗脾清流环抱，香分佛果曲径通幽”说的就是佛手。 ( )
26. 古人诗曰“九月团脐十月尖，持螯饮酒菊花天”，民间也有“九雌十雄”的谚语，说的是太湖银鱼。 ( )

二、单选题

1. ( )以色绿、香郁、味甘、形美“四绝”闻名于世。
   A. 径山香茗　B. 雪水云绿茶　C. 西湖龙井茶　D. 安吉白茶
2. 1986年，( )在全国花茶、乌龙茶优质产品评选会上被评为全国名茶。
   A. 熏豆茶　B. 普陀佛茶　C. 安吉白茶　D. 顾渚紫笋茶
3. 在中国名茶中产制历史最悠久的品种是( )。
   A. 湖州熏豆茶　B. 西湖龙井茶　C. 长兴顾渚紫笋茶　D. 安吉白茶
4. 绿箭茶产于常年云雾氤氲的( )里的龙门山脉。
   A. 杭州西湖　B. 乐清雁荡山　C. 诸暨西施故里　D. 金华武义
5. 三蛇酒产于衢州，以乌梢蛇、( )、蝮蛇等三种蛇与名贵中药材及白酒为主要原料，经传统工艺精制而成。
   A. 眼镜蛇　B. 大白花蛇　C. 竹节蛇　D. 青蛇
6. 仙居黄花菜产于仙居县，地处浙南丘陵山区，种植黄花菜已达( )余年。
   A. 300　B. 400　C. 500　D. 600
7. 萧山鸡的羽毛、( )、脚胫均呈金黄色，故又称三黄鸡。
   A. 嘴　B. 足　C. 喙部　D. 鸡冠
8. 宁波冻鹅已有400余年饲养历史，其羽毛丰满全白，繁殖力强，生长快，成熟早，一般饲养( )天左右即可宰杀。
   A. 60　B. 70　C. 80　D. 90
9. 西湖醋鱼选用鲜活( )作为原料。
   A. 鲶鱼　B. 鲫鱼　C. 鲈鱼　D. 草鱼
10. 龙井虾仁是选用活大河虾，配以( )前后的龙井新茶烹制而成的虾仁。
    A. 清明节　B. 立春　C. 立夏　D. 谷雨
11. “慢著火，少著水，火候足时它自美”是烹制( )的经验描述。
    A. 叫花童子鸡　B. 干炸响铃　C. 东坡肉　D. 龙井虾仁
12. 金华酥饼是唐代开国元勋之一( )所创。
    A. 韩世忠　B. 岳飞　C. 程咬金　D. 赵匡胤

13.(　　)游江南,也必尝莼菜汤,有"花满苏堤抑满烟,采莼时值艳阳天"之诵。

A.康熙　　B.乾隆　　C.雍正　　D.永乐

14.形似香干、面撒芝麻、层次分明、甜中有咸、松脆香酥的名点是(　　)。

A.绍兴香糕　　B.金华酥饼　　C.奉化千层饼　　D.丁连芳千张包子

15.浙江名菜历史悠久,(　　)中已有浙人用鱼羹的记载。

A.《吴越春秋》　　B.《越绝书》　　C.《国语》　　D.《史记》

16.嘉兴五芳斋粽子据说是由(　　)张锦泉所创。

A.义乌人　　B.桐乡人　　C.兰溪人　　D.绍兴人

17.天目山笋干又称扁尖,产于天目山区,由鲜嫩的(　　)精制而成。

A.毛竹笋　　B.春笋　　C.石竹笋　　D.花壳笋

18.(　　)年,松鹤牌和锣鼓洞牌寿生酒双双荣获首届中国食品博览会金奖。

A.1987　　B.1988　　C.1989　　D.1990

19.清代岁岁进贡、具有"京果"之称的果品是(　　)。

A.常山胡柚　　B.兰溪金丝琥珀蜜枣

C.义乌大枣　　D.楚门文旦

20.安吉白茶历史悠久,(　　)在《大观茶论》中写道:"白茶与常茶不同。其条敷阐,其叶莹薄,虽非人力所可致。"

A.宋钦宗　　B.宋徽宗　　C.宋高宗　　D.宋仁宗

21.(　　)年,普陀佛茶在巴拿马国际博览会上荣获二等奖。

A.1915　　B.1916　　C.1917　　D.1918

22.雪水云绿茶产于浙江桐庐(　　)的天堂峰和雪水岭,属绿茶类。

A.分水岭　　B.百里镇　　C.新合乡　　D.横合乡

23.绍兴女儿红是绍兴黄酒之一种,早在(　　)上虞人嵇含所著的《南方草木状》中就有记载。

A.唐代　　B.宋代　　C.晋代　　D.隋代

24.(　　)在传统上酒度要求在16～17度,糖分和总酸均在0.4%～0.6%,属不甜型黄酒。

A.金华寿生酒　　B.嘉善黄酒　　C.绍兴女儿红　　D.南浔酒

25.(　　)具有生津开胃、清神安睡、控制动脉硬化、预防胃溃疡及老年痴呆之功效。

A.温州红娘酒　　B.三蛇酒　　C.南浔酒　　D.建德五加皮酒

26.(　　)为百合科沿阶草,属多年生常绿草本植物,呈纺锤形,两端略尖,长1.5～3厘米,直径0.3～0.6厘米。

A.元胡　　B.麦冬　　C.玄参　　D.郁金

27.一般单果重1.5～2.5公斤,果肉晶莹透亮,软糯多汁,甜酸适口,脆而无渣,味浓有清香的果品是(　　)。

A.常山胡柚　　B.温州蜜柑　　C.楚门文旦　　D.镇海金柑

28.距今已有800余年生产历史的特产是(　　)。

A.湖州百合　　B.西湖莼菜　　C.萧山萝卜干　　D.天目笋干

29.在清乾隆年间被列为贡品.闻名于京杭沿线的菜品是(　　)。

A.兰溪大青豆　　B.桐乡辣酱　　C.奉化芋艿头　　D.湖州雪藕

30.江山白羽乌骨鸡距今已有(　　)余年养殖历史。

A. 1300　B. 1400　C. 1500　D. 1600

31.(　　)在烹饪上以爆、炒、烩、炸居多,口味上浓淡适中,略带甜味,形成清鲜、爽脆、淡雅的特点。

A. 宁波菜　B. 绍兴菜　C. 杭帮菜　D. 温州菜

32. 下列选项中,有“金衣”之誉的是(　　)。

A. 干炸响铃　B. 西湖醋鱼　C. 龙井虾仁　D. 叫化童鸡

33. 下列菜品中有“蓑衣饼”之美称的是杭州传统名点(　　)。

A. 吴山酥油饼　B. 猫耳朵　C. 叫花童子鸡　D. 奉化千层饼

34. 我国东南沿海渔民最喜欢食用的鱼干制品是(　　)。

A. 鳜鱼　B. 鲢鱼　C. 鱼鲞　D. 鲑鱼

35. 下列名菜中具有“天下第一鲜”美称的是(　　)。

A. 新凤鳗鲞　B. 苔菜拖黄鱼　C. 清蒸鳜鱼　D. 蛤蜊黄鱼羹

36. 下列水果在1991年被农业部列为“绿色食品”的水果是(　　)。

A. 温州蜜柑　B. 义乌大枣　C. 楚门文旦　D. 常山胡柚

37. 不用油煎,只用白开水加调料,讲究食其鲜嫩和本味的浙江名菜是(　　)。

A. 西湖醋鱼　B. 龙井虾仁　C. 东坡肉　D. 西湖莼菜

38. 干炸响铃是(　　)年浙江省认定的36种杭州名菜之一。

A. 1955　B. 1956　C. 1957　D. 1958

39. “没有擀面杖,我来用手捻”描述的是(　　)。

A. 五芳斋粽子　B. 诸老大粽子

C. 猫耳朵　D. 丁莲芳千张包子

40. 有500多年的栽培历史,素有“琼浆玉露,瑶池珍品”之美誉的是(　　)。

A. 余姚杨梅　B. 镇海金柑　C. 黄岩蜜橘　D. 奉化水蜜桃

41. 诗句“满山药味增新色,夹岸桃花胜旧年”描写的是(　　)。

A. 余姚杨梅　B. 黄岩蜜橘　C. 奉化水蜜桃　D. 塘西枇杷

42. 具有“干茶色绿、汤水清绿、叶底鲜绿”的“三绿”特征的是(　　)。

A. 顾泽紫笋茶　B. 雁茗茶　C. 绿剑茶　D. 开化龙顶茶

43. 以色绿、香郁、味甘、形美“四绝”闻名于世的是(　　)。

A. 武阳春雨茶　B. 西湖龙井茶　C. 安吉白茶　D. 熏豆茶

44. 有“西施指痕”特征的是(　　)。

A. 昌化山核桃　B. 桐乡醉李　C. 温州蜜柑　D. 义乌大枣

三、多选题(五个选项中,至少有两个正确)

1. 西湖龙井茶产于西湖西侧的群山之中,其中又以(　　)所产的茶叶品质最佳。

A. 孤山　B. 龙井村　C. 狮峰山　D. 天竺山　E. 云栖

2. 下列关于西湖龙井茶说法正确的是(　　)。

A. 特级西湖龙井茶全部采用手工炒制,温度在60℃左右

B. 清明前三天采摘的茶称“明前茶”,该茶的嫩芽初进,如同莲心,故又叫“莲心茶”

C. 清明后到谷雨前采摘的叫“明清茶”又叫“旗枪茶”

D. 立夏采摘的茶叫“雀舌”,再过一个月采摘的茶叫“梗片”

E. 西湖龙井茶汤色嫩绿莹亮，滋味鲜醇，叶底嫩匀明亮，经饮耐泡

3. 下列关于熏豆茶的说法正确的是(　　　　)。

A. 许多农家用锅粢茶、熏豆茶、绿茶来作为招待“毛脚女婿”首次登门的礼仪

B. 熏豆茶的配制以烘豆为主，绿茶为辅，有的还佐以其他配料

C. 将细茶放入茶盅，用 95℃开水冲泡，再放入二三十粒熏豆

D. 也可把茶叶和熏豆同时放进茶盅，再冲泡开水

E. 熏豆茶的主要产地为湖州及其周边地区，农家待客素有自制和饮用此茶的习俗

4. 安吉白茶与别的绿茶相比具有(　　　　)特点。

A. 茶汤颜色鹅黄，香气鲜爽馥郁，口感甚好

B. 色、香、味、形俱佳，足可娱人口目，健身养神

C. 氨基酸含量高，营养丰富，有利健康

D. 具有“美容茶”的雅称

E. 色泽嫩绿或翠绿，鲜艳有光，香气清高鲜爽，滋味甘醇

5. 开化龙顶茶具有(　　　　)的“三绿”特征，是钱江源头的绿色佳茗。

A. 干茶色绿　　B. 汤色青绿　　C. 汤水清绿　　D. 叶色翠绿　　E. 叶底鲜绿

6. 景宁惠明茶具有(　　　　)的特点。

A. 一杯鲜　　B. 二杯浓　　C. 三杯甘又醇

D. 四杯五杯茶韵犹存　　E. 六杯七杯芳香四溢

7. 下列描述绍兴加饭酒说法正确的是(　　　　)。

A. 选用上好糯米，优质麦曲和江浙明净澄澈的湖水为原料

B. 采用独特的工艺，用摊饭法酿制而成

C. 其成品色泽橙黄清澈，香气芬芳浓郁，滋味鲜甜醇厚

D. 被称为“高级液体蛋糕”

E. 酒精度在 15°左右，总酸在 0.45%以下，糖分 2%，属半干酒类

8. 建德五加皮酒具有(　　　　)等功效。

A. 补肾壮阳　　B. 壮筋骨　　C. 祛风湿　　D. 聪耳明目　　E. 祛虚补脾肺

9. (　　　　)在品尝了家乡名酒后，欣然提笔为寿生酒题了品名和厂名。

A. 施复亮　　B. 艾青　　C. 邵钧林　　D. 余光中　　E. 严济慈

10. 下列关于杭白菊的说法正确的是(　　　　)。

A. 桐庐的自然条件优越，适宜菊花生长，境内野菊遍地分布，有青蒿、黄蒿两类近 10 个品种

B. 桐乡菊花栽培历史悠久，庭院栽菊在宋朝时期就已兴盛

C. 杭白菊商品生产有文字记载的历史已有 300 多年

D. 清朝杭州府曾把质量上乘的桐乡产的小白菊列为贡品，故杭白菊曾有“杭白贡菊”之美称

E. 所产白菊花，花瓣洁白如玉，花蕊灿如黄金，色香高雅，味甘性凉，药食同源

11. 下列关于麦冬的说法正确的是(　　　　)。

A. 主产地为浙江杭州笕桥、余姚、慈溪、萧山等地

B. 具有清热凉血、泻火解毒、滋阴等功效

C. 表面黄白色或淡黄白，有细纵纹

D. 表面灰黄色或灰褐色，有不规则的纵沟，横向皮孔及稀疏的横裂纹和须根痕

E. 具有养阴生津、润肺清心之功效

12. 香榧以诸暨市枫桥区东溪乡的(　　　)等村的产量最多，品质最好。

A. 东坑　B. 西坑　C. 杜家坑　D. 黄坑　E. 钟家岭

13. 西湖莼菜对(　　　)等病症有显著的疗效。

A. 抑制癌症　B. 抑制癌细胞　C. 抑制动脉硬化

D. 疮毒　E. 细菌过敏

14. 下列关于金华火腿的说法正确的是(　　　)。

A. 浙江省盛产火腿的有金华、东阳、义乌、浦江、兰溪、永康等地

B. 金华火腿创始于南宋，至今已有 800 多年的历史

C. 金华火腿按质量分为特级、一级、二级、三级 4 个等级

D. 营养价值甚高，含有蛋白质、脂肪、钙、磷、铁等成分，并含有 18 种氨基酸

E. 金华火腿具益肾、补脾、开胃、生津血、充精髓、健腰足之功效

15. 江山白羽乌骨鸡其外貌具有"三乌一白"的特征，其"三乌"为(　　　)。

A. 乌冠　B. 乌皮　C. 乌趾　D. 乌喙　E. 乌眼

16. 下列关于太湖蟹的说法正确的是(　　　)。

A. 其背壳坚隆，凹纹似虎，色青黑，腹青白色，腹下有脐，雄尖雌团，内有硬毛

B. 从寒露到立春是太湖蟹大量上市季节

C. 古人诗曰："九月团脐十月尖，持螯饮酒菊花天。"

D. 太湖蟹个大体重，蟹黄肥厚，肉质细嫩，腴美异常

E. 民间有"九雄十雌"的谚语

17. 绍兴菜的特点正确的是(　　　)。

A. 取料以海鲜为主，注重"鲜咸合一"

B. 讲究香酥绵糯，原汤原汁，轻油忌辣，汁浓味重

C. 口味较重，讲究鲜嫩、软滑

D. 口味上浓淡适中，略带甜味，形成清鲜、爽脆、淡雅的特点

E. 取料以鱼虾河鲜与鸡鸭家禽及豆、笋、霉干菜为主

18. 温州的代表菜有(　　　)。

A. 三丝敲鱼　B. 冰糖甲鱼

C. 苔菜拖黄鱼　D. 蒜子鱼皮　E. 双味蝤蛑

19. 下列关于五芳斋粽子说法正确的是(　　　)。

A. 以色、香、味、形俱佳而闻名

B. 以糯而不烂、肥而不腻、肉嫩味香、咸甜适中著称

C. 被誉为"粽子第一品""粽子大王"

D. 其甜粽黑白分明，细沙夹玫瑰香

E. 具有鲜粽大伏天放一星期不馊、冬天放半个月不走味的特点

20. 玄参的主产地是(　　　)。

A. 东阳　B. 磐安　C. 天如　D. 临安　E. 新昌

21. 属于杭州名菜的是(　　)。
A. 龙井虾仁　B. 三丝敲鱼　C. 干炸响铃
D. 清汤越鸡　E. 蛤蜊黄鱼羹

参考答案

一、判断题

1—5 ABAAB　6—10 AABAB　11—15 BAABB　16—20 ABABB　21—25 BBBAA
26 B

二、单选题

1—5 CDCCB　6—10 ACBDA　11—15 CCBCD　16—20 CCBCB　21—25 ACCAC
26—30 BCCBD　31—35 CAACD　36—40 DABCD　41—44 CDBB

三、多选题

1. BC　2. BD　3. ABDE　4. ACD　5. ACE　6. ABCD　7. BCE　8. BCDE　9. BE
10. CE　11. ACE　12. BCDE　13. AD　14. ABCDE　15. BCD　16. ACD　17. BE
18. ADE　19. BC　20. AB　21. AC

第五章　浙江著名景点诗词、楹联、游记选读

一、判断题(正确的填 A,错误的填 B)

1.《灵隐寺》中“鹫岭郁岧峣,龙宫锁寂寥”中的“岧峣”指的是山高。(　　)
2.《古今诗话》认为“楼观沧海日,门对浙江潮”一句是王勃代宋之问写的。(　　)
3.“邪臣蔽贤,犹浮云之障白日也”出自汉陆贾《新语》。(　　)
4.《满江红》中“靖康耻”指宋钦宗靖康二年(1129),金兵攻下汴京,掳走徽、钦二帝。(　　)
5.“鄂王墓上草离离”中“离离”是形容草很稀少的样子。(　　)
6.“月色、山色、草色、树色、云霞色,更兼四万八千丈峰峦色,有色皆空”是天台方广寺联。(　　)
7.“扫胡尘”“靖国耻”是孟浩然生平的志向。(　　)
8. 张志和自号“烟波钓徒”。(　　)
9.“水通南国三千里,气压江城十四州”是李清照赞美八咏楼的名句。(　　)
10.“正邪自古同冰炭,白铁无辜铸佞臣”是松江女史徐氏写的诗词。(　　)
11. 白居易的“欲把西湖比西子,淡妆浓抹总相宜”是咏西湖诗歌中最有名的。(　　)
12.“湖山此地曾埋玉,风月其人可铸金”中的“玉”指苏小小。(　　)
13. 不是杭州却长期住在杭州的豪放派诗人是潘阆。(　　)
14. 赵孟頫是浙江湖州人。(　　)
15. 以描写男女相思和作客流浪生活为主的宋代婉约派诗人是苏东坡。(　　)
16.“八百里湖山知是何年图画,十万家烟火尽归此处楼台”一联是徐渭所写。(　　)
17.“幸有微吟可相狎”中的“狎”指的是“亲近”。(　　)
18.“晴晴雨雨时时好好奇奇”描写的是西湖天下亭周围的景色。(　　)

19. 诗句“桂子月中落，天香云外飘”描写的是杭州灵隐寺的景象。 ( )

20. “蝉噪林愈静，鸟鸣山更幽”描绘的是若耶溪的景色。 ( )

21. “委弁者，蛟而跃”中的“委弁”是指“丢弃的帽子”。 ( )

22. 诗句“松排山面千重翠，月点波心一颗珠”描写的是夏天的西湖。 ( )

23. “三秋桂子，十里荷花”一句出自周密的《望海潮》。 ( )

24. “凉月如眉挂柳湾，越中山色镜中看”一句写的是兰溪的山水。 ( )

25. 唐代诗人王维在辋川别业中养鹿植梅，是为了寄托“一生几经伤心事，不向空门何处说”的解脱情趣。 ( )

26. 林逋死后，宋仁宗赐他为“和靖先生”。 ( )

27. 《湖心亭看雪》描写的是万历五年十二月的事。 ( )

二、单选题

1. 徐志摩的诗句“深深的黑夜，依依的塔影”中的“塔”指的是( )。

A. 六和塔　B. 保俶塔　C. 雷峰塔　D. 飞英塔

2. 诗句“鹫岭郁岧峣，龙宫锁寂寥”中“鹫岭”指的是( )。

A. 飞来峰　B. 玉皇山　C. 南高峰　D. 北高峰

3. “待入天台路，看余度石桥”中“石桥”指的是( )。

A. 石桥　B. 石洞　C. 石门　D. 石梁

4. “碧毯线头抽早稻，青罗裙带展新蒲”用了( )修辞。

A. 拟人　B. 夸张　C. 比喻　D. 对比

5. “疏影横斜水清浅，暗香浮动月黄昏”的作者是( )。

A. 陆游　B. 毛泽东　C. 苏轼　D. 林逋

6. “霜禽欲下先偷眼，粉蝶如知合断魂”中的“霜禽”指的是( )的鸟。

A. 春夏　B. 夏秋　C. 秋冬　D. 秋夏

7. 《六月二十七日望湖楼醉书》的作者是( )。

A. 苏轼　B. 苏洵　C. 苏辙　D. 白居易

8. 下面的诗句中是苏轼写的是( )。

A. 毕竟西湖六月中，风光不与四时同　B. 接天莲叶无穷碧，映日荷花别样红

C. 欲把西湖比西子，淡妆浓抹总相宜　D. 山外青山楼外楼，西湖歌舞几时休

9. “接天莲叶无穷碧，映日荷花别样红”中的“别样红”透露作者( )。

A. 送友时的欢快心态　B. 送友时的兴奋状态

C. 送友是的难过心态　D. 送友是的无奈心态

10. 《登飞来峰》中“寻”为度量单位，古代一寻相当于( )。

A. 六尺　B. 七尺　C. 八尺　D. 九尺

11. “不畏浮云遮望眼”用了( )手法

A. 比喻　B. 拟人　C. 夸张　D. 用典

12. “莫笑农家腊酒浑”腊酒是指什么时间酿造的酒( )。

A. 头一年腊月　B. 第二年腊月　C. 腊月　D. 第三年腊月

13. “若耶溪”在浙江( )的若耶山下。

A. 金华　B. 丽水　C. 衢州　D. 会稽

14.“兰溪三日桃花雨”中“桃花雨”指的是(　　)。

A. 春雨　　B. 下雨　　C. 秋雨　　D. 冬雨

15.《题八咏楼》中的八咏楼位于(　　)。

A. 温州　　B. 衢州　　C. 金华　　D. 台州

16.“三峰一一青如削,卓立千寻不可干”的作者是(　　)。

A. 白居易　　B. 苏东坡　　C. 辛弃疾　　D. 苏轼

17.“万象画图里,千崖玉界中”一句中“玉界”指的是(　　)。

A. 山峰　　B. 山岩　　C. 山坳　　D. 山崖

18.“沿江无数好山迎,才出杭州眼便明”描写的是(　　)的风光。

A. 钱塘江　　B. 长江　　C. 瓯江　　D. 富春江

19.“日出江花红胜火,春来江水绿如蓝”出自(　　)。

A.《忆江南》　　B.《望海潮》　　C.《长忆观潮》　　D.《渔夫》

20.《望海潮》的作者是(　　)。

A. 潘阆　　B. 柳永　　C. 陆游　　D. 白居易

21.“凭栏看云影波光,最好是红蓼花疏,白萍秋老”描写的是西湖十景中的(　　)。

A. 平湖秋月　　B. 断桥残雪　　C. 苏堤春晓　　D. 柳浪闻莺

22.“人在瀛洲仙境,红尘不到,四围潭水一房山”描写的是杭州西湖(　　)的景色。

A. 三潭印月　　B. 天下景亭　　C. 湖心亭　　D. 平湖秋月

23.“重重叠叠山,曲曲环环路”一联是(　　)联。

A. 顶真　　B. 回文　　C. 叠字　　D. 重复

24.“泉自有时冷起,峰从无处飞来”作者是(　　)。

A. 董其昌　　B. 俞樾　　C. 李白　　D. 杜甫

25.“一峰拔地起,有水从天来”的作者是(　　)。

A. 郑板桥　　B. 梁启超　　C. 康有为　　D. 康熙

26.“八百里湖山知是何年图画,十万家烟火尽归此处楼台”题写在(　　)。

A. 西泠桥慕才亭　　B. 吴山江湖汇观亭

C. 飞来峰冷泉亭　　D. 西湖湖心亭

27.《观潮》第三层描写的是(　　)。

A. 潮来之状　　B. 校阅水军的场面

C.“弄潮儿”的竞技　　D. 杭州市民和皇室观潮的情景

28.“雾凇沆砀,天与云、与山、与水,上下一白”描写的是(　　)的景色。

A. 春天　　B. 夏天　　C. 秋天　　D. 冬天

29.《兰亭集序》中修禊指的是古代习俗,时间是农历(　　)上旬的巳日。

A. 二月　　B. 三月　　C. 四月　　D. 五月

30.《与宋元思书》全文共用了几个字描写了富春江沿岸的风光(　　)。

A. 142　　B. 143　　C. 144　　D. 145

31.“泥涂轩冕,天下孰加焉”中“泥涂轩冕”指的是(　　)。

A. 视官爵如粪土　　B. 视前途如粪土　　C. 视名誉如粪土　　D. 视钱财如粪土

32.“凉月如眉挂柳湾,越中山色镜中看”描写的是(　　)。

A. 西湖的山水　B. 建德江的山水　C. 兰溪的山水　D. 桐庐的山水

33. 晚年讲学于杭州诂经精舍的清代著名的学者是(　　)。

A. 俞樾　B. 俞平伯　C. 吴昌硕　D. 董其昌

34. 徐霞客一生去过三次的浙江名山是(　　)。

A. 雪窦山　B. 江郎山　C. 天台山　D. 莫干山

35.《嘉兴南湖革命纪念馆联》是由中国共产党的创始人之(　　)所作。

A. 陶行知　B. 董必武　C. 鲁迅　D. 李大钊

36. "此地动归念"的下一句是(　　)。

A. 空水共悠悠　B. 阳景逐回流　C. 鸟鸣山更幽　D. 长午悲倦游

37. "未能抛得杭州去，一半勾留是此湖"中的"勾留"的意思是(　　)。

A. 留恋　B. 勾画　C. 勾勒　D. 怀恋

38. 唐代第一个大量描写山水诗的诗人是(　　)。

A. 孟浩然　B. 孟郊　C. 王安石　D. 苏轼

39. "卓立千寻不可干"中的"干"的意思是(　　)。

A. 干扰　B. 树干　C. 冒犯　D. 触及

40. 诗句"夹道万竿成绿海，风来凤尾罗拜忙"描写的是(　　)的景色。

A. 天目山　B. 莫干山　C. 大奇山　D. 玉皇山

41. "蝉噪林愈静"的下句是(　　)。

A. 空水共悠悠　B. 阳景逐回流

C. 鸟鸣山更幽　D. 长年悲倦游

42. 宋之问的诗句"桂子月中落，天香云外飘"描写的是杭州(　　)。

A. 灵隐寺　B. 岳庙　C. 六和塔　D. 雷峰塔

43. 长期隐居，过着"梅妻鹤子"生活的是(　　)。

A. 杨万里　B. 赵孟頫　C. 林昇　D. 林逋

44. 著名爱国诗人辛弃疾的"三峰一一青如削，卓立千寻不可干"诗句描写的是(　　)。

A. 仙都山　B. 江郎山　C. 飞来峰　D. 雁荡山

45. "不畏浮云遮望眼，只缘身在最高层"中的"浮云"是指(　　)。

A. 飘荡在眼前的云彩　B. 在飞来峰上浮动的云彩

C. 朝廷中的奸佞小人　D. 生活上轻浮的女人

三、多选题(五个选项中，至少有两个正确)

1. 下列出自《灵隐寺》的诗句有(　　)。

A. 楼观沧海日，门对浙江潮　B. 桂子月中落，天香云外飘

C. 待入天台路，看余度石桥　D. 鱼乐人亦乐，泉清心共清

E. 飞来峰上千寻塔，闻说鸡鸣见日升

2. 在唐代被称为"元白"的是指(　　)。

A. 元稹　B. 孟浩然　C. 李白　D. 白居易　E. 林逋

3. 下列出自林逋《山园小梅》的诗句有(　　)。

A. 疏影横斜水清浅，暗香浮动月黄昏　B. 无意苦争春，一任群芳妒

C. 霜禽欲下先偷眼，粉蝶如知合断魂　D. 俏也不争春，只把春来报

E. 待到山花烂漫时,她在丛中笑

4. 下列属于“宋四家”的是(　　)。

A. 陆游　B. 苏轼　C. 米芾　D. 蔡襄　E. 黄庭坚

5. 下列作品和年代、作者搭配正确的是(　　)。

A.《新语》—汉—陆贾　B.《新语》—唐—陆贾

C.《登金陵凤凰台》—唐—李白　D.《登飞来峰》—北宋—王安石

E.《登飞来峰》—唐—白居易

6.《岳鄂王墓》中诗人的灵魂与岳飞的灵魂达到了深度的契合,让我们深刻感受到(　　)。

A. 岳飞对国家的爱　B. 百姓对岳飞的爱

C. 诗人对南宋偏安忘耻的恨　D. 诗人对百姓流离失所的同情与悲伤

E. 诗人对自己那份只能为仇家效力的无奈与自责

7. 下列属于陆游的作品的有(　　)。

A.《剑南诗稿》　B.《渭南文集》　C.《文山全集》　D.《乐章集》　E.《春在堂全书》

8. 在《入若耶溪》中用反衬手法的词语有(　　)。

A. 阴霞,阳景　B. 禅噪,林静　C. 鸟鸣,山幽　D. 归念,倦游　E. 禅噪,鸟鸣

9. “王孟”指的是(　　)。

A. 王维　B. 赵孟頫　C. 陆游　D. 孟浩然　E. 戴叔伦

10.《题八咏楼》表现了诗人怎样的心情(　　)。

A. 悲愁　B. 激愤　C. 悲伤　D. 愉快　E. 忧愁

11.《忆江南》中“江南好,风景旧曾谙”的“江南”是指(　　)。

A. 浙江北部　B. 福建北部　C. 北京南部　D. 江苏南部　E. 安徽南部

12.《望海潮》中“东南形胜,三吴都会,钱塘自古繁华”中“三吴”指的是(　　)。

A. 吴兴　B. 吴郡　C. 会稽　D. 吴都　E. 绍兴

13. 曾在杭州做过地方官的文人有(　　)。

A. 柳宗元　B. 苏东坡　C. 袁子才　D. 张志和　E. 白居易

14. 下列诗文语句中与钱江潮有关的是(　　)。

A. 方其远出海门,仅如银线　B. 大声如雷霆,震撼激射

C. 夹岸高山,皆生寒树　D. 吞天沃日,势极雄豪

E. 急湍甚箭,猛浪若奔

15. 下列诗人中与过咏梅诗的有(　　)。

A. 陆游　B. 彭玉麟　C. 林异　D. 林逋　E. 毛泽东

16. 下列属于徐志摩的诗集有(　　)。

A.《子夜》　B.《陶庵梦忆》　C.《志摩的诗》

D.《翡冷翠的一夜》　E.《猛虎集》

17.《杭州孤山西湖三潭印月联》中有“人在瀛洲仙境,红尘不到”一句,(　　)等称人世为红尘。

A. 佛教　B. 道教　C. 基督教　D. 天主教　E. 伊斯兰教

18. 下列诗文集中属于善写诗词游记的南宋作家周密的有(　　)。

A.《绝妙好词》　B.《古今诗话》　C.《剑南诗稿》　D.《武林旧事》　E.《东京梦华录》

19. 王羲之《兰亭集序》中出自《庄子·齐物论》的语句是(　　　)。
A. 固知一死生为虚诞　B. 齐彭殇为妄作
C. 微先生不能成光武之大　D. 俯察品类之盛　E. 猿则百叫无绝

20. 面对岳飞墓的铁铸跪像人物包括(　　　)。
A. 秦桧　B. 桧妻王氏　C. 万俟卨　D. 张俊　E. 张涛

21. 诗人徐渭是个多才多艺的作家,他在哪些方面有一定的成就(　　　)。
A. 绘画　B. 书画　C. 书法　D. 诗文　E. 戏曲

22. 下列属于茅盾的作品的有(　　　)。
A.《骆驼祥子》　B.《梦溪笔谈》　C.《子夜》　D.《陶庵梦忆》　E.《林家铺子》

23. 下列诗词中描写温州的景点的有(　　　)。
A. 云朝朝朝朝朝朝朝散　B. 潮长长长长长长长消
C. 雁荡经行云漠漠,龙湫宴坐雨蒙蒙　D. 一峰拔地起
E. 有水从天来

24. 古人认为伏羲氏以前的人无忧无虑,生活闲适,故隐逸多以(　　　)自称。
A. 羲皇上人　B. 炎帝上人　C. 羲皇上多　D. 炎帝上多　E. 羲皇以上

25. 绍兴禹王联中"江淮河汉思明德,精一危微见道心"中的"江淮河汉"指的是(　　　)。
A. 瓯江　B. 黄河　C. 汉水　D. 淮河　E. 长江

26. 下列出自《冷泉亭记》的有(　　　)。
A. 由断桥至苏堤一带,绿烟红雾,弥漫二十余里
B. 春之日,吾爱其草薰薰,木欣欣,可以导和纳粹,畅人血气
C. 方其出海门,仅如银线
D. 山树为盖,岩石为屏,云从栋生,水与阶平
E. 引以为流觞曲水

27.《观潮》全文可以分为四层次(　　　)。
A. 潮来之状　B. 校阅水军的场面
C. "弄潮儿"的竞技　D. 杭州市民和皇室的观潮情景
E. 潮的气势宏伟

28.《晚游六桥待月记》中"由断桥至苏堤一带,绿烟红雾,弥漫二十余里"中"绿烟"和"红雾"指的是(　　　)。
A. 西湖边如烟的柳树　B. 西湖边如烟的桃树
C. 西湖边如云的桃花　D. 西湖边如云的梅花
E. 西湖边如云的菊花

29. 下列诗句与岳飞有关的是(　　　)。
A. 正邪自古同冰炭,毁誉于今判伪真　B. 青山有幸埋忠骨,白铁无辜铸佞臣
C. 南渡君臣轻社稷,中原父老望旌旗　D. 湖山此地曾埋玉,风月其人可铸金
E. 水通南国三千里,气压江城十四州

30. 下列张岱的作品有(　　　)。
A.《湖心亭看雪》　B.《琅嬛文集》　C.《陶庵梦忆》
D.《西湖寻梦》　E.《与宋元思书》

31. 下面(　　　　)诗句是描写富春江沿岸的风景。

A. 风烟俱净,天山共色　　B. 奇山异水,天下独绝

C. 水皆缥碧,千丈见底　　D. 云泉窈窕,西北为最

E. 初四日,天山一碧如黛

32. 由于林逋《山园小梅》一诗,梅花又有了(　　　　)之称。

A. 疏影　B. 粉蝶　C. 暗香　D. 断魂　E. 霜禽

33. 下列诗人中属于豪放派诗人的是(　　　　)。

A. 辛弃疾　B. 柳永　C. 谢灵运　D. 苏东坡　E. 王安石

34. 白居易在《春题湖上》一诗中描绘了由(　　　　)等景物构成西湖春景图。

A. 早稻　B. 暖树　C. 新蒲　D. 云脚　E. 青山

35. 下列哪位诗人的名号中带有"居士"的(　　　　)。

A. 李白　B. 苏轼　C. 李清照　D. 孟浩然　E. 杨万里

36. "赖有岳于双少保,人间始觉重西湖"中的"岳于"分别是指(　　　　)。

A. 岳飞　B. 于谦　C. 岳云　D. 于成龙　E. 杨万里

37. 下列诗文名句中正面描写浙江潮的是(　　　　)。

A. 云树绕堤沙,怒涛卷霜雪,天堑无涯

B. 弄潮儿向涛头立,手把红旗旗不湿

C. 来疑沧海尽成空,万面鼓声中

D. 既而渐近,则玉城雪岭,际天而来,大声如雷霆,震撼激射,吞天沃日,势极雄豪

E. 别来几回梦中看,梦觉尚心寒

38. 诗句"暖风熏得游人醉,直把杭州作汴州"中"暖风"指的是(　　　　)。

A. 道德沦丧之风　B. 贪污腐化之风　C. 自然界的春风

D. 夏天的热风　E. 社会上淫靡之风

参考答案

一、判断题

1—5 ABABB　6—10 ABAAB　11—15 BAAAB　16—20 BAAAA　21—25 ABBAB　26—27 AB

二、单选题

1—5 CADCD　6—10 CACAC　11—15 DADAC　16—20 CBDAB　21—25 AACBC　26—30 BCDBC　31—35 ACABB　36—40 DAACB　41—45 CADBC

三、多选题

1. ABC　2. AD　3. AC　4. BCDE　5. ACD　6. ABCDE　7. AB　8. BC　9. AD　10. AB　11. ADE　12. ABC　13. BE　14. ABD　15. ADE　16. CDE　17. AB　18. AD　19. AB　20. ABCD　21. BDE　22. CE　23. ABCDE　24. AE　25. BCDE　26. BD　27. ABCD　28. AC　29. ABC　30. ABCD　31. ABC　32. AC　33. AD　34. AC　35. ABC　36. AB　37. ACD　38. CE

第六章 杭州旅游

一、判断题(正确的填 A,错误的填 B)

1. 西湖十景最早形成于北宋时期祝穆著的《方舆胜览》一书。 ( )
2. 流经杭州市的河流有钱塘江、京杭大运河、东苕溪等。 ( )
3. 杭州市全市丘陵、山地占总面积的 66%,平原占 26%,江、河、湖、水库占 8%,因此有“七山一水二分田”之说。 ( )
4. 杭州全市平均森林覆盖率为 68.2%。 ( )
5. 杭州城标以汉字“杭”的隶书演变而来,体现了中国传统文化底蕴。 ( )
6. 超山位于临安市境内,素有“大树华盖闻九州”之誉。 ( )
7. 天目山主峰仙人峰海拔 1506 米,最高峰清凉峰 1787 米。 ( )
8. 从秦朝设县以来,杭州已有 2100 多年的历史。 ( )
9. 紫薇园坐标原点从 1913 年开始就作为杭州市的中心。 ( )
10. 吴山山巅有江湖汇观亭,亭前楹联是明朝徐渭题写的“八百里湖山知是何年图画;十万家烟火尽归此处楼台”。 ( )
11. 金朝皇帝完颜亮在《题钦屏》中形容吴山“提兵百万西湖上,立马吴山第一峰”。 ( )
12. 凤凰山北近江滨南接西湖。 ( )
13. 天竺山是西湖主峰,海拔 412.5 米,西湖风景游览点最早就开始自天竺山,曾有“韬光养晦,天竺看山”之说。 ( )
14. 狮峰在龙井寺西侧,海拔 355 米。 ( )
15. 狮峰之下旧胡公庙前有茶树 18 棵,曾经清康熙帝品为御茶,是当时上贡的珍品。 ( )
16. 宝石山海拔 97 米,其主景是保俶塔。 ( )
17. 天目山铁木全球仅天目山遗存 5 株,被称为“地球独生子”。 ( )
18. 梁启超赞大奇山为“蛾眉一角”。 ( )
19. 钱塘江是浙江省最长的河流,全长 604 公里。 ( )
20. 清代诗人杨宏赞美垂云古迹“夏日炎忘暑,冬游却似春。源流虽一派,清白只垂云”。 ( )
21. 拱宸桥是京杭大运河的终点,是杭州古桥中最高、最长的石拱桥。 ( )
22. 新安江是钱塘江的正源和上游,长 363 公里。 ( )
23. 京杭大运河比巴拿马运河长 22 倍,比苏伊士运河长 10 倍。 ( )
24. 元代画家黄公望名画《富春山居图》,表现的就是富春江的美丽景色。 ( )
25. 坝子桥是西河与京杭大运河的交汇处,称为“杭州西河第一桥”。 ( )
26. 西湖南北长约 3.2 公里,东西宽约 2.8 公里,湖岸周长 15 公里。 ( )
27. 西湖是在 1.3 亿年以前形成的潟湖。 ( )
28. 苏堤春晓是西湖十景中问世最早的景观。 ( )
29. 湘湖还是唐代大诗人骆宾王的故里。 ( )
30. 求是学院在 1926 年改名为“国立浙江大学”。 ( )

31. 杭州的市树是香樟,市花是桂花,市歌是《梦想天堂》。 ( )

二、单选题

1. 杭州城标以汉字“杭”的( )演变而来。

A. 隶书 B. 楷书 C. 篆书 D. 仿宋

2. ( )为“西湖眉眼之所在”。

A. 超山 B. 宝石山 C. 孤山 D. 径山

3. 乾隆皇帝游( )有诗云:“春暄攀陟汗流浆,牝洞入才迫体凉。却上丹梯不数武,转温仍欲换衣裳。”

A. 黄龙洞 B. 紫来洞 C. 紫云洞 D. 烟霞洞

4. 1937 年,国共西湖秘密谈判就在( )举行。

A. 黄龙洞 B. 紫来洞 C. 紫云洞 D. 烟霞洞

5. 瑶林仙境位于( )。

A. 余杭 B. 桐庐 C. 建德 D. 临安

6. 西湖处处有胜景,最著名的是( )定名的“西湖十景”。

A. 北宋 B. 东汉 C. 南宋 D. 西汉

7. 西湖十景中范围最小的是( )。

A. 柳浪闻莺 B. 花港观鱼 C. 平湖秋月 D. 南屏晚钟

8. ( )的特点是:水绕着山转、山中有湖、湖中有山。

A. 青山湖 B. 湘湖 C. 千岛湖 D. 西湖

9. ( )有诗歌颂龙门瀑布云:“天外银河一道斜,四山飞瀑尽鸣蛙。明朝我欲扶桑去,可许矶边泛钓槎。”

A. 郁达夫 B. 康有为 C. 吴昌硕 D. 丰子恺

10. ( )与龙井茶叶并称“西湖双绝”。

A. 虎跑泉 B. 玉泉 C. 龙井泉 D. 趵突泉

11. 跨湖桥遗址距今已有( )年。

A. 5000～6000 B. 6000～7000 C. 7000～8000 D. 8000～9000

12. 良渚遗址距今已有( )年。

A. 3300～4000 B. 4000～5300 C. 5000～6300 D. 5300～6000

13. ( )石碑坊上镶刻着一副对联“学不曾冷,风孰与高”。

A. 于谦墓祠 B. 岳王庙 C. 秋墐庙 D. 张苍水墓祠

14. 岳飞、于谦和( )并称为“西湖三杰”。

A. 秋瑾 B. 钱王 C. 苏小小 D. 张苍水

15. 秋瑾墓正面嵌( )题字“巾帼英雄”,背面书《鉴湖女侠秋瑾墓表》。

A. 康有为 B. 阚英文 C. 孙中山 D. 赵孟頫

16. 功臣塔位于( )东南方一公里的功臣山顶,因山得名。

A. 西湖 B. 钱塘江 C. 富阳市 D. 临安市

17. 长桥、断桥与( )合称“西湖三大情人桥”。

A. 拱宸桥 B. 西泠桥 C. 丰乐桥 D. 登云桥

18. 1937 年 12 月 23 日下午 5 时,由于日军攻入杭州,钱塘江大桥在通车( )天后茅以升亲自炸桥。

A. 70　　B. 79　　C. 80　　D. 89

19.(　　)被称为是杭州的一座融历史,科学,艺术为一体的"石质书库"。

A. 杭州孔庙　　B. 径山寺　　C. 城隍阁　　D. 玉皇宫

20. 葛仙祠在(　　)以葛洪道号"抱朴子"而改称"抱朴道院"。

A. 清代　　B. 明代　　C. 宋代　　D. 唐代

21. 凤凰寺位于杭州中山路,占地面积 2600 平方米,是我国(　　)四大古寺之一。

A. 佛教　　B. 道教　　C. 基督教　　D. 伊斯兰教

22.(　　)在建筑艺术上最大的特点是善于"借景",在杭州有"庄子春秋"之誉。

A. 蒋庄　　B. 郭庄　　C. 刘庄　　D. 王庄

23. 1928 年,时任国立高等学院院长的(　　)择址杭州西子湖畔,创立了第一所综合性的国立高等艺术学府——国立艺术院。

A. 蔡元培　　B. 李可染　　C. 潘天寿　　D. 艾青

24. 钱塘江是浙江省最大的河流,由西往东包括(　　),经杭州湾注入东海。

A. 富春江、新安江、之江、钱塘江　　B. 新安江、富春江、之江、钱塘江

C. 新安江、之江、富春江、钱塘江　　D. 新安江、富春江、钱塘江、之江

25.(　　)是西湖三岛中面积最大、景观最丰富、知名度最高者,被誉为"西湖第一胜境"。

A. 孤山　　B. 湖心亭　　C. 阮公墩　　D. 小瀛洲

26. 杭州古桥中最高、最长的石拱桥是(　　)。

A. 长桥　　B. 登云桥　　C. 拱宸桥　　D. 钱塘大桥

27. "杭州东河第一桥"是指(　　)。

A. 钱塘江大桥　　B. 坝子桥　　C. 梅登大桥　　D. 丰乐桥

28. 第一部《中华人民共和国宪法》在(　　)起草。

A. 刘庄　　B. 汪庄　　C. 郭庄　　D. 蒋庄

三、多选题(五个选项中,至少有两个正确)

1. 杭州素有(　　)之美誉。

A. 鱼米之乡　　B. 无双福地　　C. 人间天堂　　D. 歌山画水　　E. 丝绸之府

2. 关于杭州的城标正确的是(　　)。

A. 杭字古义为"方舟""船","杭"又通"航",反映杭州取意"大禹舍舟登岸"的历史典故

B. 杭州城标以汉字"杭"的隶书演变而来。

C. 城标右半部分隐含了杭州著名景点"三潭印月"的形象,体现了杭州的环境特征

D. 城标凸现了杭州独有的"五水共导"的城市特征

E. 用特别设计出来的中英文字体表现杭州的城市名称,强调了字体的独特性、易识别性

3. 西湖的地理结构是(　　)。

A. 三面云山一面城　　B. 东面是靠近市区的湖滨公园

C. 西、南、北三面都是山　　D. 山峰连绵,与西湖构成众星捧月之态

E. 西山是火山流纹岩和凝灰岩结构

4. 西湖西山拥有(　　)。

A. 飞来峰　　B. 北高峰　　C. 天竺山　　D. 南高峰　　E. 狮峰

5. 下列描述孤山正确的有(　　　　)。
A. 是西湖水域中的一个天然岛屿，面积约 20 公顷，故名孤山
B. 因多梅花，又一名梅屿
C. 孤山海拔 36 米，为西湖群山中最低的山，却是湖中最大的岛屿
D. 南麓有文澜阁、浙江图书馆、浙江博物馆、中山公园、西泠印社、西湖天下景庭园
E. 今人赞美孤山为“西湖眉眼之所在”

6. 下列描述天目山正确的有(　　　　)。
A. 其森林景观以“古、大、高、稀、多、美”称绝
B. 天目山是集儒、道、佛于一体的名山
C. 西汉时期，道教创始人张道陵修道于此
D. 天目山为道教“三十五洞天”
E. 天目山还是韦驮菩萨的道场

7. 烟霞三洞包括(　　　　)。
A. 石屋洞　　B. 烟霞洞　　C. 紫来洞　　D. 紫云洞　　E. 水乐洞

8. 下列为瑶林仙境的四个标志的是(　　　　)。
A. 瑶琳玉峰　　B. 瀛洲华表　　C. 垂云古迹　　D. 银河飞瀑　　E. 玉柱擎天

9. 下列关于西湖描述正确的是(　　　　)。
A. 北宋苏东坡曾曰：“天下西湖三十六，钱塘颖水与罗浮。”
B. 西湖处处有胜景，最著名的是北宋定名的“西湖十景”
C. 1985 年评出“新西湖十景”
D. 2007 年第九届中国杭州西湖博览会公布“三评西湖十景”
E. 西湖主要风景有 50 多处，重点文物古迹有 30 多处

10. 康熙皇帝曾为西湖十景题名立碑，被他改动的有(　　　　)。
A. 双峰插云　　B. 柳浪闻莺　　C. 雷峰夕照　　D. 曲院风荷　　E. 南屏晚钟

11. 关于三潭印月的描述正确的有(　　　　)。
A. 三潭印月岛又名小瀛洲
B. 是西湖三岛中面积最大、景观最丰富、知名度最高者
C. 被誉为“西湖第一胜境”　　D. 面积约 7 公顷
E. 明万历三十五年，钱塘县令聂心汤取葑泥围成湖中湖，作放生之所

12. (　　　　)并称杭州“三西”。
A. 西湖　　B. 西泠印社　　C. 西塘　　D. 西递　　E. 西溪

13. 下列描述正确的是(　　　　)。
A. 良渚遗址位于萧山城区西南湘湖村　　B. 跨湖桥遗址据今 7000～8000 年
C. 跨湖桥位于杭州城北余杭区　　D. 良渚遗址据今 4000～5300 年
E. 良渚遗址出土遗物有陶器、石器、骨器和木器

14. 下列关于岳王庙描述正确的是(　　　　)。
A. 岳王庙位于西湖西北角的岳湖畔
B. 始建于北宋嘉定十四年，是为纪念北宋民族英雄岳飞而建
C. 明景泰年间改称“忠烈庙”

D. 岳王庙由正殿忠烈祠、配殿启忠岳飞墓园以及精忠柏亭、碑廊、精忠桥、南巢枝组成

E. 墓道前方照壁有明代莆田人洪珠所书"精忠报国"四个大字

15. 浙江杭州岳王庙与(　　　　)并称中国五大岳王庙。

A. 江苏靖江岳王庙　B. 河南汤阴岳王庙　C. 江苏泰山岳王庙

D. 江西宜丰岳王庙　E. 湖北鄂州岳王庙

16. 下列关于龙门古镇描述正确的是(　　　　)。

A. 龙门古镇位于富阳市富春江南岸

B. 三国东吴大帝孙权的故里

C. 是现今江南地区明清古建筑中保存较为完整的山乡古镇

D. 龙门全镇现在有 7000 多人,90%以上的村民为孙权家族后裔

E. 东汉名士严子陵赞叹"此地山清水秀,胜似吕梁龙门"

17. (　　　　)的雄姿是杭州城市的标志。

A. 六和塔　B. 保俶塔　C. 雷峰塔　D. 功臣塔　E. 钱塘江大桥

18. 下列关于拱宸桥描述正确的是(　　　　)。

A. 拱宸桥位于西湖南线万松岭

B. 是杭州古桥中最高、最长的石拱桥

C. 拱宸桥东西横跨大运河,是京杭大运河到杭州的终点标志

D. 1895 年杭州列为通商口岸,日本人在拱宸桥设洋关租界

E. 雍正四年,李卫率属捐俸重修,把桥加厚加宽

19. 下列与科考有关的桥是(　　　　)。

A. 丰乐桥　B. 登云桥　C. 六部桥　D. 拱宸桥　E. 梅登高桥

20. 下列关于钱塘江大桥描述正确的是(　　　　)。

A. 位于月轮山下闸口上游

B. 被称为"杭州东河第一桥"

C. 是我国自行设计、建造的第一座双层立体铁路、公路两用桥

D. 全长 1453 米

E. 1934 年 11 月 11 日开工,1937 年 9 月 26 日建成,历经 1040 余天,耗资 160 万美元

21. 下列属于杭州孔庙的碑刻的是(　　　　)。

A. 宋高宗的《南宋石经》　B. 贯休的《十六罗汉像刻石》

C. 李公麟的《孔子及其七十二弟子像刻石》　D. 五代的《五代石刻星象图》

E. 吴昌硕的《汉三老碑石刻》

22. 下列历任西泠印社的社长有(　　　　)。

A. 马衡　B. 张宗祥　C. 沙孟海　D. 赵朴初　E. 启功

23. 大型演出"宋城千古情"分为(　　　　)。

A.《美丽的西子,美丽的传说》　B.《世界在这里相聚》　C.《金戈铁马》

D.《良渚之光》　E.《宋宫宴舞》

24. 下列描述正确的是(　　　　)。

A. 浙江大学的校训"求是、创新"

B. "科学、民主、求真、创新"是杭州高级中学之校风

C. 中国美术学院位于杭州市南山路218号
D. 浙江大学的前身成立于1867年的求是学院
E. 中国美术学院占地面积5.18平方公里，建筑面积193万平方米

25.“民国四大名校”是浙江大学和（　　　）。
A. 国立中央大学　　B. 国立北京大学
C. 国立西南联合大学　　D. 国立武汉大学　　E. 国立复旦大学

26. 下列关于京杭大运河描述正确的是（　　　）。
A. 贯穿东西绵延1794公里，杭州段长70公里
B. 沟通了钱塘江、长江、淮河、黄河、海河五大水系
C. 比巴拿马运河长22倍，比苏伊士运河长10倍
D. 距今已有2400多年的历史了
E. 610年，隋炀帝开凿镇江至杭州的江南运河，长800余里

27. 龙井泉和（　　　）并称为西湖三大名泉。
A. 玉泉　　B. 趵突泉　　C. 虎跑泉　　D. 龙清泉　　E. 蝴蝶泉

28. 下列和吴越王有关的塔是（　　　）。
A. 六和塔　　B. 保俶塔　　C. 雷峰塔　　D. 功臣塔　　E. 飞虹塔

29. 下面关于博物馆描述正确的有（　　　）。
A. 浙江博物馆始建于1930年
B. 浙江省旅游博物馆是全国第一个高校开设的博物馆
C. 西湖博物馆2005年建成开放，3/4隐于地下
D. 在杭州南宋官窑博物馆可以看四维电影《古国惊梦》
E. 胡庆余堂的金铲银锅是国家一级文物，被誉为中华药业第一国宝

30. 下列对灵隐寺描述正确的是（　　　）。
A. 灵隐寺也叫云林禅寺，为中国佛教禅宗十刹之一
B. 灵隐寺位西湖西南灵隐山麓
C. 灵隐寺深得“隐”字意趣
D. 灵隐寺大雄宝殿中的金装释迦牟尼像高19.6米
E. 清乾隆皇帝赐名云林禅寺

31. 对于吴山描述正确的是（　　　）。
A. 最高峰不到100米，是西湖群山中内涵最丰富、最耐人寻味的一座山
B. 山顶北部的巫山十二峰，也称“十二生肖石”
C. 吴山是吴越、南宋时期的文化荟萃之地，山上多摩崖石刻
D. 有苏东坡的手迹“第一山”
E. 山上最老的宋樟已有700年历史

32. 关于径山寺描述正确的是（　　　）。
A. 被列为江南五山十刹之首
B. 规模宏大，有建筑1000多间，有“江南禅林之冠”的誉称
C. 春季僧侣们举行茶宴，人称径山茶宴
D. 径山茶宴发展为日本茶道

E. 茶碗被称"天目茶碗"，在日本茶道中使用

参考答案

一、判断题

1—5 BAABB　6—10 BABAA　11—15 ABAAB　16—20 AABAB　21—25 ABBAB　26—30 ABBBB　31 A

二、单选题

1—5 CCCDB　6—10 CCBAA　11—15 CBADC　16—20 DBDAA　21—25 DBABD　26—28 CBA

三多选题

1. ACE　2. ADE　3. ABCD　4. ABCDE　5. ABE　6. ABE　7. ABE　8. ABDE　9. CD　10. ACD　11. ABCDE　12. ABE　13. BD　14. ACDE　15. ABCD　16. ABCDE　17. AE　18. BCDE　19. BE　20. ACDE　21. ABCD　22. ABCDE　23. ABCDE　24. ABC　25. ACD　26. BDE　27. AC　28. ABC　29. BCE　30. ACD　31. ABC　32. ABCDE

第七章　嘉兴、湖州旅游

一、判断题(正确的填 A，错误的填 B)

1. 被称为"江南第一古民宅"的是张石铭旧宅。（　）
2. 莫干山的得名是因战国末年，吴王阖闾派干将、莫邪在此铸成举世无双的雌雄双剑。（　）
3. 并列为"世界三大强涌潮河流"的是南亚恒河，南美亚马孙河和钱塘江。（　）
4. 湖州的旅游品牌有竹乡、名山、湿地和古生态。（　）
5. "茶圣"陆羽隐居嘉兴时所撰写的《茶经》，为中国茶文化的发展奠定了基础。（　）
6. 嘉兴的王江泾镇的丝绸有"衣被天下"的美誉。（　）
7. 广惠宫位于乌镇上，是道教建筑，迄今已有上千年的历史。（　）
8. 南浔取南林、浔溪两名之首字，在北宋时期建镇。（　）
9. 安吉竹博园是世界上最大的竹子主题公园。（　）
10. 安吉大竹海是浙江省最著名的大毛竹示范基地、世界亚非拉 17 国毛竹科学培育基地。（　）
11. 嘉兴作为地名出现最早是在三国时期。（　）
12. 天目山地理位置独特，是湖州与嘉兴、杭州的天然中心点。（　）
13. 含山风景旅游区因有"蚕花圣地"之美称而享誉海内外。（　）
14. 中国第一座依靠自己的力量设计、建造和运营管理的 30 万千瓦压水堆核电站位于东海之滨美丽富饶的杭州湾畔的海盐县。（　）
15. "轻烟拂渚，微风欲来"描述的是南北湖的迷人景色。（　）
16. 赵孟頫生于湖州，集"诗、书、画、印"于一身，并创立了西泠印社。（　）

17. 湖州作为地名的出现是在唐朝(代)。 (　　)
18. 五代十国时期，嘉兴首次设州府级政权。 (　　)
19. 西塘最有特色的露天小巷叫作“石皮弄”，最窄的地方只有 0.8 米宽。 (　　)
20. 京杭大运河嘉兴段南起秀洲区王江泾镇长虹桥，北到桐乡崇福镇，全长 81.22 公里。 (　　)

二、单选题

1. 嘉兴市境为太湖边的浅碟形洼地，俗有“(　　)”之称。
   A. 五地四水一分田　B. 六田一水三分地
   C. 四山三盆一平原　D. 九山半水半分田
2. 嘉兴市境内最高点位于海盐县与海宁市交界处的(　　)。
   A. 高阳山　B. 百山祖　C. 东峰　D. 四明山
3. 下列名人中，属于古代吴兴人的有(　　)。
   A. 曹不兴、赵孟頫　B. 王羲之、吴昌硕
   C. 陆羽、蒙恬　D. 白居易、张静江
4. 嘉兴全市有山丘 200 余个，零散分布于钱塘江杭州湾北岸，海拔大多在(　　)米以下。
   A. 200　B. 240　C. 300　D. 400
5. (　　)具有春湿、夏热、秋燥、冬冷的特点。
   A. 杭州　B. 湖州　C. 嘉兴　D. 宁波
6. (　　)被国际友人誉为“现代中国最像艺术家的艺术家”。
   A. 鲁迅　B. 丰子恺　C. 老舍　D. 高则诚
7. (　　)享有“江南第一山”的美誉。
   A. 四明山　B. 雪窦山　C. 莫干山　D. 雁荡山
8. (　　)时嘉兴名长水，吴越两国在此风云角逐，三国时属吴国。
   A. 战国　B. 春秋　C. 周朝　D. 秦代
9. 湖州所产的“辑里湖丝”不仅被指定为清代的皇室贡品，而且在 1851 年伦敦(　　)世博会上，获得维多利亚女王的特别金奖。
   A. 第一届　B. 第二届　C. 第三届　D. 第四届
10. 茅盾故居为其曾祖父所建，是(　　)江南民居。
   A. 清代　B. 明代　C. 宋代　D. 元代
11. (　　)的建成发电，结束了中国内地无核电的历史，实现了零的突破。
   A. 新安江核电站　B. 秦山核电站
   C. 大亚湾核电站　D. 海阳核电站
12. (　　)被誉为“东方小莱茵河”。
   A. 京杭大运河　B. 钱塘江　C. 长湖申航道　D. 杭甬运河
13. 我国东南部最大的竹文化生态旅游区是(　　)。
   A. 金华九峰山　B. 开化钱江源
   C. 安吉竹博园　D. 安吉大竹海
14. 李叔同，又名李息霜、李岸、李良，浙江平湖人，生于(　　)。
   A. 北京　B. 湖南　C. 江苏　D. 天津
15. 茅盾于(　　)年发表首部小说《蚀》三部曲。

A. 1927　B. 1928　C. 1931　D. 1934

16.（　）自古即为著名良港，海岸东起独山，西至苏家埭，全长15公里。

A. 北仑港　B. 海门　C. 乍浦　D. 石浦

17.（　）的丝绸有"衣被天下"的美誉。

A. 王江泾镇　B. 嘉善　C. 桐乡　D. 平湖

18. 1911年11月7日，辛亥革命党人光复嘉兴，成立嘉兴军政分府，（　）废府存县，改称嘉禾县，后复称嘉兴县。

A. 清代末期　B. 民国初期　C. 民国中期　D. 民国末期

19. 嘉兴自（　）开始即有"人文之邦"的美誉。

A. 唐宋　B. 宋元　C. 元明　D. 明清

20. 湖州的龙王山高1587米，比在临安境内的天目山主峰还高出（　）米。

A. 50　B. 60　C. 70　D. 80

21. 国际天文组织以（　）的名字命名了水星上的一座环形山。

A. 曹不兴　B. 王羲之　C. 赵孟頫　D. 吴昌硕

22. 湖心墩有"产红白莲、萍花芡实"的是（　）。

A. 南北湖　B. 南湖　C. 东钱湖　D. 鉴湖

23.（　）属于全国重点文物保护单位，位于嘉兴西南7.5公里处，面积约1.5万平方米。

A. 河姆渡　B. 马家滨　C. 良渚　D. 钱山漾

24. 马家滨遗址于（　）年被发现，是距今6000多年的新石器文化遗址。

A. 1937　B. 1944　C. 1959　D. 1961

25.（　）的立志书院是茅盾少年读书处，现辟为茅盾纪念馆。

A. 乌镇　B. 西塘　C. 南浔　D. 周庄

26. 海宁潮，又称钱江潮，据传观潮之风始于（　）而盛于（　）。

A. 魏晋南北朝；唐　B. 唐；宋　C. 汉；宋　D. 明；清

27. 钱江潮观潮节的日期为（　）。

A. 七月二十　B. 八月初五　C. 八月十八　D. 七月初七

28. 西塘是江南六大古镇之一，位于浙江省嘉兴市的（　）。

A. 嘉善　B. 平湖　C. 海盐　D. 海宁

29. 被称为"吴根越角"和"越角人家"的古镇是（　）。

A. 乌　B. 西塘　C. 月河　D. 梅湾街

30. 自古以来，以梅湾街为中心的（　）片是嘉兴最主要的米市和丝市会聚地。

A. 北门　B. 南门　C. 西门　D. 东门

31.（　）曾赞王国维是"不独为中国所有而为全世界之所有之学人"。

A. 鲁迅　B. 梁启超　C. 郭沫若　D. 沈曾植

32. 丰子恺缘缘堂正厅的门楣上悬挂着（　）手书的"丰子恺故居"匾。

A. 丰子恺　B. 沈曾植　C. 徐志摩　D. 叶圣陶

33. 李叔同纪念馆坐落于平湖市东湖景区的（　）内。

A. 石门镇　B. 硖石镇　C. 大瀛洲　D. 小瀛洲

34. 李叔同纪念馆内的李叔同——弘一大师塑像重达（　）吨。

A. 1 B. 2. 5 C. 20 D. 25

35.( )曾评价弘一法师的一生“无尽奇珍供世眼,一轮圆月耀天心”。

A. 茅盾 B. 赵朴初 C. 张宗祥 D. 丰子恺

36. 主人生前曾题名为“铁如意馆”的小楼是( )。

A. 张宗祥故居 B. 徐志摩故居 C. 茅盾故居 D. 沈增植故居

37. 被誉为“清凉世界”的是( )。

A. 莫干山 B. 含山 C. 泰山 D. 高阳山

38. 含山蚕花节是浙江省重点节庆活动之一,每年( )前后都举办一次。

A. 元宵 B. 清明 C. 端午 D. 中秋

39. 杭州湾位于中国浙江省东北部,有钱塘江注入,是一个( )海湾。

A. 弯月形 B. 椭圆形 C. 喇叭形 D. 支干形

40.( )是浙江省内唯一依托太湖资源优势而开发的省级旅游度假区。

A. 南湖旅游度假区 B. 太湖旅游度假区

C. 东钱湖旅游度假区 D. 鉴湖旅游度假区

41.( )被誉为“中国近三百年来学术的结束人,最近八十年来学术的开创者”。

A. 丰子恺 B. 王国维 C. 沈曾植 D. 茅盾

42. 被陈从周教授称赞为“比瘦西湖幽深,比西子湖玲珑,能兼两者之长”的是( )。

A. 南北湖 B. 南湖 C. 东钱湖 D. 鉴湖

三、多选题(五个选项中,至少有两个正确)

1. 嘉兴市为浙江省省辖市,下设南湖区、秀洲区,辖嘉善、海盐 2 个县以及( )这几个县级市。

A. 平湖 B. 长兴 C. 安吉 D. 海宁 E. 桐乡

2. 嘉兴是著名的鱼米之乡、丝绸之府,下列属于嘉兴特产的有( )。

A. 黑陶 B. 桐乡杭白菊 C. 辑里湖丝 D. 蓝印花布 E. 秀洲农民画

3. 湖州在历史上就以“文化之邦”而著称,下列说法正确的是( )。

A. 三国时期的吴兴是中国历史上第一位立传的画家

B. 书圣王羲之曾在湖州为官多年

C. 元代著名的书画家赵孟頫开创了中国山水画派

D. 近代海派文化的创始人吴昌硕也出自湖州,他集“诗、书、画、印”于一身

E. 湖州素有“丝绸之府”的美誉,是世界丝绸文化的发祥地之一

4. 下列对于九龙山的说法正确的是( )。

A. 九龙山国家森林公园濒海而居,位于杭州湾北岸,安吉县境内,紧傍乍浦古镇

B. 其海滨有“南方北戴河”美称

C. 整个九龙山共分为七大区块、五个景区和两个功能区

D. 在东段的东沙湾,建成了长三角地区面积最大的海滨浴场——九龙山海滨浴场

E. 浴区面积达 45 万余平方米,可同时容纳游客 2 万多人

5. 嘉兴南湖风景名胜区内分布的景区有( )。

A. 湖心岛 B. 张公堤 C. 南洋秋月 D. 四季园 E. 小瀛洲

6. 南北湖景区内的老八景有( )。

A.“孟泉瀑布” B.“云岫台壁” C.“澉湖秋月” D.“香曲水居” E.“翠屏山庄”

7. 马家浜遗址是嘉兴的全国重点文物保护单位，表土层下文化层分上下两层；上层包含物有（ ）。

A. 兽骨 B. 陶片 C. 骨管 D. 骨锥 E. 骨针

8. 关于乌镇的说法正确的是（ ）。

A. 乌镇地处浙江省桐乡市北端，西邻绍兴，北界江苏吴江市，为三省三府七县交界处

B. 乌镇是江南六大古镇之一，具有 5000 余年的历史

C. 2007 年被称为国家 5A 级旅游景区

D. 西栅老街是我国保存最完好的明清建筑群之一

E. 东栅的立志书院是茅盾少年读书处，现辟为茅盾纪念馆

9. 嘉兴境内有名人故居（ ）。

A. 丰子恺缘缘堂 B. 沈曾植故居 C. 李叔同纪念馆
D. 张静江故居 E. 茅盾故居

10. 嘉兴形成（ ）的立体地形结构，人工地貌明显，水乡特色浓郁。

A. 旱地栽桑 B. 水田种粮 C. 湖荡养鱼 D. 山间放牧 E. 丛林捕猎

11. 嘉兴处于暖亚热带向冷亚热带的过渡地带，具有（ ）的特点。

A. 春湿 B. 夏干 C. 夏热 D. 秋燥 E. 冬冷

12. 下列关于梅湾街描述正确的有（ ）。

A. 位于嘉兴北门片中心路段

B. 曾是嘉兴古老城市肌理的文脉遗存

C. 相传清嘉庆年间，这里遍植梅树，且濒临京杭大运河河湾，因此得名

D. 作为水路交汇之处，自古以来，以梅湾街为中心的南门片就是嘉兴最主要的米市和丝市会聚地

E. 是一个集休闲、文化、娱乐、商业于一身的综合型商业街区

13. 位于湖州的全国重点文物保护单位有（ ）。

A. 王国维故居 B. 飞英塔
C. 嘉业堂藏书楼及小莲庄 D. 广惠宫
E. 南浔张氏旧宅建筑群

14. 嘉兴市自明清时即有“人文之邦”的美誉。下列符合其说法正确的有（ ）。

A. 唐至清末共出状元 13 人

B. 清光绪二十六年首创新式小学，次年始办嘉兴府中学堂、秀州书院等新式中学

C. 以后数十年间学校广布城乡，普及面广

D. 名校多，女学多，教会学校多

E. 各类女学先后兴办 50 余所

15. 嘉兴现有的特色旅游景点有（ ）。

A. 国家 4A 级旅游景区——南湖 B. 活着的千年古镇——西塘
C. 梦里水乡——乌镇 D. 宰相府第风情街——老盐官古街
E. 天下奇观——海宁潮

16. 嘉兴基本形成了以历史文化为依托，以（ ）为主要内容的江南水乡特色旅游。

A. 潮 B. 湖 C. 河 D. 海 E. 古镇

17. 湖州的气候特点是(　　)。

A. 四季分明 B. 降水充沛 C. 光温同步 D. 阴冷潮湿 E. 日照较少

18. 湖州是著名的“鱼米之乡”,是全国的(　　)的重要生产基地。

A. 小麦 B. 粮油 C. 蚕茧 D. 淡水鱼 E. 毛竹

19. 南湖风景区标签是(　　)。

A. 浙江省爱国主义教育基地 B. 廉政文化基地

C. 诚信景区 D. 国家 5A 级旅游景区

E. 全国红色旅游经典景区

20. 下列关于王国维故居说法正确的是(　　)。

A. 坐落在盐官镇崇山西门内,是近代国学大师少年时代的住宅

B. 庭院坐北朝南,建筑为木结构

C. 后厅正中置放着王国维半身铜像

D. 陈列分为三部分

E. 第一部分介绍了王国维的故乡、家世及其生平

21. 中国四大避暑胜地为(　　)。

A. 高阳山 B. 庐山 C. 北戴河 D. 鸡公山 E. 莫干山

22. 下列关于飞英塔说法正确的是(　　)。

A. 坐落在湖州市区内塔下街,是一座奇特的“塔中塔”

B. 取佛经中“舍利飞轮、英光普照”之意命名

C. 飞英塔的内石塔为仿木构楼阁式,八面五层

D. 外塔,八面七层,通高 50 米

E. 是全国重点文物保护单位

23. 下列关于长兴“金钉子”描述正确的有(　　)。

A. 长兴“金钉子”是世界地质遗迹,剖面和点位是全球最完整的二叠至三叠系界线层型

B. 被国际地质科学联合会正式确定为全球对比标准点位

C. 是地球史上三个最重要的断代界线之一

D. 是地球历史上六次生物大灭绝中最大一次灭绝事件和全球变化相联系的点位

E. 1931 年由美籍科学家葛利普以长兴县命名,代表二叠系最晚期一个年代的地层单位

24. 嘉兴明清时期商品经济繁荣,下面描述正确的是(　　)。

A. 镇上的巨富豪绅,俗称“四象”“八牛”“七十二只金黄狗”

B. 丝绸有“衣被天下”的美誉

C. 濮院镇丝绸“日产万匹”

D. 民间有“湖州一个城,不及南浔个把镇”之说

E. 嘉善有“收不完的西塘纱”的谚语

25. 下面对秦山核电站描述正确的是(　　)。

A. 位于杭州湾畔的海盐县

B. 展览中心内设有可容纳 130 万人观看录像的报告厅

C. 是中国第一座依靠自己力量设计、建造和运营管理的 30 万千瓦压水堆核心电站

D. 是全国和浙江省的核电科普教育基地

E. 每年有 5 万～6 万游客来访

26. 下列对杭州湾跨海大桥描述正确的是（　　）。

A. 大桥建成后缩短宁波至上海间陆路距离 120 公里

B. 杭州湾以海宁潮而著称于世

C. 2008 年 5 月 1 日晚上 11 点 58 分正式通车

D. 杭州湾跨海大桥全长 36 公里

E. 杭州湾跨海大桥的设计时速是每小时 100 公里

27. 下列对于莫干山描述正确的是（　　）。

A. 位于浙江北部的德清县境内　　B. 享有“江南第一山”之誉

C. 以“清凉世界”著称于世　　D. 七八月平均气温仅有 28℃

E. 竹、云、泉为其“三胜”

28. 关于西塘描述正确的是（　　）。

A. 位于嘉善县内　　B. 因镇东南“横亘乾巽”之六“斜唐”之谐音“西塘”得名

C. 民居大多建于明清时期　　D. 有桥 104 座、弄 122 条、廊棚 800 多米

E. 有悠久的历史

29. 下列关于南浔古镇说法正确的是（　　）。

A. 1991 年，南浔名列浙江省 15 个历史文化名镇之首

B. 面积 34 平方公里，有 750 多年历史

C. 巨富豪绅，俗称“四象”“八牛”“七十二只金黄狗”

D. 有“南浔三古桥”通津桥、洪济桥、广惠桥

E. 有保存完整的“江南第一民宅”的张石铭旧宅

参考答案

一、判断题

1—5 ABAAB　5—10 ABBAA　11—15 BBAAB　16—20 BBAAB

二、单选题

1—5 BAAAC　6—10 BCBAA　11—15 BCDDB　16—20 CABDD　21—25 CABCA
26—30 CCABB　31—35 BDCCB　36—40 AABCB　41—42 BA

三、多选题

1. ADE　2. ABDE　3. BDE　4. BCD　5. ADE　6. ABC　7. AB　8. CDE　9. ABCE
10. ABC　11. ACDE　12. BDE　13. BCE　14. ABCDE　15. BCE　16. ABCDE
17. ABCE　18. BCDE　19. BCDE　20. BDE　21. BCDE　22. ABCE　23. ABCDE
24. BCE　25. ACDE　26. ABCDE　27. ABCE　28. ABCD　29. ACDE

第八章 宁波、舟山旅游

一、判断题(正确的填A,错误的填B)

1.宁波取自“海定则波宁”,简称“甬”,是浙江省的一个副省级城市,也是国家计划单列市。( )

2.雪窦寺露天弥勒大佛造像总高度为55.74米。( )

3.招宝山的招宝则是“南舶所经,百轸交集”,寓有“招财进宝”之意。( )

4.达蓬山之所以命名为“达蓬”,意即从这里出发可以航海到达仙境蓬莱。( )

5.四明山曾是全国19个革命根据地之一,也是中国北方七大游击区之一。( )

6.五龙潭相传是因东海龙王之子在此打滚,留下了五个水潭而得名。( )

7.“精忠不二昭千古,大义无双冠五洲”这副楹联描写的是岳飞庙。( )

8.天一阁之名,取义于汉郑玄《易经注》中“天一生水”之说,因为火是藏书楼最大的祸患,而“天一生水”可以以水克火,所以取名“天一阁”。( )

9.雪窦寺殿后两棵挺拔的楠木,为蒋介石亲手栽种。( )

10.洋沙山四大特色景观是:红岩赤礁、父亲岛、海上长城、银光海滩。( )

11.观音山旧称梅岑,因西汉道人梅岑在此炼丹而得名。( )

12.舟山的桃花岛因岛上遍植桃花而得名。( )

13.镇海海防遗址和历史纪念馆已被列为全国文物重点保护单位,全国100个爱国主义教育基地之一。( )

14.塔湾金沙被冠以“万步铁板沙”的美誉。( )

15.1999～2009年,在朱家尖南沙已经成功举办了十一届中国舟山国际沙雕节。( )

16.普济禅寺又叫前寺,坐落在白华山南.灵鹫峰下,是供奉观音的主刹。( )

17.宁波属于南亚热带季风气候区,温和湿润,冬夏季风交替明显,四季分明。( )

18.明朝建立后,明洪武十四年为避国号的讳,改处州为宁波。( )

19.秦时徐福来东南沿海蓬莱、方丈、瀛洲三岛上寻长生不老的仙药,其中的“蓬莱仙岛”即为舟山境内的岱山岛。( )

20.它山堰的堰面全部用木石砌筑而成,堰身为条石结构。( )

21.柔石故居位于临海城关镇西门柔石路4号。( )

22.普陀一词是梵文“potalaka”,即“补怛洛伽”的音译简写,意为“美丽的小白华(花)”。( )

23.观音山集人文景观与自然风光于一身。山间广济寺分左、中、右三座,1985年被列为宗教旅游圣地。( )

24.“舟山田包山,唯有金塘山包田”是指金塘东、北、南三面环山,耕地集中于岛的中部。( )

25.大悲山灵音禅寺位于泗礁本岛西部五龙乡大悲山上。大悲山以佛教观音文化中的大慈大悲而得名,为嵊泗佛教圣地。( )

26.北仑港区系深水良港,位于甬江口门东侧金塘水道北岸,西起甬江口岸长跳嘴灯桩,东至柴桥镇穿山港的人渡码头。( )

27.“太子塔前沙，临风散似霞。至今卷石在，不见惹微瑕”描述的是千步沙。（ ）

28.法雨禅寺布局罕见，天王殿后，大雄宝殿、大悲殿、藏经楼、玉皇殿、方丈室均在一条平等线上，颇具江南园林特色。（ ）

29.郑氏十七房古建筑群位于宁波鄞州区澥清镇。（ ）

30.河姆遗址主要分布在杭州湾南岸的宁波、绍兴平原，并越海向东达舟山岛。（ ）

二、单选题

1.（ ）有着“四明第一山”之美誉。

A.达蓬山 B.普陀山 C.雪窦山 D.洋沙山

2.素有“西子风光，太湖气魄”之称，指的是（ ）。

A.东钱湖 B.九龙湖 C.月湖 D.南湖

3.（ ）为江南保存最完善的北宋木结构建筑。

A.七塔寺 B.灵隐寺 C.保国寺 D.阿育王寺

4.1983年，被国务院确定为汉族地区佛教全国重点寺院的是（ ）。

A.天童寺 B.保国寺 C.雪窦寺 D.七塔寺

5.我国现存最古老的，素有“南国书城”之誉的是（ ）。

A.文渊阁 B.八咏楼 C.文溯阁 D.天一阁

6.（ ）曾名普陀寺，也被称为小普陀。

A.雪窦寺 B.保国寺 C.七塔寺 D.阿育王寺

7.（ ）是中国南方早期新石器时代遗址，全国重点文物保护单位。

A.半坡遗址 B.河姆渡遗址 C.马家浜遗址 D.跨湖桥遗址

8.（ ）比西湖大四倍。

A.东钱湖 B.南湖 C.东湖 D.千岛湖

9.（ ）素有“浙东邹鲁”之美誉。

A.月湖 B.九龙湖 C.东钱湖 D.东湖

10.（ ）既是祭祀天后妈祖的殿堂，又是行业聚会的场所，系我国八大天后宫和七大会馆之一，又是江南现存唯一融天后宫与会馆为一体的古建筑群。

A.银号会馆 B.浙江会馆 C.平阳会馆 D.庆安会馆

11.天一阁由（ ）主持建造。

A.范仲淹 B.范钦 C.范文光 D.乾隆

12.被称为“震旦第一佛国”的是（ ）。

A.观音山 B.小洋山 C.普陀山 D.大洋山

13.鲁迅先生高度评价（ ）的作品是“东方的微光”“林中的响箭”“冬末的萌芽”。

A.柔石 B.胡也频 C.殷夫 D.陶潜

14.有“海岛植物园”之称的是（ ）。

A.金塘岛 B.秀山岛 C.桃花岛 D.嵊泗列岛

15.有“南方北戴河”之称的是（ ）。

A.嵊泗列岛 B.六横岛 C.虾峙岛 D.秀山岛

16.“十里金沙”景区位于（ ）。

A.朱家尖岛 B.桃花岛 C.六横岛 D.金塘岛

17.“心怀博大”形容的是普陀山上的(　　)。
A. 云扶石　B. 心字石　C. 磐陀石　D. 听潮石
18.(　　)是我国目前规模最大的进口铁矿中转基地。
A. 象山石浦渔港　B. 连云港　C. 沈家门渔港　D. 北仑港
19.(　　)被称为“观音得道第一山”。
A. 普陀山　B. 观音山　C. 招宝山　D. 达蓬山
20.秦时被称为“黄公岛”的是(　　)。
A. 嵊泗列岛　B. 六横岛　C. 桃花岛　D. 秀山
21.下列关于古工程的地点、朝代描述正确的一项是(　　)。
A. 通济堰—杭州—南朝　B. 它山堰—宁波—唐代
C. 古纤道—温州—元代　D. 长屿洞天—温岭—隋朝
22.威远城城内曾建有报功祠、祭祀明代抗倭名将戚继光和(　　)等神像。
A. 俞大猷　B. 胡宗宪　C. 谭纶　D. 卢镗
23.离余姚南 55 里,梁弄镇的狮子山,高(　　)米,是 1943 年新四军浙东游击队挺进梁弄时,打败敌伪军的主战场。
A. 102　B. 103　C. 104　D. 105
24.(　　)以来,月湖是浙东学术中心,是文人墨客憩息荟萃之地。
A. 隋唐　B. 唐宋　C. 宋元　D. 明清
25.1964 年,(　　)先生下榻温泉,欣然挥毫,题写了“天明山南溪温泉”匾额。
A. 潘天寿　B. 郭沫若　C. 吴昌硕　D. 丰子恺
26.“城在港上,山在城中”指的是(　　)。
A. 北仑港　B. 象山石浦渔港　C. 乍浦港　D. 连云港
27.中国长江下游地区的新石器时代文化,它主要分布在杭州湾南岸的宁波,(　　)平原,并越海东达舟山岛。
A. 杭州　B. 绍兴　C. 台州　D. 湖州
28.上林湖越窑青瓷遗址位于(　　)鸣鹤镇西栳山麓上林湖一带,为越窑青瓷主要产区之一。
A. 余姚　B. 慈溪　C. 奉化　D. 象山
29.(　　)的《贡余秘色茶盏》诗“捩翠融青瑞色新,陶成先得贡吾君。巧剜明月染春水,轻旋薄冰盛绿云”,赞颂贡窑青瓷。
A. 徐寅　B. 苏轼　C. 柔石　D. 范钦
30.它山堰皆用长 2～3 米,宽 0.2～0.35 米的条石砌筑,左右共(　　)石级。
A. 33　B. 35　C. 36　D. 38
31.磐陀石相传是观音大士说法处,石上有“磐陀石”,为(　　)所书。
A. 郭沫若　B. 柔石　C. 殷夫　D. 侯继高
32.相传 1962 年,(　　)游山,至佛顶山,信口而出“佛顶山顶佛”,并向同行者征下联。
A. 徐霞客　B. 郭沫若　C. 李白　D. 苏轼
33.在普陀山东端青鼓垒头尽处,梵音洞与(　　)南北相对,合称为“两洞潮音”。
A. 法华洞　B. 潮音洞　C. 朝阳洞　D. 古佛洞
34.传说中(　　)乃海上三仙山之一的“方丈岛”。

A. 桃花岛　B. 嵊泗列岛　C. 秀山岛　D. 金塘岛

35. 2006 年开始举办“我为泥狂”海泥狂欢节节庆活动的是(　　)。

A. 金塘岛　B. 秀山岛　C. 嵊泗列岛　D. 六横岛

36. 舟山群岛的第三大岛是(　　)。

A. 六横岛　B. 金塘岛　C. 秀山岛　D. 嵊泗列岛

37. 慧济禅寺后门左侧有普陀山三宝之一的是(　　)。

A. 多宝塔　B. 杨枝　C. 观音碑　D. 普陀鹅耳枥

38. (　　)中的大雄宝殿被称为“无梁殿”。

A. 天童寺　B. 阿育王寺　C. 保国寺　D. 七塔寺

39. 以下不属于招宝山景区景点的是(　　)。

A. 威远炮台　B. 吴公纪功碑亭　C. 览江台　D. 浙东区委旧址

40. 十七房开元度假村依托郑氏十七房白墙黛瓦的(　　)古建筑为主体。

A. 唐　B. 宋　C. 元　D. 明清

三、多选题(五个选项中,至少有两个正确)

1. 唐代,宁波是“海上丝绸之路”的起点之一,与扬州、广州并称为中国三大对外贸易港口。宋时又与(　　)同时列为对外贸易三大港口重镇。

A. 广州　B. 扬州　C. 苏州　D. 福建　E. 泉州

2. 宁波文人荟萃,历史上曾有较高层次的具地方特色的学派,如(　　)。

A. 永嘉学派　B. 四明学派　C. 阳明学派　D. 浙南学派　E. 浙东学派

3. 以下符合雪窦山描述正确的有(　　)。

A. 位于浙江省奉化市溪口镇西南

B. 海拔 900 米,有“四明第一山”之美誉

C. 山顶宽旷,四周群山,一峰居中为乳峰,乳峰有窦(洞),有飞泉从窦中喷激而出,色白如乳,溅喷如雪,故泉名乳泉

D. 雪窦山著名的景点有千丈岩、三隐潭等

E. 雪窦寺始建于唐代

4. 东钱湖全湖可分为(　　)三个部分。

A. 谷子湖　B. 钱湖　C. 梅湖　D. 外湖　E. 万金湖

5. 宋元以来,月湖是浙东学术中心,是文人墨客憩息荟萃之地。比如有(　　)。

A. 贺知章　B. 王安石　C. 李白　D. 杨简　E. 万斯同

6. 关于象山石浦渔港描述正确的是(　　)。

A. 石浦是一个有着 700 余年历史的渔港古城

B. 陆地面积 119.5 平方公里,其中沿海岛礁 175 个

C. 人称“城在港上,山在城中”

D. 石浦是国家三类开放口岸,全国渔业第一镇

E. 浙江省首批历史文化名镇

7. 中国古代四大水利工程包括(　　)。

A. 郑白渠　B. 郑国渠　C. 灵渠　D. 都江堰　E. 它山堰

8. 保国寺是一个拥有(　　)等各个时期的木结构建筑群体的建筑群。

A. 唐 B. 宋 C. 元 D. 明 E. 民国

9. 庆安会馆正殿采用(　　　　)为装饰,突出展现了浙东一带雕刻艺术,堪称精品之作。

A. 砖雕 B. 石雕 C. 朱金木雕 D. 玉雕 E. 贝雕

10. 下列描述天一阁藏书的制度规定正确的是(　　　　)。

A. 如女子不得上楼 B. 烟酒切忌登楼

C. 代不分书,书不出阁 D. 藏书柜门钥匙由子孙多房掌管

E. 外姓人不得入阁

11. 普陀山素有(　　　　)之称

A. 海外仙山 B. 寰中绝胜 C. 海天佛国 D. 海上名山 E. 南海圣境

12. (　　　　)同称为"海蜇之乡"。

A. 小洋山 B. 观音山 C. 大洋山 D. 磨心山 E. 普陀山

13. 观音三大香会会期分别是(　　　　)。

A. 二月十九 B. 三月十九 C. 六月十九 D. 七月十九 E. 九月十九

14. 被称为普陀三大奇石的是(　　　　)。

A. 磐陀石 B. 听潮石 C. 心字石 D. 二龟听法石 E. 云扶石

15. 桃花岛因与金庸先生所著的(　　　　)描述的美妙神奇的东海小岛吻合而闻名于世,桃花镇因势利导,开发出一系列武侠文化旅游产品,受到游客喜爱。

A.《天龙八部》 B.《倚天屠龙记》 C.《射雕英雄传》

D.《神雕侠侣》 E.《笑傲江湖》

16. 关于沈家门的描述正确的是(　　　　)。

A. 沈家门位于舟山本岛的西南部

B. 沈家门地处我国南北海岸线中点,长江、钱塘江、鳌江入海口交汇处

C. 沈家门人称"小上海",是我国最大的渔港和海水产品的集散地,素有"渔都"之称

D. 港区呈东西走向,西窄东宽,狭长形

E. 沈家门渔港现已发展为渔、商、景兼备之综合港口

17. 以下位于宁波的有(　　　　)。

A. 东钱湖 B. 月湖 C. 太湖 D. 九龙湖 E. 白马湖

18. 关于舟山描述正确的是(　　　　)。

A. 舟山一名来自民间,或以为舟山本岛"山形如舟"而得名,或以为"渔舟云集于此"停泊而得名

B. 舟山是浙江省唯一以群岛设市的地级行政区

C. 全市由 1393 个大小岛屿组成,素有"千岛之城"的美称

D. 舟山属于典型的亚热带北缘海洋性季风气候

E. 主要灾害性天气有低温连阴雨、台风、雷雨大风、霜冻、寒潮

19. 关于嵊泗列岛描述正确的是(　　　　)。

A. 位于舟山群岛的南部,长江口与杭州湾的汇合处

B. 有"一分岛礁九分海"之说

C. 是我国目前唯一的国家级列岛风景名胜区

D. 嵊泗列岛即岛屿众多的意思

E. 嵊泗列岛历史上是舟山的产粮区

20. 普陀三大寺庙为(　　)。

A. 宝陀讲寺　B. 普济禅寺　C. 慧济禅寺　D. 法雨禅寺　E. 大乘禅院

21. 关于凤凰山主题公园说法正确的是(　　)。

A. 被誉为宁波人自己打造的迪士尼

B."大舟冲浪"为目前国内唯一的双轨道冲水项目

C."激流勇进"为目前国内落差最大的项目

D."飞天凤凰"为目前亚洲环数最多的、世界第一的八回转过山车

E. 是全国唯一的爱情主题公园

22. 建有万吨以上泊位的港口有(　　)。

A. 海门港　B. 温州港　C. 台州港　D. 北仑港　E. 舟山港

23. 下列属于柔石作品的有(　　)。

A.《二月》　B.《为奴隶的母亲》　C.《人间的喜剧》

D.《孩儿塔》　E.《玄中记》

24. 关于鹿栏晴沙描述正确的有(　　)。

A. 因位于岱山本岛北部的鹿栏山而得名

B. 是江浙沿海最长的一条沙滩,号称"华东第一滩"

C. 有"金沙日出"的天象景观

D. 为普陀山上最大的沙滩

E."太子塔前沙,临风散似霞"

25. 世界三大渔港是(　　)。

A. 宁波港　B. 秘鲁的卡亚俄港　C. 沈家门渔港

D. 连云港　E. 挪威的卑尔根港

26. 下列关于北仑港描述相符的是(　　)。

A. 位于甬江口门东侧金塘水道北岸

B. 25 万吨级重载海轮可以自由进出,35 万吨级可候潮出入

C. 年作业可达 340 天

D. 金塘、大榭、大黄蟒等岛屿环列东、西、南三面,构成天然屏障

E. 人称"城在港上,山在城中"

27. 关于招宝山说法正确的有(　　)。

A. 古称候涛山,因"波涛汹涌,惊浪拍天"而得名

B. 招宝则寓有"招财进宝"之意

C. 有威远炮台、吴公纪功碑亭、宝陀禅寺等景点

D. 建于山顶的鳌柱塔,目的是用于镇压东海上的巨兽

E. 威远城是明嘉靖三十九年为抵御倭寇扰攘而建的城堡

28. 宋元以来,月湖是浙东学术中心,是文人墨客憩息荟萃之地。(　　)等风流人物,在这里或隐居,或讲学,或为官,或著书。

A. 南宋宰相史浩　B. 宋代学者杨简　C. 唐代诗人贺知章

D. 北宋名臣王安石　E. 明末清初史学家万斯同

参考答案

一、判断题

1—5 ABAAB 6—10 ABABB 11—15 BBABA 16—20 ABBAB 21—25 BABAB 26—30 BBBBA

二、单选题

1—5 CACDD 6—10 CBAAD 11—15 BCCCA 16—20 ABDBB 21—25 BAACB 26—30 BBBAC 31—35 DBBCB 36—40 ADCDD

三、多项选择题

1. AE 2. BCE 3. CDE 4. ACD 5. ABDE 6. CE 7. BCDE 8. ABDE 9. ABC 10. ABCDE 11. CE 12. AC 13. ACE 14. ADE 15. CD 16. CE 17. ABD 18. ABCE 19. BCD 20. BCD 21. AB 22. ABDE 23. ABC 24. AB 25. BCE 26. CD 27. ABCDE 28. ABCDE

第九章 绍兴、台州旅游

一、判断题(正确的填 A,错误的填 B)

1. 绍兴全市地貌大势可以概括为“四山三盆两江一平原”。 ( )
2. 台州境内河道密布,湖泊众多,一向以“水乡泽国”享誉海内外。 ( )
3. 台州兼得山海之利,有“七山一水二分田”之说。 ( )
4. 台州属亚热带季风气候型,雨量适中,温和宜人。 ( )
5. 凤鸣山位于绍兴上虞市丰惠镇凤鸣山腰,故名“凤鸣”。 ( )
6. 早在 2200 多年前,春秋末期,越王勾践为复国雪耻,又为了避开吴国的监视,曾在称山上称炭铸剑,大炼兵戈,称山由此而得名。 ( )
7. 五泄瀑布早在 1500 多年前的北魏就闻名于世,徐霞客的《水经注》里就有详细的记载。( )
8. 千百年来,随着自然景观的点缀和宗教文化的介入,加上文人墨客的点染,到明代形成著名的“柯岩八景”。 ( )
9. 1918 年 5 月,鲁迅首次以笔名发表了中国文学史上第一篇白话小说《狂人日记》。( )
10. 曹娥庙距今已有 1800 多年,是为纪念西汉孝女曹娥投江寻父而建的一座纪念建筑,几度兴废,屡经重建。 ( )
11. 御碑正面为康熙书写的《兰亭即事》诗,阴面是乾隆书写的《兰亭集序》全文。 ( )
12. 大禹碑亭内有石碑,刻着宋代绍兴知府南大吉所书的“大禹陵”三个大字。 ( )
13. 仙居境内多山,有着“八山一水一分田”之说。 ( )
14. 宋仁宗以其“洞天名山,屏蔽周围,而多神仙之宅”,诏改仙居,意为“仙人居住之地”。 ( )
15. 长屿硐天面积约为 29.8 万平方米,容积约 568.4 万立方米,有 28 个硐群,1413 个硐窟。 ( )
16. 中国民间艺术之乡仙居县的“针刺无骨花灯”始于宋,盛于明,有“中华第一灯”之誉。 ( )

17. 祝家庄景区依山傍水，景色旖旎，其中景区内药师寺存有一鼓，有“中国第一鼓”之称。（　　）
18. 仙居风景名胜区的淡竹原始森林是目前国内最大的亚热带原始沟谷常绿阔叶次生林保护区之一，山林总面积5万亩。（　　）
19. 长屿硐天风景名胜区位于温岭市新河镇境内，系汉朝以来人工开采石板后形成的石文化景观。（　　）
20. 大陈岛山海一体，水天一色，绿树成荫，一派葱茏，尤以奇礁兀立、高山阔海的海岛自然风光著称，系国家级海岛森林公园。（　　）
21. 鲁迅故居原为周家新台门的一部分，是鲁迅青少年时代生活、学习、工作的地方，鲁迅也诞生在这里。（　　）
22. 台州是中国越剧的主要发源地。形成于清朝的“台州乱弹”戏腔，是浙江著名的四大乱弹之一。（　　）
23. 凤鸣山历史文化积淀深厚，是道教文化“第九小洞天”所在地，被誉为“洞天福地”。（　　）
24. 临海古长城尤以东北部最为险峻，依山就势，逶迤曲折，宛如巨龙飞舞，人称“江南八达岭”。（　　）
25. 1994年世界佛教大会曾授予中国天台山中华佛教城法人代表汤春甫“佛艺大师”荣誉。（　　）
26. 2002年3月，国内著名音乐家经过实地考察，发现堪称天下一绝的国内首个自然“岩洞音乐厅”，并成功举办了“中国首届岩洞音乐会”。（　　）
27. 长屿洞天在1993年被省政府命名为国家级风景名胜区，1998年荣获世界吉尼斯之最。（　　）
28. 永安溪是仙居的母亲河，源于仙居与缙云交界的天堂尖。（　　）
29. 天台山以“佛宗道源，山水神秀”为特色，以宗教朝觐、观光游览、休闲避暑、康复疗养为主要功能的国家级山岳风景名胜区。（　　）
30. 台州历史悠久，名人荟萃，素有水乡、桥乡、酒乡、书法之乡、名士之乡的美誉。（　　）
31. 鲁迅故居最后面为百草园，分大小园两部分，鲁迅以此为素材写下了第一篇白话小说《狂人日记》。（　　）
32. 明朝翰林院编修潘耒游览仙居景区后称赞说：“天台幽深，雁荡奇崛，仙居兼而有之。”（　　）

二、单选题

1.（　　）属于首批中国历史文化名城。

A. 绍兴　　B. 嘉兴　　C. 湖州　　D. 台州

2. 台州最高峰为（　　），海拔1382.4米。

A. 小孤山　　B. 高阳山　　C. 莫干山　　D. 括苍山

3. 绍兴历史悠久，有近（　　）年建城历史，绍兴市面积8256平方公里。

A. 2200年　　B. 2300年　　C. 2400年　　D. 2500年

4. 台州列岛、东矶列岛为台州近海主要岛屿群，最大岛屿为（　　）。

A. 大陈岛　　B. 玉环岛　　C. 大鹿岛　　D. 蛇蟠岛

5. 20世纪50年代我国第一部彩色影片《梁山伯与祝英台》在（　　）拍摄。

A. 凤鸣山　　B. 雪窦山　　C. 称山　　D. 天台山

6. 唐代诗仙李白曾用“镜湖水如月，耶溪女似雪”称赞（　　）。

A. 白马湖　　B. 鉴湖　　C. 西湖　　D. 千岛湖

7. 诸暨当地人称(　　)为泄,一水折为五级,所以叫"五泄"。

A. 泉水　　B. 溪流　　C. 瀑布　　D. 洪水

8. 下列景区是国家 AAAA 级景区的是(　　)。

A. 西施故里　　B. 桃花源景区　　C. 白马湖景区　　D. 曹娥景区

9.《徐霞客游记》开篇之首是(　　)。

A.《兰亭集序》　　B.《梁山伯与祝英台》

C.《游天台山日记》　　D.《天台晓望》

10. (　　)以其在世界同类风景旅游区中开采年代久远、规模宏大、内涵丰富而独树一帜,被誉为"中华第一洞"。

A. 紫云洞　　B. 黄龙洞　　C. 水乐洞　　D. 长屿硐天

11. 堪称一绝的(　　)被称为"东海第一盆景"。

A. 长屿硐天　　B. 甲午岩　　C. 海上森林　　D. 奇礁异石

12. (　　)满山绿树成荫,郁郁葱葱,有"东海碧玉"的美称。

A. 蛇蟠岛　　B. 玉环岛　　C. 大鹿岛　　D. 大陈岛

13. 被国内外众多媒体誉为"大地艺术之花"、艺术大师刘海粟称为"不朽的杰作"的艺术作品是(　　)。

A. 大鹿岛的海生动物群雕　　B. 秀山岛的泥雕

C. 朱家尖岛的沙雕　　D. 柯岩的石刻

14. (　　)遗址延续期长达 1800 余年,是距今 3000—4000 年前东南沿海岛屿罕见的多层文化遗址,是研究我国沿海岛屿史前文化的典型代表。

A. 河姆渡　　B. 马家浜　　C. 三合潭　　D. 洋坦墩

15. 国清寺是在(　　)由晋王杨广根据智者大师亲自绘制的蓝图命人建造的。

A. 汉朝　　B. 唐朝　　C. 隋朝　　D. 宋朝

16. 被文天祥称为"海上仙子国",冯庚雪赞誉为"风冠东南"的是(　　)。

A. 天台山　　B. 桃渚风景名胜区　　C. 大陈岛　　D. 大鹿岛

17. (　　)有二山、八洞、十二峰、三十六奇岩,素有"小雁荡"之称。

A. 天台山　　B. 仙居神仙居景区　　C. 武坑玉界景区　　D. 大鹿岛

18. 宋代理学家朱熹曾发出"地气尽垂于此矣"的惊叹,称赞的是(　　)。

A. 天台山　　B. 仙居　　C. 大鹿岛　　D. 大陈岛

19. 凤鸣山西南的东溪村的陶朱庙是为了纪念(　　)曾经在此隐居。

A. 范蠡　　B. 陆游　　C. 西施　　D. 朱熹

20. 绍兴作为地名第一次出现是在(　　)。

A. 汉朝　　B. 隋朝　　C. 唐朝　　D. 南宋

21. (　　)为国家地质公园、省级风景名胜区。

A. 仙居风景名胜区　　B. 长屿硐天风景名胜区

C. 天台山风景名胜区　　D. 桃渚风景名胜区

22. 20 世界 30 年代电影《渔光曲》外景在(　　)拍摄。

A. 大陈岛　　B. 大鹿岛　　C. 蛇蟠岛　　D. 桃花岛

23. 中国美术学院( )教授历经十数年,以大写意的手法创作出造型夸张、古朴粗犷的百幅海生动物群雕,被国内外众多媒体誉为"大地艺术之花"。
A. 洪世清　B. 吴昌硕　C. 潘天寿　D. 黄宾虹
24. 天台山中华佛教城制作的大小佛像 29000 余尊,被( )个国家和地区的国宝馆及宗教部门珍藏、陈列、供奉。
A. 46　B. 47　C. 48　D. 49
25. ( )有一株美国红杉,是美国前总统尼克松访华时送给中国人民的礼物。
A. 大鹿岛　B. 桃花岛　C. 大陈岛　D. 蛇蟠岛
26. 长屿硐天在( )年被评为国家 AAAA 级旅游景区。
A. 2001　B. 2002　C. 2003　D. 2004
27. 禹祠位于禹陵的左侧,"禹祠"匾由著名画家( )题写。
A. 吴作人　B. 潘天寿　C. 张大千　D. 李可染
28. 曹娥庙距今已经有( )历史。
A. 1500 多年　B. 1600 多年　C. 1700 多年　D. 1800 多年
29. 毛泽东主席评价( )是伟大的无产阶级文学家、思想家、革命家、是中华文化革命的主将。
A. 蔡元培　B. 胡适　C. 鲁迅　D. 秋瑾
30. ( )面积达到 3.5 平方公里,成为绍兴规模最大、功能最全的大型旅游景区。
A. 五泄风景区　B. 仙居风景名胜区　C. 柯岩风景区　D. 桃花源
31. 下列名人中曾经专程登称山游光,迄今留下不少传世佳作的有( )。
A. 骆宾王、宋之问　B. 骆宾王、李白　C. 李白、陆游　D. 宋之问、李白
32. 台州的行政区划,有________个区,辖 2 个县级市,和________个县。( )
A. 3,4　B. 4,5　C. 3,5　D. 4,4
33. 从新石器时代中期的河姆渡文化开始,绍兴至今已经有( )年历史。
A. 3500　B. 4000　C. 5500　D. 7000
34. 绍兴市位于浙江省中北部、钱塘江河口段南岸,东连宁波市,南接台州市和金华市,西临杭州市,北与( )隔钱塘江相望。
A. 湖州市　B. 上海市　C. 嘉兴市　D. 舟山
35. ( )位于台州湾口外,介于舟山群岛和南麂列岛之间。
A. 秀山岛　B. 嵊泗列岛　C. 大陈岛　D. 大鹿岛
36. ( )为台州第一大岛,位于三门县城以东 17.5 公里。
A. 桃花岛　B. 蛇蟠岛　C. 秀山岛　D. 大鹿岛
37. 20 世纪 80 年代,三合潭古文化遗址陆续出土新石器以及商周、春秋战国和( )时期的大量文物。
A. 隋唐　B. 汉唐　C. 明清　D. 南北朝
38. 国清寺总面积为( )万平方米,分为 5 条纵轴线。
A. 7.1　B. 7.2　C. 7.3　D. 7.4
39. 台州因境内有天台山而改名为台州是在( )。
A. 隋朝　B. 唐朝　C. 南宋　D. 明朝
40. "云水长和岛屿青"是唐朝诗圣杜甫对( )海上风光的写照。

A. 宁波　　B. 绍兴　　C. 金华　　D. 台州

41. 春秋战国时，越王勾践建都（　　），卧薪尝胆时，"越池"一度成为我国东部政治文化中心。

A. 宁波　　B. 绍兴　　C. 金华　　D. 台州

三、多选题（五个选项中，至少有两个正确）

1. 绍兴境内河道密布，湖泊众多，一向以"水乡泽国"享誉海内外。境内主要汇入钱塘江的水系有（　　）。

A. 曹娥江　　B. 瓯江　　C. 飞云江　　D. 浦阳江　　E. 鉴湖

2. 绍兴人杰地灵，历史上涌现出许多著名的政治家、革命家、文学家，如（　　）等。

A. 周恩来　　B. 鲁迅　　C. 蔡元培　　D. 王守仁　　E. 王羲之

3. 绍兴历史文化悠久，吸引众多海外游客，全市主要节会有（　　）等。

A. 中国啤酒节　　B. 国际服装节　　C. 中国水城风情节
D. 兰亭国际书法节　　E. 国际纺织博览会

4. 台州历史悠久，5000 年前就有瓯越部族生息繁衍，是（　　）的发祥地。

A. 江南翼龙文化　　B. 良渚文化　　C. 马家浜文化
D. 下汤文化　　E. 河姆渡文化

5.《四库全书》《四库全书总目》收录了 107 位台州人的 141 部作品，其中包括世界第一部（　　）。

A. 昆虫学专著《促织经》　　B. 食用菌专著《菌谱》
C. 经济地理书《五岳游草》　　D. 书法著作《兰亭集序》
E. 兽医科巨著《民间兽医本草》

6. 台州旅游资源丰富，在（　　）方面最具特色。

A. 佛　　B. 山　　C. 海　　D. 城　　E. 洞

7. 绍兴自然景观极多，以下属于绍兴的景观是（　　）。

A. 会稽山　　B. 称山　　C. 桐君山　　D. 凤鸣山　　E. 铜铃山

8. 鉴湖位于绍兴城西南，内有四大景点，即（　　）。

A. 东汉笛亭　　B. 南洋秋泛　　C. 平湖秋月　　D. 五桥步月　　E. 葫芦醉岛

9. 柯岩景区位于绍兴。隋唐年间，有祖孙三代石匠在此历经百年开凿奇石，并成为众多景观中的精品。以下属于当时开凿的奇石的是（　　）。

A. 云骨　　B. 弥勒石佛　　C. 罗汉像　　D. 伟人峰　　E. 南尖岩

10. 柯岩风景区现在已经形成（　　）等三大景区，面积达到 3.5 平方公里。

A. 柯岩　　B. 五泄　　C. 兰亭　　D. 鉴湖　　E. 鲁镇

11. 曹娥景区是由江南第一庙组成，景区主要以（　　）为主题。

A. 曹娥　　B. 梁山伯　　C. 祝英台　　D. 虞舜　　E. 王羲之

12. 兰亭地处绍兴城西南 25 华里的兰渚山下，与（　　）并立为绍兴市郊三大著名风景点。

A. 东湖　　B. 南湖　　C. 禹陵　　D. 祝家庄　　E. 炎亭

13. 兰亭鹅池畔是一块用石块铺砌的 40 平方米左右的"道地"，道地的西首立有一碑，碑上的"鹅池"二字传为（　　）所书。

A. 王羲之　　B. 陆游　　C. 李清照　　D. 王献之　　E. 杜甫

14. 大禹陵坐东朝西，由(　　　　)三大建筑组成，是一处集陵、祠、庙于一身的古建筑。
A. 禹祠　B. 禹庙　C. 禹陵　D. 禹寺　E. 禹馆
15. 天台山历史悠久，集聚众多文化于一体，以下属于天台山的是(　　　　)。
A. 中国佛教天台宗的发源地　B. 道教南宗祖庭　C. 观音道场
D. 活佛济公故里　E. 净土宗的祖庭
16. 关于桃渚风景名胜区说法正确的有(　　　　)。
A. 是全国保存最完好的明清抗倭古城
B. 2000 年被定为全国重点文物保护单位
C. 宋代文天祥称它为"海上仙子国"
D. 清代冯庚雪赞誉它为"风冠东南"
E. 整个风景区划分为 6 个景区
17. 以下属于大鹿岛三绝的是(　　　　)。
A. 水仙世界　B. 海上森林　C. 十里金沙　D. 奇礁异石　E. 岩雕艺术
18. 下列关于临海古长城，说法正确的是(　　　　)。
A. 是省级历史文化名城，现有段保存完整的古城墙，被称为"江南长城"
B. 该城具体悠久的历史，有东晋太守辛景为抵御孙恩始筑城
C. 旧城长 5000 余米，现存约 4000 米
D. 江南长城尤以西北部最为险峻，依山就势，逶迤曲折，宛如巨龙飞舞，人称"江南八达岭"
E. 明代名将戚继光在临海八年抗击倭寇，九战九捷
19. 下列关于皤滩古街的描述不正确的是(　　　　)。
A. 皤滩古街位于浙江省仙居县
B. 皤滩历史悠久，有着 2000 多年的历史
C. 皤滩弯曲形似一条龙，西龙头，东龙尾，中间弯曲成龙身
D. 古街旁有着唐、宋、元、明、清时留下的民宅古居，气势宏伟，布局精美
E. 针刺无骨花灯是堪称世界一绝的民间艺术精品，此灯源于宋朝
20. 以下与台州国清寺并称天下"四绝"的是(　　　　)。
A. 齐州灵岩寺　B. 润州栖霞寺　C. 杭州灵隐寺
D. 宁波天童寺　E. 荆州玉泉寺
21. 台州入选国家级非物质文化遗产名录的有(　　　　)。
A. 台州乱弹　B. 蓝印花布　C. 湖笔　D. 济公传说　E. 无骨花灯
22. 唐朝诗人中曾经造访过天台山的有(　　　　)。
A. 孟浩然　B. 苏轼　C. 李白　D. 陆游　E. 徐霞客
23. 曹娥庙内的"四绝"是指(　　　　)。
A. 雕刻　B. 楹联　C. 塑像　D. 壁画　E. 题词
24. 以下属于天台山八大景的有(　　　　)。
A. 双涧洄澜　B. 赤城栖霞　C. 巫门渔笛　D. 寒岩夕照　E. 桃源春晓
25. 属于仙居风景名胜区组成部分的有(　　　　)。
A. 神仙居　B. 景星　C. 十三都　D. 永安溪　E. 武坑界面

26. 台州著名旅游岛屿有(　　　　)。

A. 蛇蟠岛　　B. 桃花岛　　C. 大鹿岛　　D. 大陈岛　　E. 秀山岛

27. 下列关于国清寺说法正确的有(　　　　)。

A. 坐落在天台县华顶山麓，是韩、日两国天台宗的祖庭

B. 现存主要建筑是北宋时重建的隋塔、雍正年间重修的山门等

C. 曾多次被毁，后在南宋建炎二年(1128 年)修复，名列“五山十刹”

D. 是寺庙中天下“四绝”之一

E. 西路的妙法堂和东一路的方丈楼、迎塔楼则是新中国成立后修建的

28. 下列关于鲁迅故里说法正确的有(　　　　)。

A. 原为周家新台门的一部分，是鲁迅青少年时代生活、学习、工作的地方

B. 鲁迅故居楼下往北是灶间，鲁迅在此认识了章运水

C. 鲁迅家族衰落后，经族人共议将这群屋宇连同屋后的百草园卖给了东邻朱家

D. 房屋易主后，原屋大部分拆掉重建，但鲁迅家居住的地方主要部分幸得保存

E. 它是鲁迅祖父在清朝嘉庆年间购地兴建的，同时建造的还有过桥台门

29. 下列关于绍兴旅游说法正确的有(　　　　)。

A. “江南风情看绍兴，江南古城看绍兴，江南文化看绍兴”

B. 历史上李白、杜甫、白居易、孟浩然等 400 多位著名诗人都留下了赞美稽山鉴水的绚丽诗篇

C. 诸暨市浣江—五泄风景区为国家级风景名胜区

D. 长兴金钉子地质遗址为国家地质公园

E. 新昌沃洲湖风景区为国家级水利风景区

30. 下列旅游景点属于绍兴的有(　　　　)。

A. 鉴湖　　B. 五泄　　C. 国清寺　　D. 蛇蟠岛　　E. 永安溪漂流

31. 下列关于会稽山描述正确的是(　　　　)。

A. 地处浙江省中东部，呈西南—东北走向

B. 春秋战略时期，一直是越国军事腹地堡垒

C. 是中国山水诗的重要发源地之一，唐诗之路的源头就在这里

D. 治水英雄大禹，一生行迹中的封禅、娶亲、计功、归葬四件大事都发生在这里

E. 山川秀丽，地灵人杰

32. 下列关于兰亭说法正确的有(　　　　)。

A. 因书法名作《兰亭集序》而闻名海内外

B. 碑上“鹅池”二字传为王羲之、王献之父子分别所书

C. 小兰亭亭中碑上“兰亭”二字，系清朝乾隆帝手书

D. 流觞亭是兰亭的中心

E. 共分 8 个景区

33. 下列与新昌大佛寺相符的是(　　　　)。

A. 位于新昌县城东 3 公里

B. 石弥勒佛像被南朝文学家刘勰誉为“不世之宝，无等之业，旷代之鸿作”

C. 大佛佛身净高 13.74 米

D. 佛像可与大同云冈、洛阳龙门石窟中的大佛相媲美

E. 在造像上作了两个艺术处理：一是适度放大头部；二是凿穴代替眼珠

34. 下列对天台山描述正确的是（　　）。

A. 天台山为花岗岩侵入体

B. 以“佛宗道源，山水神秀”为特色

C. 活佛济公故里

D. 明朝地理学家徐霞客细考天台山，写下两篇游记

E. 有国清寺、塔头寺、华顶寺、方广寺等寺观古建筑

参考答案

一、判断题

1—5 ABAAA　6—10 BBBAB　11—15 BBABB　16—20 BBABB　21—25 ABABB
26—30 ABAAB　31—32 BB

二、单选题

1—5 ADDBA　6—10 BCACD　11—15 BCACC　16—20 BCBAD　21—25 DCADA
26—30 CADCC　31—35 AADCC　36—40 BBCBD　41 B

三、多选题

1. ADE　2. ABC　3. CDE　4. AD　5. ABCE　6. ABCDE　7. ABD　8. ABDE　9. AB
10. ADE　11. AD　12. AC　13. AD　14. ABC　15. ABD　16. CDE　17. BDE
18. BDE　19. BDE　20. ABE　21. ADE　22. AC　23. ABDE　24. ABDE　25. ABC
26. ACD　27. ACD　28. ABCD　29. ABCE　30. AB　31. ABCDE　32. ABDE
33. BCDE　34. ABCDE

第十章　温州、丽水旅游

一、判断题(正确的填 A，错误的填 B)

1. 瓯江为浙江的第三大河，干流长 388 公里。（　）
2. 温州属于亚热带海洋季风干燥性气候区。（　）
3. 西汉惠帝三年封越王勾践后裔驺摇为东海王。（　）
4. 丽水是个“九山半水半分田”的地区。（　）
5. 景宁是全国唯一的畲族自治县，苍南是浙江省重点侨乡之一。（　）
6. 雁荡山形成于 1.2 亿年前，是一座典型的白垩纪流纹质古火山。（　）
7. “十里湖山翠黛横，两溪寒玉斗琮琤”描写的是南雁荡山。（　）
8. 丽水市以山地、丘陵地貌为主，地势由西南向东北倾斜。全市土地面积 1.73 万平方公里，其中山地占 88.42%。（　）
9. 玉海楼由明代著名学者孙衣言、孙诒让父子所建。（　）
10. “有时风激鼎湖浪，散作晴天雨点来”，描写的是遂昌九龙山。（　）

11. 石门洞已成为我国道教名山的三十六洞天之第十二小洞天。 ( )
12. 丽水市著名景区南明山是畲族居住的地方。 ( )
13. 温州市是浙江省人口最多的城市,2010 年 11 月 1 日零时第六次全国人口普查数据统计显示,全市常住人口为 921.21 万。 ( )
14. 龙泉青瓷始于南朝,盛于宋元。 ( )
15. 石门飞瀑是浙江省丽水县石门洞的标志性景观。 ( )
16. 南明山位于浙江省丽水市莲都区城南 1.6 公里处。 ( )
17. 温州境内主要水系有瓯江、飞云江、鳌江,境内大小河流 150 余条。 ( )
18. 人称"小九寨沟"的铜铃山位于温州文成。 ( )
19. "五丈以上尚是水,十丈以下全为烟"描述的是雁荡山的三折瀑。 ( )
20. 遂昌金矿景区面积 6.3 平方公里,有目前国内规模最大、保存最完整的唐、宋、明等古代采矿遗址。 ( )
21. 雁荡山位于浙江省乐清市境内,史称"东南第一山"。 ( )
22. 宋代五大名窑之一的龙泉哥窑大窑遗迹是我国白瓷历史上的名窑。 ( )
23. 龙泉青瓷于 2009 年 9 月 30 日正式入选联合国教科文组织非物质遗产保护名录。 ( )
24. 龙泉市黄茅尖海拔 1929 米,庆元县百山祖海拔 1856 米,分别为浙江省第一、第二高峰。 ( )
25. 灵峰、灵岩、大龙湫为雁荡山最负盛名的三大景区,并称"雁荡三绝"。 ( )
26. 大龙湫瀑布为雁荡山胜景,是我国四大瀑布之一,其落差为 190 余米,为中国单级瀑布之最。 ( )
27. "六月不辞飞霜雪,三冬更有怒雷鸣"是明朝刘基写雁荡山的诗句。 ( )
28. 飞云湖位于浙江省温州市文成县和泰顺县交界地带,是浙江省南部第二大的湖泊。( )
29. 南明山,位于浙江省丽水市莲都区城南 1.5 公里,传为晋代葛洪修道之处。 ( )
30. 温州以气候温和而得名,"虽隆冬而恒燠",故名温州。 ( )

二、单选题

1. 有"中国单级瀑布之最"之称的瀑布景观是( )。
   A. 黄果树瀑布 B. 壶口瀑布 C. 吊水楼瀑布 D. 雁荡山大龙湫
2. ( )又被称作"娘娘村"。
   A. 河阳古民居 B. 石仓古民居 C. 独山古寨 D. 洛阳古民居
3. 通济堰创建于( )梁天监年间,是一项构思独特、极具科技水平的古水利工程。
   A. 宋朝 B. 南朝 C. 北朝 D. 元朝
4. ( )是全国廊桥最多、最集中的县,有"古廊桥天然博物馆"的美称。
   A. 仙都 B. 缙云 C. 庆元 D. 松阳
5. 南明山现有摩崖石刻 58 处,主要分列于石梁、( )和云阁崖 3 处。
   A. 紫霞洞 B. 黄龙洞 C. 高阳洞 D. 白云洞
6. ( )是江南诸塔中保存最完整的北宋原物。
   A. 嵩岳寺塔 B. 江心寺 C. 保国寺 D. 延庆寺塔
7. 温州位于浙江省东南部,西及西北部与( )相连。
   A. 丽水市 B. 台州市 C. 福鼎市 D. 金华市

8. 温州陆域面积 11784 平方公里，海域面积约(　　)平方公里。

A. 7000　　B. 20000　　C. 380　　D. 11000

9. 温州古为(　　)，秦统一全国后属闽中郡。

A. 越地　　B. 瓯地　　C. 闽地　　D. 邹瑶地

10. 温州又称鹿城，其得名与著名学者(　　)有关。

A. 郭璞　　B. 谢灵运　　C. 文天祥　　D. 王十朋

11. 石门飞瀑是浙江省(　　)石门洞的标志性景观。

A. 丽水　　B. 青田　　C. 仙都　　D. 金华

12. 泽雅湖位于瓯海区西部的泽雅镇境内，距温州市区 18 公里，俗称(　　)。

A. 东雁荡山　　B. 南雁荡山　　C. 北雁荡山　　D. 西雁荡山

13. 南朝时，被称作为"山中宰相"的是(　　)。

A. 陶弘景　　B. 王羲之　　C. 谢灵运　　D. 王十朋

14. 乌岩岭国家级自然保护区位于浙江省(　　)的西北部。

A. 遂昌县　　B. 永嘉县　　C. 泰顺县　　D. 丽水市

15. (　　)为温州市的最高峰。

A. 玉苍山　　B. 白云尖　　C. 牛头山　　D. 百岗尖

16. 有"桂林山水甲天下，玉苍石海甲神州"之称的玉苍山位于(　　)。

A. 乐清　　B. 永嘉　　C. 苍南　　D. 龙泉

17. 仙都、龙泉山属于丽水的(　　)旅游线路。

A. 山水风情线　　B. 原始森林线　　C. 摄影采风线　　D. 江浙高原线

18. "隋开皇九年，处土星见于分野，因置处州"说的是(　　)地理形胜。

A. 宁波　　B. 丽水　　C. 温州　　D. 台州

19. 素有"海上名山""寰中绝胜"之称的是(　　)。

A. 仙都山　　B. 南明山　　C. 普陀山　　D. 雁荡山

20. 下列名洞不在乐清境内的是(　　)。

A. 陶公洞　　B. 羊角洞　　C. 观音洞　　D. 杨八洞

21. 温州全国重点文物保护单位玉海楼是(　　)建筑。

A. 明代　　B. 清代　　C. 元代　　D. 宋代

22. 浙江省境内海拔最高的山是(　　)。

A. 温州雁荡山　　B. 台州天台山　　C. 杭州飞来峰　　D. 龙泉黄毛尖

23. (　　)是浙江省第二大人工湖。

A. 西湖　　B. 氡湖　　C. 云和湖　　D. 玉龙湖

24. 关于南明山摩崖石刻表述不正确的是(　　)。

A. 云阁崖位于南明山最高处

B. 南明山摩崖石刻 1981 年被列为国家级文物保护单位

C. 南明山现有摩崖石刻 158 处，主要分列于石梁、高阳洞和云阁崖 3 处

D. 北宋大书画家米芾题写了"南明山"三字

25. 按"七星八斗"来布局的楠溪江古村落是(　　)。

A. 诸葛村　　B. 芙蓉村　　C. 苍坡村　　D. 岩头村

26. 以"文房四宝"来布局的古村落是(　　)。

A. 诸葛村　B. 芙蓉村　C. 苍坡村　D. 岩头村

三、多选题(五个选项中,至少有两个正确)

1. 温州境内的主要河流有(　　　)。

A. 飞云江　B. 灵江　C. 瓯江　D. 鳌江　E. 婺江

2. 温州近代名人有(　　　)。

A. 叶适　B. 孙诒让　C. 苏步青　D. 夏承焘　E. 高明

3. 丽水三宝是(　　　)。

A. 青田石雕　B. 龙泉宝剑　C. 黄杨木雕　D. 龙泉青瓷　E. 神奇畲乡

4. 雁荡山的三大特色是(　　　)。

A. 观山景、尝海鲜　B. 日景耐看、夜景销魂

C. 一景多变、移步换形　D. 雁荡五珍　E. 传奇故事

5. 瓯江下游形成了(　　　)江中沙洲。

A. 橘子洲　B. 江心屿　C. 灵昆岛　D. 七都涂　E. 西洲岛

6. 楠溪江的特色是(　　　)。

A. 水秀　B. 岩奇　C. 瀑多　D. 村古　E. 滩林美

7. 中国的四大瀑布是(　　　)。

A. 黄果树瀑布　B. 壶口瀑布　C. 吊水楼瀑布

D. 三折瀑　E. 大龙湫瀑布

8. 仙岩景区内较著名的景点有(　　　)。

A. 玉潭　B. 雷响潭　C. 梅雨潭　D. 龙须潭　E. 瀑布潭

9. 下列景点关于南麂列岛描述正确的有(　　　)。

A. 位于浙江省洞头县鳌江口外

B. 被誉为"贝藻王国"

C. 是我国唯一的贝藻类国家级海洋自然保护区

D. 海岛总面积为 16 平方公里

E. 1990 年被国务院列为国家级海洋自然保护区

10. (　　　)形成以温州为中心的旅游"金三角"。

A. 南麂列岛　B. 江心屿　C. 楠溪江　D. 雁荡山　E. 洞头

11. 楠溪江古村以(　　　)以及阴阳五行风水理论构建。

A. 天人合一　B. 气论　C. 八卦　D. 太极　E. 阴阳

12. 下面选项正确的是(　　　)。

A. 苍坡村以"文房四宝"布局　B. 芙蓉村保存了明清时期的古民居 50 余处

C. 芙蓉村以"七星八斗"布局　D. 苍坡古村始建于南宋,有 800 多年历史

E. 岩头村以水利设施和巧妙的村庄布局闻名

13. 玉海楼由(　　　)所建。

A. 苏步青　B. 孙诒让　C. 范钦　D. 谢灵运　E. 孙衣言

14. 下面描写仙都山正确的是(　　　)。

A. 位于浙江仙都县境内　B. 与黄山、庐山并列为轩辕黄帝的三大行宫

C. 属三十六小洞天之第二十八　　D. 其中“黄龙寺”规模最大
E. 兼有“桂林之秀、黄山之奇、华山之险”

15. 下面描写龙泉青瓷正确的是(　　)。
A. 始于南朝，盛于宋元
B. 属于中国五大名窑“官窑、哥窑、汝窑、定窑、钧窑”中的哥窑
C. “哥窑”青瓷釉层丰润，釉色青碧，晶莹滋润
D. “弟窑”青瓷有“冰裂纹”，俗称“金丝铁线”
E. 龙泉窑烧制年代最长、窑址分布最广、外销范围最大

16. 下列描写黄帝祠宇正确的是(　　)。
A. 原名缙云堂　　B. “黄帝祠宇”由著名书法家李阳冰题额
C. 是中国古代佛教活动中心之一　　D. 于 1998 年建成
E. 是国家级重点风景名胜区松阳最主要的人文景观

17. (　　)都是刘基的故里。
A. 温州的文成　　B. 缙云的仙都　　C. 丽水的青田
D. 金华的武义　　E. 温州的乐清

18. 下面描写庆元古廊桥正确的是(　　)。
A. 素有“古廊桥天然博物馆”的美称
B. 木拱廊桥全国总数量仅有 100 余座
C. 木拱廊桥具有全国数量最多、历史最悠久、历史沿革最具连贯性的特点
D. 木拱廊桥具有寿命最长、拱跨度最大、廊屋最长的特点
E. 有“廊桥之都”的美称

19. “华东三瀑”指的是(　　)。
A. 大龙湫　　B. 石门飞瀑　　C. 壶口瀑布　　D. 石梁飞瀑　　E. 黄果树瀑布

20. 温州的五马街与(　　)有关。
A. 谢灵运　　B. 邹瑶　　C. 郭璞　　D. 王羲之　　E. 王十朋

21. 杨八洞有(　　)等赞誉。
A. 天下第十九洞天　　B. 天下第十二福地
C. 盖竹长耀宝光洞天　　D. 洞口形似羊角　　E. 石林玉气乱晴霞

22. 下列说法与南麂列岛相符的是(　　)。
A. 在平阳县鳌江口外 30 海里的东海海面上
B. 生长有莲香树
C. 被誉为“贝藻王国”
D. 南麂为南麂列岛的主岛，外形似鹿
E. 有宋美龄憩息过的栖凤居

23. 悠悠三百里楠溪江融天然风光与人文景观为一体，以(　　)的独有特色而闻名遐迩。
A. 水秀　　B. 岩奇　　C. 瀑多　　D. 村古　　E. 滩林美

24. 轩辕黄帝的三大行宫是(　　)。
A. 黄山　　B. 缙云山　　C. 庐山　　D. 华山　　E. 泰山

25. 温州历史文化深厚，下列描述正确的是(　　)。

A. 温州古为瓯地，秦统一全国后属闽中郡
B. 是南戏的故乡，13 世纪中叶，剧作家高明的《琵琶记》被译成多国文字
C. 南宋时有以叶适为代表的永嘉学派和以"永嘉四灵"为代表的江湖诗派
D. 近现代的孙诒让、夏鼐、夏承焘、苏步青等人，在我国思想史、文学史、科学史上都具有重大影响
E. 有永嘉昆剧、温州鼓词、乐清黄杨木雕、乐清细纹刻纸、泰顺药发木偶等国家非物质文化遗产

26. 在半平方公里范围内，南雁荡山三教荟萃，国内罕见，这三教建筑分别是（　　）。
A. 唐代的观音洞寺院　B. 宋代儒教会文书院
C. 宋代仙姑洞道观　D. 唐代儒教会文书院
E. 近代基督教建筑

27. 铜铃山动植物资源十分丰富，下列属于国家重点保护珍稀树种的有（　　）。
A. 银钟花　B. 连香树　C. 红豆杉　D. 伯乐树　E. 鹅掌楸

28. 下列关于乌岩岭的描述正确的是（　　）。
A. 是我国黄腹角雉的唯一自然保护区　B. 有天然生物基因库的美称
C. 有国家一级保护的野生植物莼菜　D. "壶穴景观"最为著名
E. 位于浙江省苍南县境内

参考答案

一、判断题

1—5 BBAAB　6—10 ABABB　11—15 AABAB　16—20 BAABA　21—25 ABAAA　26—30 ABBAA

二、单选题

1—5 DABCC　6—10 DADBA　11—15 BDACB　16—20 CDBDA　21—24 BDCCB　26 C

三、多选题

1. ACD　2. BCD　3. ABD　4. ABC　5. BCDE　6. ABCDE　7. ABCE　8. BCD　9. BCE　10. CDE　11. ABC　12. ACDE　13. BE　14. BE　15. ABE　16. ABD　17. AC　18. ABCDE　19. ABD　20. AD　21. ACE　22. ABCDE　23. ABCDE　24. ABC　25. ACDE　26. ABC　27. ABE　28. ABC

第十一章　金华、衢州旅游

一、判断题(正确的填 A，错误的填 B)

1. 金华古称"婺州"，因处于金星婺女争华之地而得名。（　　）
2. "三面环山夹一川，盆地错落涵三江"是金华地貌的基本特征。（　　）
3. 位于兰溪境内的将军岩，海拔 24 米，为金华全市最低点。（　　）

4. 衢州历史悠久，人文底蕴深厚，素有“小邹鲁”之称。（ ）

5. 衢州古称姑蔑、太末、信安，唐初因境内三衢山而得名“衢”。是一座有 1600 多年历史的江南古城，素有“围棋仙境”“南孔圣地”之称。（ ）

6. 衢州地处金衢盆地西半部，境内以山地及丘陵为主，属比较典型的南方黄壤区。（ ）

7. 衢州全市最高点是江山市境内的大龙岗，海拔 1500 米。（ ）

8. 衢州市花是茶花，市树是香樟。（ ）

9. 衢州文化璀璨，英才辈出，有北宋“铁面御史”赵抃、抗金名将徐徽言，南宋名宰余端礼，明代针灸大师杨继洲，近代书画大师余绍宋，民国名人毛人凤、毛万里、毛森和戴笠等。（ ）

10. 双龙洞以景色多为美，朝真洞以洞中飞瀑为险，而冰壶洞以一线天为奇，并以洞内“卧船、观瀑、赏石”三种特殊游览方式而扬名于世，堪称旅游三绝。（ ）

11. 栖真寺被誉为“海内一绝”。（ ）

12. 绮霞园为千年古刹，曾珍藏《大藏经》6000 多卷，是研究我国古代文化的宝贵资料。（ ）

13. 我国著名的园林专家朱熹先生赞永康方岩“方岩居中，游遍浙东”。（ ）

14. 方岩庙会由祭祀胡公发展起来，已有近千年历史，每年农历八月初至九月中旬举行。（ ）

15. 方岩山是方岩风景名胜区的中心景观，是丹霞地貌特征最明显、发育最完全的区域。（ ）

16. 台山寺始建于北宋乾德年间，距今已有 1000 余年历史，继天台之衣钵，承国清之香火，素有“浙中佛教圣地”。（ ）

17. 浙中大峡谷也称“夹溪”，位于磐安县尖山镇，距县城约 55 公里，是金华、台州、衢州三地市的交界处。（ ）

18. 武义江一度被称为“黄金水道”。（ ）

19. 武义全县温泉日出水量 4000～5000 吨，温度介于 40℃～45℃，含有多种对人体有益的微量元素。（ ）

20. 浦江郑宅是江南现存规模最大、保存最完整的明清古建筑群，体现了宗族聚居、宗法观念和古代盛行的堪舆学理论，被国内外专家称为“具有国际水平的东方住宅”。（ ）

21. 婺江最大的支流是东阳江。（ ）

22. 东阳卢宅是饮誉中外的华夏古代家族文化的重要遗址，明太祖朱元璋亲赐“江南第一家”。（ ）

23. 横店大智禅寺释迦牟尼像高达 28.88 米，为全国高度第一的室外佛像。（ ）

24. “山中方一日，世上已千年”，烂柯山是中国象棋之根。（ ）

25. 九龙湖为黄坛口大坝截断滔滔乌溪江形成的人工湖，被誉为最佳避暑胜地。（ ）

二、单选题

1. 金华市的最高峰是（ ）。

A. 牛头山　　B. 大盘山　　C. 大龙岗　　D. 将军岩

2. 金华的西面是（ ）。

A. 杭州　　B. 丽水　　C. 台州　　D. 衢州

3. 金华境内储量最丰富的矿产是（ ）。

A. 石灰岩　　B. 萤石　　C. 大理石　　D. 石煤

4. 金华目前拥有（ ）个国家级风景名胜区。

A. 1　　B. 2　　C. 3　　D. 4

5. 衢州市拥有国家级森林公园( )处。

A. 1　B. 2　C. 3　D. 4

6. 金华九峰山属于( )地貌。

A. 喀斯特　B. 丹霞　C. 雅丹　D. 火山峡谷

7. 印度高僧宝掌称颂“行尽支那四百州,此地偏称道人游”指的是( )。

A. 九峰山　B. 仙华山　C. 神丽霞　D. 仙霞岭

8. “千盘难度鸟,万岭欲藏天”描写的是( )山势险峻,群峰连绵。

A. 九峰山　B. 仙华山　C. 神丽霞　D. 仙霞岭

9. “十里丹霞十里画廊”位于( )。

A. 五指岩　B. 大红岩　C. 府山　D. 德胜岩

10. 被称为“全国第一冰臼”的十八涡冰臼群位于( )。

A. 大盘山国家级自然保护区　B. 浙中大峡谷

C. 常山国家地质公园　D. 钱江源国家森林公园

11. 我国迄今唯一的以野生药用植物资源作为保护对象的自然保护区是( )。

A. 古田山国家级自然保护区　B. 大盘山国家级自然保护区

C. 清凉峰国家级自然保护区　D. 乌岩岭国家级自然保护区

12. 江南现存规模最大、保存最完整的明清古建筑群是( )。

A. 东阳卢宅　B. 浦江郑宅　C. 龙游民居苑　D. 廿八都古镇

13. 被誉为“华夏一绝”的“鸳鸯林”位于( )。

A. 天宁寺　B. 大佛寺　C. 双林寺　D. 延福寺

14. “雄奇冠天下,秀丽甲东南”赞美的是( )。

A. 江郎山　B. 大红岩　C. 仙霞岭　D. 方岩

15. 太真洞的得名与( )有关。

A. 王质　B. 赵飞燕　C. 太上老君　D. 杨玉环

16. 中国四大古关口中位于浙江的是( )。

A. 剑门关　B. 函谷关　C. 雁门关　D. 仙霞关

17. 大豆山寒武—奥陶剖面位于( )。

A. 常山国家地质公园　B. 江山东方地质公园

C. 府山公园　D. 钱江源国家森林公园

18. 衢州孔庙俗称“南宗”,其历史从( )开始。

A. 唐朝　B. 宋朝　C. 明朝　D. 清朝

19. 开明禅寺是( )的人文景观之一。

A. 江郎山　B. 烂柯山　C. 龙游民居苑　D. 廿八都古镇

20. 戴笠故居的突出特色是( )。

A. 工艺精湛　B. 楹联、牌匾支撑着家族的信念

C. 暗室、暗梯、暗哨的设置费尽心机　D. 依势而筑,错落有致

21. 石鼓寮影视城以拍摄( )而一炮打响。

A.《鸦片战争》　B.《天龙八部》　C.《汉武大帝》　D.《三国演义》

22. 衢州山地分布辽阔,森林覆盖率在( )以上。

A. 60.5％　　B. 61.3％　　C. 70％　　D. 88.42％

23. 江南迄今发现的最古老的元代木结构建筑是(　　)。

A. 天宁寺　　B. 大佛寺　　C. 双林寺　　D. 延福寺

24. “华东第一栈道”位于(　　)景区。

A. 天脊龙门　　B. 仙霞岭　　C. 小九华山　　D. 大盘山

25. 衢州市被誉为“世界第九大奇迹”的 AAAA 级景区是(　　)。

A. 江郎山　　B. 仙华山　　C. 孔氏南宗家庙　　D. 龙游石窟

三、多选题(五个选项中,至少有两个正确)

1. 金华市域内江河分属(　　)四大水系。

A. 钱塘江　　B. 瓯江　　C. 曹娥江　　D. 富春江　　E. 椒江

2. 下面有关金华的历史文化的描述正确的是(　　)。

A. 素有“围棋仙境”“南孔圣地”之称

B. 有“江南第一家”代表的儒家家族文化

C. 形成了如今“千名教授汇一市,百名博士集一乡”的盛况

D. 有“山中方一日,世上已千年”的围棋文化

E. 素有“小邹鲁”之称

3. 衢州素有(　　)之称。

A. 四省通衢　　B. 陆路关隘,水上通衢　　C. 小邹鲁

D. 东南锁钥　　E. 浙江的西双版纳

4. 金华北山三洞是指(　　)。

A. 双龙洞　　B. 桃源洞　　C. 冰壶洞　　D. 朝真洞　　E. 金华观

5. 下面有关永康方岩的叙述正确的是(　　)。

A. 方岩山是丹霞地貌特征最明显、发育最完全的区域

B. 方岩为国家级重点风景名胜区,位于永康城西约 20 公里处

C. 胡公殿是当地百姓为纪念北宋兵部侍郎胡则而建的

D. 生姜是方岩的著名特产

E. 是重阳节登高览胜的好去处

6. 大盘山是(　　)四大水系的主要发源地。

A. 钱塘江　　B. 瓯江　　C. 灵江　　D. 曹娥江　　E. 椒江

7. 下面有关八咏楼的说法错误的是(　　)。

A. 八咏楼位于金华市城区东南隅,坐南朝北

B. 八咏楼为东阳郡太守沈约于南朝齐隆昌元年始建,距今有 1200 多年的历史

C. 原名玄畅楼,后改名元畅楼

D. 因沈约曾写下 8 首诗赞美此楼,故从宋代起,改为八咏楼

E. 八咏楼屹立于 8.6 米的石砌台基上

8. 太平天国侍王府三绝是指(　　)。

A. 壁画　　B. 石雕团龙　　C. 千年古柏　　D. 堆绣　　E. 木雕

9. 下面有关横店影视城的说法正确的是(　　)。

A. 是目前全球规模最大的影视拍摄基地

B. 被美国《好莱坞》杂志称为“中国好莱坞”

C. 被誉为“中国乡村旅游之都”

D. 横店影视城唯一东阳市横店镇境内，距杭州市区 170 公里

E. 2005 年 4 月，成为我国首个国家级影视产业实验区

10. 下面有关中国小商品城的说法正确的是（　　）。

A. 中国小商品城位于义乌市区，创建于 1981 年

B. 2005 年被称为“全球最大的小商品批发市场”

C. 中国小商品城以“打造全球最大超市、建设国际购物天堂”为目标，积极实施国际化战略，大力发展购物旅游业

D. 2005 年，国际商贸城被批准为国家 AAAA 级购物旅游区，是全国首个购物旅游景区

E. 中国小商品城位于“中国五金之都”永康市，创建于 1992 年

11. 下面有关孔氏南宗家庙的说法错误的是（　　）。

A. 孔氏南宗家庙坐落于衢州市区新桥街，占地面积 1.3 万平方米，建筑面积 7490 平方米

B. 有 800 多年的历史

C. 衢州自 2002 年开始举办孔子文化节，每两年一届

D. 南宗祭孔最盛时每年有大小祭祀仪式 50 多次

E. 是全国两处异地搬迁保护文物工程的示范点之一

12. 兰溪六洞天景区由（　　）组成。

A. 地下长河　B. 绮霞园　C. 栖真寺　D. 罗汉洞　E. 芙蓉山

13. 下面有关大红岩—崆峒山的说法正确的是（　　）。

A. 大红岩—崆峒山位于武义县中部，距县城约 18 公里，属典型的丹霞地貌景观

B. 大红岩号称“世界丹霞最大赤壁”

C. 大红岩一半是红岩赤壁，一半是茂密森林

D. 赤壁相对高差达 300 余米，宽 500 余米

E. 是金华、台州、绍兴三地市的交界处

14. 以下属于丹霞地貌的有（　　）。

A. 义乌德胜岩　B. 台山

C. 大红岩—崆峒山　D. 五指岩　E. 方岩

15. 以下有关诸葛八卦村的说法正确的是（　　）。

A. 诸葛八卦村位于兰溪市东 18 公里处，村中现居住着诸葛亮后裔近 4000 人，是迄今发现的诸葛亮后裔的最大聚居地

B. 诸葛八卦村原来叫高隆村，是元代中后期由诸葛亮二十七世孙诸葛大狮按九宫八卦设计布局营建的

C. 被专家称为“江南传统古村落、古民居典范”

D. 是中国唯一的太极星象村

E. 被专家称为“中国古代科学处理人与自然关系的典范”“中国古生态文化的经典遗存”

16. 以下有关武义俞源村的说法正确的是（　　）。

A. 俞源位于武义县城西南 20 公里处，是中国唯一的太极星象村

B. 奇异的布局是俞源村最大的特色，它是明代开国功臣刘伯温按中国道教的“太极星象

图”设计的

C. 俞源人文景观与自然景观水乳交融，被专家称为“中国古代科学处理人与自然关系的典范”“中国古生态文化的经典遗存”

D. 被专家称为“江南传统古村落、古民居典范”

E. 是“江南第一风水村”

17. 八咏楼不仅是一座文人之楼，也是一座英雄之楼，(　　)等都在此留下了可歌可泣的英雄史迹。

A. 朱元璋　B. 胡大海　C. 戚继光　D. 朱大典　E. 胡适

18. 仙霞关首建于宋代，因地处(　　)三省交通要冲。

A. 浙　B. 闽　C. 赣　D. 皖　E. 徽

19. 廿八都古镇位于江山市、(　　)三省交界的仙霞岭下，距离县城 70 公里。

A. 浙　B. 闽　C. 赣　D. 皖　E. 徽

20. 下列有关龙游石窟的说法正确的是(　　)。

A. 位于龙游县城北 4 公里处的凤凰山麓，是一个谜团百结的底下建筑群

B. 1992 年被发现，1998 年用此名

C. 被誉为“世界第九大奇迹”

D. 2004 年 12 月，龙游石窟被国家旅游局命名为 AAAA 级旅游区，成为衢州市首家国家 AAAA 级景区

E. 龙游石窟有采石说、陵墓说、藏兵说、地下仓库说、道家福地说、外星文明说等

21. 一下关于金华地形地貌的描述，正确的是(　　)。

A. 地势南北高，中部低　B. 属浙西中低山丘陵

C. 土壤多为红壤和黄壤　D. 七山一水二分田

E. 为浙中丘陵盆地地区

22. 金华市的地方优质品种有(　　)。

A. 佛手　B. 椪柑　C. 五指姜　D. 宣莲　E. 药材

23. 衢州推广的生态养生旅游线路以(　　)景区为主。

A. 九华山　B. 天脊龙门　C. 药王山　D. 江郎山　E. 九龙湖

24. 下列人物属于金华历史名人的有(　　)。

A. 吕祖谦　B. 朱丹溪　C. 宗泽　D. 骆宾王　E. 杨继洲

25. 下列有关武义郭洞村的描述，正确的是(　　)。

A. 由明代开国功臣刘伯温设计　B. 按道教《内经图》营造

C. 又称“双泉古里”　D. 是“江南第一风水村”

E. 因村民皆姓郭而得名

参考答案

一、判断题

1—5 AABBB 6—10 BABBB 11—15 BBBAA 16—20 ABBBB 21—25 BBBBA

二、单选题

1—5 ADBBD 6—10 BBDBB 11—15 BABAD 16—20 DBBAC 21—25 BCDAD

三、多选题

1. ABCE 2. BCE 3. AD 4. ACD 5. AC 6. ABCD 7. ABDE 8. ABC 9. AB 10. BCD 11. ACE 12. ABC 13. BCD 14. CE 15. BC 16. ABC 17. ABCD 18. ABC 19. ABC 20. BCE 21. ACE 22. ACDE 23. ABCE 24. ABCD 25. BCD

第三编 《旅游政策与法规》

第一章 旅游的法律调整与政策调整

一、判断题(正确的填 A,错误的填 B)

1.法律之所以对旅游进行调整,是由旅行社的社会地位及其特点决定的。 ( )

2.只有通过法律的手段才能规范、促进和保障旅游业的发展。 ( )

3.旅游涉及食、住、行、游、购、娱六大要素,涉及国务院 20 多个部门,关联 110 多个行业,所以只能采取分散立法模式。 ( )

4.旅游经营者要为旅游者提供安全、健康、卫生、方便的旅游服务。 ( )

5.国家鼓励各类市场主体,在有效保护旅游资源的前提下,依法合理利用资源。 ( )

6.法律上的权利是法律要求做、必须做的行为(或不行为)。 ( )

7.《旅游法》的立法目的首先是保护旅游者的权利。 ( )

8.保护旅游经营者的合法权益,是我国《旅游法》的立法宗旨之一。 ( )

9.中国的旅游形象推广口号是“美丽中国之旅”。 ( )

10.安排导游为旅游者提供服务的,应当在包价旅游合同中载明导游服务费用。 ( )

11.国家可以有偿向旅游者提供旅游景区、线路、交通、气象、住宿、安全、医疗救助等必要信息和咨询服务。 ( )

12.《旅游法》明确要求省级以上人民政府明确相关部门或机构,统筹协调本辖区的旅游业发展和监管。 ( )

13.消费者协会、旅游投诉受理机构和有关调解组织在双方自愿的基础上,依法对旅游者与旅游经营者之间的纠纷进行调解。 ( )

14.宾馆饭店是高消费场所,其水费、电费的价格比一般的工业企业高是正常的。 ( )

15.《纲要》鼓励景区景点设立免费开放日,逐步推行中小学生研学旅行。 ( )

16.各级人民政府在编制土地利用总体规划、城乡规划时,应当充分考虑相关旅游项目、设施的空间布局和建设用地要求。 ( )

17.《旅游法》以保障旅游者合法权益为主线,同时保护旅游经营者及其从业人员的合法权益,平衡旅游者与旅游经营者及其从业人员、政府机构、旅游执法人员之间的权利、义务和责任。 ( )

18.《旅游法》明确了“旅游合同”这一概念,它完全不同于《合同法》当中的合同。 ( )

19.博物馆、金融服务网点、邮政服务网点等不属于旅游景区,在旅游旺季时不需要延长开放时间和服务时间。 ( )

20.旅游行政管理部门要加快职能转变,把应当由企业、行业协会和中介组织承担的职能和

机构转移出去。 ( )

二、单选题

1. 法律调整是根据一定社会生活的需要，运用一系列法律手段，对社会关系和行为施加的有结果的、规范的( )。
   A. 协调作用 B. 组织作用 C. 制约作用 D. 调节作用
2. 《中华人民共和国旅游法》经( )于2013年4月25日通过，自2013年10月1日起施行。
   A. 十一届全国人大常委会第一次会议 B. 十一届全国人大常委会第二次会议
   C. 十二届全国人大常委会第一次会议 D. 十二届全国人大常委会第二次会议
3. 《旅游法》将“旅游者”放在第二章，明确表明首先保障旅游者权益，体现了( )的原则，这是核心、基础和灵魂，是贯穿《旅游法》的一条红线。
   A. 以人为本 B. 科学立法 C. 权利本位 D. 立法为民
4. 《旅游法》共有( )章( )条。
   A. 9、112 B. 9、122 C. 10、112 D. 10、122
5. 旅行社与其聘用的导游人员( )依法订立劳动合同。
   A. 应当 B. 必须 C. 可以 D. 应该
6. 《国务院关于加快发展旅游业的意见》于( )正式发布。
   A. 2009年4月25日 B. 2009年8月15日
   C. 2009年10月1日 D. 2009年12月1日
7. 《意见》立足当前，着眼长远，从( )的战略角度对未来旅游业发展的主要任务进行了阐述。
   A. 大发展 B. 大产业 C. 大旅游 D. 大促进
8. 从宏观上看，保障和促进旅游业持续健康快速发展，( )处于主导地位。
   A. 旅游者 B. 旅游法律 C. 政府 D. 旅游市场
9. 景区门票价格调整要提前( )向社会公布，所有旅游收费均应按规定向社会公示。
   A. 1个月 B. 2个月 C. 3个月 D. 6个月
10. 根据《纲要》规划，到( )年，职工带薪休假制度基本得到落实，与小康社会相适应的现代国民旅游休闲体系将基本建成。
    A. 2015 B. 2020 C. 2030 D. 2050
11. 《国民休闲纲要》计划到2020年，让( )的旅游休闲理念成为全社会的共识。
    A. 健康、文明、环保 B. 健康、文明、生态
    C. 文明、生态、环保 D. 文明、健康、休闲
12. 因不可抗力、政府原因造成旅游经营者不能提供服务的，( )。
    A. 经营者必须承担责任 B. 经营者不承担责任
    C. 政府必须承担责任 D. 保险公司承担责任
13. 国家鼓励和支持发展( )和培训，提高旅游从业人员素质。
    A. 旅游学历教育 B. 旅游在线教育 C. 旅游职业教育 D. 旅游文明教育
14. 《旅游法》规定，( )以上人民政府要加强旅游基础设施建设、旅游公共服务和旅游形象推广。
    A. 乡级 B. 县级 C. 市级 D. 省级

15. 注重旅游者的(　　)制度设计,是《旅游法》的一大创新点。

A. 旅游合同　　B. 旅游纠纷处理　　C. 旅游经营规范　　D. 安全保障

16. 国家支持各地开展旅游综合改革和专项改革试点,鼓励有条件的地方探索(　　)一体化管理。

A. 旅游经营　　B. 旅游资源　　C. 旅游服务　　D. 旅游市场

17. 关于旅游政策,下列说法错误的是(　　)。

A. 是国家根据旅游发展的社会经济条件和旅游发展的具体情况所制定的一系列规章制度

B. 按内容划分,旅游政策可分为基本旅游政策和具体旅游政策

C. 按层次划分,旅游政策可分为全国性旅游政策、地域性具体旅游政策和社区性旅游政策

D.《国务院关于加快发展旅游业的意见》是一项重要的旅游政策

18.《意见》要求,旅游业应以(　　)为途径,提高旅游服务效率。

A. 品质化　　B. 个性化　　C. 信息化　　D. 人性化

19. 关于《国民休闲纲要》,下列说法错误的是(　　)。

A. 到 2018 年,使职工带薪休假制度基本得到落实

B. 稳步推进公共博物馆、纪念馆和爱国主义教育示范基地免费开放

C. 鼓励企业将安排员工旅游休闲作为奖励和福利措施

D. 发展家庭旅馆和面向老年人及青年学生的经济型酒店

20. 保障国民旅游休闲时间,以(　　)制度为突破口,完善现行工休制度,带动假日旅游休闲和相关产品、产业发展。

A. 带薪休假　　B. 最低工资　　C. 社会保障　　D. 促进旅游

三、多选题(五个选项中,至少有两个正确)

1. 我国之所以制定法律对旅游业进行规范和调整,主要是因为(　　)。

A. 旅游的重要性　　B. 旅游业的特点　　C. 世界各国经验

D. 法制建设需要　　E. 根治旅游业现有顽疾

2.《中华人民共和国旅游法》是经(　　)于 2013 年 4 月 25 日通过,自 2013 年 10 月 1 日起施行。

A. 十一届全国人大常委会第一次会议　　B. 十一届全国人大常委会第二次会议

C. 十二届全国人大常委会第一次会议　　D. 十二届全国人大常委会第二次会议

3.《旅游法》将“旅游者”放在第二章,明确表明首先保障旅游者权益,体现了(　　)的原则,这是核心、基础和灵魂,是贯穿《旅游法》的一条红线。

A. 以人为本　　B. 科学立法　　C. 权利本位　　D. 立法为民

4. 国家倡导(　　)的旅游方式,支持和鼓励各类社会机构开展旅游公益宣传,对促进旅游业发展做出突出贡献的单位和个人给予奖励。

A. 合法　　B. 文明　　C. 环保　　D. 科学　　E. 健康

5. 县级以上人民政府应根据需要建立旅游(　　),无偿向旅游者提供旅游景区、气象等服务。

A. 公共交通平台　　B. 公共信息平台　　C. 公共安全平台

D. 咨询平台　　E. 义务救助服务平台

6. 根据《国务院关于促进旅游业改革发展的若干意见》,下列说法正确的有(　　)。

A. 到2020年,境内旅游总消费额达到5.5万亿元,城乡居民年人均出游4.5次,旅游业增加值占国内生产总值的比重超过10%

B. 各地要破除对旅行社跨省设分社、设门市的政策限制,鼓励品牌信誉度高的旅行社和旅游车船公民跨地区连锁经营

C. 在教学时间总量不变的情况下,高等学校可结合实际调整寒暑假时间,中小学可按有关规定放春假,为职工落实带薪年休假创造条件

D. 逐步优化完善外国人72小时过境免签政策,推动外国人72小时过境免签城市数量适当、布局合理

E. 鼓励特色商品购物区建设,提供金融、物流等便利服务,发展购物旅游

7. 旅游发展规划应当与土地利用总体规划、(　　　　)以及其他自然资源和文物等人文资源的保护和利用相衔接。

A. 城乡规划　　B. 社会发展规划
C. 旅游功能区规划　　D. 环境保护规划　　E. 交通发展规划

8.《旅游法》确立了关于旅游资源开发、利用和保护的两项具体制度是(　　　　)。

A. 公益开放制度　　B. 流量控制制度　　C. 规划衔接制度
D. 人才培养制度　　E. 门票价格制度

9. 建立健全旅游市场综合监管机制的主要措施有(　　　　)。

A. 政府牵头、部门分工负责　　B. 旅游联合执法
C. 违法行为查处信息共享　　D. 跨部门、跨地区督办
E. 公布监督检查情况

10. 旅游纠纷解决的途径主要有(　　　　)。

A. 协商和解　　B. 申请调解　　C. 行政复议　　D. 提请仲裁　　E. 提起诉讼

11. 引导各类市场主体在有效保护的前提下,依法合理利用旅游资源,实现(　　　　)的有机统一。

A. 社会效益　　B. 政治效益　　C. 精神效益
D. 生态效益　　E. 经济效益

12. 推进国有旅游企业改组改制,支持民营和中小旅游企业发展,支持各类企业(　　　　)兼并重组,培育一批具有竞争力的大型旅游企业集团。

A. 跨行业　　B. 跨地区　　C. 跨意识形态　　D. 跨所有制　　E. 跨社会制度

13.《国民旅游休闲纲要》坚持以人为本、(　　　　),大力推广健康、文明、环保的旅游休闲理念。

A. 服务民生　　B. 安全第一　　C. 服务至诚　　D. 绿色消费　　E. 安定和谐

14. 改善国民旅游休闲环境,稳步推进(　　　　)免费开放。

A. 城市休闲公园　　B. 公共博物馆
C. 爱国主义教育示范基地　　D. 旅游景区景点　　E. 纪念馆

15. 关于《国民休闲纲要》的组织实施,以下说法正确的有(　　　　)

A. 发展改革和旅游部门负责实施本纲要的组织协调和督促检查

B. 要把国民旅游休闲纳入各级国民经济和社会发展规划,以及相关行业和部门发展规划

C. 逐步增加旅游休闲公共服务设施建设的资金投入

D. 鼓励社会力量投资建设旅游休闲设施,开发特色旅游休闲线路和优质旅游休闲产品
E. 地方各级人民政府要加强监督管理

16. 国务院(　　)部门具体负责实施《国民旅游休闲纲要》的组织协调和督促检查。
A. 发展改革　　B. 环境保护　　C. 旅游
D. 交通运输　　E. 全国假日办公室

17. 改善国民旅游休闲环境的途径有(　　)。
A. 稳步推进公共博物馆、纪念馆和爱国主义教育示范基地免费开放
B. 城市休闲公园应限时免费开放
C. 稳定城市休闲公署等游览景区、景点门票价格,并逐步实行低票价
D. 落实对未成年人、高校学生、教师、老年人、现役军人、残疾人等群体实行减免门票等优惠政策
E. 鼓励设立公众免费开放日

18. 拓宽旅游企业融资渠道,金融机构对商业性开发景区可以开办依托景区(　　)等质押贷款业务。
A. 无形资产　　B. 经营权　　C. 门票收入　　D. 旅游资源　　E. 名称权

19. 引导各类市场主体在有效保护的前提下,依法合理利用旅游资源,实现(　　)的有机统一。
A. 社会效益　　B. 政治效益　　C. 精神效益　　D. 生态效益　　E. 经济效益

参考答案

一、判断题
1—5 BBBAA　6—10 BABAB　11—15 BABAB　16—20 ABABA

二、单选题
1—5 BDACB　6—10 DCCDB　11—15 BBCBD　16—20 BCCCA

三、多选题
1. AB　2. ACDE　3. ABC　4. BCE　5. BD　6. BCDE　7. AD　8. BE　9. ABCDE
10. ABDE　11. ADE　12. ABD　13. ABD　14. BCE　15. ABCDE　16. AC
17. ABCDE　18. BC　19. ADE

第二章　中国特色社会主义理论体系

一、判断题(正确的填 A,错误的填 B)

1. 人民当家做主是社会主义民主政治的本质与核心。(　　)
2. 没有民主就没有社会主义,没有法制也没有社会主义。(　　)
3. 马克思列宁主义同中国实践相结合有两次历史性飞跃,第二次飞跃的理论成果是建设有中国特色社会主义的理论。(　　)
4. 党的思想路线的本质要求是实事求是。(　　)

5. 党的十八届三中全会强调，非公有制经济是社会主义市场经济的主体部分，是我国经济社会发展的核心基础。 （ ）
6. 社会主义的根本任务是解放和发展生产力。 （ ）
7. 党的十八届四中全会提出了建设“法治中国”的目标和任务。 （ ）
8. 科学发展观是马克思主义中国化的最新成果。 （ ）
9. 一切符合“三个有利于”标准的所有制形式，都可以而且应该用来为社会主义服务。 （ ）
10. 中国特色社会主义理论体系，是我们党继往开来，与时俱进，团结带领全国各族人民沿着中国特色社会主义道路实现中华民族伟大复兴的唯一正确理论。 （ ）
11. 马克思基本原理同中国具体实际相结合，是中国特色社会主义理论体系的根本原则，其实质是马克思主义中国化。 （ ）
12. 公有制和非公有制都是社会主义市场经济的重要组成部分，都是我国经济社会发展的重要基础。 （ ）
13. 市场经济作为资源配置方式，具有制度属性。 （ ）
14. “一个中心，两个基本点”是一个有机的整体，谁也离不开谁。 （ ）
15. 党的八大和《党的若干历史问题的决议》标志着我党确立了正确的思想路线。 （ ）
16. 中国特色社会主义民主是人民民主专政国体和中国特色社会主义根本政治制度、基本政治制度的统一。 （ ）
17. 我国的各民主党派是在野党，是反对党。 （ ）
18. 民族区域自治的核心是保障少数民族当家做主，管理本民族、本地方事务的权利。 （ ）
19. 依法治国是社会主义政治文明建设的根本出发点和归宿。 （ ）
20. 四项基本原则是人民当家做主和依法治国的根本保证。 （ ）
21. 1997 年 9 月，党的十五大把依法治国、建设社会主义法治国家确定为党领导人民治理国家的基本方略。 （ ）
22. 社会和谐是中国特色社会主义的本质属性。 （ ）
23. 中国共产党要经受当前的“四大考验”、化解“四大危机”，最根本的是要加强军队国防建设，建设一支强大的人民军队。 （ ）
24. 只有坚持和加强党的领导，才能改善党的领导。 （ ）
25. 社会主义核心价值体系在中国整体社会价值体系中居于核心地位，发挥着主导作用，决定着整个价值体系的基本特征和方向。 （ ）

二、单选题

1. 中国特色社会主义理论体系是马克思主义中国化第（ ）次历史飞跃的理论成果。

A. 一　　B. 二　　C. 三　　D. 四

2. 以江泽民为核心的第三代中央领导集体创立的“三个代表”重要思想，创造性地回答了新的历史条件下（ ）的根本问题。

A. 社会主义本质　　B. 市场经济体制建设
C. 社会主义精神文明建设　　D. 党的建设

3. 党的（ ）一致通过决议，同意将科学发展观写入党章。

A. 十五大　　B. 十六大　　C. 十七大　　D. 十八大

4. 科学发展观的第一要义是（ ）。

A. 改革　B. 开放　C. 发展　D. 和谐

5. 党的十八届三中全会提出了建设"法治中国"的目标和任务，强调在三个层面一体建设。下列不属于三个层面的是(　　)。

A. 法治国家　B. 法治政府　C. 法治社会　D. 法治公民

6. 下列不属于人民政协的主要职能的是(　　)。

A. 政治协商　B. 民主监督　C. 参政议政　D. 制定法律

7. 我党历史上第一次提出并使用"思想路线"这一概念源自(　　)。

A. 毛泽东《反对资本主义》　B. 1942 年延安整风运动

C. 邓小平《解放思想，实事求是，团结一致向前看》

D. 中共七大《党的若干历史问题的决议》

8. 我国政党制度的特征不包括(　　)。

A. 多党派合作　B. 共产党领导　C. 多党派参政　D. 多党派执政

9. 中国重新确立实事求是的思想路线，开启改革开放的历史大门的是(　　)。

A. 十一届三中全会　B. 十二大　C. 十三大　D. 十八届三中全会

10. 科学发展观的核心是(　　)。

A. 科学发展　B. 以人为本　C. 和谐社会　D. 共同富裕

11. 社会主义初级阶段基本路线可概括为(　　)。

A. "一国两制"　B. "一大二公"

C. "一个中心，两个基本点"　D. "一个原则，分三步走"

12. 建设社会主义文化强国的重要内容和中心环节是(　　)

A. 思想道德建设　B. 公民素质建设　C. 经济发展建设　D. 生态环境建设

13. 在社会主义初级阶段，(　　)是收入分配制度的一大特点。

A. 按劳分配　B. 多种分配方式并存

C. 效率优先　D. 兼顾公平

14. 生产要素归纳起来分为两大类，一类是各种物质生产条件，另一类是(　　)。

A. 土地资源　B. 各种生产资料　C. 资本　D. 人的劳动

15. 党的思想路线的实质和核心是(　　)。

A. 解放思想　B. 实事求是　C. 与时俱进　D. 开拓创新

16. 建设社会主义文化强国的关键是(　　)。

A. 要增强全民族文化创造力　B. 要加强社会主义核心价值体系建设

C. 要全面提高公民道德素质　D. 要加快建立和完善社会主义思想道德建设

17. 以下不属于党面临的四大考验的是(　　)。

A. 执政考验　B. 改革开放考验　C. 市场经济考验　D. 开拓创新考验

18. 人民行使国家权力的机关是(　　)。

A. 各级人民代表大会　B. 各级行政机关

C. 全国人民代表大会　D. 全国人民代表大会及其常委会

19. 我国的最高行政机关是(　　)。

A. 全国人民代表大会 B. 国家主席　C. 国务院　D. 全国人大常委会

20. 社会主义民主政治的核心和本质是(　　)。

A. 党的领导　　B. 人民当家做主　　C. 依法治国　　D. 人民代表大会制度

21. 以下不属于坚持党的领导的根本原则的是(　　)。

A. 坚持党对军队的绝对领导　　B. 坚持党的执政能力建设

C. 坚持党对人民民主专政的国家的领导　　D. 坚持党管干部原则

22. 十八届三中全会强调,紧紧围绕建设(　　),深化生态文明体制改革。

A. 绿色中国　　B. 生态中国　　C. 美丽中国　　D. 和谐中国

23. 我国的国体是(　　)。

A. 人民代表大会制度　　B. 人民民主专政

C. 民族区域自治制度　　D. 中国共产党领导的多党合作和政治协商制度

24. 十八届三中全会提出,要提高社会治理水平,全面推进(　　)建设,维护国家安全,确保人民安居乐业、社会安定有序。

A. 法治中国　　B. 平安中国　　C. 美丽中国　　D. 和谐中国

25. 建设社会主义文化强国的重要内容和中心环节是(　　)。

A. 思想道德建设　　B. 政策法规建设　　C. 科学文化建设　　D. 价值观念建设

三、多选题(五个选项中,至少有两个正确)

1. 社会主义的本质是(　　)。

A. 解放生产力　　B. 发展生产力

C. 消灭剥削,消除两极分化　　D. 实现共同富裕

E. 建设社会主义市场经济体制

2. "三个代表"重要思想的内容是:党要始终代表(　　)。

A. 先进生产力的发展要求　　B. 先进生产关系的发展要求

C. 中国先进文化的前进方向　　D. 中国最广大人民的根本利益

E. 社会精英阶层的根本利益

3. 科学发展观的基本要求是(　　)。

A. 统筹　　B. 全面　　C. 协调　　D. 可持续　　E. 和谐

4. 关于社会主义初级阶段,说法正确的有(　　)。

A. 我国正在进行社会主义现代化改造　　B. 我国已经是社会主义社会

C. 必须坚持初级阶段的基本路线　　D. 我国还处在社会主义初级阶段

E. 初级阶段的特征就是还比较落后

5. 为大力发展科学技术,党中央从 20 世纪 90 年代以来,相继实施了(　　)战略。

A. 依法治国　　B. 科教兴国　　C. 科技立国　　D. 以德治国　　E. 人才强国

6. 社会主义初级阶段的基本经济制度是(　　)。

A. 以按劳分配为主体　　B. 以公有制为主体

C. 多种分配方式并存　　D. 多种所有制经济共同发展

E. 其他所有制经济是有益补充

7. 社会主义之所以必须坚持按劳分配的主体地位,是由(　　)决定的。

A. 社会主义初级阶段的基本国情　　B. 社会主义的国家性质

C. 社会主义公有制　　D. 生产力发展水平

E. 人民当家做主共同选择

8. 推动经济持续健康发展，要坚持走中国特色新型工业化、(　　)道路。
A. 科技化　B. 信息化　C. 城镇化　D. 国防现代化　E. 农业现代化

9. 党的十三届四中全会以来，由于(　　)有了新的变化，党在思想、组织、作风建设方面出现了一些突出问题。
A. 党的宗旨　B. 党所处的环境
C. 党员的结构和规模　D. 肩负的任务　E. 党的奋斗目标

10. 建设中国特色社会主义总布局包括(　　)。
A. 经济建设　B. 政治建设　C. 文化建设
D. 和谐社会建设　E. 生态建设

11. 中国特色社会主义民主政治建设，必须紧紧围绕坚持(　　)有机统一。
A. 四项基本原则　B. 改革开放　C. 党的领导
D. 人民当家做主　E. 依法治国

12. 十八大报告对建设社会主义文化强国做出进一步部署，强调重点任务分别是(　　)。
A. 加强社会主义核心价值体系建设　B. 全面提高公民道德素质
C. 丰富人民精神文化生活　D. 加强文化整体实力和竞争力

13. 党的十八大明确提出了大力推进生态文明建设的总体要求。根据要求，到 2020 年实现全面建成小康社会时，生态文明建设的目标是(　　)。
A. 资源节约型、环境友好型社会建设取得重大进展
B. 主体功能区布局基本形成，资源利用循环体系初步建立
C. 单位国内生产总值能源消耗和二氧化碳排放大幅度下降，主要污染物排放总量显著减少
D. 森林覆盖率提高，生态系统稳定性增强，人居环境明显改善
E. 国民休闲环境明显改善，国民健康水平大幅提升

14. 我国的政治制度有(　　)。
A. 人民代表大会制度　B. 多党合作和政治协商制度
C. 民族区域自治制度　D. 基层群众自治制度

15. 党的思想路线的基本内涵是(　　)。
A. 一切从实际出发　B. 理论联系实际　C. 密切联系群众
D. 实事求是　E. 在实践中检验真理和发展真理

16. 中国特色社会主义理论体系的历史地位主要表现在(　　)。
A. 是马克思主义中国化第二次历史性飞跃的理论成果
B. 是新时期全党全国各族人民团结奋斗的共同思想基础
C. 是实现中华民族伟大复兴中国梦的根本指针
D. 是推动经济持续健康发展的根本保证
E. 在实践中检验真理和发展真理

17. 建设社会主义文化强国，需要加强社会公德、(　　)教育，弘扬中华传统美德，弘扬时代新风。
A. 思想道德　B. 职业道德　C. 家庭美德
D. 个人品德　E. 社会主义荣辱观

18. 全面提高党的建设科学化水平，体现在（　　）。
A. 正确处理党的领导和依法治国的关系
B. 改革、完善党和国家的领导制度
C. 加强党的执政能力建设
D. 加强党的先进性和纯洁性建设
E. 建设学习型、服务型、创新型马克思主义执政党

19. 建设社会主义和谐社会的基本内容是：建设一个民主法治、公平正义、（　　）的社会。
A. 诚信友爱　B. 充满活力　C. 安定有序
D. 共同富裕　E. 人与自然和谐相处

20. 关于中国共产党和各民主党派的关系，下列说法正确的有（　　）。
A. 中华人民共和国成立在前，各民主党派成立在后
B. 共产党执政、多党派参政；共产党领导、多党派合作
C. 中国共产党和各民主党派都必须以宪法作为根本活动准则
D. 各民主党派在组织上接受中国共产党的领导
E. 中国共产党和各民主党派的关系是历史的选择

21. 当前改善党的领导，主要着力解决的问题有（　　）。
A. 坚持共产党领导的多党合作
B. 加强党的先进性和纯洁性建设
C. 正确处理党的领导和依法治国的关系
D. 改革、完善党和国家的领导制度
E. 不断提高党的领导水平和执政水平，提高拒腐防变和抵御风险的能力

22. 以下关于中国特色社会主义的思想路线，表述正确的有（　　）。
A. 其核心是实事求是
B. 其本质要求是解放思想
C. 其实质是解放思想、实事求是、与时俱进
D. 其确立的标志是中共七大和《党的若干历史问题的决议》
E. 发挥党总揽全局、协调各方的作用

23. 依法治国的基本要求是（　　）。
A. 有法可依　B. 有法必依　C. 执法必严　D. 知法普法　E. 违法必究

24. 加强党的先进性建设的基本路径有（　　）。
A. 从思想、政治上加强
B. 从巩固党的阶级基础和群众基础上加强
C. 从提高领导骨干素质上加强
D. 从夯实组织基础上加强
E. 从完善党内制度及工作机制上加强

25. 社会主义核心价值体系的基本内容有（　　）。
A. 马克思主义指导思想
B. 中国特色社会主义共同理想
C. 以爱国主义为核心的民族精神
D. 社会主义荣辱观
E. 以改革创新为核心的时代精神

26. 党的十八大提出了建设（　　）马克思主义执政党的战略目标。
A. 理论型　B. 学习型　C. 服务型　D. 创新型　E. 先进型

参考答案

一、判断题

1—5 AAABB　6—10 ABBAA　11—15 AABAB　16—20 ABABB　21—25 AABBA

二、单选题

1—5 BDCCD　6—10 DADAB　11—15 CABDB　16—20 ADCCB
21—25 BCBBA

三、多选题

1. ABCD　2. ACD　3. BCD　4. BD　5. BE　6. BD　7. CD　8. BCE　9. BD
10. ABCDE　11. CDE　12. ABCD　13. ABCD　14. ABCD　15. ABDE　16. ABC
17. BCD　18. CDE　19. ABCE　20. BCE　21. CDE　22. ABCD　23. ABCE
24. ABCDE　25. ABCDE　26. BCD

第三章　我国的基本国策与外交政策

一、判断题(正确的填 A,错误的填 B)

1. 全方位的开放格局,就是立足于我国国情,把对外开放的领域拓宽到能源、交通等基础产业以及金融、保险、服务业等。　(　)
2. 世界上只有一个中国,大陆和台湾同属一个中国,中国的主权不容侵犯,中国的领土不容分割。　(　)
3. 香港回归以来,"一国两制"、"港人治港"、高度自治的方针得到切实执行,这就意味着香港特区行政长官的选举事务将完全由香港人自行决定。　(　)
4. 保护环境是我国的一项基本国策,解决全国突出的环境问题,促进经济、社会与环境协调发展和实施永续发展战略,是政府面临的重要而艰巨任务。　(　)
5. 党和政府把实行对外开放作为我国的一项基本国策。　(　)
6. 对外开放不仅是为了解决当前经济建设中的矛盾和困难,而且也是我国经济长期发展的客观要求。　(　)
7. 两岸要共同努力,探讨在国家尚未统一这一特殊情况下的两岸政治关系,大力支持台湾加入各种国际组织。　(　)
8. 我们要始终把对外开放作为立足点,在对外开放的基础上独立自主、自力更生。　(　)
9. 计划生育的主要内容和目的是:提倡晚婚、晚育,少生、优生。　(　)
10. 改革开放是我国的基本国策,是实现社会主义现代化的必由之路。　(　)
11. 中国把和平与合作作为对外政策的首要目标。　(　)
12. 以人的全面发展统筹解决人口问题,变人口压力为人力资源优势,为经济社会发展提供持久动力,是实现中华民族伟大复兴的战略选择。　(　)
13. 我国实行对外开放,绝不是短期的权宜之计,而是长期的基本国策。　(　)
14. 2013 年启动的"单独二孩"政策,指一方是独生子女的夫妇可以生育两个孩子。　(　)
15. 中国反对军备竞赛,在 20 世纪 70 年代率先裁军 100 万之后,又在 20 世纪 80 年代裁军 50 万。　(　)
16. 实现祖国的和平统一,应当完全寄希望于台湾人民。　(　)

17. 我国已经进入了低生育水平国家的行列，但仍要实行计划生育，稳定现行生育政策。（　）
18. 从 20 世纪 70 年代末开始，我国政府决定在全国城乡大力推进计划生育，计划生育工作进入了一个新的发展阶段。（　）
19. 1983 年，我国《环境保护法》规定"保护环境是国家的基本国策"，这是第一次在法律中规定环保国策，意义重大，代表了未来文明发展的方向。（　）
20. 2013 年 6 月，习近平就坚定不移走两岸关系和平发展道路提出了八项主张。（　）
21. 我国现行生育政策不是全国"一刀切"，更不是所谓的"一胎化"政策。（　）
22. 中国倡导并致力于同世界各国一道推动并建立持久和平、共同繁荣的和谐世界。（　）
23. "九二共识"是大陆的海峡两岸关系协会和台湾海峡交流基金会于 1992 年就两岸事务性商谈同意各自以口头方式表述"海峡两岸均坚持一个中国原则"所达成的共识。（　）
24. 对外开放、一国两制、环境保护、计划生育，均为我国的基本国策。（　）
25. 《中华人民共和国人口与计划生育法》于 2000 年 9 月 1 日起施行。（　）

二、单选题

1. （　），我国正式加入世界贸易组织，标志着我国对外开放进入一个新的阶段。
A. 2000 年 5 月　B. 2000 年 12 月　C. 2001 年 5 月　D. 2001 年 12 月
2. "一国两制"的核心是（　）。
A. 一个中国　B. 两制并存　C. 高度自治　D. 和平统一
3. 1992 年，（　）与台湾海峡交流基金会达成"九二共识"，开启两岸事务性商谈。
A. 海峡两岸交流协会　B. 海峡两岸旅游交流协会
C. 海峡两岸关系协会　D. 海峡两岸文化交流协会
4. 1983 年，全国第（　）次环境保护会议将环境保护确定为基本国策。
A. 一　B. 二　C. 三　D. 四
5. 环境保护是我国的基本国策，下列不属于我国环境保护政策的是（　）。
A. 预防为主，防治结合　B. 谁污染，谁治理
C. 节能减排，总量控制　D. 强化环境管理
6. 以下关于独立自主、自力更生与对外开放的关系表述错误的是（　）。
A. 始终把独立自主、自力更生作为立足点
B. 在坚持独立自主、自力更生的基础上实行对外开放
C. 在对外开放的基础上积极推进独立自主、自力更生
D. 为保证我国社会主义现代化建设目标的实现，必须实行对外开放政策
7. 我国经济建设的立足点必须是依靠（　）。
A. 外国的资金和技术　B. 自己的力量
C. 国外的市场和资源　D. 党的领导
8. 中国奉行（　）的和平外交政策，这也是中国外交政策的根本原则。
A. 互利共赢　B. 平等互利
C. 独立自主　D. 和平与发展
9. 从中华民族整体利益把握两岸关系大局，最根本、最核心的是（　）。
A. 维护国家领土和主权完整　B. 维护台湾人民的正当权益
C. 反对和遏制"台独"势力　D. 增进互信、良性互动

10. 在亚洲金融危机发生后，中国以认真负责的态度，坚持（　　），为亚洲和世界的和平与发展做出了特殊贡献。

A. 经济刺激计划　B. 减免国家债务　C. 扩大进口　D. 人民币不贬值

11. 和平共处五项基本原则的核心和主要原则是（　　）。

A. 互不侵犯　B. 互相尊重主权和领土完整

C. 平等互利　D. 反对霸权主义和强权政治

12. 1990 年 4 月，（　　）经全国人大七届三次会议通过，正式颁布。

A.《香港特别行政区基本法》　B.《澳门特别行政区基本法》

C.《反分裂国家法》　D.《与台湾关系法》

13. 中国坚持与邻为善、以邻为伴，坚持睦邻、安邻、富邻，突出体现（　　）的理念。

A. 亲、融、诚、容　B. 睦、诚、理、信　C. 和、安、理、惠　D. 亲、诚、惠、容

14. 以下对于我国要长期坚持计划生育的说法不正确的是（　　）。

A. 我国人口多、底子薄、人均资源相对不足

B. 人口低增长率与高增长量将长期并存

C. 人口问题是社会主义初级阶段长期面临的重大问题

D. 近期放开生育政策不会引起“补偿性生育”和“抢生”

15. 我国虽然已经进入低生育水平国家的行列，但由于人口的基数大，人口低增长率与（　　）将长期并存。

A. 低增长量　B. 低增长速度　C. 高增长速度　D. 高增长量

16. 香港、澳门作为特别行政区，享有不同于中国其他省、市、自治区的（　　）。

A. 行政管理权　B. 高度自治权　C. 自主立法权　D. 司法终审权

17. 十八大提出要从源头扭转生态环境恶化趋势，努力建设（　　），实现中华民族永续发展。

A. 绿色中国　B. 环保中国　C. 生态中国　D. 美丽中国

18. 如果近期放开生育政策，可能会引起（　　）和“抢生”。

A.“报复性生育”　B.“补偿性生育”　C.“反弹性生育”　D.“后发性生育”

三、多选题（五个选项中，至少有两个正确）

1. 在祖国统一的前提下，国家的主体部分实行社会主义制度，台湾、香港、澳门保持原有的（　　）长期不变。

A. 社会制度　B. 管理体制　C. 选举办法　D. 生活方式　E. 治理模式

2. 坚持稳步推进两岸关系全面发展的主要措施有（　　）。

A. 保持两岸关系大局稳定　B. 反对和遏制任何形式的“台独”

C. 扩大文化交流，增进民族认同　D. 促进平等协商，加强制度建设

E. 深化经济合作，厚植共同利益

3. 1994 年 3 月，我国政府批准发布了《中国 21 世纪议程——中国 21 世纪（　　）白皮书》，提出了我国可持续发展的总体战略、对策及行动方案。

A. 人口　B. 气候　C. 环境　D. 发展　E. 资源

4. （　　）是关系到人类生存、社会发展的根本性问题。

A. 保护环境　B. 治理污染　C. 遏制生态恶化

D. 维护生态平衡　E. 增加粮食生产

5. 我国政府把(　　　　)确定为一项基本国策,并在宪法中作了明确规定。

A. 实行计划生育　　B. 实行"单独"二胎政策　　C. 控制人口数量

D. 提高人口质量　　E. 城乡差别生育

6. 党的十一届三中全会以后,我国形成了(　　　　)对外开放格局。

A. 全方位　　B. 多层次　　C. 各民族　　D. 宽领域　　E. 广覆盖

7. 中国奉行独立自主的和平外交政策,宗旨是(　　　　)。

A. 维护我国的国家利益　　B. 保护中国公民的生存权

C. 维护世界和平　　D. 促进相互交流合作

E. 促进共同发展

8. 环境保护实行(　　　　)三大政策。

A. 资源、环境、效益相统一　　B. 预防为主,防治结合

C. 谁污染、谁治理　　D. 强化环境管理　　E. 加大处罚力度

9. 近年来,我国的(　　　　)等问题给计划生育政策带来了挑战,国家对计划生育新政策调整的步伐也越来越快。

A. 独生子女出现严重的社会问题　　B. 男女比例失衡　　C. 民工荒

D. "失独"家庭越来越多　　E. 人口老龄化严重

10. 独立自主、自力更生是指在坚持(　　　　)的基础上,从本国的具体情况出发,依靠本国人民的力量,充分利用自己的资源和资金来发展民族工业。

A. 政治独立　　B. 经济自主　　C. 文化自由　　D. 党的领导　　E. 艰苦奋斗

11. 2014 年是"和平共处"五项基本原则倡导 60 周年,6 月,中国和此原则的当初发起国(　　　　)在北京举行了隆重的庆祝活动。

A. 缅甸　　B. 尼泊尔　　C. 印度尼西亚　　D. 印度　　E. 马来西亚

12. 把环境保护建立在法治的基础上,需要不断(　　　　)。

A. 制定环境保护法律法规　　B. 完善环境保护法律体系　　C. 严格执法程序

D. 加大执法力度　　E. 保证环境法律法规有效实施

13. 中国外交的宗旨是(　　　　)。

A. 维护中国国家利益　　B. 保护中国公民的海外权益　　C. 维护世界和平

D. 促进世界各国人民友好往来　　E. 促进共同发展

14. 在国际关系中中国坚持弘扬(　　　　)的精神,共同维护国际公平正义。

A. 平等互信　　B. 优势互补　　C. 求同存异

D. 包容互鉴　　E. 合作共赢

15. 我国的社会主义现代化建设是在(　　　　)的条件下进行的。

A. 人口基数大　　B. 人均资源少

C. 经济发展水平落后　　D. 一穷二白

E. 科学技术水平落后

16. 近年来,我国在稳定现行生育政策的基础上,综合运用法律、教育等手段,建立健全依法管理、(　　　　)、综合治理的长效工作机制。

A. 严格执行　　B. 村民自治　　C. 优质服务　　D. 政策推动　　E. 完善社保

17. 在国际关系中中国坚持弘扬(　　　　)的精神,共同维护国际公平正义。

A. 平等互信　B. 优势互补　C. 求同存异　D. 包容互鉴　E. 合作共赢

18. 在处理国际关系和外交关系方面，我国坚持(　　)。

A. 大国是关键　B. 周边是首要

C. 发展中国家是基础　D. 第三世界是保障　E. 多边是舞台

19. 人口问题是社会主义初级阶段长期面临的重大问题，任何(　　)都可能造成生育水平的反弹，影响和谐社会和小康社会的进程。

A. 思想上的麻痹　B. 认识上的偏差　C. 传统观念的反弹

D. 工作的失误　E. 外部环境的不利影响

20. 保护环境要求制定经济建设、城乡建设和环境建设同步规划，同步实施，同步发展，实现(　　)相统一的指导方针。

A. 政治效益　B. 经济效益　C. 社会效益　D. 生态效益　E. 环境效益

21. 习近平就坚定不移走两岸关系和平发展道路提出的"四点意见"是(　　)。

A. 坚持从中华民族整体利益的高度把握两岸关系大局

B. 坚持一个中国原则决不动摇，争取和平统一的努力决不放弃

C. 坚持在认清历史发展趋势中把握两岸关系前途

D. 坚持增进互信、良性互动、求同存异、务实进取

E. 坚持稳步推进两岸关系全面发展

22. 20 世纪 70 年代末，邓小平指出，要使我国实现四个现代化，必须考虑我国(　　)的特点。

A. 国家大　B. 底子薄　C. 人口多　D. 耕地少　E. 资源贫乏

23. 面对两岸(　　)的新形势，2013 年 6 月，习近平就坚定不移走两岸关系和平发展道路提了四点意见。

A. 同胞往来更频繁　B. 经济联系更密切　C. 文化交流更活跃

D. 共同利益更广泛　E. 兄弟情谊更深厚

24. 多层次是指根据各地区的实际和特点，通过经济特区等不同开放程度的各种形式，形成全国范围内的对外开放，是(　　)的过程。

A. 有重点　B. 有层次　C. 由点到面　D. 逐步推进　E. 全面展开

参考答案

一、判断题

1—5 BABAA　6—10 ABBAA　11—15 BAAAB　16—20 BABBB　21—25 AAAAB

二、单选题

1—5 DACBC　6—10 CBCAD　11—15 BADDD　16—18 BDB

三、多选题

1. AD　2. ABCDE　3. ACD　4. AD　5. ACD　6. ABD　7. CE　8. BCD　9. BCE

10. AB　11. AD　12. ABD　13. CE　14. ABCDE　15. ABCE　16. BCD　17. ADE

18. ABCE　19. BDE　20. BCE　21. ACDE　22. ABCD　23. ABCD　24. ABCDE

第四章 行业价值观与文明旅游

一、判断题(正确的填 A,错误的填 B)

1. 文明旅游的重要作用,使之上升为《旅游法》的调整对象和重要规范。 ( )
2. 党的十七届五中全会明确提出要开展社会主义核心价值体系建设。 ( )
3. "服务至诚"解决的是"旅游发展为了谁"的问题。 ( )
4. 看到别人不顾警示牌践踏绿地,自己也在草地上拍照野餐——这是一种没有经过独立思考的盲从行为。 ( )
5. 国家旅游局将文明旅游纳入旅游合同当中,要求游客必须文明旅游。 ( )
6. 遵守公共秩序,要求游客不踩踏绿地,不摘折花木和果实,不追捉、不投打、不乱喂动物。 ( )
7. 游客乱刻"到此一游"等不文明旅游的行为,不仅是道德问题,还是法律问题。 ( )
8. 《旅游法》将文明旅游纳入旅游合同中,要求旅行社、导游和领队、游客自觉遵守,引导文明旅游。 ( )
9. 价值观的差异或矛盾将有可能导致人们的道德评价陷入混乱状态。 ( )
10. 旅游行业核心价值观既要与社会主义核心价值体系接轨,又要体现旅游行业自身的独特之处。 ( )
11. 相对于硬件建设的步伐和速度,旅游文化建设明显落后,成为旅游业发展的短板。 ( )
12. 文明旅游的建设是一项系统工程,需要游客、旅行社、景区等各方面的紧密联系和互动配合。 ( )
13. 践行"游客为本,服务至诚"的核心价值观,实际上是从业人员获得职业理想和认同感的途径。 ( )
14. 中国游客要懂得入乡随俗的道理,不给小费这件事可能在某些国家看来是十分可鄙的行为。 ( )
15. 只有加大处罚力度,严管重罚,才能够管住中国游客的不文明行为。 ( )
16. 面对游客自我约束力弱化,依靠法律法规的强制性约束作用以及相关提示牌、警示语的提醒帮助作用是最为直接有效的办法。 ( )
17. 2013 年 10 月 23 日,中央文明办、国家旅游局将"游客为本、服务至诚"作为旅游行业的核心价值观向全行业推出。 ( )
18. 少数游客的不文明行为影响不了中国公民的旅游形象。 ( )
19. 文明旅游就是让文明与旅游同行,导游在带团中应杜绝不道德、不文明的行为。 ( )
20. "游客为本、服务至诚"是对旅游行业一线员工的要求,与旅游企业和旅游行业无关。 ( )
21. 文明旅游的保障是进一步完善旅游行业诚信机制,加强行业自律。 ( )
22. 将提升游客文明素质的要求纳入导游资格考试、日常培训和年度培训考核中。 ( )

23.《旅游法》出台后，国家旅游局推广旅游行业核心价值观，实行法治和德治并行，将法律的约束力和道德的提升力结合在一起。（　）

24. 在特定的时间、社会和特定的共同体中，价值观是不断变化和差异的。（　）

二、单选题

1. 关于文明旅游，下列说法不恰当的是（　）。
   A. 国家将文明旅游上升为一项重要原则
   B. 到境外旅游，不尊重当地的风俗习惯，是不文明行为
   C. 文明旅游是常识，无须导游和领队告知
   D. 公共场合大声说话是一种不文明行为

2.“重农抑商”在封建社会有效地帮助地主阶级确定统治，但在社会主义社会的今天，却阻碍了社会的发展。这体现了价值评价具有（　）。
   A. 主观性　B. 主体性　C. 历史性　D. 持久性

3. 裴多菲为了自由宁愿抛弃生命和爱情，这体现了价值评价的（　）。
   A. 主观性　B. 社会性　C. 稳定性　D. 持久性

4. 据《旅游行业核心价值观研究》的调查显示，旅游行业从业人员最大的满足感来自于（　）。
   A. 圆满完成工作任务　B. 客户的满足与成功
   C. 工作得到客户的肯定　D. 让游客得到美好的体验

5. 2011 年，中央文明办和国家旅游局联合发布（　），倡议游客从自身做起，成为“文明和友谊的传播者”。
   A.《中国公民国内旅游文明行为公约》　B.《中国公民出国旅游文明指南》
   C.《文明旅游行为守则》　D.《文明旅游倡议书》

6. 景区要抓紧特色旅游产品的开发，从单一的观光旅游向（　）转变。
   A. 度假旅游　B. 生态旅游　C. 专项旅游　D. 智慧旅游

7. 培育和践行“游客为本、服务至诚”的核心价值观是旅游从业人员提高自己（　）的最好契机。
   A. 福利待遇　B. 职业荣誉　C. 社会地位　D. 行业形象

8. 景区要抓紧特色旅游产品的开发，从单一的观光旅游向（　）转变。
   A. 度假旅游　B. 生态旅游　C. 专项旅游　D. 智慧旅游

9. 公民旅游中出现的种种不文明行为是由许多方面的原因造成的，其中很重要的一点是（　）。
   A. 导游、领队的引导不够　B. 旅游管理部门的处罚力度不够
   C. 新闻媒体的宣传力度不够　D. 游客自身修养不够

10. 积极发展文化旅游，促进（　）与旅游相结合，发挥旅游对文化消费的促进作用。
   A. 非物质文化遗产保护传承　B. 人类口头遗产保护传承
   C. 文化产业　D. 精神文明建设事业

11. 社会主义的今天，旧社会的“三从四德”已经失去了往日的道德效力，这体现了价值评价的（　）。
   A. 主观性　B. 稳定性　C. 持久性　D. 社会历史性

12.“旅游发展为了谁”的答案是（　　）。
A.以人为本　B.游客为本　C.服务至诚　D.为国为民

13.少数游客的不文明行为令中国作为“文明古国、（　　）”的形象蒙尘。
A.泱泱大国　B.礼仪之邦　C.文化之乡　D.古老国度

14.建设旅游行业核心价值观是社会主义核心价值体系建设践行的一个重要方面，是贯彻和落实（　　）精神的一个重要方面。
A.十七届五中全会　B.十七届六中全会　C.十八大　D.十八届三中全会

15.杭州市旅委在其《旅游行业核心价值观研究报告》中，将核心价值观界定为“一个共同体所有成员信奉的价值观的（　　）”。
A.最大公倍数　B.最小公倍数　C.最大公约数　D.最小公约数

16.旅游行业核心价值观是（　　）发展的必然要求。
A.社会主义核心价值观　B.旅游行业特色价值观
C.社会主义和谐社会　D.旅游业

17.通过宣传教育提升游客的文明意识，将文明旅游的教育纳入（　　）中。
A.公共教育体系　B.职业教育体系　C.学历教育体系　D.德育教育体系

18.因为不同的时间、不同的社会、不同的共同体有着不同的价值观，也因为同一共同体中不同个体之间的价值观会有差异，需要树立起共同体的（　　）。
A.理想和追求　B.核心价值观　C.道德底线　D.信仰和理念

19.要避免游客没有经过独立思考的盲从行为，首先要增强其个人的（　　）。
A.思想道德水平　B.个人素质　C.自我约束力　D.文化修养

20.“游客为本、服务至诚”就是要将（　　）作为旅游工作的根本出发点和落脚点。
A.服务真不真诚　B.游客满不满意　C.职业赚不赚钱　D.行业景不景气

21.要进一步完善景区基础设施建设和（　　），为文明旅游创造文明氛围。
A.环境设施质量　B.游客流量控制　C.标示标牌提示　D.管理服务质量

22.“游客为本”解决的是（　　）的问题。
A.旅游发展怎么做　B.旅游发展依靠谁　C.旅游发展为了谁　D.旅游发展如何做

23.进一步完善旅游行业（　　），加强行业自律，为文明旅游提供保障。
A.协会体系　B.诚信机制　C.依法经营　D.法治观念

24.秉持旅游行业的核心价值观，促使从业人员把（　　）和自己的职业发展关联起来，提高服务水平，提升各项素质。
A.游客的需求　B.行业的发展　C.肩负的使命　D.时代的召唤

25.“重农抑商”在封建社会有效地帮助地主阶级确立统治，但在社会主义社会的今天，却阻碍了社会的发展。这体现了价值评价具有（　　）。
A.主观性　B.主体性　C.历史性　D.持久性

三、多选题（五个选项中，至少有两个正确）

1.核心价值观是共同体在判断社会事务时必须（　　　），是将共同体内每一个成员凝结起来的作为典范的共同价值观。
A.恪守的道德根基　B.依据的是非标准　C.遵循的行为规则
D.坚持的道德底线　E.秉持的共同理想

2. 旅游行业核心价值观对旅游行业的影响主要体现在(　　)。
   A. 重塑行业形象,推动行业的规范化、可持续发展
   B. 为旅游行业制度建设提供宗旨和方向
   C. 凝聚行业力量,使良性竞争成为行业内部发展的动力
   D. 提升从业人员的综合素质
   E. 使从业人员获得职业认同感
3. 2006 年,国家旅游局启动“提升中国公民旅游文明素质行动计划”,重点提及一些公民在旅游活动中表现出来的不文明行为:不修边幅、(　　)、不爱护环境和公共设施、喧哗吵闹。
   A. 不讲卫生　B. 不懂礼仪　C. 不守秩序　D. 不遵法规　E. 不守公德
4. 十八大报告要求通过“着力推进绿色发展、循环发展、低碳发展”,形成“节约资源和保护环境的(　　)”。
   A. 空间布局　B. 产业结构　C. 发展方式　D. 生产方式　E. 生活方式
5.《旅游法》规定导游和领队在文明旅游中的作用主要体现在(　　)。
   A. 尊重旅游者的风俗习惯和宗教信仰
   B. 向旅游者告知和解释旅游文明行为规范
   C. 引导旅游者健康、文明旅游
   D. 劝阻旅游者违反社会公德的行为
   E. 遵守职业道德
6. 为提高中国公民文明素质,塑造中国公民良好国际形象,(　　)联合颁布了《中国公民出国(境)旅游文明行为指南》。
   A. 外交部　B. 中国文明办　C. 公安部
   D. 国家旅游局　E. 中国外事办公室
7. 党的十七届六中全会明确提出把社会主义核心价值体系融入(　　)全过程,贯穿改革开放和现代化建设各领域,体现到精神文化和产品创作生产传播各方面。
   A. 社会建设　B. 国民教育　C. 精神文明建设
   D. 生态文明建设　E. 党的建设
8. 文明旅游的教育要纳入公共教育体系中,通过(　　)等表现形式介绍相关知识,增强文明旅游的意识,普及文明旅游的常识。
   A. 电视短剧　B. 专题讲座　C. 公益广告
   D. 礼仪形象展示　E. 手机应用
9. 诚信、游客满意度、(　　)问题已经成为影响旅游行业持续健康发展的核心问题。
   A. 核心价值观　B. 职业环境　C. 从业人员待遇
   D. 从业人员素质　E. 零负团费
10. 旅游行业核心价值观既要与社会主义核心价值观接轨,又要体现旅游行业自身的独特之处,(　　)的特征是构建旅游行业核心价值观不可忽视的因素。
   A. 服务业以人为本　B. 综合性产业的广泛关联
   C. 旅游消费的跨地域　D. 旅游活动对信息高度依赖
   E. 文化性很强的经济产业

11. 十八大报告指出“要把生态文明放在突出地位”，这就需要“树立(   )的生态文明理念”。
A. 保护自然 B. 尊重自然 C. 顺应自然 D. 改造自然 D. 敬畏自然

12. 导游和领队要形成(   )的工作方式，预先告知旅行目的地的法律、文化和习俗禁忌，以身作则，让自己的文明言语和行为成为游客的榜样。
A. 先知 B. 明示 C. 会管 D. 常提醒 E. 勤警示

13.《中国公民出国旅游文明行为指南》的主要内容有(   )。
A. 安静用餐，请勿浪费 B. 赌博色情，坚决拒绝
C. 遇有困难，咨询领馆 D. 出行办事，遵守时间
E. 讲究卫生，爱护环境

14. 旅游行业需要在核心价值观的引领下提升行业自身的(   )，依法经营，诚信经营。
A. 竞争水平 B. 经营水平 C. 职业素质 D. 法律意识 E. 道德意识

15. 提倡文明旅游的意义主要体现在(   )。
A. 有助于游客获得更好的旅游体验 B. 有助于提升公民素质
C. 有助于提升国家形象 D. 有助于传播社会主义先进文化
E. 有助于社会主义核心价值观的践行

16. 对导游和领队等旅游行业的一线服务人员实施文明旅游的奖惩机制，可行的做法有(   )。
A. 提升导游准入门槛 B. 对投诉率高的导游进行惩罚
C. 直接淘汰不讲诚信的导游 D. 在新闻媒体上进行曝光
E. 规范导游与旅行社签订的合同

17.《中国公民国内旅游文明行为公约》中规定：维护环境卫生，要求(   )。
A. 不踩踏绿地 B. 不随地吐痰和口香糖 C. 不乱扔废弃物
D. 不在禁烟场所吸烟 E. 不摘折花木和果实

18. 以“(   )”为特点的旅游产业是十八大要求推动的先导产业，直接体现了社会主义核心价值体系的要求。
A. 资源消耗少 B. 带动系数大 C. 环境要求高 D. 就业人数多 E. 可持续性强

19. 旅行社、导游和相关从业人员要对游客做好相关的教育和引导工作，在成团出行到达目的地之前，要向游客介绍旅游目的地的(   )，引导文明旅游。
A. 文明常识 B. 宗教信仰 C. 风俗习惯 D. 法律法规 E. 相关禁忌

20. 中国是“礼仪之邦”，《中国公民国内旅游文明行为公约》也要求游客以礼待人，具体内容有(   )。
A. 衣着整洁得体 B. 礼让女士 C. 不讲粗话
D. 不强行与外宾合影 E. 尊重服务人员的劳动

21. 十八大要求推动(   )社会建设。
A. 资源节约型 B. 社会和谐型 C. 环境友好型 D. 科学发展型 D. 生态文明型

22. 旅游景区(   )让游客不仅感受到风景之美，也能感受到秩序之美。
A. 科学的景区基础设施建设 B. 高水平的严格管理
C. 清晰的指示牌和标示 D. 良好的景区服务

E. 完善的规章制度

23. 党的"群众路线"内容有(　　　　)。

A. 一切为了群众　　B. 一切依靠群众　　C. 从群众中来

D. 发展成果由群众共享　　E. 到群众中去

24. 文明旅游的建设是一项系统工程,重点要做好(　　　　)。

A. 通过宣传教育提升游客的文明意识

B. 通过新闻媒体曝光游客的不文明行为

C. 通过法律、法规约束不文明行为

D. 处罚游客的不文明行为

E. 疏堵结合,为游客预留空间

25. 价值具有的特点是(　　　　)。

A. 持久性　B. 主观性　C. 主体性　D. 社会历史性　E. 稳定性

参考答案

一、判断题

1—5 ABBAA　6—10 BAAAA　11—15 AAAAB　16—20 ABBBB　21—24 AAAB

二、单选题

1—5 CCACD　6—10 DCBDA　11—15 DBBBC　16—20 DABCB　21—25 DCBAC

三、多选题

1. ABC　2. ABC　3. ABCD　4. ABDE　5. ABCDE　6. BD　7. BCE　8. ABCDE
9. BDE　10. ABCD　11. ABC　12. ACD　13. ABCDE　14. CE　15. ABCE
16. ABCE　17. BCD　18. ACE　19. BCE　20. ABC　21. AC　22. ABE　23. ABCE
24. ACDE　25. ABDE

第五章　旅游标准

一、判断题(正确的填 A,错误的填 B)

1. 标准可以共同和反复使用,以实现在预定领域内最佳秩序的效果。(　　)

2. 旅游标准实际上是落实旅游法律和政策的一种法治手段。(　　)

3. 从内容上讲,旅游标准是一种"标准法规"。(　　)

4. 国家标准是由政府部门或行业协会制定的标准。(　　)

5. 标准属性是标准本身所固有的性质,是标准在量方面的表现。(　　)

6. 由温州市标准化行政主管部门统一制定的标准,也可以看作是地方标准。(　　)

7. 《旅游景区质量等级的划分与评定》(GB/T17775—2003)是推荐性标准,不具有强制性。(　　)

8. 在我国,由政府部门、企业协会或标准化组织参与的有国家标准、行业标准和地方标准。(　　)

9. 我国旅游行业标准是由国务院旅游行政主管部门制定的，在公布国家标准之后，行业标准即行废止。（　　）

10. 国内第一家省级旅游标准化技术专业机构是上海市旅游标准化技术委员会。（　　）

11. 旅游标准解决的问题越关键，其应用得越广泛，社会性价值和影响力就越大。（　　）

12. 地方标准是在没有国家标准和行业标准的情况下，由省级标准化行政主管部门统一制定、审批、编号和发布的标准。（　　）

13. 2003 年，沪、浙、苏、皖四省（市）区域旅游标准一体化正式启动，初步形成了长三角旅游标准化建设合作机制。（　　）

14. 国家标准和行业标准可以并行不悖，有国家标准后行业标准仍然可以继续存在。（　　）

15. 旅游标准体系应是一个开放和发展的有机整体，既要立足当前国情，又要与国际旅游标准接轨。（　　）

16. 截至 2014 年 3 月，浙江省已发布并仍在有效实施的旅游业地方标准共有 16 项。（　　）

17. 2012 年，首批全国旅游标准化试点工作正式启动，共有 1 个试点省，20 个试点市、县、区和 67 家企业参与其中。（　　）

18. 2012 年，首批全国旅游标准化试点工作正式启动，共有 1 个试点省，20 个试点市、县、区和 67 家企业参与其中。（　　）

19. 拥有标准就取得了在该行业的话语权，“得标准者得天下”。（　　）

20. 在市场环境中，法律法规和技术标准是管理市场经济有序运行的两种必备手段。（　　）

二、单选题

1. 截至 2014 年 3 月，浙江省已发布并仍在有效实施的旅游业地方标准共有（　　）项。

A. 16　　B. 15　　C. 14　　D. 13

2. 编号为 DB33/T915－2014 的标准是（　　）。

A. 推荐的国家标准　　B. 强制的行业标准　　C. 推荐的地方标准　　D. 强制的地方标准

3. 由县、市级标准化行政主管部门统一制定、审批、编号和发布的标准称为（　　）。

A. 地方标准　　B. 地方标准规范　　C. 区域标准　　D. 推荐标准

4.《旅游业标准体系表(2009)》是由（　　）于 2009 年修订发布的。

A. 国家标准委　　B. 国务院　　C. 国家旅游局　　D. 国家信息委

5. 标准化是旅游企业（　　）的重要途径和手段。

A. 品牌建设　　B. 文化建设　　C. 服务质量　　D. 制度环境

6. 我国旅游服务行业的第一个国家标准是（　　）。

A.《导游服务质量标准》　　B.《旅游涉外饭店的星级划分与评定》

C.《旅游客车设施与服务规范》　　D.《旅游景区质量等级的划分与评定》

7. 国家旅游局设立（　　），专职负责全国旅游标准化的具体工作，同时承担全国旅游标准化技术委员会秘书处的工作。

A. 政策法规司　　B. 旅游质监所　　C. 人事教育司　　D. 质量标准处

8. 旅游标准是为在一定范围内获得（　　），经协商一致制定并由公认机构批准，旅游业共同使用和重复使用的一种规范性文件。

A. 最佳的效果　　B. 最广泛的认同　　C. 最佳的秩序　　D. 最良的业绩

9. 下列标准中，属于旅游业国家标准的是（　　）。

A.《旅行社国内旅游服务规范》 B.《旅行社入境旅游服务规范》
C.《绿色旅游饭店》 D.《旅游度假区等级划分》

10. 浙江省第一个旅游业地方标准是（ ）。
A.《家庭旅馆》 B.《农家乐标准》
C.《绿色饭店》 D.《餐馆星级的划分与评定》

11. 2007 年，上海、浙江、江苏同时发布了我国首个长三角通用区域标准（ ），这是我国地方旅游标准化建设和旅游业区域联合发展的重大举措。
A.《旅游景区（点）道路交通指引标志设置规范》
B.《农家乐经营户（点）旅游质量服务星级划分与评定》
C.《房车旅游服务区基本要求》
D.《乡村旅游点服务质量等级划分与评定》

12. 技术标准是由国家授权的（ ）组织制定的。
A. 质量技术监督局 B. 标准研究机构 C. 标准化机构 D. 国家立法机关

13. 下列旅游业地方标准中，由安徽省参与制定的是（ ）。
A.《漂流旅游安全和服务规范》 B.《房车旅游服务区基本要求》
C.《餐馆星级的划分与评定》 D.《特色文化主题饭店基本要求与评定》

14. 2010 年，国家旅游局印发了《关于全面推进旅游标准化试点工作的通知》，大力推进（ ）下的旅游标准化试点工作。
A. 市场调节 B. 政府主导 C. 企业参与 D. 行业引导

15. 下列标准中，属于旅游业行业标准的是（ ）。
A.《导游服务质量》 B.《绿色旅游景区》
C.《旅游景区服务指南》 D.《旅游规划通则》

16. 1995 年，经国家标准化管理委员会批复，国家旅游局成立（ ）。
A. 全国旅游标准化发展规划部 B. 旅游服务标准委员会
C. 旅游服务技术委员会 D. 全国旅游标准化技术委员会

17. 标准属性是标准本身所固有的性质，是标准必然的、基本的、不可分离的特性。下列不属于旅游标准属性的选项是（ ）。
A. 统一性 B. 法律性 C. 强制性 D. 社会性

18. 旅游标准化是避免（ ）的重要形式，通过旅游标准化形成共同语言，加强区域合作和交流，促进区域旅游发展。
A. 区域旅游合作 B. 标准不统一 C. 沟通不畅通 D. 区域旅游障碍

19. 我国的旅游标准化实践取得了瞩目的成绩，但与欧美国家的标准化建设相比仍存在不少问题，就存在的问题，下面说法不正确的是（ ）。
A. 标准性质定位不清 B. 社会参与极其缺乏
C. 协同机制没有建立 D. 政府推动指导不足

20. 全国第一家省级旅游标准化网站是（ ）。
A. 上海旅游标准化网 B. 江苏旅游标准化网
C. 浙江旅游标准化网 D. 安徽旅游标准化网

21. 全国第一家省级旅游标准化网站是（ ）。

A. 上海旅游标准化网　　B. 江苏旅游标准化网
C. 浙江旅游标准化网　　D. 安徽旅游标准化网

三、多选题(五个选项中,至少有两个正确)

1. 旅游标准是实现(　　)的重要抓手。
A. 标准促旅　B. 依法兴旅　C. 依法治旅　D. 规范治旅　E. 依法治国

2. 在我国,由政府部门、行业协会或标准化组织参与制定的标准种类有(　　)。
A. 国家标准　B. 行业标准　C. 区域标准　D. 地方标准　E. 企业标准

3. 建立旅游标准体系,下列说法正确的有(　　)。
A. 规范和引导旅游行业有序发展　B. 更好地为旅游企业和市场服务
C. 减少标准间的重复和相互矛盾　D. 确保标准编制工作科学、有序
E. 有利于区分国家标准、地方标准、行业标准的作用

4. 旅游标准化是围绕旅游标准所展开的一系列活动,包括标准的起草制定过程、(　　),以及标准实施后的修订和持续改进过程等。
A. 修改完善过程　B. 征求意见过程　C. 审查发布过程
D. 实施和评价过程　E. 和其他标准协调统一过程

5. 技术法规既有法律、法规的内容,也有技术标准的内容,是由(　　)共同制定。
A. 国家立法机关　B. 政府主管部门　C. 标准化机构
D. 行业协会　E. 质量技术监督局

6. 浙江省的(　　)等地方标准因其先进性"升格"为国家标准或行业标准。
A.《绿色饭店》　B.《旅行社品质等级划分与评定》
C.《餐馆星级的划分与评定》　D.《生态旅游区建设与服务规范》
E.《旅游集散中心等级划分与评定》

7. 浙江省旅游标准化技术委员会的职能有(　　)。
A. 承担浙江省旅游标准化体系建设任务
B. 组织开展浙江省内各级各类旅游标准的制定、推广和培训
C. 指导旅游企业开展标准化工作、提升旅游服务质量
D. 建设"浙江省旅游标准化信息网"
E. 强化与周边省份的旅游标准化合作

8. 下列旅游标准中,属于旅游业行业标准的有(　　)。
A.《旅游景区讲解服务规范》　B.《旅游企业信息化服务指南》
C.《旅游景区服务指南》　D.《游乐园(场)安全和服务质量》
E.《旅游特色街区服务质量要求》

9. 浙江省入选首批全国旅游标准化试点单位的有(　　)。
A. 浙江旅游职业学院　B. 横店影视城有限公司　C. 遂昌县
D. 开元酒店投资管理集团有限公司　E. 海中洲旅业有限公司

10. 我国旅游标准化存在的问题有(　　)。
A. 标准性质定位不清　B. 社会参与极其缺乏　C. 专业人才太少
D. 协同机制没有建立　E. 企业执行不力

11. 2012 年,浙江省启动首批旅游标准化试点工作,(　　)等 9 个项目获得试点立项或

培育。

A.景宁畲族特色旅游服务标准化试点县　　B.奉化溪口旅游服务标准化试点

C.上虞四季鲜果旅游服务标准化试点　　D.杭州西溪湿地国家湿地公园

E.开元酒店投资管理集团有限公司

12.2000年,国家旅游局颁布施行了(　　),构筑了以旅游业诸要素为基础的旅游标准体系框架。

A.《全国旅游标准化技术委员会章程》　　B.《旅游业标准体系表》

C.《旅游标准化工作管理暂行办法》　　D.《全国旅游标准化发展规划》

E.《全国旅游标准化技术委员会秘书处工作细则》

13.我国的旅游标准化实践取得了令人瞩目的成绩,但也存在不少问题,最为突出的就是体制性障碍,主要表现为(　　)。

A.行政色彩浓厚　　B.模糊了旅游标准的性质定位

C.将标准作为法规来推行　　D.市场化程度较低　　E.缺乏协同机制

14.旅游标准化对推动全域旅游发展的积极作用主要表现在(　　)。

A.保障作用　　B.规范作用　　C.促进作用　　D.引导作用　　E.提升作用

15.下列旅游标准中,属于旅游业国家标准的有(　　)。

A.《国际邮轮口岸旅游服务规范》　　B.《国家生态旅游示范区认定》

C.《旅游目的地信息分类与描述》　　D.《旅游汽车公司资质等级划分》

E.《民族民俗文化旅游示范区认定》

16.浙江省入选第二批全国旅游标准化试点单位的有(　　)。

A.浙江旅游职业学院　　B.淳安县　　C.绍兴市

D.杭州西溪湿地国家湿地公园　　E.开元酒店投资管理集团有限公司

17.下列旅游业标准中,上海、浙江、江苏三省都参与制定的有(　　)。

A.《生态旅游区建设与服务规范》　　B.《餐馆星级的划分与评定》

C.《旅游集散中心等级划分与评定》　　D.《房车旅游服务区基本要求》

E.《旅游景区(点)道路交通指引标志设置规范》

18.下列属于旅游标准化性质的表述有(　　)。

A.是围绕旅游标准展开的一系列过程

B.涉及标准实施后的修订和持续改进过程

C.要针对潜在的问题制定相关规范

D.其目的是在一定范围内获得最佳秩序

E.没有实施,“化”将无从谈起

19.旅游标准化既是一个过程,又是项活动。旅游标准化的作用有(　　)。

A.有利于优化制度环境和促进旅游区域合作发展

B.有利于提高旅游服务质量和促进资源优化组合

C.有利于政府主管部门实施市场监管

D.有利于保护消费者的合法权益和提升企业效益

E.有利于企业品牌建设和更好地应对国际服务贸易竞争

20.编制旅游标准体系应遵循的原则有(　　)。

A. 动态适应 B. 全面性 C. 系统性 D. 层次性 E. 可扩充性

参考答案

一、判断题

1—5 ABBBB 6—10 AABBB 11—15 AABBA 16—20 BBBAA

二、单选题

1—5 CCBCA 6—10 BDCDA 11—15 ACBBB 16—20 DADCB 21 C

三、多选题

1. BC 2. ABD 3. ABCD 4. BCD 5. BCD 6. AE 7. ABC 8. ABE 9. ABCE 10. ABD 11. ABC 12. BC 13. AD 14. ABE 15. BDE 16. BCDE 17. DE 18. ABC 19. ABCDE 20. ABCDE

第六章 民事基本法律制度

一、判断题(正确的填 A,错误的填 B)

1. 要约是希望和他人订立合同的意思表示。但旅行社发布在网上的产品广告一般不属于要约。 ( )
2. 凡是能够引起社会关系产生、变更、消灭的客观情况,都是民事法律事实。 ( )
3. 公民下落不明满两年或因意外事故下落不明,从事故发生之日起满四年的,利害关系人可以向法院申请宣告其死亡。 ( )
4. 无权代理行为没有被代理人事实或拟制进行追认时,不产生法律效力,其无效性溯及至代理行为成立之时。 ( )
5. 诉讼时效期间可以中止的时间应为诉讼时效期间的最后 6 个月内。 ( )
6. 某甲和某乙通过社交网站相约出去旅游,应视为二者具有合同关系。 ( )
7.《合同法》规定,合同的成立必须经过要约和承诺两个阶段。 ( )
8. 我国《合同法》规定的违约责任的归责原则是过错责任原则。 ( )
9.《侵权责任法》于 2009 年 12 月 26 日由十一届全国人大常委会第十二次会议通过,自 2010 年 7 月 1 日起正式施行。 ( )
10. 民事法律关系的内容要通过民事责任来保障,目的在于补偿。 ( )
11. 无过错责任原则是指以加害人主观上有过错作为确定加害人对其造成的损害后果承担民事责任必要条件的归责原则。 ( )
12. 加害人预见到损害后果发生并希望或放任该结果发生的心理状态是过失。 ( )
13. 非法人组织不具有法人资格,因而不能以自己的名义参加民事活动。 ( )
14. 环境污染责任分配中采用市场份额规则,污染者承担责任的大小,根据污染物的种类、排放量等因素确定。 ( )
15. 小张和小李是大二的同班同学,2013 年,他们确立了恋爱关系,这说明他们之间存在受民法调整的民事法律关系。 ( )

16. 财产关系是与人身不可分离、以人身利益为内容、直接体现财产利益的社会关系。( )
17. 民事法律关系的主体就是权利的享有者和义务的承担者。( )
18. 侵权责任的承担以行为人的行为构成侵权行为或存在应当承担责任的准侵权行为为前提。( )
19. 普通诉讼时效为 2 年,特殊诉讼时效最长为 20 年。( )
20. 无国籍的人不具有民事权利能力和民事行为能力。( )
21. 学习民法就是学习民事权利体系,对民事权利的分类及其特征的掌握就是学习民法的关键。( )
22. 李小明年满 16 周岁但尚未满 18 周岁,已经在温州某酒店做餐厅服务员,应当将其视为限制民事行为能力的人。( )
23. 定金是合同当事人为了确保合同的履行,由一方预先给付另一方一定数额的金钱或者其他物品。( )
24. 人身权包括人格权和身份权,不具有专属性。( )
25. 确定一个意思表示是否构成承诺就意味着确认一个合同是否成立。( )
26. 效力待定合同在双方当事人订立后,第三人对此予以拒绝,则合同生效;第三人如对此予以承认,则合同无效。( )
27.《合同法》是基本法,《旅游法》是基本法,两者不一致时,应当适用作为基本法的《合同法》。( )
28. 旅行社发出的旅游产品报价单、发布在网上的产品广告等属于要约。( )
29.《中华人民共和国合同法》调整的仅仅是财产性质的民事合同。( )
30. 小张 19 岁,因此他一定是具有完全民事行为能力的人。( )
31. 无民事行为能力的人不能独立进行民事活动,需由他的指定代理人代理。( )
32. 民事活动应当尊重社会公德,不得损害社会公共利益,破坏国家经济计划,扰乱社会经济秩序。( )
33. 无处分权的人处分他人财产,经权利人追认或者无处分权的人订立合同后取得处分权的,该合同有效。( )
34. 自然人的民事权利能力始于出生,终于死亡。( )
35. 民事法律关系是基于民事法律事实,由民事法律规范调整而在平等民事主体之间形成的民事权利义务关系,由主体、客体、内容构成。( )
36. 当事人采用合同书形式订立合同的,双方当事人签字或盖章的地点为合同成立的地点。( )
37. 民事活动应当尊重社会公德,不得损害社会公共利益,破坏国家经济计划,扰乱社会经济秩序。( )
38. 法律规定推定行为人有过错,行为人不能证明自己没有过错的,应当承担侵权责任。( )
39. 双方协商一致成立的合同,一定会具有法律约束力。( )
40. 民事法律关系是基于民事法律事实,由民事法律规范调整而在平等民事主体之间形成的民事权利义务关系,由主体、客体、内容所构成。( )

二、单选题

1.“旅行社及其从业人员组织、接待旅游者,不得安排参观或者参与违反我国法律法规和社会公德的项目或者活动”，此规定体现了民法的（　　）。

A. 诚实信用原则　　B. 公序良俗原则

C. 自愿原则　　D. 禁止权利滥用原则

2. 在旅游者与旅行社签订包价旅游合同这一民事法律关系中，主体应该是（　　）。

A. 旅游者与旅行社　　B. 履行合同项下义务的行为

C. 旅行社与旅游者分别享有的权利和义务　　D. 包价旅游合同关系

3. 权利人依单方面意思表示使民事法律关系发生、变更、消灭的权利是（　　）。

A. 支配权　　B. 请求权　　C. 抗辩权　　D. 形成权

4.《民法通则》于 1986 年 4 月 12 日由（　　）通过，1987 年 1 月 1 日起施行。

A. 六届人大一次会议　　B. 六届人大二次会议

C. 六届人大三次会议　　D. 六届人大四次会议

5. 不履行或者不完全履行合同义务的违约方按照合同约定支付对方当事人一定数量金钱，这是（　　）。

A. 定金　　B. 订金　　C. 违约金　　D. 保证金

6. 国家工作人员违法行使职权活动造成他人损害的行为是（　　）。

A. 特殊侵权行为　　B. 自己加害行为　　C. 行为的侵权行为　　D. 准侵权行为

7. 合同在本质上是一种合意或协议，（　　）是合同的灵魂。

A. 诚实信用　　B. 必须履行　　C. 平等自愿　　D. 意思自治

8.《侵权责任法》是一部受害人的（　　）。

A. 权利保障法　　B. 权利救济法　　C. 权利补偿法　　D. 权利义务法

9. 根据“谁主张、谁举证”的原则，一般情况下，证明侵权行为因果关系的责任应由（　　）承担。

A. 原告方　　B. 被告方　　C. 第三方　　D. 原被告共同

10. 在旅游经营实践中，很多旅行社委托其他旅行社代理销售包价旅游产品，在这种代理关系中，被代理人是（　　）。

A. 委托社　　B. 受托社　　C. 旅游者　　D. 旅游产品

11. 高度危险作业致人损害的侵权行为适用（　　）。

A. 过错责任原则　　B. 无过错责任原则　　C. 公平责任原则　　D. 公同责任原则

12. 小明今年 6 岁，在妈妈的陪伴下游览动物园时，被长颈鹿踢伤，此责任应由（　　）承担。

A. 小明自行承担　　B. 小明的妈妈　　C. 动物园　　D. 长颈鹿

13. 旅行社为招徕、组织旅游者发布信息，必须真实、准确，不得进行虚假宣传，误导旅游者。这一规定体现了民法的（　　）原则。

A. 自愿　　B. 平等　　C. 公平　　D. 诚信

14. 一方以欺诈、胁迫的手段订立合同，损害国家利益的，属于（　　）。

A. 效力待定合同　　B. 无效合同　　C. 可撤销合同　　D. 非法合同

15. 以（　　）是否特定以及权利的特点为标准，民事权利可以分为绝对权和相对权。

A. 权利主体　　B. 法律关系主体　　C. 权利义务　　D. 义务主体

16. 保险合同受益人的权利、继承人的权利都属于（　　）。

A. 绝对权　　B. 相对权　　C. 既得权　　D. 期待权

17. 诉讼时效期间可以中止的时间为诉讼时效期间的（　　）。

A. 最后 6 个月内　B. 最初 6 个月内　C. 最后 12 个月内　D. 最初 12 个月内

18. 一般认为，民法是调整市民社会的私法形式，它以(　　)为本位。

A. 权利　B. 义务　C. 权利和义务　D. 公民

19. (　　)或者其他障碍是诉讼时效中止的法定事由。

A. 权利人主张权利　B. 义务人同意履行义务

C. 不可抗力　D. 权利人提起诉讼

20. 合同可撤销的原因是(　　)。

A. 欠缺一定的生效条件　B. 意思表示不真实

C. 合同形式不够完善　D. 违反法律法规的规定

21. 小张家阳台上的花盆被风吹落，把停在楼下的小王家的汽车砸坏了，此次侵权行为属于(　　)。

A. 自己加害行为　B. 准侵权行为　C. 作为的侵权行为　D. 特殊侵权行为

22. 国家发行国债时，在国家和持券人之间形成了借贷法律关系，此借贷法律关系的主体是(　　)。

A. 持券人　B. 借贷关系　C. 国债　D. 国家

23. 代理是指代理人在代理权范围内，以被代理人的名义或自己的名义独立于第三人的民事行为，由此产生的法律后果直接或间接归属于(　　)的法律制度。

A. 代理人　B. 被代理人　C. 第三人　D. 自己

24. 表见代理是一种特殊的(　　)。

A. 指定代理　B. 法定代理　C. 无权代理　D. 委托代理

25. 希望他人向自己发出要约的意思表示是(　　)。

A. 要约　B. 承诺　C. 要约邀请　D. 缔约暗示

26. 受欺诈、胁迫订立的合同，只损害了集体或第三人利益的，应纳入(　　)的范畴。

A. 无效合同　B. 效力待定　C. 非法合同　D. 可撤销合同

27. 法律规定，限制民事行为能力人订立的合同，经(　　)追认后，该合同有效。

A. 法人代理人　B. 指定代理人　C. 委托代理人　D. 表见代理人

28. (　　)是当事人订立合同的根本目的，是实现合同利益的核心内容。

A. 合同的变更　B. 合同的履行　C. 合同的转让　D. 合同的解除

29. 生理死亡是自然人生命的终结，我国以(　　)为标准。

A. 呼吸停止　B. 心跳停止

C. 心跳和呼吸都停止　D. 脑死亡

30. 行为人利用他人的危难处境或紧迫需要，强迫对方接受某种明显不公平的条件并作出违背真实意图的意思表示。此种合同是(　　)。

A. 受欺诈、胁迫订立的合同　B. 乘人之危订立的合同

C. 显失公平的合同　E. 以合法形式掩盖非法目的的合同

31. 违约方以支付金钱的方式弥补受害方因违约行为所减少的财产或所丧失的利益的违约责任形式是(　　)。

A. 定金　B. 违约金　C. 赔偿损失　D. 采取补救措施

32. 侵权责任是指赔偿义务人对自己的加害行为或(　　)造成的损害等后果依法所应承担

的各种民事责任。

A. 准侵权行为　B. 作为的侵权行为
C. 不作为的侵权行为　D. 一般侵权行为

33. 采用数据电文形式订立合同的，以收件人的(　　)为合同成立的地点。
A. 房产所在地　B. 工作单位所在地　C. 主营业地　D. 电文接收地

34. 无权代理的法律责任由(　　)承担。
A. 被代理人　B. 代理人　C. 善意相对人　D. 无权代理人

35. 自然人的出生，我国一般以胎儿完全脱离母体独立存在，并能(　　)为标志。
A. 独立心跳　B. 独立呼吸　C. 睁开双眼　D. 响亮啼哭

36. 旅游者在旅游活动中或者解决纠纷时，不得损害旅行社、履行辅助人、旅游从业人员或者其他旅游者的合法权益。此规定体现了民法的(　　)。
A. 公平原则　B. 平等原则　C. 诚信原则　D. 禁止权利滥用原则

37. 环境污染致人损害的侵权行为，在举证责任上，采用(　　)。
A. 无过错责任原则　B. 谁主张、谁举证
C. 因果关系推定规则　D. 市场份额规则

38. 在举证责任的分配上，过错责任原则要求(　　)，即由受害方承担举证责任。
A. 举证责任倒置　B. 谁主张谁举证　C. 过错推定　D. 双方分担损失

39. 在合同缔结过程中，一方故意隐瞒与订立合同有关的重要事实，致使另一方的利益受损，必须要承担(　　)。
A. 缔约过失责任　B. 相应法律责任　C. 违约责任　D. 侵权责任

三、多选题(五个选项中，至少有两个正确)

1. 我国民法的基本原则包括平等原则、自愿原则、(　　)等。
A. 公平原则　B. 等价有偿原则　C. 诚信原则
D. 公序良俗原则　E. 禁止权利滥用原则

2. 民事主体是权利的享有者和义务的承担者，下列哪些可以成为民事主体？(　　)
A. 国家　B. 中国公民　C. 法人　D. 社会组织　E. 无国籍人

3. 根据代理权产生的依据，可以将代理权分为(　　)。
A. 本代理　B. 复代理　C. 委托代理　D. 法定代理　E. 指定代理

4. 要约必须具备的特定条件有(　　)。
A. 要约的内容必须具体确定　B. 要约是由特定人做出的意思表示
C. 要约人是向特定的受要约人发出　D. 必须要在有效期限内做出
E. 经受要约人承诺，要约人即受该意思表示约束

5. 民法是调整平等主体之间(　　)的法律规范的总称。
A. 权利关系　B. 义务关系　C. 财产关系　D. 人身关系　E. 债务关系

6. 违约责任的特征有(　　)。
A. 以有效合同为前提　B. 以当事人违约为前提
C. 主观上有过错　D. 必需的违约行为和事实
E. 效力只及于相对人，不涉及第三人

7.《侵权责任法》规定了产品责任、机动车交通事故责任、(　　)、物件损害责任等特殊

侵权责任。

A. 医疗损害责任　B. 环境污染责任　C. 食品安全责任

D. 高度危险责任　E. 饲养动物损害责任

8. 侵权行为法律规定的归责原则有(　　)。

A. 过错责任原则　B. 罪刑法定原则　C. 无过错原则

D. 公平责任原则　E. 诚实信用原则

9. 民事责任的承担方式主要有(　　)。

A. 赔偿损失　B. 支付违约金　C. 赔礼道歉　D. 停止侵害　E. 剥夺政治权利

10. 公平责任原则适用的情况有(　　)。

A. 防卫过当　B. 正当防卫　C. 紧急避险

D. 不可抗力造成一方利益受损　E. 无行为能力人或限制行为能力人致人损害

11. 合同的成立必须具备的条件有(　　)。

A. 要有两个或两个以上的当事人　B. 必须经双方当事人签字盖章

C. 当事人意思表示达成一致　D. 双方当事人必须具备民事行为能力

E. 必须具备合同法规定的格式

12. 侵权责任的构成要件有(　　)。

A. 侵权行为　B. 损害后果　C. 受损害人

D. 行为人主观有过错　E. 侵权行为与损害后果之间有因果关系

13. 民事法律关系的客体主要是(　　)。

A. 事件　B. 行为　C. 物　D. 智力成果　E. 人身权益

14. 根据自然人的(　　),《民法通则》将自然人的民事行为能力分为完全、限制和无民事行为能力三类。

A. 收入情况　B. 年龄　C. 精神状态　D. 智力状况　E. 受教育状况

15. 以权利内容的性质为标准,民事权利分为财产权、人身权和综合性权利,其中综合性权利主要有(　　)。

A. 婚姻撤销权　B. 知识产权　C. 继承权　D. 物权　E. 社员权

16. 下列请求权可以适用一年的短期诉讼时效期间的是(　　)。

A. 身体受到伤害要求赔偿的请求权　B. 出售质量不合格的商品未声明的

C. 延付或者拒付租金的支付请求权　D. 保管财物丢失损毁的赔偿请求权

E. 拒不履行法律义务经催告仍不履行的

17. 合同解除应具备的法律特征有(　　)。

A. 是对有效合同的解除　B. 必须具备解除条件

C. 必须有解除行为　D. 效果是使合同关系消灭

E. 应经双方协商一致

18. 旅游者作为民事主体,享有的民事权利主要有:自主选择权、知情权、要求严格履约权、(　　),以及特殊旅游者依法享有的便利和优惠权等。

A. 受尊重权　B. 获得救助权　C. 获得赔偿权　D. 安全保障权　E. 依法结社权

19. 违反(　　)的合同无效,这已经成为世界各国立法的普遍原则。

A. 法律法规　B. 人类社会良知　C. 社会公序良俗

D. 国际经济秩序　　E. 社会公共利益

20. 以民事权利的作用为标准，民事权利可以分为支配权、(　　)。

A. 既得权　B. 财产权　C. 请求权　D. 抗辩权　E. 形成权

21. 民法平等原则主要体现在(　　)。

A. 民事主体资格一律平等　　B. 民事主体在法律关系中的地位平等

C. 民事主体享有完全的自由　　D. 民事主体平等地承担法律责任

E. 民事主体的合法权益平等地受法律保护

22. 承担违约责任的具体形式有(　　)。

A. 继续履行　　B. 赔礼道歉　　C. 支付违约金

D. 停止侵害　　E. 采取补救措施

23. 根据法人设立的基础不同，可以将法人分为(　　)。

A. 营利性法人　　B. 非营利性法人　　C. 本国法人

D. 社团法人　　E. 财团法人

24. 承诺如需产生预期的法律效力，必须具备的相应条件是(　　)。

A. 承诺必须为要约人向受要约人做出

B. 承诺必须在要约的有效期限内到达要约人

C. 承诺的内容必须与要约内容相一致

D. 承诺可以通知的方式做出，也可以行为的方式做出

E. 承诺一经做出，受要约人即受其限制

25. 关于合同成立的时间和地点，下列说法正确的是(　　)。

A. 承诺生效的地点就是合同成立的地点

B. 采用数据电文形式订立合同的，以收件人的主营业地为合同成立地点

C. 以合同书形式订立合同的，以双方签字盖章的地点为合同成立地点

D. 合同双方意思表达一致，无须签字盖章合民即告成立

E. 没有主营业地点的，以其经常的居住地为合同成立的地点

26. 不具有法人资格但依法能够以自己的名义参加民事活动的非法人组织主要有(　　)。

A. 非营利性社会团体　　B. 个人独资企业　　C. 外商独资企业

D. 农村承包经营户　　E. 合伙、个体工商户

27. 缔约过失责任的类型主要有(　　)。

A. 假借订立合同，恶意进行磋商　　B. 泄露或不正当使用商业秘密

C. 违背诚实信用原则的行为　　D. 违反双方协商一致原则

E. 故意隐瞒与订立合同有关的重要事实或提供虚假情况

28. 关于合同变更，下列说法正确的有(　　)。

A. 合同双方意思表示真实，原则上不得变更

B. 合同变更包括主体的变更和内容的变更

C. 合同变更须经双方当事人协商一致

D. 当事人请求法院变更的，法院应当驳回

E. 法院应根据公平原则，结合实际情况确定是否变更

29. 明确侵权责任的社会意义主要体现在(　　)。

A. 维护正常的社会秩序　B. 填补侵害　C. 教育和惩戒

D. 保护公民的合法权益　E. 分担损失和平衡社会利益

30. 过错责任原则是《侵权责任法》的主要归责原则，过错主要表现为(　　)。

A. 故意　B. 恶意　C. 意外　D. 过失　E. 过当

31. 为避免合同关系长期处于不稳定状态，(　　)情况下撤销权消灭。

A. 当事人超过一年不行使的　B. 当事人明确表示放弃的

C. 当事人超过两年不行使的　D. 当事人以自己的行为放弃的

E. 被人民法院依法剥夺的

32. 合同的生效要件包括(　　)。

A. 当事人具有相应的缔约能力　B. 必须经双方签字盖章

C. 当事人意思表示真实　D. 不违反法律和社会公共利益

E. 必须经批准或登记

33. 合同履行抗辩权的情形有(　　)。

A. 不安抗辩权　B. 先履行抗辩权

C. 同时履行抗辩权　D. 后履行抗辩权　E. 危机抗辩权

34. 合同解除按照解除条件是否由法律直接规定可以分为(　　)。

A. 协商解除　B. 法定解除　C. 预期违约解除

D. 约定解除　E. 不可抗力解除

35. 无权代理包括(　　)。

A. 根本未经授权的代理　B. 超越代理权的代理

C. 代理权终止后的代理　D. 超越地域范围的代理

E. 假冒被代理人

36. 下列具有完全民事行为能力的人有(　　)。

A. 今年19周岁、患有癫痫病的小王

B. 今年17周岁、以做快递工作养活自己的小李

C. 今年9周岁、已上初三的神童小赵

D. 今年25周岁、完全不能控制行为的小张

E. 今年20周岁、患有间歇性精神病的小邓

37. 民事责任是指当事人违反民事义务所应承担的民法上的不利后果，主要包括(　　)。

A. 经济责任　B. 刑事责任　C. 行政责任　D. 侵权责任　E. 违约责任

38. 以下属于效力待定合同的有(　　)。

A. 因重大误解订立的合同　B. 限制行为能力人订立的合同

C. 乘人之危订立的合同　D. 无权代理人以被代理人名义订立的合同

E. 无权处分人处分他人财产所订立的合同

39. 法人具有的特征有(　　)。

A. 依法成立的社会组织　B. 具有独立的财产

C. 一定具有能代表它承担法律责任的“法人代表”

D. 能独立地承担法律责任　E. 能以自己的名义参加民事活动

参考答案

一、判断题

1—5 ABBAA 6—10 BABAA 11—15 BBBAB 16—20 BAAAB 21—25 ABABA
26—30 BBBAB 31—35 BBAAB 36—40 AAABA

二、单选题

1—5 BADDC 6—10 DDBAA 11—15 BCDBD 16—20 DAACB 21—25 DDBCC
26—30 DABCB 31—35 CACDB 36—39 DCBA

三、多选题

1. ABCDE 2. ABCDE 3. CDE 4. ABCE 5. CD 6. ABE 7. ABDE 8. ACD
9. ABCD 10. BCE 11. AC 12. ABDE 13. BCDE 14. BD 15. BCE 16. ABCD
17. ABCD 18. ABC 19. CE 20. CDE 21. ABE 22. ACE 23. DE 24. BCD
25. ABCE 26. BDE 27. ABCE 28. BCE 29. BCE 30. AD 31. ABD 32. ACD
33. ABC 34. BD 35. ABC 36. AB 37. DE 38. BDE 39. ABDE

第七章 市场规制法律制度

一、判断题(正确的填 A,错误的填 B)

1.《消费者权益保护法》鼓励、动员全社会为保护消费者合法权益共同承担责任,对损害消费者权益的不法行为进行全方位监督。 ( )

2. 无论是商品的消费还是服务的消费,只要是用于生活消费,就属于消费者。 ( )

3. 消费者获取知识的方式主要包括接受教育和自我教育,其中,接受教育是基础。 ( )

4. 消费者应理性维权,不得采取过激和不合法的手段。 ( )

5. 对旅游业而言,维护旅游者的人格尊严具有特别重要的意义。 ( )

6. 经营者提供的商品或者服务不符合质量要求,消费者要求退货,运输费用应由消费者自行承担。 ( )

7. 消费者主体只包括自然人,不包括单位或集体。 ( )

8. 经营者租赁商场柜台或展销会场地,只需标明商场或展销会的名称和标记,无须标明商品或服务的名称和标记。 ( )

9.《消费者权益保护法》以保护消费者权益为宗旨。 ( )

10. 消费者有权要求商品和服务符合国家标准、行业标准,没有国家标准和行业标准的,应符合社会普遍公认的安全、卫生要求。 ( )

11. 根据《反不正当竞争法》,实施不正当竞争行为的主体是经营者,即企业。 ( )

12. 消费者既可对经营者的经营行为也可对保护消费者权益的政府工作人员进行监督批评。 ( )

13. 实施不正当竞争的主体既可以是经营者,也可以是消费者。 ( )

14. 消费者购买商品后,有权自收到商品之日起 7 天内无理由退换。 ( )

15. 降价排挤行为是指依法占有独立地位的经营者，为了排挤其他经营者而限定他人购买其指定的经营者的商品的行为。（　）
16. 温州有家知名药店"叶同仁堂"，和北京的"同仁堂"仅一字之差，所以"叶同仁堂"存在假冒行为。（　）
17. 凡在账外暗中给予对方单位或者个人回扣的，是行贿行为；对方单位或个人在账外暗中收受回扣的，是受贿行为。（　）
18. 消费者在购买、使用商品时，合法权益受到损害的，既可向销售者索赔，也可以向生产者索赔。（　）
19. 经营者在市场交易中，应当遵循自愿、平等、公平、诚信的原则，遵守公认的商业道德。（　）
20. 不正当竞争是指经营者违反法律规定，损害消费者合法权益，扰乱社会经济秩序。（　）
21. 旅行社与商家之间的返利，要公开入账，支付给旅行社，是受法律保护的合法佣金，如果直接给带团导游或领队，则是商业贿赂。（　）
22. 对商品的消费，既包括消费者购买商品用于自身的消费，也包括供他人使用或使用他人购买的商品。（　）
23. 广告经营者不论其主观上处于何种状态，都必须对虚假广告承担法律责任。（　）
24. 新闻媒体被利用和被唆使诋毁某经营者，构成不正当竞争行为。（　）
25. 横向限制竞争行为是处于不同流通环节的企业之间的垄断。（　）
26. 法律规定禁止和反对的垄断，是指少数大公司、企业或若干企业联合独占生产和市场，控制一个甚至几个生产部门的生产和流通，在该部门的经济活动中取得统治地位，操纵这些部门产品的销售价格和某些生产资料的购买价格，以保证获得高额垄断利润。（　）
27. 垄断协议是企业间通过共谋，在一定的交易领域内排除、限制竞争。（　）
28. 法律上的垄断，强调垄断的违法性和社会危害性，法律未规定禁止的垄断不属于垄断行为。（　）
29. 低价排挤行为是经营者实施了低于同行的价格排挤竞争对手。（　）
30. 垄断主要包括垄断协议、滥用市场支配地位和经营者集中三种类型。（　）
31. 滥用行政权力妨碍商品在地区之间自由流通和充分竞争，是典型的限定交易行为。（　）
32. 广告经营者不得在明知或应知的情况下，代理、设计、制作、发布虚假广告。（　）
33. 超市怀疑顾客偷了货架上的东西，可以检查顾客的身体及其携带的东西。（　）
34. 构成诋毁商誉行为必须是出于主观故意捏造、散布虚假的事实，如果是真实的消息，则不构成诋毁行为。（　）
35. 经营者发现其提供的商品存在缺陷，有危及人身、财产安全危险的，必须立即无条件地予以召回。（　）
36. 只要商业秘密的权利人提出了保密要求，其职工和他人就必须对权利人承担保密义务。（　）
37. 商业行贿和商业受贿的主体都必须是经营者。（　）
38. 经营者针对交易相对人实施的滥用行为一定要强调"不正当或不公平"的因素。（　）
39. 经营者合并是指经营者通过与另一经营者达成协议等方式，取得对其他经营者的控制权或者施加决定性影响的行为。（　）

40. 如果拒绝交易是出于购买者本身的不当行为，或者出于技术和为使用者安全考虑的搭售，不应认定为滥用市场支配地位行为。（ ）

二、单选题

1.《消费者权益保护法》以保护（ ）为根本宗旨。
A. 社会经济秩序稳定 B. 市场经济健康发展
C. 消费者合法权益 D. 公平透明的消费环境

2. 消费者依法成立各级（ ），是依法结社权的重要体现。
A. 消费者协会 B. 消费者权益保护委员会
C. 消费者咨询服务委员会 D. 消费维权热线

3. 消费者的人身安全权主要是指（ ）不受损害。
A. 生命财产权 B. 生命健康权 C. 人格自由权 D. 人身保障权

4. 消费者享有的各项权利中，（ ）既是消费者的权利也是消费者的义务。
A. 依法结社权 B. 维护尊严权 C. 监督批评权 D. 知识获取权

5. 经营者采用网络、电视、电话、邮购等方式销售商品，消费者有权自收到商品之日起（ ）内无条件后悔退货。
A. 3 天 B. 5 天 C. 7 天 D. 10 天

6. 下列选项，不属于商业贿赂构成要件的是（ ）。
A. 商业行贿的主体必须是经营者，商业受贿的主体是“对方单位和人”
B. 商业贿赂侵犯的客体是一方企业的经济利益
C. 经营者必须是为销售或者购买商品而采用财务或者其他手段贿赂对方单位或者个人的行为
D. “财物”是指现金和实物

7. 消费者向经营者索要发票等购货凭证或者服务单据的，经营者（ ）。
A. 不必出具 B. 可以出具 C. 应当出具 D. 必须出具

8. 经营者提供耐用商品或装饰装修服务，6 个月内发现瑕疵，发生争议的，由（ ）承担有关瑕疵的举证责任。
A. 生产者 B. 经营者 C. 消费者 D. 销售者

9.（ ）成为破解消费者“维权难”“维权成本高”的“利器”。
A. 修改后的《消法》 B. 增设消费者的后悔权
C. 举证责任倒置 D. 加大违法处罚力度

10. 现实生活中，一些不法经营者搭售、强卖甚至谩骂、打人，这些行为侵犯了消费者的（ ）。
A. 安全保障权 B. 知悉真情权 C. 自主选择权 D. 公平交易权

11. 经营者明知商品或服务存在缺陷仍向消费者提供，造成消费者死亡或健康严重受损害的，受害人有权要求经营者赔偿其所受损失（ ）的惩罚性赔偿。
A. 1 倍 B. 2.2 倍 C. 3.3 倍 D. 4.4 倍

12. 游客张三在 A 旅行社报名参加云南六日游，因导游服务质量低劣欲向 A 旅行社投诉。旅游结束后，发现 A 旅行社已和同城的 B 旅行社合并成立 C 旅行社，请问张三应找（ ）投诉。
A. 原来的 A 旅行社负责人 B. 新成立的 C 旅行社

C. 原来的B旅行社　　D. 因A旅行社已不存在,无法投诉

13.《产品质量法》规定,因产品存在缺陷造成损害要求赔偿的最长期限是(　　)。

A. 1年　　B. 2年　　C. 10年　　D. 20年

14. 消费者的(　　)受到尊重,是消费者应享有的最起码的权利。

A. 风俗习惯　　B. 宗教信仰　　C. 个人习惯　　D. 人格尊严

15. 限购排挤行为的客观行为是(　　)。

A. 限定交易　　B. 限制交易　　C. 排挤竞争对手　　D. 企图独占市场

16. 商业行贿的主体必须是(　　)。

A. 消费者　　B. 对方单位　　C. 对方个人　　D. 经营者

17. 某公司通过网络以800元的价格卖给李明一个LV包,承诺正版正货,后经权威机构鉴定,该LV包系深圳生产的水货,法院经审理认为该公司的行为系欺诈,你认为应依法判决该公司赔偿李明(　　)。

A. 500元　　B. 800元　　C. 1600元　　D. 2400元

18. 经营者提供商品或者服务,造成消费者残疾的,应当承担赔偿责任,根据《消费者权益保护法》,下列不属于赔偿项目的是(　　)。

A. 医疗费、护理费、交通费等为治疗和康复支出的合理费用

B. 因误工减少的收入　　C. 残疾生活辅助具费和残疾赔偿金

D. 精神抚慰金

19. "大飞哥"向媒体反映,他在武汉购买钻戒时,商家赠送了港澳游旅游券,当时未说明有何限制,直到近期联系旅行社时,对方却通知有年龄限制,去不了。该旅行社涉嫌(　　)。

A. 搭售行为　　B. 不正当奖售行为　　C. 虚假宣传行为　　D. 假冒行为

20. 政府滥用行政权力,限定他人购买其指定的经营者的商品,限制其他经营者正当的经营活动,属于(　　)性不正当竞争行为。

A. 行政垄断　　B. 地区封锁　　C. 行政乱作为　　D. 商业贿赂

21. 经营者违反《反不正当竞争法》的规定,给被侵害的经营者造成难以计算的损失,侵权人应支付的赔偿额应等于其在侵权期间(　　)。

A. 所赚取的全部利润　　B. 所有营业额

C. 因侵权所获得的利润　　D. 因侵权所产生的营业额

22. 某网站明知Y公司销售的服装是假冒伪劣产品而没有采取任何措施,该网站应(　　)。

A. 承担主要责任　　B. 承担次要责任　　C. 承担连带责任　　D. 不承担责任

23.《反不正当竞争法》是由(　　)审议通过的。

A. 八届全国人大二次会议　　B. 八届全国人大三次会议

C. 八届全国人大四次会议　　D. 八届全国人大五次会议

24. 某机场实行特许经营,乘客无法乘坐正规出租车,只能乘坐机场指定的车辆。这种做法属于(　　)。

A. 经营者集中　　B. 行政性限制竞争

C. 垄断协议　　D. 滥用市场支配地位

25. 王先生在某商场购买了一部手机,价格为1180元,商场出具了发票并载明"假一赔十",经权威部门鉴定,王先生的手机是假冒产品,商场需向王先生赔偿(　　)。

A. 1180元　　B. 2360元　　C. 3540元　　D. 11800元

26.《反不正当竞争法》是由(　　)审议通过的。

A. 八届全国人大二次会议　　B. 八届全国人大三次会议

C. 八届全国人大四次会议　　D. 八届全国人大五次会议

27. 公用企业或其他依法具有独占地位的经营者,为排挤其他经营者而限定他人购买其指定的经营者的商品的行为,既属于《反不正当竞争法》中的限购排挤行为,也属于《反垄断法》中的(　　)的情形。

A. 商业贿赂行为　　B. 降价排挤行为

C. 行政性限制竞争　　D. 滥用市场支配地位

28. 商业秘密是不为公众知悉,能为权利人带来经济利益,具有实用性,并经权利人采取保护措施的(　　)和经营信息。

A. 发明专利　　B. 科研成果　　C. 技术信息　　D. 商业信息

29. 诋毁商誉行为是经营者捏造、散布虚假的事实,损害竞争对手的(　　)和商业声誉的行为。

A. 商业信誉　　B. 商业利益　　C. 商业秘密　　D. 商业口碑

30.《反不正当竞争法》第二章将我国目前存在的不正当竞争行为的方式和手段归纳为(　　)种基本类型。

A. 10　　B. 11　　C. 12　　D. 13

31. 经营者在经营活动中使用格式条款的,应尽到(　　)和限制义务。

A. 提醒义务　　B. 说明义务　　C. 明示义务　　D. 告知义务

32. 经营者取得其他经营者足够数量的具有表决权的股份或资产,进而达到直接或间接控制支配其他经营者的目的,这种经营者集中的类型是(　　)。

A. 经营者合并　　B. 取得股份(资产)

C. 经营者集中　　D. 滥用支配地位

33. 各国对经营者集中实行必要的控制,主要手段就是对经营者集中实行(　　)。

A. 申报制度　　B. 审查制度　　C. 备案制度　　D. 报批制度

34. 公用企业为排挤其他经营者的公平竞争而限定他人购买其指定的经营者的商品,根据情节轻重处以(　　)罚款。

A. 1倍以上3倍以下　　B. 1万元以上10万元以下

C. 1万元以上20万元以下　　D. 5万元以上20万元以下

35. 经营者采用贿购贿销的不正当竞争手段尚不构成犯罪的,监督检查部门可根据情节轻重处以(　　)的罚款,有违法所得,予以没收。

A. 1倍以上3倍以下　　B. 1万元以上10万元以下

C. 1万元以上20万元以下　　D. 5万元以上20万元以下

36. 政府及其所属部门滥用行政权力,限制外地商品进入本地市场,或者本地商品流向外地市场的行为,属于(　　)性不正当竞争行为。

A. 行政垄断　　B. 地区封锁　　C. 行政乱作为　　D. 商业贿赂

三、多选题(五个选项中,至少有两个正确)

1. 消费者的安全权主要包括(　　　)。

A. 名誉安全权　　B. 人格安全权　　C. 人身安全权　　D. 财产安全权　　E. 服务安全权

2.《反不正当竞争法》所称的不正当竞争，是指经营者违反本法规定(　　)。

A. 损害其他经营者合法权益　　B. 违反商业道德

C. 侵犯商业秘密　　D. 扰乱社会经济秩序　　E. 虚假宣传

3. 公平交易权是指消费者在购买商品或接受服务时享有获得(　　)等公平交易条件的权利。

A. 热情周到　　B. 质量保障　　C. 价格合理　　D. 计量准确　　E. 售后服务优良

4. 为防止消费者滥用后悔权，下列情况消费者不能退货的是(　　)。

A. 消费者定做的商品　　B. 打折促销、降价销售商品

C. 报纸、期刊类商品　　D. 一次性使用的商品

E. 鲜活易腐的商品

5. 经营者对可能危及消费者人身、财产安全的商品和服务，应当向消费者做出(　　)。

A. 口头的提醒　　B. 书面告知　　C. 真实的说明　　D. 消费警告　　E. 明确的警示

6.《反不正当竞争法》的立法宗旨是(　　)。

A. 保障社会主义市场经济健康发展　　B. 维护市场竞争秩序

C. 鼓励和维护公平竞争　　D. 制止不正当竞争行为

E. 保护经营者和消费者的合法权益

7. 消费者享有知识获取权，这些知识主要包括(　　)。

A. 消费商品或服务的基本知识　　B. 消费市场的知识　　C. 经营者的知识

D. 消费者权益保护方面的知识　　E. 消费法律法规方面的知识

8. 经营者以(　　)或者其他方式表明商品或者服务的质量状况的，应当保证其提供的商品或者服务的实际质量与表明的质量状况相符。

A. 网络图片　　B. 广告　　C. 实物样品　　D. 产品说明　　E. 口头描述

9. 依法享有获得赔偿权的主体有(　　)。

A. 商品购买者　　B. 商品的使用者　　C. 接受服务者

D. 受到损害的第三人　　E. 受害者的近亲属

10. 消费者的知悉真情权主要包括(　　)。

A. 有权要求经营者表明商品或服务的真实情况

B. 有权要求提供商品的真实产地和价格

C. 有权询问和了解商品和服务的有关情况

D. 有权知悉商品或服务的真实情况

E. 有权要求经营者保障质量安全

11. 商品或服务的质量保障包括(　　)。

A. 符合相关标准　　B. 商品质量安全

C. 商品质量保证其应有性能　　D. 符合产品包装或说明中标示的内容

E. 确保消费者的安全保障权

12. 下列选项，属于虚假宣传行为构成要件的是(　　)。

A. 虚假宣传行为的主体是广告主、广告代理制作者、广告发布者

B. 虚假广告或虚假宣传达到了引人误解的程度

C. 广告主必须对虚假广告承担法律责任

D. 广告主经营者不一定对虚假广告负法律责任

E. 广告主不一定对虚假广告负法律责任

13. 消费者的自主选择权主要表现在(　　)。

A. 有权自主选择经营者　B. 有权自主选择商品品种或服务方式

C. 有权决定是否购买　D. 有权比较、鉴别和挑选

E. 有权在 3 天内无条件退货

14. 经营者不得以(　　)、通知等方式,做出对消费者不公平、不合理的规定。

A. 格式合同　B. 格式条款　C. 声明　D. 温馨提示　E. 店堂告示

15. 采用网络方式提供商品或者服务的经营者,应当向消费者提供(　　)、售后服务、民事责任等信息。

A. 营业执照　B. 公司网络 IP 地址　C. 经营地址

D. 联系方式　E. 风险警示

16. 经营者收集、使用消费者个人信息,应当遵循(　　)原则,明示收集、使用信息的目的、方式和范围,并经消费者同意。

A. 公开　B. 合法　C. 透明　D. 正当　E. 必要

17. 经营者收集、使用消费者个人信息,应当遵循(　　)原则,明示收集、使用信息的目的、方式和范围,并经消费者同意。

A. 公开　B. 合法　C. 透明　D. 正当　E. 必要

18. 消费者进行监督批评的方式主要有(　　)。

A. 检举　B. 仲裁　C. 控告　D. 投诉　E. 调解

19. 经营者提供的商品或服务,造成消费者或其他受害人人身伤害的,应当赔偿医疗费、(　　),以及因误工减少的收入。

A. 交通费　B. 护理费

C. 治疗及康复费用　D. 精神损失费　E. 死亡赔偿金

20. 经营者承担的"三包"责任指的是(　　)。

A. 包邮　B. 包退　C. 包修　D. 包换　E. 包赔

21. 张三将持有的营业执照和业务许可证转给李四,李四又转给王五,王五再转给何六,何六再次转给赵七,赵七在经营过程中,侵犯了游客的合法权益,请问游客该向(　　)索赔。

A. 张三　B. 李四　C. 王五　D. 何六　E. 赵七

22. 国家制定《消费者权益保护法》的目的是(　　)。

A. 保护消费者的合法权益　B. 规范经营者的法定义务

C. 维护社会经济秩序稳定　D. 确保安全和谐的消费环境

E. 促进社会主义市场经济健康发展

23. 经营者及其工作人员对收集的消费者个人信息必须(　　)。

A. 尽快删除　B. 严格保密　C. 不得泄露、出售

D. 报公安部门备案　E. 不得非法向他人提供

24.《反不正当竞争法》的立法宗旨有(　　)。

A. 保护消费者的合法权益　B. 保护经营者的合法权益

C. 保障市场经济健康发展　　D. 制止不正当竞争行为
E. 提高市场经济的法制化水平

25. 根据《反不正当竞争法》，下列不属于不正当竞争行为的有（　　）。
A. 因清偿债务、转产、歇业降价销售商品
B. 某旅行社为开拓欧洲游市场，高薪从另一旅行社挖走其欧洲部经理
C. 处理有效期限即将到期的商品或其他积压商品
D. 腾讯公司强制用户卸载 360 软件
E. 美邦服饰因换季低价处理春装

26. 法律上的垄断概念比经济学上的垄断概念要小得多，主要包括（　　）。
A. 垄断协议　　B. 操纵销售价格
C. 获取高额垄断利润　　D. 滥用市场支配地位　　E. 经营者集中

27. 下列属于横向限制竞争行为的是（　　）。
A. 维持转售价格　　B. 附不当排他条件交易　　C. 联合抵制交易
D. 附不当约束条件交易　　E. 直接或间接固定价格或交易条件

28. 消费者与经营者发生消费者权益争议，解决的途径有（　　）。
A. 与经营者协商和解　　B. 向有关行政部门投诉
C. 向人民法院提起诉讼　　D. 提请仲裁机构仲裁
E. 请求消费者协会或其他调解组织调解

29. 下列属于假冒行为的有（　　）。
A. 对商品或者服务做虚假宣传　　B. 使用与知名商品近似的名称
C. 伪造名优标志　　D. 违法使用权利人的商业秘密
E. 对商品或服务作引人误解的宣传

30. 下列属于假冒行为的有（　　）。
A. 对商品或者服务做虚假宣传　　B. 使用与知名商品近似的名称
C. 伪造名优标志　　D. 违法使用权利人的商业秘密
E. 对商品或服务做引人误解的宣传

31. 下列（　　）可以认定经营者具有市场支配地位。
A. 该经营者的规模是最大的　　B. 该经营者的营业额是市场上最高的
C. 该经营者的财力和技术条件　　D. 该经营者控制市场的能力
E. 该经营者与政府的关系

32.《消费者权益保护法》明确消费者的主要权利有（　　）。
A. 特殊人群优惠权　　B. 依法结社权　　C. 货到付款权
D. 后悔权　　E. 理性消费权

33. 经营者提供的商品或服务不符合保障、财产安全要求，应承担的行政责任主要有（　　）。
A. 警告
B. 没收违法所得并处违法所得 1 倍以上 10 倍以下罚款
C. 没收违法所得并处 50 万元以下罚款
D. 责令停业整顿
E. 吊销营业执照

34. 限购排挤行为的主观要件是具备排挤其他经营者的意图，损害的客体是（　　）。
A. 公平交易权　B. 公平竞争权　C. 自由竞争的秩序
D. 市场正常价格体系　E. 竞争有序的商业环境

35. 关于不正当竞争行为，下列说法正确的有（　　）。
A. 主体是经营者和消费者　B. 客观上必须有不正当竞争的事实
C. 客体是正常的市场竞争秩序和社会关系
D. 行为人主观上不遵循市场准则和公认的商业道德
E. 企业之间存在共谋行为

36. 下列属于消费者义务的是（　　）。
A. 理性维权的义务　B. 理性消费的义务　C. 监督批评的义务
D. 节约资源的义务　E. 尊重经营的义务

37. 不正当奖售行为的类型有（　　）。
A. 欺诈式奖售　B. 胁迫式奖售　C. 不当推销奖售
D. 高额抽奖式奖售　E. 搭配奖品销售

38. 经营者提供的机动车、（　　）、洗衣机等耐用商品或装饰装修等服务，如发生争议，由经营者承担举证责任。
A. 计算机　B. 电视机　C. 电冰箱　D. 空调器　E. 手机

39. 处于市场支配地位的经营者对同业竞争者实施的滥用行为有（　　）。
A. 价格歧视等差别待遇　B. 掠夺性定价或不当贱卖
C. 滥用知识产权和技术优势　D. 强制交易　E. 不当拒绝交易

40.《反垄断法》是保护市场竞争，（　　）的重要法律制度。
A. 维护我国经济安全　B. 防止和制止垄断行为
C. 提高经济运行效率　D. 促进市场经济健康发展
E. 维护经营者、消费者合法权益和社会公共利益

参考答案

一、判断题

1—5 AABAA　6—10 BBBAA　11—15 BABBB　16—20 CABAA　21—25 AABBB
26—30 BAABA　31—35 BABAB　36—40 ABABA

二、单选题

1—5 CABDC　6—10 ABBCC　11—15 BBCDA　16—20 DCDCA　21—25 CCCBD
26—30 BDCAB　31—35 ABADC　36 B

三、多选题

1. CD　2. AD　3. BCD　4. ACE　5. CE　6. ACDE　7. ABCD　8. BCD　9. ABCD
10. ACD　11. BCD　12. ABCD　13. ABCD　14. BCE　15. CDE　16. BC　17. BDE
18. ACD　19. ABC　20. BCD　21. AE　22. ACE　23. BCE　24. ABCD　25. ACE
26. ADE　27. CE　28. ABCDE　29. ACD　30. BC　31. CD　32. BD　33. ABCDE
34. BC　35. BCD　36. ABD　37. ACD　38. ABCD　39. BC　40. BCDE

第八章　旅游者权利与义务

一、判断题(正确的填 A,错误的填 B)

1. 国家制定颁布《旅游法》是国家通过立法权保护旅游者权益的具体体现。（　　）
2. 旅游者有权在旅游行程开始前,将包价旅游合同中自身的权利义务转让给第三人,旅行社不得拒绝。（　　）
3. 仲裁协议可以是一份独立的合同,也可以是旅游服务合同的一个条款。（　　）
4. 当事人提出证据证明裁决有不合法情况的,可以向仲裁委员会所在地的中级人民法院申请撤销裁决。（　　）
5. 调解的本质和协商一样,都是遵循自愿原则,协商解决问题。（　　）
6. 旅游者与旅游经营者发生纠纷,旅游者一方人数众多并有共同要求的,可以推选代表人参加协商、调解、仲裁、诉讼活动。（　　）
7. 第二审人民法院做出判决、裁定后,当事人如不服,还可以上诉。（　　）
8. 仲裁机构是根据《旅游法》设立的仲裁委员会,属于社会团体。（　　）
9. 仲裁协议对仲裁事项或仲裁委员会没有约定或约定不明确的,当事人可以补充协议,达不成补充协议的,仲裁协议仍然有效。（　　）
10. 旅游者有权自主选择旅游产品和服务,有权拒绝旅游经营者的强制交易行为。（　　）
11. 对一些争议较大、较为复杂、涉及金额较高的纠纷,协商往往较容易解决问题。（　　）
12. 旅游者接受相关组织或机构的救助后,可以不用支付费用。（　　）
13. 旅游行程结束前旅游者解除合同,必须向旅行社说明理由。（　　）
14. 旅游者在人身、财产安全遇有危险时,有权请求旅游经营者提供救助和保护。（　　）
15. 旅游者有权要求旅行社在旅游行程开始后提供旅游行程单。（　　）
16. 主观的精神体验是旅游者对旅游服务评价的重要依据。（　　）

二、单选题

1. 旅游者的权利主要是基于(　　)而享有的。

   A. 旅游购买行为　B. 旅游活动　C. 旅游消费活动　D. 旅游服务行为
2. 旅游企业不得强迫旅游者参加旅游项目,这是对旅游者(　　)的尊重。

   A. 自主选择权　B. 知情权　C. 受尊重权　D. 安全保障权
3. 旅行社违法安排购物或另行付费旅游项目,旅游者有权在旅游行程结束后(　　)内要求旅行社退货、退款。

   A. 20 天　B. 30 天　C. 45 天　D. 60 天
4. 旅游经营者应当就正确使用相关设施设备的方法以(　　)事先向旅游者作出说明或警示。

   A. 书面的方式　B. 告示的方式　C. 广播的方式　D. 明示的方式
5. 旅游者行程开始前将合同转让给第三人,由此增加的费用由(　　)承担。

   A. 旅行社　B. 旅游者　C. 第三人　D. 旅游者和第三人

6. 旅游者有权要求旅游经营者对其在经营活动中知悉的(　　)予以保密。

A. 旅游者家庭住址　　B. 旅游者的身份信息

C. 旅游者个人信息　　D. 旅游者的通讯方式

7. 各地旅游主管部门设立的(　　)是专门的旅游投诉受理机构，对旅游纠纷进行调解。

A. 旅游协会　　B. 旅行社协会　　C. 消费者协会　　D. 旅游质监所

8. 仲裁实行(　　)制度，裁决书自做出之日起发生法律效力。

A. 两裁终局　　B. 一裁终局　　C. 两审终审　　D. 简易审判

9. 当事人不服地方人民法院第一审裁定的，有权在(　　)内上诉。

A. 10 日　　B. 10 个工作日　　C. 15 日　　D. 15 个工作日

10. 景区将场地交由他人从事经营活动，旅游者有权要求景区对实际经营者对旅游者造成的损害承担(　　)。

A. 全部责任　　B. 主要责任　　C. 基本责任　　D. 连带责任

11. 人民法院审理民事案件，依照法律规定实行(　　)制度。

A. 简易审判　　B. 一审终审　　C. 两审终审　　D. 三审终审

12. 旅行社具备履行合同条件拒绝履行造成旅游者滞留，旅游者在获得损害赔偿后，还可以要求旅行社支付(　　)的惩罚性赔偿金。

A. 赔偿金 1 倍以上 3 倍以下　　B. 旅游费用 1 倍以上 3 倍以下

C. 赔偿金 1 倍以上 2 倍以下　　D. 旅游费用 1 倍以上 2 倍以下

13. 当事人不服地方人民法院第一审判决的，有权在判决书送达之日起(　　)内向上一级人民法院提起上诉。

A. 10 日　　B. 10 个工作日　　C. 15 日　　D. 15 个工作日

14.《旅游法》是以保护(　　)作为其价值基础和首要目标的。

A. 旅游者的权利　　B. 旅游经营者的权利

C. 旅游从业人员的权利　　D. 旅游资源

15. 仲裁是双方自愿将争议提交(　　)进行裁决，并接受裁决约束的一种制度。

A. 指定的仲裁机构　　B. 约定的仲裁机构

C. 法定的仲裁机构　　D. 协商的仲裁机构

16. 旅游纠纷属于民事纠纷，适用(　　)处理。

A. 民事诉讼程序　　B. 刑事诉讼程序　　C. 行政诉讼程序　　D. 商事诉讼程序

17. 仲裁委员会受理案件的管辖权来自双方的(　　)。

A. 旅游合同　　B. 协商意愿　　C. 仲裁协议　　D. 诉讼管辖

18. 旅游纠纷解决方式中代价最小的是(　　)。

A. 协商　　B. 调解　　C. 仲裁　　D. 诉讼

19. 旅游者应当向旅游经营者如实告知与旅游活动相关的(　　)信息，审慎选择参加旅游行程或旅游项目。

A. 兴趣爱好　　B. 费用预算　　C. 时间长短　　D. 个人健康

20. 旅游者有权要求旅游经营者按照(　　)提供产品和服务。

A. 国家标准　　B. 约定　　C. 国家规定　　D. 旅游行程

三、多选题(五个选项中,至少有两个正确)

1. 为保障旅游者的知情权,旅游经营者有义务向旅游者告知(　　)。

A. 旅游行程安排　　B. 旅游天气等情况

C. 自由活动时间安排　　D. 责任减免信息

E. 旅游者应当注意的事项

2. (　　)等旅游者在旅游活动中依照法律、法规和有关规定享受便利和优惠。

A. 新闻媒体记者　　B. 教育工作者　　C. 残疾人

D. 老年人　　E. 未成年人

3. 旅游者的合同解除权主要有(　　)。

A. 无条件任意解除权　　B. 行程开始前解除权　　C. 附条件解除权

D. 旅行社损害解除权　　E. 意外事故解除权

4.《旅游法》的立法宗旨有(　　)。

A. 保护和合理利用旅游资源　　B. 促进旅游业持续健康发展

C. 保护旅游者合法权益　　D. 规范旅游市场秩序

E. 保障旅游经营者的合法权益

5. 旅游者在旅游活动中应当遵守社会公共秩序和社会公德,尊重当地的(　　),爱护旅游资源,保护生态环境。

A. 生活方式　　B. 风俗习惯　　C. 文化传统　　D. 民族习性　　E. 宗教信仰

6.《旅游法》规定,(　　)和有关调解组织在双方自愿的基础上,依法对旅游者与旅游经营者之间的纠纷进行调解。

A. 第三方　　B. 消费者协会　　C. 旅游质监所

D. 旅游协会　　E. 旅行社行业协会

7. 裁决被人民法院裁定撤销或者不予执行,当事人就该纠纷可以(　　)。

A. 申请法院重新审理　　B. 申请法院强制执行

C. 重新达成仲裁协议申请仲裁　　D. 向人民法院起诉

E. 申请法院撤销法院的裁决

8. 提起旅游民事诉讼必须具备的法定条件有(　　)。

A. 原告是与本案有直接利害关系的旅游者

B. 起诉有明确的被告

C. 有具体的诉讼请求、事实和理由

D. 起诉的案件属于人民法院受理民事诉讼的范围

E. 受理法院具有管辖权

9. 旅游者参加旅行社组织的旅游,享有权利的同时也承担相应的义务,下列属于旅游者义务的是(　　)。

A. 按照合同约定支付旅游费用的义务　　B. 服从导游人员安排的义务

C. 遵守法律的义务　　D. 向导游人员支付小费的义务

E. 采取合法方式维权的义务

10. 旅游者与旅游经营者之间发生纠纷的,旅游者可以通过(　　)合法途径解决。

A. 与经营者协商

B. 向消费者协会、旅游投诉受理机构或者有关调解组织申请调解
C. 去政府相关部门上诉
D. 根据与旅游经营者达成的仲裁协议提请仲裁机构仲裁
E. 向法院提起诉讼

11. 根据《旅游法》规定，旅游者应承担的法定义务有（ ）。
A. 和旅游经营者签订旅游合同的义务 B. 投保旅游意外伤害保险的义务
C. 文明旅游义务 D. 安全配合义务
E. 遵守法律法规的义务

12. 保障残疾人等特殊旅游者依法享受便利和优惠权，下列说法正确的有（ ）。
A. 景区应免费予以通行 B. 特殊旅游者应向国家提出申请
C. 旅游经营者应提供便利 D. 社会应不断扩大特殊群体的受惠面
E. 国家应出台制度，规定和保障特殊人群的权利

13. 发生突发事件后，当地政府及其有关部门和机构应当采取措施开展救援，协助旅游者返回（ ）。
A. 旅行社所在地 B. 出发地
C. 旅游者指定的合理地点 D. 户籍所在地 E. 当地政府所在地

14. 因不可抗力原因导致旅游合同不能继续履行，下列做法正确的有（ ）。
A. 旅行社和旅游者均可解除合同
B. 合同应当无条件地解除
C. 合同不能完全履行，旅游者不同意变更的，有权解除合同
D. 由此产生的任何费用，都应由旅行社承担
E. 合同解除的，扣除不可退还的费用后余款应退还给旅游者

15. 下列属于旅游纠纷的是（ ）。
A. 旅游过程中游客与游客之间的纠纷
B. 导游与司机、全陪之间的纠纷 C. 旅游者与经营者之间的纠纷
D. 旅游者与旅游局之间的纠纷 E. 旅行社与旅游局之间的纠纷

16. 根据《旅游法》规定，旅游者享有的权利有（ ）。
A. 损害赔偿请求权 B. 安全保障权 C. 合同解除权
D. 个人信息保密权 E. 景区自由通行权

17. 旅游纠纷处理的途径有（ ）。
A. 纠纷的双方当事人协商 B. 向消费者协会或旅游质监所申请调解
C. 提请仲裁机构仲裁 D. 向人民法院提起诉讼
E. 向旅游行政管理部门申诉

18. 旅游者在旅游活动中或者是在解决纠纷时，（ ），造成损害的，依法承担赔偿责任。
A. 不得携带危害公共安全的物品
B. 不得损害当地居民的合法权益
C. 不得干扰他人的旅游活动
D. 不得损害旅游经营者的合法权益
E. 不得损害旅游从业人员的合法权益

19. 旅游消费活动和其他的消费活动相比具有一定的特殊性，具体表现在(　　)。
A. 旅游服务的综合性　　B. 旅游消费的异地性
C. 旅游活动易受影响　　D. 受旅游者个体条件影响较大
E. 购买和消费不是同时进行

参考答案

一、判断题

1—5 ABAAA　6—10 ABBBA　11—15 BBBAB　16 A

二、单选题

1—5 CABDD　6—10 CDBAD　11—15 CBCAB　16—20 ACADB

三、多选题

1. ACDE　2. CDE　3. AC　4. ABCDE　5. BCE　6. BC　7. CD　8. ABCDE　9. ACE
10. ABDE　11. CD　12. CE　13. BC　14. ACE　15. CDE　16. ABC　17. ABCD
18. BCDE　19. ABCD

第九章　旅游服务合同

一、判断题(正确的填 A，错误的填 B)

1. 旅游服务合同是合同的一种，应优先适用《合同法》。(　　)
2. 旅行社与旅游者之间签订的包价旅游合同大多是格式合同，关于格式合同的解释和适用规则在《旅游法》中没有明确的规定，应适用《合同法》中关于格式合同的规定。(　　)
3. 旅行社和旅游者签订补充协议，约定旅游者参加购物活动。行程中旅游者反悔，不愿参加。签订了补充协议，就要遵守。导游可以要求其参加。(　　)
4. 在旅游行程中解除包价旅游合同的，旅游者有权要求旅行者协助返回出发地或者旅游者指定合理地点，返程费用由旅行社承担。(　　)
5. 发生损害时，如果旅游者购买了人身意外伤害保险，可以免除旅行社应当依法承担的责任。(　　)
6. 旅行社告知注意事项必须采用通俗、准确的常用语言对旅游风险予以真实的说明。(　　)
7. 包价旅游合同的变更是在合同主体不变的基础上，合同的内容发生了变化。(　　)
8. 因台风造成游客滞留普吉岛，增加的返程费用应由旅游者自行承担。(　　)
9. 旅游行程结束前，旅游者无须阐明理由，可以随时解除包价旅游合同。(　　)
10. 旅行社可以提示参加团队旅游的旅游者按照规定投保人身意外伤害保险。(　　)
11. 无论是旅游者还是旅行社在合同履行前解除合同，组团社都应当向旅游者退还已收取的全部费用。(　　)
12. 提供格式条款一方免除其责任、加重对方责任、排除对方主要权利的，该条款无效。(　　)
13. 旅行社在现实业务操作中的转团行为，其实就是旅游合同转让行为。(　　)

14. 旅行社将接待业务委托给地接社履行的，应当在合同中载明地接社的基本信息。（　　）
15. 在包价旅游合同中，采取补救措施通常是用合理的服务项目来代替有瑕疵的履行。（　　）
16. 只要满足提供两项以上旅游服务，且旅游者一次性付清费用的就可以认定为包价旅游。（　　）
17. 导游为了逼迫旅游者就范而拒不开车、不开空调、到点不给吃饭等行为属于严重违约行为，旅行社应支付惩罚性赔偿金。（　　）
18. 旅行社安排导游服务的，应当在合同中载明导游服务信息。（　　）
19. 由于公共交通经营者的原因造成旅游者人身损害、财产损失的，根据合同相对性原则，应由旅行社先行赔偿，然后再向公共交通经营者追偿。（　　）
20. 旅游合同格式条款和非格式条款不一致的，应当采用格式条款。（　　）
21. 委托代办合同未经旅游者同意，旅行社可以转托他人处理受托事务。（　　）
22. 由于地接社的原因造成旅游者人身损害、财产损失的，旅游者既可以要求地接承担侵权损害赔偿，又可以要求组团社违约责任赔偿。（　　）
23. 旅游代办合同中，因旅行社的过错给旅游者造成损失的，旅行社应承担赔偿责任；如果旅行社对代办事务没有过错，则不承担责任。（　　）
24. 合同的转让是在合同主体不变的基础上，合同的权利义务发生变更。（　　）
25. 旅游行程单是包价旅游合同的组成部分，具有法律效力。（　　）

二、单选题

1. 旅行社与旅游者签订的旅游合同约定不明确或对格式条款的理解发生争议的，应当按照（　　）予以解释。
A. 旅行社的理解　B. 游客的理解　C. 官方解释　D. 通常理解
2.《旅游法》明确规定包价旅游合同（　　）。
A. 应当采用书面形式　B. 可以采用书面形式
C. 应当采用推定形式　D. 可以采用口头形式
3. 包价旅游合同的主体是（　　）。
A. 组团社　B. 旅游者　C. 地接社　D. 旅游者与组团社
4. 旅行社应当提示参加团队旅游的旅游者按照规定投保（　　）。
A. 旅行社责任保险　B. 人身意外伤害保险
C. 航空意外伤害保险　D. 工伤保险
5. 因未达到约定人数不能出团的，组团社征得旅游者（　　），可以委托其他旅行社履行合同。
A. 口头同意　B. 推定同意　C. 书面同意　D. 签字确认
6.《旅行社条例》规定，未与旅游者签订书面合同的，旅游行政管理部门责令改正，处（　　）罚款；情节严重的，责令停业整顿 1～3 个月。
A. 1 万元以上 5 万元以下　B. 2 万元以上 10 万元以下
C. 2000 元以上 2 万元以下　D. 1 万元以上 3 万元以下
7. 旅游者转让旅游合同，因此增加的费用由（　　）承担。
A. 组团社　B. 旅游者　C. 第三人　D. 旅游者和第三人
8. 地接社是在目的地接待旅游者的旅行社，应该是（　　）。
A. 合同的主体　B. 合同的客体　C. 履行辅助人　D. 履行当事人

9.2013 年 7 月，台风“海燕”造成大批温州游客滞留菲律宾长滩岛，因此增加的食宿费用，应由（　　）承担。

A. 当地接待社　　B. 旅游者

C. 组团社　　D. 组团社和旅游者分担

10. 在包价旅游合同的履行中，地接社作为实际履行的主体，应当按照包价旅游合同和（　　）的约定向旅游者提供服务。

A. 委托合同　　B. 组团社的要求　　C. 书面合同　　D. 自己的承诺

11. 组团社在未达到（　　）而不能出团时享有合同解除权。

A. 成团人数　　B. 合理人数　　C. 约定人数　　D. 理想人数

12. 旅行社解除包价旅游合同，出境游应当至少提前（　　）天通知旅游者。

A. 15　　B. 20　　C. 25　　D. 30

13. 人身意外伤害保险的被保险人是（　　）。

A. 旅行社　　B. 保险公司　　C. 旅游者　　D. 旅游者的家属

14. 在包价旅游合同中，承担赔偿责任的范围通常是指旅游者的（　　）。

A. 实际损失　　B. 所有损失　　C. 精神损失　　D. 全部损失

15. 旅行社具备履行条件而拒绝履行合同，造成旅游者滞留等严重后果的，应承担（　　）的赔偿金。

A. 旅游者损失的 1 倍以上 3 倍以下　　B. 旅游费用的 1 倍以上 3 倍以下

C. 旅游者损失的 1 倍以上 2 倍以下　　D. 旅游费用的 1 倍以上 2 倍以下

16. 旅游委托代办合同的法律后果由（　　）承担。

A. 旅行社　　B. 受托社　　C. 履行辅助人　　D. 旅游者

17. 甲某参加宁波 A 旅行社组织的西藏旅游，A 旅行社将甲某转团给杭州的 B 旅行社，西藏的地接社 C 旅行社安排了 D 运输公司负责当地运输服务。行程中旅游车辆发生翻车，导致甲某死亡，给甲某家属的处理建议应该是（　　）。

A. 起诉 A 旅行社，要求承担违约责任　　B. 起诉 B 旅行社，要求承担侵权责任

C. 起诉 C 旅行社，要求承担违约责任　　D. 起诉 D 运输公司，要求承担违约责任

18. 对旅游代办合同中旅行社的责任，《旅游法》采取了（　　）原则。

A. 全部责任　　B. 过错归责　　C. 无过错责任　　D. 过失责任

19. 旅行社根据旅游者的具体要求安排旅游行程，与旅游者订立包价旅游合同的，旅游者请求变更行程安排，增加的费用由（　　）承担。

A. 旅行社　　B. 旅游者　　C. 双方均摊　　D. 保险公司

20. 对格式条款有两种以上解释的，应该做出有利于（　　）的解释。

A. 旅行社　　B. 旅游者　　C. 旅游目的　　D. 社会和谐

21. 旅行社解除合同，国内游应至少提前（　　）天通知旅游者。

A. 3　　B. 5　　C. 7　　D. 9

22. 旅游代办合同的标的是（　　）。

A. 旅游者与旅行社　　B. 代订的交通、住宿等旅游服务

C. 履行辅助人　　D. 旅行社的劳务

23. 在旅游者自行安排活动期间，旅行社未尽到安全提示、救助义务的，应当对旅游者的人身

损害、财产损失承担相应责任。以下（ ）不属于“旅游者自行安排活动期间”。

A. 旅行社安排的在旅游行程中独立的自由活动期间

B. 旅游者不参加旅游行程的活动期间

C. 旅游者经导游或领队同意暂时离队的个人活动期间

D. 旅游者未经导游或领队同意擅自离团的活动期间

24. 旅游行程结束前，旅游者无须阐述理由，可以随时解除包价旅游合同，这是旅游者的（ ）。

A. 任意解除权　B. 法定解除权　C. 约定解除权　D. 随时解除权

25. 旅行社为游客安排导游服务的，应当在合同中载明（ ）。

A. 导游姓名　B. 导游等级　C. 导游服务费用　D. 导游服务内容

三、多选题（五个选项中，至少有两个正确）

1.《旅游法》关于“包价旅游”的认定须满足的条件有（ ）。

A. 包括吃、住、行、游、购、娱等全部的旅游要素

B. 满足交通、住宿、游览、导游或领队等两项以上旅游服务

C. 旅游者以总价支付费用

D. 旅游者一次性支付旅行社费用

E. 必须与旅行社订立正式的包价旅游合同

2.《旅游法》第五十八条规定，包价旅游合同应当包括旅行社、旅游者的基本信息，旅游行程安排，（ ）等内容。

A. 旅游团成团的最低人数　B. 旅游服务安排及标准

C. 导游的性别及姓名　D. 旅游汽车的基本信息

E. 自由活动时间安排

3. 旅游代办合同，又称旅游代订合同，以下论断符合旅游代办合同性质的是（ ）。

A. 旅游代办合同中，旅行社应当亲自处理受托的事务，未经旅游者同意，不能转托他人处理受托事务

B. 旅游代办合同的法律后果由旅游者承担

C. 旅游代办合同是提供旅游服务的合同

D. 双方当事人均享有合同的任意解除权

E. 如果旅行社对代办事务没有过错，则不应当承担责任，旅游者只能向实际提供服务的经营者主张赔偿责任

4. 实践中的包价旅游合同示范文本是由（ ）联合制定的。

A. 外交部　B. 国家工商总局　C. 国家商务部

D. 国家旅游局　E. 国家出入境管理局

5. 旅行社应当履行的告知义务主要包括（ ）。

A. 旅游业面临的政策风险　B. 可能危及旅游者人身、财产安全的旅游风险

C. 可能发生航班失联的交通风险　D. 可能发生意外事故的风险

E. 可能对旅游者产生不利影响的法律风险

6. 旅游者转让合同权利义务的，应当符合（ ）。

A. 须征得旅行社的书面同意　B. 向旅行社提出转让的要求

C. 应当在行程结束之前提出　　D. 应当在行程开始前提出

E. 应当经过旅游行政管理部门批准同意

7. 旅行社在(　　)情况下才可以变更合同。

A. 征得旅游者书面同意　　B. 征得绝大多数旅游者同意

C. 不可抗力　　D. 经过旅游行政部门批准

E. 旅行社、履行辅助人已尽合理义务仍不能避免的事件，导致行程受到影响

8. 组团社将接待业务委托给地接社来履行，应当(　　)。

A. 选择有资质的地接社　　B. 与地接社签订书面合同

C. 向地接社提供包价旅游合同副本　　D. 选派持证的全陪导游

E. 向地接社支付不低于接待和服务成本的费用

9. 旅游服务合同具有的特点有(　　)。

A. 主体是旅行游经营者与旅游者　　B. 内容是组织安排旅游活动

C. 标的是旅行社的服务行为　　D. 违约责任是民事责任

E. 必须经旅行社和游客签字盖章

10. 包价旅游合同示范文本规定旅行社的义务有(　　)。

A. 说明和解释旅游合同条款　　B. 提示购买保险　　C. 告知

D. 提供旅游行程单　　E. 购买旅行社责任险

11. 旅行社应当告知旅游者的具体内容应包括(　　)。

A. 旅游者不适合参加旅游活动的情形

B. 旅游活动中的安全注意事项

C. 旅行社依法可以减免责任的信息

D. 目的地相关法律法规、风俗习惯、宗教禁忌

E. 中国法律不宜参加的活动

12. 包价旅游合同的形式具体包括(　　)。

A. 书面形式　　B. 口头形式　　C. 传真形式　　D. 邮件形式　　E. 推定形式

13. 旅游者有(　　)情形时，旅行社可以解除包价旅游合同。

A. 患有传染病，可能危害其他旅游者健康和安全

B. 携带危害公共安全物品且不同意交由有关部门处理

C. 从事违法或违反社会公德的活动

D. 严重影响其他旅游者权益，不听劝阻，不能制止

E. 发生安全事故拒不配合处理的

14. 旅行社在(　　)情况下，可以拒绝旅游者转让合同。

A. 对应原报名者办理的相关服务、手续不能变更或不能及时变更

B. 出团前再为第三人办理已经来不及

C. 对旅游者的身份、健康、资格有特殊要求，而第三人不具备

D. 第三人会给旅行社造成损失的

E. 临近出团日期，地接社不同意变更的

15. 对旅行社进行惩罚性赔偿的构成要件有(　　)。

A. 旅行社具备履行条件而拒不履行合同

B. 经旅游者要求仍拒绝履行合同

C. 拒绝履行合同造成严重后果

D. 违约行为与损害后果有因果关系

E. 旅行社主观上有拒绝履行合同的故意

16. 旅行社可能采用下列哪些方式履行告知义务？（　　）

A. 书面形式　B. 口头警告　C. 行前说明会　D. 视频　E. 提示

17. 下列哪些情况可以免除旅行社的违约责任？（　　）

A. 发生不可抗力事件　B. 旅行社经营困难破产

C. 旅行社已尽合理注意义务仍不能避免的特殊事件

D. 导游疏忽大意　E. 旅游者自身原因造成旅行社违约

18. 旅游旺季时，酒店“一房难求”，造成旅游者预订好的房间没有办法提供，下面做法中正确的有（　　）。

A. 酒店不用承担任务责任　B. 酒店应退还旅游者的订金

C. 酒店应安排游客入住不低于本酒店标准的酒店

D. 增加的费用由酒店承担　E. 增加的费用由饭店和旅游者分担

19. 住宿服务合同是旅行社根据包价旅游合同与住宿经营者签订的关于旅游团队住宿饭店，接受住宿服务的合同，其法律特征有（　　）。

A. 是旅行社与住宿经营者之间的合同　B. 基础是包价旅游合同

C. 是住宿经营者与旅游者之间的合同　D. 利益相关人是旅游者

E. 利益相关人是旅行社

20. 格式合同的特征有（　　）。

A. 已经打印好的合同　B. 一方预先制定好的　C. 可以反复使用

D. 含有对另一方不利条款　E. 没有与对方当事人预先协商

21. 根据《合同法》有关合同转让的规定，合同转让包括（　　）。

A. 债权人转让　B. 债权转让　C. 债务人转让

D. 债务转让　E. 权利义务概括转让

22. 《旅游法》规定，旅行社不履行义务或履行义务不符合约定的，应当承担（　　）等违约责任。

A. 继续履行　B. 采取补救措施　C. 赔礼道歉

D. 损害赔偿　E. 支付惩罚性赔偿金

23. 旅行社合理变更包价旅游后，关于其法律后果，下列说法正确的有（　　）。

A. 增加的费用由旅游者承担

B. 增加的食宿费用由旅游者承担

C. 因旅客滞留增加的返程费用，由旅游者承担

D. 因旅客滞留增加的返程费用，由旅游者与旅行社分担

E. 减少的费用都应退还给旅游者

24. 经营者不得以通知、声明、（　　）等方式做出对消费者不公平、不合理的规定，或者减轻、免除其损害消费者合法权益应当承担的民事责任。

A. 格式合同　B. 格式条款　C. 警示标识　D. 店堂告示　E. 善意提醒

25. 饭店在(　　　)情形下可以免责,但根据诚信原则,应协助安排旅游者住宿。

A. 酒店客满　　B. 不可抗力

C. 被政府用于公共利益　　D. 因中央领导人住而清场

E. 饭店正在装修改造

26. 住宿经营者应当按照旅游服务合同的约定为团队旅游者提供住宿服务,如住宿经营者未能按照旅游服务合同提供服务的,下列表述错误的是(　　　)。

A. 旅行社不承担违约责任

B. 旅游者只能要求住宿经营者承担责任

C. 住宿经营者应当为旅游者提供不低于原定标准的住宿服务,因此增加的费用由旅游者承担

D. 由于不可抗力导致不能提供服务的,住宿经营者应当协助安排旅游者住宿

E. 由于政府因公共利益需要采取措施造成不能提供服务的,住宿经营者应当协助安排旅游者承担

27. 旅行社通常用格式合同与旅游者签订包价旅游合同,关于格式合同,下列说法正确的是(　　　)。

A. 旅行社应当以显著方式提请消费者注意与旅游者有重大利害关系的内容

B. 根据旅游者的要求对相关条款进行说明

C. 经营者不得以格式条款、通知、声明、店堂告示等方式,做出排除或者限制消费者权利、减轻或者免除经营者责任、加重消费者责任等对消费者不公平、不合理的规定

D. 对格式条款有两种以上解释的,应当做出有利于旅游者的解释

E. 格式条款和非格式条款不一致的,应当采用格式条款

28. 根据《旅游法》的规定,包价旅游合同应当包括(　　　)。

A. 旅行社、旅游者的基本信息　　B. 旅游行程安排

C. 游览、娱乐等项目的具体内容和时间　　D. 购物和自费项目的具体安排

E. 违约责任和解决纠纷的方式

29. 出现(　　　)情况时,旅行社有权解除合同。

A. 旅客携带危险化学物品且不同意交有关部门处理的

B. 旅行社在出发前 5 天通知游客不能成团

C. 游客打骂其他游客,不听劝阻、不能制止的

D. 出发前 1 天,游客告知其已怀孕 2 个月

E. 游客在游览时为了拍照攀爬古建筑,导致古建筑严重受损

30. 造成旅游者人身损害,旅行社不承担赔偿责任的是(　　　)。

A. 由于旅游者擅自脱团去乘公共交通,造成旅游者自身损失

B. 旅游客车被大货车追尾,不货车全责

C. 游客参加旅行社安排的自费项目,工作人员操作失误

D. 景区卫生间地面湿滑,游客因此摔倒　　E. 旅游者突发疾病

参考答案

一、判断题

1—5 BBBBB 6—10 AABAB 11—15 AABAA 16—20 BABBB 21—25 BBABA

二、单选题

1—5 DADBC 6—10 BDCBA 11—15 CDCAB 16—20 DBBBB 21—25 CDDAC

三、多选题

1. BC 2. ABE 3. ABDE 4. BD 5. BE 6. BD 7. CE 8. ABCE 9. ABC
10. ABC 11. ABCDE 12. ABE 13. ABCD 14. ABC 15. ABCD 16. ABE
17. ACE 18. CD 19. ABD 20. BCE 21. BDE 22. ABD 23. ABDE 24. AD
25. BC 26. ABC 27. ABCD 28. ABCDE 29. ACE 30. AE

第十章 旅游规划和促进

一、判断题(正确的填 A,错误的填 B)

1. 旅游发展规划是大区域或旅游目的地层面的总体规划,包括国家级、省级、地市级、县级等不同层面的旅游发展规划。 ( )
2. 旅游发展规划的作用在于确定中长期发展目标和实现措施,是不具有强制力的行政指导。 ( )
3. 已经通过审批的各项规划是下级政府组织编制旅游发展规划应当遵循的依据,不具有法律效力。 ( )
4. 地方旅游发展规划在征求上一级旅游部门意见后,报同级人民政府批复实施。 ( )
5. 旅游发展规划的公开原则是指政府在旅游发展规划的各阶段、各环节都应听取利益相关群体的意见,使旅游发展规划能兼顾各方面利益。 ( )
6. 国务院和县级以上地方人民政府应当将旅游业发展纳入国民经济和社会发展规划。 ( )
7. 政府在对旅游资源进行利用时,应当注重资源的保护与合理利用,合理调控旅游容量,实现旅游业的可持续发展。 ( )
8. 国家确定的重点旅游城市的旅游发展规划,在征求国家旅游局和本省旅游意见后,由上级人民政府批复实施。 ( )
9. 金融机构的支持是旅游企业健康发展、跨越式发展的保障和基础。 ( )
10. 旅游形象宣传的投入具有数额大、投入时效短的特点,需要稳定的财政经费保障机制。 ( )
11. 《旅游法》规定由国家旅游局来承担中国作为一个统一旅游目的地的旅游形象推广战略的制定与实施工作。 ( )
12. 旅游公共信息服务是政府及其他公共组织的公共服务形式之一,体现了政府及其他公共组织的性质和目的,具有公共物品属性。 ( )
13. 执行了与上级旅游发展规划相冲突的旅游发展规划,要承担法律责任。 ( )

14. 旅游公共信息服务是政府及其他公共组织的公共服务形式之一，体现了政府及其他公共组织的性质和目的，具有公共物品属性。（　）
15. 国家旅游局及地方政府可以有偿地向社会公众提供旅游公共信息服务。（　）
16. 根据旅游业发展的实际，旅游规划均由政府或旅游行政管理部门编制。（　）
17. 对星级饭店、旅游景区、旅游度假区、温泉企业、旅游商品生产企业等单位，实行与一般工业企业同等的用水、用电、用气价格政策。（　）
18. 旅游业属于市场化程度比较高的行业，不需要政府给予促进和支持。（　）
19. 对旅游企业而言，支持、促进的措施之一就是落实国家的旅游税费减免政策，提高旅游企业的赢利水平。（　）
20. 国务院和县级以上人民政府要根据旅游发展实际，设立旅游发展基金会，加大对旅游业的投入。（　）
21. 为保证旅游服务信息来源的广泛性，政府应鼓励企业或私人部门提供公共服务信息。（　）
22. 旅游乡镇要明确专人负责乡村旅游工作，以体制机制的力量推动旅游业发展。（　）

二、单选题

1.（　）是各级政府及旅游主管部门实施宏观指导和战略决策的依据。
A. 旅游功能区规划　B. 旅游项目建设规划
C. 旅游发展规划　D. 重点旅游资源开发利用专项规划

2. 旅游规划的实质是为了满足（　），而对旅游资源在空间和时间上的分布和配置。
A. 旅游业发展　B. 旅游市场需求　C. 旅游者需要　D. 科学发展

3. 旅游规划编制要以旅游资源为基础，以（　）为主体，坚持经济、社会和环境效益可持续发展的指导方针。
A. 旅游产品　B. 旅游市场　C. 旅游者　D. 旅游需求

4. 明确旅游发展规划法律性质的核心目的在于确定旅游规划本身的（　）。
A. 控制力　B. 拘束力　C. 科学性　D. 稳定性

5. 各级政府对当地经济、社会活动、科学教育、文化事业所做的总体安排和部署，指导经济和社会发展的纲领性文件是（　）。
A. 已通过审批的各项规划　B. 国家标准或规范
C. 地方性法规和地方政府规章　D. 当地国民经济与社会发展计划

6. 旅游功能区的核心区主要集合了（　）功能。
A. 旅游服务　B. 旅游产业　C. 旅游接待　D. 旅游游憩

7.《旅游发展规划管理办法》规定旅游发展规划上报审批前应进行经济、社会、环境可行性论证，由各级（　）组织专家评审，并征求有关部门的意见。
A. 人民政府　B. 规划编制部门　C. 旅游局　D. 规划局

8. 当前制约我国经济发展的突出问题是（　）。
A. 内需不足、消费不振　B. 人民收入增长缓慢
C. 房地产市场泡沫严重　D. 出口增长乏力

9. 旅游规划是在（　）的基础上，对旅游资源的开发和保护进行的设想和部署。
A. 旅游资源调查评价　B. 旅游市场调查研究
C. 旅游客源来源分布　D. 旅游资源普查调研

10. 国务院和县级以上地方人民政府应当制定并组织实施有利于旅游业持续健康发展的(　　)。

A. 方针政策　　B. 产业政策　　C. 扶持政策　　D. 优惠政策

11. (　　)统筹组织国家旅游形象的境外宣传推广工作,建立旅游形象推广机构和网络,开展旅游国际合作与交流。

A. 中央宣传部　　B. 中央文明办　　C. 国家旅游局　　D. 国务院新闻办

12. 县级以上地方(　　)统筹组织本地的旅游形象推广工作。

A. 人民政府　　B. 旅游局　　C. 宣传部　　D. 旅游形象推广中心

13. 旅游规划编制过程中应当进行多方案的比较,征求各有关行政管理部门的意见,尤其是(　　)的意见。

A. 旅游企业　　B. 旅游者　　C. 旅游专家　　D. 当地居民

14. 政府及其他公共组织握有国家权力或社会公共权力,能够获得一般旅游企业无法或无力获取的大量信息,这体现了旅游公共信息服务的(　　)。

A. 权威性　　B. 有效性　　C. 广泛性　　D. 公共性

15. 旅游公众信息服务的提供主体在地方是(　　)。

A. 地方旅游局　　B. 旅游局所属的旅游信息中心

C. 县级以上人民政府　　D. 旅游信息公益机构

16. 国家旅游形象的境外推广工作应属于(　　)。

A. 中央宣传部　　B. 中央文明办　　C. 国务院　　D. 国家旅游局

17. 要促进旅游业的发展,进一步提升旅游服务品质,提高旅游消费者的满意度,增强旅游业的国际竞争力,就需要继续大力推进(　　)。

A. 旅游业的信息化水平　　B. 旅游人才队伍建设

C. 旅游基础设施建设　　D. 旅游公共信息服务

18. 对跨行政区域且适宜进行整体利用的旅游资源进行利用时,应当由(　　)组织编制或由相关地方政府协商编制统一的旅游发展规划。

A. 上级人民政府　　B. 上级旅游行政管理部门

C. 同级人民政府　　D. 同级旅游行政管理部门

19. 政府组织编制旅游发展规划应当遵循的主要法律规范是(　　)。

A.《宪法》　　B.《旅游法》

C.《旅游规划通则》　　D.《旅游发展规划管理办法》

20. 旅游公共信息服务的提供主体在中央是(　　)。

A. 中央文明办　　B. 工业与信息化部

C. 中央宣传部　　D. 国家旅游局

21. (　　)是连接各旅游服务环节的重要链条,也是提升旅游产品质量和服务质量的基础性因素。

A. 旅游基础设施　　B. 旅游形象推广　　C. 旅游信息服务　　D. 旅游人才建设

22. 国家及各地应完善旅游从业人员的养老和医疗保障机制,增强旅游从业人员的职业归属感和(　　)。

A. 职业认同感　　B. 职业使命感　　C. 职业安全感　　D. 职业道德感

23. 国务院旅游主管部门及县级以上地方人民政府应(　　)向旅游者提供旅游所必需的信息和咨询服务。

A. 有偿　　B. 廉价　　C. 大量　　D. 无偿

24. 发展旅游(　　),满足经济社会对素质旅游技能型人才的需要。

A. 学历教育　　B. 职业教育　　C. 技能培训　　D. 科研能力

25. 旅游公共信息服务可以减少信息不对称造成的(　　)问题。

A. 信息陷阱　　B. 消费陷阱　　C. 道德陷阱　　D. 服务陷阱

26. 下列涉及旅游的国务院部门规章有(　　)。

A.《旅游规划通则》　　B.《旅游发展规划管理办法》

C.《规划环境影响评价条例》　　D.《风景名胜区规划规范》

27. 对旅游发展规划程序的规定主要体现在(　　)及各地的旅游规划管理规定中。

A.《旅游法》　　B.《旅游规划通则》

C.《旅游发展规划编制办法》　　D.《旅游发展规划管理办法》

28. 国家确定的重点旅游城市的旅游发展规划,在征求国家旅游局和本省旅游局意见后,由(　　)批复实施。

A. 当地人民政府　　B. 上级人民政府　　C. 省级人民政府　　D. 国务院

29. 下面是旅游规划的国家标准或规范的是(　　)。

A.《旅游发展规划管理办法》　　B.《旅游标准化工作管理暂行办法》

C.《旅游规划通则》　　D.《风景名胜区条例》

30. 政府公共信息服务的对象是所有的(　　)。

A. 旅游企业　　B. 旅游客源地　　C. 游客　　D. 合格的旅游者

三、多选题(五个选项中,至少有两个正确)

1. 在实践中,比较典型的旅游功能区有(　　)。

A. 旅游服务区　　B. 旅游度假区　　C. 旅游开发区　　D. 乡村旅游区　　E. 游客集聚区

2. 旅游发展规划所涉及的行政法规有(　　)。

A.《旅游法》　　B.《海岛保护法》

C.《风景名胜管理条例》　　D.《规划环境影响评价条例》

E.《自然保护区条例》

3. 以下对旅游规划编制程序的表述,不正确的是(　　)。

A. 要与其他规划进行衔接　　B. 上报审批前应进行可行性论证

C. 地方旅游发展规划报上级人民政府批复实施

D. 编制旅游发展规划需要具备一定资质

E. 对旅游规划进行修订后要报同级旅游主管部门备案

4.《旅游法》规定,旅游发展规划应当包括的内容有(　　)。

A. 旅游服务质量提升　　B. 旅游文化建设　　C. 旅游形象推广

D. 旅游信息化建设　　E. 旅游产品开发

5. 旅游发展规划应当与(　　)以及其他自然资源和文物等人文资源的保护和利用规划相衔接。

A. 社会发展总体规划　　B. 土地利用总体规划　　C. 城乡规划

D. 环境保护规划　　E. 专项发展规划

6. 旅游功能区规划是为了(　　)和经营管理旅游功能区，使其发挥多种功能和作用而进行的各项旅游要求的统筹部署和具体安排。

A. 规范　　B. 保护　　C. 开发　　D. 利用　　E. 促进

7. 地方各级旅游局根据市场需求的变化对旅游规划进行调整，需报(　　)备案。

A. 同级人民政府　　B. 上级人民政府　　C. 上一级旅游局

D. 国家旅游局　　E. 原批复单位

8. 地方各级旅游局根据市场需求的变化对旅游规划进行调整，如涉及(　　)的重大变更，须报原批复单位审批。

A. 旅游产业地位　B. 发展方向　　C. 发展目标　　D. 产品格局　　E. 市场前景

9. 旅游规划主要是针对旅游资源的(　　)，根据社会、经济和文化发展趋势，对旅游资源的开发和保护进行的设想和部署。

A. 属性　　B. 特色　　C. 旅游地的发展规律

D. 资源禀赋　　E. 地域环境

10. 旅游发展规划的原则有(　　)。

A. 科学　　B. 公开　　C. 参与　　D. 资源保护　　E. 可持续发展

11. 旅游规划编制要以旅游业发展方针、政策及法规为基础，与(　　)相适应，与其他相关规划相协调。

A. 城乡一体规划　　B. 城市总体规划　　C. 土地利用规划

D. 环境保护规划　　E. 旅游总体规划

12. 鉴于旅游发展规划的(　　)等特点，国家要求旅游发展规划应当包括必备的基本内容，编制旅游发展规划需要具备一定的资质。

A. 科学性　　B. 专业性　　C. 权威性　　D. 综合性　　E. 技术性

13. 旅游发展规划编制的主体可以是(　　)。

A. 景区经营者　　B. 设区的市人民政府

C. 县级人民政府　　D. 省、自治区、直辖市人民政府

E. 国务院

14. 对旅游发展规划的法律责任表述正确的有(　　)

A. 不组织编写旅游发展规划，应承担不作为的法律责任

B. 在建旅游发展规划确定的旅游项目违反规划，应承担法律责任

C. 编写旅游发展规划程序违法，应承担程序违法法律责任

D. 编写的旅游发展规划内容与上一级旅游发展规划存在冲突、突破等情形，应承担违法行为的法律责任

E. 执行了与上级旅游发展规划相冲突的内容，应承担法律责任

15. 根据规划层次，旅游功能区规划可以分为(　　)等。

A. 总体规划　　B. 发展规划

C. 控制性详细规划　　D. 修建性详细规划　　E. 专项规划

16. 政府采取的有利于促进、刺激旅游消费的具体措施有(　　)。

A. 鼓励企业将安排职工旅游休闲作为奖励和福利措施

B. 加快推进依托公共资源开发的旅游景区实行低票价制度

C. 鼓励学校组织寓教于乐的课外实践活动

D. 加快推进公益性景区、博物馆等免费开放　　E. 落实景区对特殊群体的优惠政策

17. 旅游公共信息服务的特点有(　　)。

A. 权威性　B. 有效性　C. 广泛性　D. 公共性　E. 共享性

18. 设区的市和县的人民政府有关部门应当根据当地旅游业发展的需要，在(　　)设置旅游咨询中心，在景区及通往景区的道路设置旅游指示标识。

A. 交通枢纽　B. 商业中心　C. 公交站点

D. 主要旅游景区景点　E. 旅游者集中场所

19. 政府采取各种有利于促进、刺激旅游消费的具体措施有(　　)。

A. 公务旅行委托给旅行社办理　B. 落实带薪休假制度

C. 鼓励学校组织寓教于乐的课外实践　D. 推进公益景区免费开放

E. 落实景区对特殊群体的优惠政策

20. 国家和各地区应从建设旅游强国(省)的高度增强发展旅游职业教育的使命感和责任感，建设健全(　　)的旅游职业教育办学机制。

A. 国家投入　B. 政府主导　C. 行业指导　D. 高校负责　E. 企业参与

21. 加强旅游人才队伍建设，主要从(　　)方面入手。

A. 加大对旅游教育的投入力度　B. 加强对旅游从业人员的培训

C. 发展旅游职业教育　D. 增建旅游职业院校

E. 建立健全旅游人才发展体制机制

22. 一个国家或地区旅游业的发达程度，并不仅仅表现为星级旅游饭店的多少和 A 级旅游景区的数量，而在于对(　　)等游客共同享有的基础设施方面的建设水平。

A. 交通　B. 环境　C. 道路　D. 咨询中心　E. 旅游厕所

参考答案

一、判断题

1—5 ABBAB　6—10 AABAB　11—15 BAAAB　16—20 AABBB　21—22 BA

二、单选题

1—5 CCABD　6—10 DCAAB　11—15 CADAC　16—20 DBABD　21—25 ACDBC　26—30 BDACD

三、多选题

1. BCD　2. CDE　3. CE　4. ABCE　5. BCD　6. BCD　7. AC　8. ABCD　9. ABC　10. BCD　11. BC　12. BDE　13. BCDE　14. ABCDE　15. ACD　16. ABCE　17. ABCDE　18. ABE　19. ABCDE　20. BCE　21. BCE　22. ABE

第十一章 旅行社法律制度

一、判断题(正确的填 A,错误的填 B)

1.《旅游法》是我国法律位阶最高的法律,一切有关旅行社和导游人员的行政法规和地方规章,都不得与之冲突。 ( )

2.旅行社服务网点可以开设在设立社所在省的行政区划内。 ( )

3.旅行社的经营活动应当与其证照上记载的经营范围相一致,超范围经营是法律、法规所不允许的。 ( )

4.申请设立旅行社必须具有自己拥有产权的营业用房作为经营场所。 ( )

5.在旅游经营实践中,旅行社全部采取有限责任公司的组织形式。 ( )

6.所有旅行社必须在 2014 年 10 月 1 日前具备《旅游法》关于“旅行社要有必要的导游人员”的许可条件。 ( )

7.来自英国的查尔斯先生常驻在义乌经商,今年 7 月,他参加了义乌某旅行社组织的张家界 5 日游,这应当属于该旅行社的国内旅游业务。 ( )

8.获得许可的申请人应当自取得旅行社业务经营许可证之日起 3 天内去国家旅游局指定的银行开设专门账户,存入质量保证金。 ( )

9.旅游执法人员进行现场检查时,不得少于 2 人,并应当出示检查通知书和执法证件。少于 2 人或者未出示检查通知书和执法证件的,被检查单位和个人有权拒绝。 ( )

10.在市场准入方面,外资旅行社享有国民待遇,在设立条件上适用旅行社设立条件的一般性规定。 ( )

11.旅行社责任保险是旅行社自愿投保的,不具有强制性。 ( )

12.旅游执法人员进行现场检查时,任何单位和个人都不得拒绝检查。 ( )

13.未经许可而擅自经营旅游业务,我国法律实行的是“双罚制”,既处罚相关的旅行社,又处罚相关的责任人。 ( )

14.旅行社既是旅行社责任保险的投保人,又是被保险人。 ( )

15.旅行社责任保险的有效期是一年。 ( )

16.申请设立旅行社,必须先取得《工商营业执照》,再申请《旅行社业务经营许可证》。 ( )

17.旅行社安排的购物或者另行付费的旅游项目,旅游者有权在旅游行程结束后 30 日内,要求旅行社为其办理退货并先行垫付退货贷款,或者退还另行付费旅游项目的费用。 ( )

18.我国法律规定,旅行社设立经营性的分支机构不受地域限制。 ( )

19.旅行社自缴纳质量保证金之日起 2 年内,未因侵害旅游者合法权益受到行政机关罚款的处罚以上的,缴存的质量保证金可以降低 50%。 ( )

20.旅行社投保旅行社责任险,每人人身伤亡责任限额不得低于 30 万人民币。 ( )

21.旅行社的质量保证金只能是在国家旅游局指定的银行开设专门的质量保证金账户,存入质量保证金。 ( )

22.旅游行政管理机关有义务让社会公众知晓旅游经营者的信用状况。 ( )

23. 旅游行程中，因遭特大车祸造成的大堵车，导致路上延误足足3小时，对于这样已尽注意合理义务仍不能避免的事件，旅行社不承担违约责任。（　　）

24. 旅行社质量保证金是旅行社依照法定标准和数额所缴纳的专用款项，由第三方依法进行管理，并在法定情形下用该款项先行赔付旅游者的损失。（　　）

25. 由于春节期间，运输公司的司机大多放假回家。旅行社只能安排一辆无营运资质的黄鱼车运送旅游团队。这一行为不算违法。（　　）

26. 旅行社设立经营性的分支机构不受设立地点的限制。（　　）

27. 旅游行政主管部门及其执法人员应当保守秘密，不得侵害被检查单位和个人的合法权益。（　　）

28. 关于旅行社设立和经营管理的法律规定，主要体现在《旅行社条例》中。（　　）

29. 受理旅行社设立分社备案的旅游行政管理部门应与工商登记部门同级，没有同级的，应向上一级旅游行政管理部门备案。（　　）

30. 旅行社质量保证金存入银行后，其所有权关系发生了改变，暂时不属于旅行社的财产。（　　）

二、单选题

1. 下列属于国家旅游局颁布施行的部门规章的是（　　）。
A.《旅行社条例》　B.《导游人员管理条例》
C.《中国公民出国旅游管理办法》　D.《旅行社条例实施细则》

2. 旅行社在申请设立时须提交工商行政管理部门出具的（　　）。
A. 工商营业执照　B.《企业名称预先核准通知书》
C. 验资证明　D. 企业章程

3. 旅行社自（　　）颁发之日起成立。
A. 工商营业执照　B. 旅行社业务经营许可证
C. 税务登记证明　D.《设立旅行社受理通知书》

4. 旅行社的核心业务是（　　）。
A. 组团业务　B. 出境业务　C. 地接业务　D. 综合性的旅游业务

5. 申请设立旅行社，应当有不少于（　　）元人民币的注册资本。
A. 20万　B. 30万　C. 35万　D. 50万

6. 在温州医科大学就读的来自非洲马里的留学生得尔参加温州中国旅行社组织的日本6日游团队，应当属于旅行社的（　　）业务。
A. 入境旅游　B. 出国旅游　C. 边境旅游　D. 地接旅游

7. 受理申请设立旅行社的旅游行政管理部门应当在（　　）内做出许可或不予许可的决定。
A. 20个工作日　B. 20天　C. 30个工作日　D. 30天

8. 各级地方权力机关为发展本地的旅游业，规范旅游经营市场，结合本地实际颁布的规范性文件是（　　）。
A. 行政法规　B. 政府规章　C. 地方性法规　D. 部门规章

9. 旅行社未经许可从事出境旅游和边境旅游业务，对直接负责的主管人员应处以（　　）罚款。
A. 1000元以上1万元以下　B. 2000元以上2万元以下
C. 3000元以上3万元以下　D. 4000元以上4万元以下

10. 在旅行社不能承担或不愿意承担责任时，质量保证金可以起到(　　)作用。

A. 先行偿付　B. 保障游客权益　C. 专款专用　D. 威慑震慑

11. 旅行社责任保险的保险人是(　　)。

A. 旅行社　B. 旅游者　C. 保险公司　D. 旅游行政部门

12. 旅行社及其分社应当按照国家规定向旅游行政管理部门报送经营和(　　)等统计资料。

A. 接待情况　B. 财务信息　C. 市场信息　D. 盈利状况

13. 旅行社设立的经营性分支机构主要包括分社和(　　)两类。

A. 分公司　B. 经营网点　C. 联络网点　D. 服务网点

14. 申请设立外资旅行社，取得国家旅游局出具的外商投资旅行社业务许可审定意见书后，再向(　　)提出设立外商投资企业的申请。

A. 国务院　B. 商务主管部门　C. 外交部　D. 工商行政管理总局

15. 就组织性质而言，旅行社属于(　　)。

A. 企业法人　B. 非企业法人　C. 社团法人　D. 公司法人

16. 旅行社每设立一个经营出境旅游业务的分社，应当向其质量保证金账户增存(　　)。

A. 5 万元　B. 20 万元　C. 30 万元　D. 35 万元

17. 根据《旅行社条例》的要求，设立旅行社必须按照规定获得(　　)。

A. 旅行社业务经营许可证　B. 工商营业执照

C. 组织机构代码证　D. 税务登记证明

18. 旅游网点是指旅行社设立的，为旅行社招徕旅游者，并以(　　)与旅游者签订旅游合同的营业部、门市部等机构。

A. 旅游网点的名义　B. 设立社的名义

C. 独立法人的名义　D. 分社的名义

19. 陈权未取得旅行社业务经营许可证从事旅游业务，经旅游行政管理部门查证其违法所得高达 15 万元，依照《旅游法》相关规定，旅游行政部门应对其处(　　)罚款。

A. 1 万元以上 10 万元以下　B. 2 万元以上 20 万元以下

C. 5 万元以上 50 万元以下　D. 15 万元以上 75 万元以下

20. 在行政机关中，(　　)对旅行社的经营行为负有主要监督检查职责。

A. 工商行政管理部门　B. 商务行政管理部门

C. 旅游行政管理部门　D. 保险监督管理部门

21. 《旅行社责任保险管理办法》规定，每人人身伤亡责任限额不得低于(　　)。

A. 20 万元　B. 30 万元　C. 40 万元　D. 50 万元

22. 旅行社责任保险涉及旅行社和保险公司两类主体的经营行为，需要旅游行政管理部门和(　　)的双重监管。

A. 工商部门　B. 保监会　C. 人民政府　D. 商务部门

23. 旅行社设立分社主要包括登记和(　　)两个程序。

A. 申请　B. 审批　C. 备案　D. 公示

24. 旅行社自缴纳或补足质量保证金之日起 3 年内，未因(　　)受到行政机关罚款以上处罚的，旅游行政管理部门可以将质保金降低 50%并向社会公告。

A. 擅自变更合同事项　B. 侵害旅游者合法权益

C. 扰乱市场经营秩序　　　　　　　　　D. 涉嫌违法经营

25. 旅行社质量保证金应当保持满额，在支付赔偿后，不足部分旅行社须在收到旅游行政管理部门的补交的通知之日起（　　）内补足。

A. 3 个工作日　　B. 5 个工作日　　C. 7 个工作日　　D. 10 个工作日

26. 宁波天使旅行社可以在（　　）设立营业部或门市部。

A. 宁波象山　　B. 绍兴嵊州　　C. 温州瓯海　　D. 嘉兴桐乡

27. 为防止旅行社用质量保证金存单进行质押，银行应在存单上注明（　　）字样。

A. 专款专用不得提取　　　　　　B. 专用款项不得抵押

C. 专用存款不得质押　　　　　　D. 专款专用不得抵押

28. 旅行社质量保证金是旅行社为自身经营活动和（　　）提供的资金担保。

A. 经营风险　　B. 服务质量　　C. 游客权益　　D. 规范经营

29. 经营出境旅游业务的旅行社应当存入的质量保证金是（　　）。

A. 20 万元　　B. 30 万元　　C. 120 万元　　D. 140 万元

30. 旅行社设立分社，应当持（　　）向分社所在地的工商行政管理部门办理设立登记，领取营业执照。

A. 旅行社业务经营许可证　　　　B. 旅行社业务经营许可证副本

C. 工商营业执照　　　　　　　　D. 工商营业执照副本

31. 杭州的甲旅行社希望设立一家分社，下列说法错误的是（　　）。

A. 可以到北京设立　　　　　　　B. 有固定的营业场所

C. 须增加企业注册资本 5 万元

D. 分社的名称中应当包含设立社名称、分社所在地地名和“分社”或者“分公司”字样

32. 下列不属于旅行社责任险赔偿范围的是（　　）。

A. 对旅行社委派的为旅游者提供服务的导游、领队人员不负责任的

B. 由于旅游者自身疾病引起的各种损失或损害的

C. 因旅行社疏忽或过失造成旅游者损害的

D. 因发生意外事故导致旅游者损害的

三、多选题（五个选项中，至少有两个正确）

1. 下列属于国务院颁布的有关旅游行业的行政法规有（　　　）。

A.《中华人民共和国旅游法》　　B.《旅行社条例》

C.《旅行社条例实施细则》　　D.《导游人员管理条例》

E.《中国公民出国旅游管理办法》

2. 旅行社的经营范围应当明确地记载在（　　　）上。

A.《营业执照》　　　　B. 宣传手册　　　　C. 官方网站

D.《旅行社业务经营许可证》　　E. 企业章程

3. 申请人申请设立旅行社应当提交的材料有（　　　）。

A. 企业章程　　　　B. 验资证明　　　　C. 工商登记证明

D. 质量保证金存入证明　　E. 经营场所证明

4. 根据接待对象和旅游目的地的不同，旅游业务通常可以分为境内旅游、（　　　）、入境旅游和其他旅游业务。

A. 出境旅游　B. 赴港澳台旅游　C. 出国旅游
D. 边境旅游　E. 国内旅游

5. 外资旅行社是外国旅游经营者依照中国法律在中国境内设立的旅行社，主要包括（　　）。
A. 中外合资经营旅行社　B. 跨国旅游集团
C. 外商独资旅行社　D. 外国旅行社在中国设立的分社
E. 中外合作经营旅行社

6. 旅行社应当按照规定交纳旅游服务质量保证金，用于（　　）。
A. 旅行社经营风险赔偿　B. 旅游者权益损害赔偿
C. 旅行社同业接待质量保障　D. 旅游行政管理部门监控
E. 垫付旅游者人身安全遇有危险时紧急求助的费用

7.《旅行社条例》规定，旅行社的旅游业务范围是（　　）旅游者等活动，为旅游者提供综合性的相关旅游服务。
A. 招徕　B. 咨询　C. 组织　D. 接待　E. 服务

8. 旅行社责任保险的特征有（　　）。
A. 是由旅行社自愿选择投保　B. 是强制性保险险种　C. 是财产保险
D. 投保人和被保险人都是旅行社　E. 受益人是旅游者

9. 为防止旅行社解除合同逃避投保义务，《旅行社责任保险管理办法》对保险公司的限制性规定有（　　）。
A. 不得解除保险合同　B. 对已解除的保险合同，应收回保单
C. 旅行社要解除保险合同的，应同时订立新的保险合同
D. 解除保险合同应书面通知旅游局　E. 非经批准不得解除保险合同

10. 国家旅游局关于执行《旅游法》有关规定的通知规定，旅行社设立时要具备"必要的导游"，具体内容包括（　　）。
A. 必须持有《导游证》和《领队证》　B. 数量不低于旅行社在职员工总数的 20%
C. 数量不得少于 5 名　D. 与旅行社签订固定期限或无固定期限劳动合同
E. 旅行社必须支付必要的劳动报酬

11. 旅游执法人员进行现场检查时，必须（　　）。
A. 不得少于两人　B. 与被检查者同性别
C. 经上级主管部门批准　D. 出示检查通知书或执法证件
E. 穿着统一的执法服装

12. 为制止违法行为和保全证据，旅游执法人员可以依法对被检查单位和个人的财产和有关资料采取（　　）等强制措施。
A. 拍卖　B. 没收　C. 查封　D. 销毁　E. 扣押

13. 旅行社的注册资本可以用现金、（　　）等形式出资。
A. 实物　B. 土地使用权　C. 无形资产　D. 银行担保　E. 质量保证金

14. 旅游、工商、价格等行政管理部门应及时向社会公告监督检查情况，公告的内容包括（　　）。
A. 业务经营许可证变更等情况　B. 旅行社违法经营行为

C. 旅行社的诚信记录　D. 旅游者投诉信息
E. 旅游从业人员的违法乱纪行为

15. 申请设立旅行社，应具备的条件有（　　）。
A. 固定的经营场所　B. 必要的财会人员
C. 必要的经营人员和导游　D. 不少于 20 万元的注册资本
E. 必要的营业设施

16. 旅行社设立的分社的名称应包含（　　）。
A. 设立社所在地的地名　B. 设立社名称　C. 分社所在地地名
D. 设立社的经营范围　E. "分社"或"分公司"字样

17. 设立旅行社包括申请、（　　）等程序。
A. 提交证明材料　B. 旅游行政管理部门审批
C. 缴存质量保证金　D. 办理税务登记证明　E. 办理工商登记

18. 下列属于违反旅行社业务经营许可行为的有（　　）。
A. 无证经营　B. 超范围经营
C. 出租、出借许可证　D. 转让许可证　E. 受让许可证

19. 旅游行政管理部门对旅行社服务质量保证金的管理措施有（　　）。
A. 专户管理　B. 专部门管理　C. 产权管理
D. 满额管理　E. 动态管理

20. 旅行社责任保险的索赔程序有（　　）。
A. 确定索赔主体　B. 向保险公司通知保险事故
C. 提供相关证明　D. 核定赔偿　E. 支付赔偿

21. 旅行社投保责任保险发生保险事故后，有权向保险公司提出索赔要求的主体有（　　）。
A. 旅行社　B. 受害的旅游者　C. 导游和领队
D. 保险经纪人　E. 旅游行政管理部门

22. 旅行社服务质量保证金的形式有（　　）。
A. 无形资产　B. 现金　C. 有价证券
D. 银行担保　E. 土地使用权或实物

23. 旅行社及其分社接受旅游行政管理部门的监督检查，报送相关统计资料，主要包括（　　）。
A. 旅行社的基本情况　B. 旅行社的经营情况
C. 旅行社接待情况　D. 旅行社盈利情况
E. 旅行社安全、质量、信誉情况

24. 旅行社责任保险的责任限额可以根据（　　）和旅行社自身需要，由旅行社与保险公司协商确定。
A. 旅行社业务经营范围　B. 经营规模　C. 风险管控能力
D. 当地经济社会发展水平　E. 旅游业实际经营风险

25. 旅行社及其分社应当接受旅游行政管理部门对其（　　）等情况的监督检查。
A. 业务经营许可证　B. 旅游合同　C. 服务质量

D. 旅游安全　　E. 账务账簿

26. 县级以上旅游行政管理部门有权检查旅行社(　　)。

A. 是否具备许可的经营资质　　B. 旅游从业人员资格
C. 旅行社的经营行为　　D. 导游和领队人员的服务行为
E. 法律、法规规定的其他事项

27. 国家确立旅行社服务质量保证金制度的目的是(　　)。

A. 限制进入旅游市场　　B. 给旅游市场进入设定一定门槛
C. 遏制旅游市场恶性竞争　　D. 提高旅行社抵御风险能力
E. 为旅游者的合法权益保护提供资金保证

28. 旅行社业务经营许可证制度是旅游行政管理部门对旅游市场主体从事旅游业务的许可管理制度,具体包括有关主体(　　)。

A. 能否从事旅游业务　　B. 能从事哪些旅游业务
C. 能从事多长时间旅游业务　　D. 违法主体的行政处罚措施
E. 从事旅游业务须具备哪些条件

29. 旅行社向分社所在地的旅游行政管理部门备案时应提交的文件有(　　)。

A. 服务网点的《营业执照》　　B. 设立社的《营业执照》副本
C. 增存质保金的证明文件　　D. 设立社的纳税证明
E. 分社经理的履历表和身份证明

30. 县级以上旅游行政管理部门依法对旅行社投保旅行社责任保险情况实施检查,监督旅行社是否有(　　)等违法行为。

A. 及时投保　　B. 不及时投保　　C. 不投保
D. 投保不足期　　E. 投保不足额

31. 有关旅行社设立的条件,下列说法正确的是(　　)。

A. 要有固定的经营场所　　B. 要有必要的营业设施
C. 要有不少于 20 万元人民币的注册资本
D. 要有必要的导游人员,数量不得低于旅行社在职员工总数的 20%且不少于 3 名,还要与旅行社签订固定期限或者无固定期限劳动合同
E. 2013 年 10 月 1 日前已取得旅行社业务经营许可证的旅行社,在 2016 年 10 月 1 日前,应当具备相应许可条件

32. 旅行社安排旅游者参加购物项目必须遵守的规则是(　　)。

A. 与旅游者协商一致　　B. 告知购物场所的名称　　C. 明确购物时间
D. 必须是合法经营的购物场所　　E. 向购物店收取的佣金,金额必须合理

33. 关于旅行社质量保证金,下列说法错误的有(　　)。

A. 用于旅游者权益损害赔偿
B. 用于垫付旅游者人身安全遇有危险时紧急救治的费用
C. 给旅游市场进入设定一定的门槛
D. 只能通过现金形式缴纳　　E. 责任险的保险期间为 2 年

参考答案

一、判断题

1—5 BBABB 6—10 BBBAA 11—15 BBAAA 16—20 BABAB 21—25 BAAAB
26—30 BABAB

二、单选题

1—5 DBADB 6—10 BACBA 11—15 CBDBA 16—20 CABDC 21—25 ABCBB
26—30 ACBDB 31—32 CB

三、多选题

1. BDE 2. AD 3. ABE 4. BCD 5. ACE 6. BE 7. ACD 8. BCD 9. ABD 10. BD
11. AD 12. CE 13. ABC 14. ABCD 15. ACE 16. BCE 17. BCE 18. ABC
19. CDE 20. BCDE 21. ABC 22. BD 23. ABCE 24. ABCD 25. BCDE
26. ABCDE 27. BE 28. ABD 29. BCE 30. BCE 31. ABD 32. ABCD 33. DE

第十二章 导游与领队人员法律制度

一、判断题(正确的填 A,错误的填 B)

1. 导游人员从事导游活动必须接受旅行社委派。 ( )
2.《劳动合同法》规定,固定期限劳动合同是用人单位与劳动者约定无确定终止时间的劳动合同。 ( )
3. 导游人员是指为旅行者组织安排旅行和游览事项,提供向导、讲解和旅途服务的人员。( )
4. 全日制在校学生没有资格签订劳动合同,只能通过相关旅游行业组织登记的方式取得导游证,只能属于社会导游。 ( )
5. 明知自己的行为会发生危害社会的结果,并且希望或者放任这种结果发生,构成犯罪的,是过失犯罪。 ( )
6. 被吊销导游证的,可以参加导游人员资格考试,但不得再次颁发导游证。 ( )
7. 临时导游证的有效期最长不超过 3 个月,期满后需要继续从业的,由旅行社申请延长有效期限。 ( )
8. 导游人员必须参加所在地旅游行政管理部门举办的年审培训。 ( )
9. 社会导游与其注册的旅游行业组织之间具有合法的劳动合同关系。 ( )
10. 国家实行全国统一的导游人员资格考试制度。 ( )
11. 省级旅游行政管理部门负责本行政区域内导游人员管理制度的具体实施。 ( )
12. 导游协会对全体导游,包括旅行社导游、社会导游,这一层面的管理主要是依据《旅游法》,实行注册管理。 ( )
13. 故意犯罪行为人存在主观上的恶性,过失犯罪行为人不具有。 ( )
14. 违反《旅游法》规定被吊销导游证的导游,自处罚之日起未逾 5 年的,不得重新申请导游证。 ( )

15. 导游不得安排旅游者参观或者参与违反我国法律、法规和社会公德的项目或活动。（ ）
16. 旅行社应当与其聘用的导游依法订立无固定期限劳动合同，支付劳动报酬，缴纳社会保险。（ ）
17. 导游证是国家许可公民从事导游工作的证件，是导游人员从业的必要条件。（ ）
18. 为确保等级考核制度的效果，导游各等级的资格证有效期一般为3年。（ ）
19. 建立导游协会，开展导游自律管理，对导游队伍整体的发展具有重要意义。（ ）
20. 要成为一名导游人员，都必须参加导游资格考试且成绩合格。（ ）
21. 导游人员在劳动关系存续期间，未经旅行社同意不得为其他旅行社提供带团劳动。（ ）
22. 领队人员和导游人员一样，必须接受旅行社委派才能从事领队业务。（ ）
23. 导游人员通过年审后，年审单位应保留其遗留分值，累计输入新的分值。（ ）
24. 无论是旅行社导游还是临时聘用的社会导游，都有权要求旅行社支付不低于当地最低工资标准的劳动报酬。（ ）
25. 导游人员必须经政府许可，依法取得全国导游人员资格证书。（ ）
26.《旅游法》规定，取得领队证前必须先取得导游证。（ ）
27. 导游人员的主要工作就是带团，其实质是代表旅行社向旅游者履行旅游合同所约定的义务。（ ）
28. 年审管理主要体现为对导游人员从业活动实行计分管理，并将计分结果与年审管理相结合。（ ）
29. 旅行社负责对导游人员年审的初评。（ ）
30. 社会导游可以不接受旅行社委派，为旅游者提供带团服务。（ ）
31. 参加导游人员考试须年满18周岁。（ ）
32. 某高校大二学生参加全国导游资格考试通知后，只能通过向导游行业组织注册的方式来申请导游证。（ ）
33. 导游人员是指依照本条例的规定取得导游证，为旅游者提供向导、讲解及相关旅游服务的人员。（ ）
34. 临时导游持有临时导游证，须受聘旅行社根据其需要申请。（ ）
35. 领队人员可以分为旅行社领队和社会领队两类。（ ）

二、单选题

1. 社会导游为某特定的旅行社带团，双方之间建立的是（ ）的劳务合同关系。

A. 固定期限　B. 临时　C. 无固定期限　D. 完成一定工作任务

2. 全日制在校学生为旅行社提供带团服务时与旅行社所建立的关系是（ ）。

A. 劳动合同关系　B. 劳动合作关系

C. 劳务合同关系　D. 劳务委派关系

3. 旅行社如需要聘请临时从事导游活动的临时导游，需向（ ）申请临时导游证。

A. 国家旅游局　B. 省级旅游局　C. 地级市旅游局　D. 县级旅游局

4. 国务院颁布实施的《导游人员管理条例》出台于（ ）。

A. 1998年　B. 1999年　C. 2000年　D. 2001年

5. 一次扣分达到10分的，（ ）。

A. 不予通过年审　B. 暂缓通过年审　C. 全行业通报　D. 警告批评

6. 参加省部级以上单位组织的导游技能大赛获得最佳名次的导游人员，报(　　)批准后，可晋升一级导游人员等级。

A. 国家旅游局　　B. 省级旅游局

C. 全国导游等级考评委员会　　D. 省导游考评委员会

7. 导游证的有效期是(　　)。

A. 2 年　　B. 3 年　　C.5 年　　D. 长期有效

8. 导游人员必须遵守相关法律对其设定的从业规范，这些规范构成了导游人员的义务，与这些义务相对应的是(　　)。

A. 旅游者的旅游权利　　B. 旅行社的管理权力

C. 行业协会的自律权力　　D. 旅游主管部门的监管权力

9. 导游人员未经旅行社委派私自承揽导游业务，由旅游主管部门责令改正，没收违法所得，处(　　)的罚款。

A. 500 元以上 5000 元以下　　B. 1000 元以上 1 万元以下

C. 2000 元以上 2 万元以下　　D. 3000 元以上 3 万元以下

10. 行为人应当预见自己的行为可能发生危害社会的结果，因为疏忽大意而没有预见，或者已经预见而轻信能够避免，构成犯罪的是(　　)。

A. 故意犯罪　　B. 不可抗力　　C. 过失犯罪　　D. 犯罪中止

11. 导游应当向旅游者告知和解释(　　)，引导旅游者健康、文明旅游，劝阻旅游者违反社会公德的行为。

A. 旅游方面法律法规　　B. 旅游安全注意事项

C. 旅游行程安排　　D. 旅游文明行为规范

12. 导游人员与旅行社已建立劳动关系但尚未订立书面劳动合同的，应当自用工之日起(　　)内订立书面劳动合同。

A. 1 个月　　B. 2 个月　　C. 3 个月　　D. 6 个月

13. 一次被扣 8 分的，(　　)。

A. 不予通过年审　　B. 暂缓通过年审　　C. 全行业通报　　D. 警告批评

14. 出境旅游领队人员应具备的学历要求是(　　)。

A. 高中及以上　　B. 中专及以上　　C. 大专以上　　D. 本科

15. 导游人员从事导游活动时未佩戴导游证的，由旅游行政管理部门责令改正，拒不改正的，可处以(　　)的罚款。

A. 300 元　　B. 600 元　　C. 800 元　　D. 1000 元

16. 经考试合格，组织考试的旅游行政管理部门应在考试结束之日起(　　)内颁布导游人员资格证书。

A. 20 个工作日　　B. 30 个工作日　　C. 20 天　　D. 30 天

17. 1996 年 10 月颁布的(　　)正式规定了出境旅游领队制度，并明确要求领队人员必须依法取得领队资格证书。

A.《旅行社管理条例》　　B.《旅行社条例》

C.《导游人员管理条例》　　D.《中国公民出国旅游管理办法》

18. 领队人员违反法律规定被吊销导游证的，自处罚之日起未逾(　　)的，不得重新申请领队证。

A. 2 年　B. 3 年　C. 4 年　D. 5 年

19. 一次性被扣 6 分的,(　)。

A. 不予通过年审　B. 暂缓通过年审　C. 全行业通报　D. 警告批评

20. 领队发现出境旅游者非法滞留未及时报告的,由旅游主管部门处(　)罚款,并暂扣或吊销领队证。

A. 1000 元以上 1 万元以下　B. 2000 元以上 1 万元以下

C. 1000 元以上 2 万元以下　D. 2000 元以上 2 万元以下

21. 导游人员每年累计培训时间不得少于(　)。

A. 50 小时　B. 56 小时　C. 60 小时　D. 72 小时

22. 导游人员和旅游者都具有(　)不受侵犯的权利,导游人员不得侮辱旅游者,旅游者也应当尊重导游人员的合法劳动。

A. 劳动权利　B. 旅游权利　C. 人格尊严　D. 人身自由

23. 如果允许导游私自招徕并接待游客,将严重破坏(　)及旅行社行业经营秩序,而且对旅游者也极为不利。

A. 旅游市场经营秩序　B. 旅游责任保险制度

C. 旅游主管部门监管制度　D. 旅行社经营许可制度

24. 导游证被扣完 10 分后,由(　)暂时保留其导游证,并出具保留导游证证明。

A. 扣分地的旅游行政管理部门　B. 导游证颁发地的旅游行政部门

C. 最后扣分的旅游行政管理部门　D. 最后扣分的旅游行政执法单位

25. 未取得导游证从事导游活动,由旅游主管部门责令改正,没收违法所得,并处(　)罚款,予以公告。

A. 1000 元以上 1 万元以下　B. 2000 元以上 2 万元以下

C. 5000 元以上 3 万元以下　D. 1 万元以上 5 万元以下

26. 导游协会对社会导游的管理主要是(　)。

A. 行政管理　B. 授权管理　C. 合同管理　D. 注册管理

27. 累计扣分达到 10 分的,(　)。

A. 不予通过年审　B. 暂缓通过年审　C. 全行业通报　D. 警告批评

28. 行业协会作为行业自律组织,其制定的管理制度应当是建立在协会内部(　)基础之上的。

A. 沟通交流　B. 意见统一　C. 民主协商　D. 共同协作

29. 导游多次获得省部级以上单位组织的技能大赛获得最佳名次的,只能晋升一次导游等级,晋升的最高等级为(　)。

A. 中级　B. 高级　C. 特级　D. 全国优秀

30. 导游人员计分办法实行年度(　)分制,扣分标准分为(　)个档次。

A. 10　5　B. 12　6　C. 10　10　D. 12　12

31. 领队人员是从事出境旅游领队业务的工作人员,(　)不属于领队业务范围。

A. 为出境旅游团提供旅途全程陪同和有关服务

B. 作为组团社的代表,协同境外接待旅行社完成旅游计划安排

C. 协调处理旅游过程中相关事务等活动

D. 为旅游团提供讲解向导服务

32. 从导游证申领渠道的角度，导游可分为旅行社导游和社会导游，以下不属于社会导游的是(　　)。

A. 专职社会导游　　B. 兼职社会导游　　C. 临时导游　　D. 学生社会导游

33. 未取得导游证的小刘，在西湖边拉客，擅自从事导游活动。旅游主管部门可对其处以(　　)元的罚款。

A. 500 元　　B. 3000 元　　C. 15000　　D. 20000

34. 作为旅行社员工的导游，依法享有相应权利。不属于导游享有的是(　　)。

A. 要求旅行社支付劳动报酬，且不得低于最低工资标准的权利

B. 要求旅行社缴纳住房公积金的权利

C. 要求旅行社依法缴纳社会保险费的权利

D. 要求旅行社依照法定工时制安排劳动的权利

35. 有关导游人员与旅游者之间的权利义务的关系，下列说法错误的是(　　)。

A. 导游人员带团损害旅游者权益的，应向旅游者承担赔偿责任

B. 导游人员针对旅游者具有的权利，本质上属于旅行社的权利

C. 导游人员针对旅游者的义务，本质上是属于旅行社的义务

D. 导游人员与旅游者都具有人格尊严不受侵犯的权利，双方都应当尊重对方人格尊严

36. 我国旅游法律制度中，第一次出现“领队”的称谓是在(　　)年。

A. 1992　　B. 1996　　C. 2001　　D. 2002

37. 领队人员违反法律规定，被吊销领队证的，自处罚之日起未逾(　　)年的，不得重新申请领队证。

A. 1　　B. 2　　C. 3　　D. 4

38. 某领队陪同游客参加港澳游，在澳门期间，游客再三要求领队安排大家前往一家赌场，领队最终同意。期间有两位游客参赌，并输了 50 多万元。针对领队这一行为，旅游行政主管部门可以给予处罚(　　)元。

A. 1000　　B. 15000　　C. 25000　　D. 30000

39. 国家对导游人员实行等级考核制度。对于导游等级，下列说法不正确的是(　　)。

A. 导游人员分为初级、中级、高级、特级四个等级

B. 高级导游和特级导游由国务院旅游行政管理部门组织评定

C. 参加省部级以上单位组织的导游技能大赛获得最佳名次的导游人员，可晋升一级导游人员等级，可以由此晋升到特级

D. 各等级的资格证有效期一般为 5 年

三、多选题(五个选项中，至少有两个正确)

1. 从导游证申领渠道的角度，可以将导游人员分为(　　)。

A. 常规导游　　B. 临时导游　　C. 社会导游　　D. 兼职导游　　E. 旅行社导游

2.《国家旅游局关于执行〈旅游法〉有关规定的通知》明确“相关旅游行业组织”是指设区的市级以上地方依法成立的(　　)。

A. 旅游协会　　B. 旅行社行业协会　　C. 导游协会

D. 旅游协会成立的导游分会　　E. 旅游协会内设的相应工作部门

3. 参加导游人员资格考试须符合的条件有(　　)。

A. 必须是中国公民　　B. 政治立场坚定　　C. 身体健康

D. 具有高中或中专或以上学历　　E. 具有相应的基本知识和语言能力

4. 导游人员年审以考评为主,考评的内容包括(　　)。

A. 年审考勤情况　　B. 当年从事导游业务情况

C. 扣分情况　　D. 接受行政处罚情况

E. 游客反映情况

5. 行业协会是由行业内的企业或个人组成的民间组织,主要职责是(　　)。

A. 接受社会导游注册　　B. 维护行业秩序　　C. 提供交流平台

D. 促进行业发展　　E. 保障协会成员的合法权益

6. 禁止颁发导游证的情况有(　　)。

A. 患有心脏病的　　B. 受过刑事处罚的

C. 无民事行为能力的　　D. 被吊销导游证的　　E. 拥有美国国籍的

7. 能够与导游人员发生法律关系的主体有(　　)。

A. 政府　　B. 旅游景区　　C. 旅行社　　D. 导游协会　　E. 旅游者

8. 国家对导游人员的管理主要体现在(　　)。

A. 从业资格管理　B. 从业规范管理　C. 年审管理　　D. 等级考核　　E. 分类管理

9. 导游人员从业活动中受到行政处罚或合法权益受到行政主体损害的,有权通过(　　)等方式维护自身合法权益。

A. 行政仲裁　　B. 行政调解　　C. 行政复议　　D. 行政申诉　　E. 行政诉讼

10.《导游人员管理条例》所指的导游人员,必须是(　　)的人员。

A. 取得导游人员资格证　　B. 取得导游证　　C. 接受旅行社委派

D. 与旅行社签订正式的劳动合同　E. 为旅游者提供向导、讲解及相关服务

11. 下列属于导游人员义务的有(　　)。

A. 须持证上岗　　B. 须佩戴导游证

C. 身体无传染性疾病　　D. 不得收受小费　　E. 及时报告

12. 导游发现旅游者从事违法活动或入境旅游者有非法滞留,随团入境的旅游者有擅自分团、脱团的,应当及时向(　　)报告。

A. 公安机关　　B. 旅游主管部门　　C. 当地人民政府

D. 我国驻外机构　　E. 外事主管部门

13. 2002年的《出境旅游领队人员管理办法》建立了较为完善的领队证制度,规定了申领领队证人员的条件、组团社的资格审核、申领领队证的培训要求、(　　)等内容。

A. 首先应取得导游证　　B. 提交材料及申领程序　　C. 领队证的发放

D. 领队证的管理　　E. 具有大专以上学历

14. 导游违反规定、诱导、欺骗、强迫或变相强迫旅游者购物或参加另行付费项目,下列处罚措施正确的有(　　)。

A. 由旅游主管部门责令改正　　B. 没收违法所得

C. 暂扣或吊销导游证　　D. 处1000元以上1万元以下罚款

E. 处 2000 元以上 2 万元以下罚款

15. 临时导游与常规导游的区别，主要体现在临时导游(　　)。

A. 不需要经过导游资格考试　B. 具有特定语种语言能力

C. 临时导游证由受聘旅行社根据需要申请

D. 有效期最长不超过 3 个月　E. 是常规导游的一种有益补充

16. 公民申领领队证需要具备的条件有(　　)。

A. 取得导游证满两年　B. 具有大专以上学历

C. 具备英语等级证书　D. 与旅行社订立劳动合同

E. 中华人民共和国公民

17. 申领导游证需要满足的条件有(　　)。

A. 取得导游人员资格证　B. 身体健康　C. 必须是中国公民

D. 与旅行社订立劳动合同　E. 在相关旅游行业组织注册

18. 领队人员从事的“出境旅游领队业务”主要是指(　　)。

A. 为出境旅游团提供旅途全程陪同和有关服务

B. 协调处理旅游过程中的相关事务

C. 为出国旅游的游客提供翻译服务

D. 协同境外接待社完成旅游计划安排

E. 为出境旅游者提供出入国境服务

19. 申领临时导游证与申领导游证的区别主要表现为(　　)。

A. 申领的主体不同　B. 是否需要参加考试　C. 有效期限不同

D. 导游业务范围不同　E. 是否接受旅行社委派

20. 导游人员被扣完 10 分后，由旅游执法单位暂时保留其导游证，10 日内通报导游人员(　　)。

A. 所在地新闻媒体　B. 所在地人民政府　C. 所在地旅游局

D. 所在地公安部门　E. 登记注册单位

21. 社会导游人员可以分为(　　)。

A. 专职社会导游　B. 兼职社会导游　C. 教师社会导游

D. 临时社会导游　E. 学生社会导游

22. 由省级旅游行政管理部门或其委托的地市级旅游行政部门组织评定的导游级别有(　　)。

A. 初级导游员　B. 中级导游员　C. 高级导游员

D. 特级导游员　E. 省级优秀导游员

23. 导游人员在从事导游活动时所具有的权利有(　　)。

A. 依法安排参观项目的权利　B. 引导旅游者健康、文明旅游的权利

C. 依法从业的权利　D. 行政救济的权利

E. 劝阻违法行为的权利

24. 根据《旅游法》规定，导游人员有权要求游客(　　)。

A. 遵从依合同约定的行程安排　B. 不得干扰他人旅游活动

C. 支付旅游费用　D. 告知个人健康信息

E. 遵守团队纪律

25. 导游协会对全体导游,包括旅行社导游、社会导游,这一层面的管理的前提是(　　)。

A. 旅游局的授权　　B.《旅游法》的授权　　C. 导游人员的自愿

D. 存在相应的导游协会　　E. 相关导游加入成为会员

26. 导游人员向旅行社承担的劳动合同义务有(　　)。

A. 保守工作中掌握的旅行社的商业秘密

B. 未经旅行社同意不得为其他旅行社带团

C. 向旅行社支付或垫付接团费用

D. 维护旅行社的良好形象和经济利益

E. 遵守旅行社依法制定的规章制度

27. 导游人员与旅行社之间建立的是劳动合同关系,导游人员具有的劳动合同权利有(　　)。

A. 要求旅行社依法与其订立劳动合同　　B. 要求旅行社依法支付劳动报酬

C. 要求旅行社依法缴纳社会保险费　　D. 要求旅行社保障劳动安全卫生

E. 要求旅行社依照法定工时制安排劳动

28. 导游人员拒绝履行合同,或在旅游行程中擅自变更旅游行程安排,严重损害旅游者权益的,以下处罚正当的有(　　)。

A. 由旅游主管部门责令改正　　B. 没收违法所得

C. 暂扣或吊销导游证　　D. 处 1000 元以上 1 万元以下罚款

E. 处 2000 元以上 2 万元以下罚款

29. 领队人员安排旅游者参观或参与违反我国法律、法规和社会公德的项目或活动,旅游行政主管部门可对其处罚的措施有(　　)。

A. 责令改正　　B. 所属旅行社停业整顿 1—3 个月

C. 没收违法所得　　D. 处 2000 元以上 2 万元以下罚款

E. 暂扣或吊销领队证

30. 导游人员年审考评等级分为(　　)。

A. 不予参加年审　　B. 不予通过年审　　C. 暂缓通过年审

D. 免予参加年审　　E. 通过年审

31. 领队证是国家对领队人员进行管理的重要手段。下列有关领队证申领条件的表述正确的是(　　)。

A. 取得导游证　　B. 大专以上学历

C. 具备与出境旅游目的地国家(地区)相对应的语言能力

D. 具有 3 年以上旅行社相关岗位从业经历

E.《旅游法》生效之前取得领队证,但不符合《旅游法》条件的,须在 2016 年 10 月 1 日前具备相应条件

32. 领队带旅游团出境、入境时,应当(　　)。

A. 帮助游客填写出境、入境登记卡

B. 帮助游客保管出境、入境登记卡及证件

C. 在出境入境口岸向边防检查站交验团队名单

D. 告诫旅游者，不携带违法、违禁物品

E. 发现游客非法滞留的，应当及时向相关部门报告

33. 导游人员实施了(　　　　)行为，可以被旅游主管部门处以 1500 元的罚款。

A. 私自承揽业务　　B. 拒不佩戴导游证　　C. 向游客索要小费

D. 擅自变更旅游行程，严重损害旅游者权益

E. 发现旅游者从事违法活动，不及时向有关部门报告

参考答案

一、判断题

1－5 ABBAB　6－10 ABABA　11－15 BBABA　16－20 BABAB　21－25 ABBAB
26－30 AABAB　31－35 BBAAB

二、单选题

1－5 DCBBA　6－10 CBDBC　11－15 DACCA　16－20 BABDD　21－25 BCDDA
26－30 DBCBA　31－35 DCBBA　36－39 BCBC

三、多选题

1. CE　2. CDE　3. ACDE　4. BCDE　5. BDE　6. CD　7. ACE　8. BCD　9. CE
10. BCE　11. BE　12. ABD　13. BCD　14. BCE　15. ABCD　16. ABD　17. ADE
18. ABD　19. ABC　20. CE　21. ABE　22. AB　23. CD　24. ABD　25. DE
26. ABE　27. ABCDE　28. ACE　29. DE　30. BCE　31. ABCE　32. ACDE　33. AC

第十三章　出境入境管理法律制度

一、判断题(正确的填 A，错误的填 B)

1. 中国公民持有效护照或其他有效证件出、入境，无须办理签证。　(　　)

2. 被遣送出境的外国人员，自被遣送出境之日起 1－3 年内不准入境。　(　　)

3. 10 人以上组团来中国旅游才可以发给团体签证。　(　　)

4. 刑事案件被告人、犯罪嫌疑人，边防检查机关有权不准其出境。　(　　)

5. 非法聘用外国人的，处每非法聘用一人 5000 元，总额不超过 5 万元的罚款。　(　　)

6. 毗邻国家的边境居民按照协议临时入境的，限于在协议规定范围内活动。　(　　)

7. 从 20 世纪 70 年代初国务院批准开展港澳游开始，我国的国际旅游和出境旅游得到了蓬勃发展。　(　　)

8. 国家公务员利用节假日出国旅游，可以将与工作相关的文件、资料带出境外阅读批阅。(　　)

9. 未经批准，外国人不得进入限制外国人进入的区域。　(　　)

10. 外国人非法居留情节严重的，处每非法居留一日 5000 元，总额不超过 5 万元的罚款或者 5 日以上 15 日以下拘留。　(　　)

11. 国家工作人员因非公务原因出境申请普通护照的，需要提交与普通公民一样的相关材料。　(　　)

12. 出境的交通工具和人员,必须在最后离开的国境口岸接受检疫。 ( )
13. 入境的交通工具和人员,必须在最先到达的国境口岸的指定地点接受检疫。 ( )
14. 未经国境卫生检疫机关许可,任何人不准下交通工具,不准装卸行李、货物、邮包等物品。 ( )
15. 中国出境、入境,从对外开放的或者指定的口岸通行,接受边防检查机关的检查。( )
16. 旅行社在开展中俄边境游时,入境后可以不受限制地把旅游团带到莫斯科去旅游。( )
17. 外国人所持签证注明入境后需要办理居留证件的,应当自入境之日起 20 日内向有关机构申请办理。 ( )
18. 因患检疫传染病而死亡的尸体,必须就近火化。 ( )
19. 在中国境内的外国人的权益受法律保护。 ( )
20. 因特殊情况,不能按期签发护照的,经护照签发机关负责人批准,签发时间可以延长至 30 日。 ( )
21. 来华外国人的签证属于普通签证。 ( )
22. 境内旅游业务,是指旅行社招徕、组织和接待中国内地居民在境内旅游的业务。 ( )
23. 出入境人员必须填写出入境卡,向边防检查站交验本人的有效护照或其他有效出入境证件,经查验核准后,方可出入境。 ( )
24. 我国的出入境管理法律制度是专门为发展旅游业制定的。 ( )
25. 不得非法携带属于国家秘密的文件、资料和其他物品出境。 ( )
26. 发给入境从事交流、访问、考察等活动人员的签证是 G 字签证。 ( )
27. 外国人未经批准,擅自进入限制外国人进入的区域,责令立即离开,情节严重的,处 5 日以上 10 日以下拘留。 ( )
28. 中国公民出国旅游,应在出国前到前往国的驻华使领馆办理签证。 ( )
29. 外国人停留证件的有效期最长为 180 天。 ( )
30. 普通护照持有人未满 16 周岁,其护照有效期为 5 年。若其为 16 周岁以上,护照有效期为 10 年。 ( )

二、单选题

1. 2013 年 7 月 3 日国务院发布了《中华人民共和国外国人入境出境管理条例》,该条例自( )起施行。

A. 2013 年 8 月 1 日　　B. 2013 年 9 月 1 日
C. 2013 年 10 月 1 日　　D. 2013 年 11 月 1 日

2. 公民因非公原因出国的,由本人向( )的县级以上公安机关出入境管理机构申请普通护照。

A. 居住地　　B. 工作地　　C. 户籍所在地　　D. 常住地

3. 因非法就业被遣返回国的,护照签发机关自其刑罚执行完毕或被遣返回国之日起( )不予签发护照。

A. 6 个月至 3 年以内　　B. 1 年至 3 年内
C. 6 个月至 5 年以内　　D. 1 年至 5 年内

4. 发给入境永久居留的人员的签证是( )。

A. G 字签证　　B. D 字签证　　C. F 字签证　　D. C 字签证

5. 某单位弄虚作假骗取签证,有关部门可对其处以(　　)罚款。
A. 2000 元以上 5000 元以下　B. 5000 元以上 2 万元以下
C. 1 万元以上 5 万元以下　D. 2 万元以上 10 万元以下

6. 外国人非工作类居留证件的有效期最短和最长期限分别为(　　)。
A. 90 天,3 年　B. 90 天,5 年　C. 180 天,3 年　D. 180 天,5 年

7. 2012 年 6 月 30 日,全国人大常委会通过了(　　),自 2013 年 7 月 1 日起施行。
A.《出境入境管理法》　B.《外国人入境出境管理法》
C.《中国公民出境入境管理法》　D.《外国人入境出境管理条例》

8. 入境的交通工具和人员,必须在(　　)的国境口岸的指定地点接受检疫。
A. 特定的　B. 指定的　C. 最后抵达　D. 最先抵达

9. 国境卫生检疫机关有权要求入境、出境的人员填写(　　),出示某种传染病的预防接种证书、健康证明或其他有关证件。
A. 出入境登记卡　B. 健康申明卡　C. 海关申报单　D. 旅行接种证明

10. 中国公民往来内地与港澳台地区,应当依法申请办理(　　)。
A. 护照　B. 身份证　C. 通行证　D. 签证

11. 逃避出境入境边防检查情节严重的,可处 5 日以上 10 日以下拘留,并处(　　)罚款。
A. 1000 元以上 5000 元以下　B. 2000 元以上 1 万以下
C. 3000 元以上 2 万元以下　D. 5000 元以上 3 万元以下

12. 公安机关出入境管理部门应当自收到申请材料之日起(　　)内签发普通护照。
A. 10 日　B. 10 个工作日　C. 15 日　D. 15 个工作日

13. 持用他人证件出入境的,边防检查站可对其处以(　　)的罚款或拘留。
A. 1000 元以上 5000 元以下　B. 1000 元以上 2000 元以下
C. 1000 元以上 3000 元以下　D. 2000 元以上 5000 元以下

14. 面对新的历史条件与形势,新的出入境管理法制突出(　　)的理念。
A. 强调管理　B. 管理与服务并重
C. 权益保护　D. 国民待遇

15. 根据外国人来中国的身份和所持护照的种类,来华外国旅游者的签证属于(　　)。
A. 外交签证　B. 礼遇签证　C. 公务签证　D. 普通签证

16. 签发普通签证时,根据外国人申请来中国的事由,可以发给团体签证,团体人数必须在(　　)。
A. 9 人以上　B. 10 人以上　C. 16 人以上　D. 20 人以上

17. 根据《出境入境管理法》的规定,下列外国人可以入境的是(　　)。
A. 未持有效出境入境证件的　B. 患有严重精神病、传染性肺结核病的
C. 曾被驱逐出境的　D. 拒绝、逃避接受边防检查的

18. 普通护照持有人若为 16 周岁以上,则其护照有效期为(　　)。
A. 5 年　B. 8 年　C. 10 年　D. 15 年

19. 发给国家需要的外国高层次人才和急需紧缺专门人才的签证是(　　)。
A. M 字签证　B. Q 字签证　C. R 字签证　D. S 字签证

20. 外国人在旅馆以外的其他住所居住或住宿的,应当在入住后(　　)内由本人或留宿人员

向居住地的公安机关办理登记。

A. 12 小时　　B. 24 小时　　C. 36 小时　　D. 48 小时

21. 外国船员及其随行家属在中国境内停留需要离开港口所在城市，应当按照规定办理外国人停留证件，外国人停留证件的有效期最长为(　　)。

A. 60 天　　B. 120 天　　C. 150 天　　D. 180 天

22. 李小明今年 15 周岁，申领普通护照时其护照的有效期为(　　)。

A. 3 年　　B. 5 年　　C. 7 年　　D. 10 年

23. 外国人未经批准，擅自进入限制外国人进入的区域，责令立即离开，情节严重的，处(　　)拘留。

A. 1 天以上 5 天以下　　B. 5 天以上 10 天以下

C. 10 天以上 15 天以下　　D. 5 天以上 15 天以下

24. 对因工作、学习、探亲、商务活动、人才引进等事由入境的外国人，应当签发(　　)。

A. 普通签证　　B. 公务签证　　C. 礼遇签证　　D. 外交签证

25. 在中国境内的外国人所持签证被盗抢的，应及时向(　　)县级以上公安机关出入境管理机构申请补发签证。

A. 旅行地　　B. 居住地　　C. 工作地　　D. 停留地

26. 根据《护照法》的规定，护照签发机关可以签发护照的是(　　)。

A. 无法证明身份的　　B. 因非法出境被遣返满 3 年的

C. 被判处刑罚正在服刑的　　D. 刑事案件被告人或犯罪嫌疑人

27. 外国人拒不接受公安机关查验其出入境证件的，可处以(　　)以下罚款。

A. 500 元　　B. 1000 元　　C. 2000 元　　D. 5000 元

28. 定居国外的中国公民回国后申请换发或补发普通护照的，由本人向(　　)的县级公安机关出入境管理部门提出申请。

A. 定居国的中国使领馆　　B. 户籍所在地

C. 定居国的驻华使领馆　　D. 暂住地

29. 饭店未按规定办理外国人住宿登记，情节严重的，处(　　)罚款。

A. 1000 元以上 5000 元以下　　B. 5000 元以上 2 万元以下

C. 1 万元以上 5 万元以下　　D. 2000 元以上 1 万元以下

30. 被遣送出境的人员，自遣送出境之日起(　　)内不准入境。

A. 1--3 年　　B. 1--5 年　　C. 2--5 年　　D. 2--10 年

31. 《中华人民共和国出境入境管理法》由中华人民共和国第十一届全国人民代表大会常务委员会第二十七次会议通过，自(　　)起施行。

A. 2012 年 6 月 30 日　　B. 2013 年 6 月 30 日

C. 2013 年 7 月 1 日　　D. 2013 年 10 月 1 日

32. 根据《出境入境管理法》的有关规定，对涉嫌违反出境入境管理的人员，可以当场盘问，如发现有非法出境入境嫌疑的，经当场盘问后仍不能排除嫌疑，需要做进一步调查的，可以拘留审查。实施拘留审查，应当出示拘留审查决定书，并在(　　)小时内进行询问。发现不应当拘留审查的，应当立即解除拘留审查。

A. 12　　B. 24　　C. 48　　D. 64

33. 根据《卫生检疫法》规定，针对来自埃博拉地区的游客，不属于国境卫生检疫机关应当采取的措施是（　　）。

A. 游客在最先到达的国境口岸的指定地点接受检疫

B. 游客未经允许，不准下交通工具

C. 对游客实施传染病监测，并且采取必要的预防、控制措施

D. 虽然未发现感染情况，但仍然要求接受隔离观察

34. 外国人非工作类居留证件的有效期最短为（　　）日，最长为（　　）年。

A. 90、5　B. 90、10　C. 180、5　D. 180、10

三、多选题（五个选项中，至少有两个正确）

1.《中华人民共和国旅行证》由（　　）颁发。

A. 公安部出入境管理部门　B. 中国驻外国外交代表机关

C. 中国驻外国领事机关　D. 外国驻华外交代表机关

E. 外交部授权的其他驻外机关

2. 外国人入境签证可分为（　　）。

A. 外交签证　B. 探亲签证　C. 礼遇签证　D. 公务签证　E. 普通签证

3. 新的《出境入境管理法》将（　　）作为立法的基本原则。

A. 保护中国公民出境入境合法权益

B. 服务中国公民便捷出入国境　C. 加强对出入境秩序的管理

D. 在中国境内的外国人的合法权益受法律保护

E. 外国人必须遵守中国法律法规

4. 边防检查站有权对出境、入境的（　　）实施边防检查。

A. 人员及其行李物品　B. 交通运输工具　C. 运载的货物

D. 持外交护照的外交人员　E. 持礼遇签证的人员

5. 协助外国人非法出入境情节严重的，可以处以（　　）。

A. 处 2000 元以上 1 万元以下罚款　B. 处 10 日以上 15 日以下拘留

C. 处 5000 元以上 2 万元以下罚款　D. 有违法所得的，没收违法所得

E. 依法追究其刑事责任

6. 危害国家安全和社会秩序的违禁物品包括：贩卖的枪支弹药、（　　）、黄色书刊等。

A. 毒品　B. 走私物品　C. 假钞

D. 腐蚀性物品　E. 精神药品

7. 出入境的人员有（　　）情形的，边防检查站可对其处以警告或处以 500 元以下的罚款。

A. 未经批准进入口岸限定区域的　B. 持用无效出境证件的

C. 扰乱口岸管理秩序的　D. 污辱边防检查人员的

E. 未经批准或未按照规定登陆、住宿的

8.《边防检查条例》规定的被限制活动范围的人员有（　　）。

A. 持无效出入境证件的　B. 有持他人出入境证件嫌疑的

C. 拒绝接受边防检查的　D. 有持伪造或涂改的出入境证件嫌疑的

E. 有危害国家安全、利益和社会秩序嫌疑的

9. 对患有监测传染病的人、来自国外监测传染病流行区的人或与监测传染病密切接触的人，

国境卫生检疫机关应当(　　　)。

A. 发给就诊方便卡　　B. 实施留验　　C. 立即隔离观察

D. 马上接种传染病疫苗　　E. 及时通知当地卫生行政部门

10. 护照持有人可以按照规定申请换发或补发护照的情形有(　　　)。

A. 护照遗失或被盗的　　B. 护照有效期即将届满的

C. 变更国籍需要重新申领的　　D. 曾被吊销护照的

E. 护照损毁不能使用的

11. 外国人在中国免签证的条件有(　　　)。

A. 持联程客票搭乘国际航班直接过境的

B. 在中国境内停留不超过 24 小时且不离开口岸的

C. 持有效的外国人居留证件的　　D. 属于人才引进的

E. 要求临时离开机场的

12. 外国人非法居留的情形有(　　　)。

A. 超出工作许可限定范围在中国境内工作的

B. 超过签证、停留居留证件规定的停留居留期限停留居留的

C. 外国人超出限定的停留居留区域活动的

D. 外国留学生超出时限在中国境内工作的

E. 超过免签期限停留且未办理停留居留证件的

13. 边防检查站认为必要时,可以对出入境的人进行人身检查,但进行人身检查应当由(　　　)的边防检查人员进行。

A. 出示执法证件　　B. 至少两名

C. 只能进行安全检查　　D. 与受检查人员同性别

E. 保护受检查人的个人秘密

14. 根据《出境入境管理法》的规定,外国人有(　　　)情形的不准出境。

A. 被判处刑罚尚未执行完毕的

B. 有未了结的民事案件,人民法院决定不准出境的

C. 出境后可能从事危害我国国家安全的活动的

D. 依照中国与外国签订的有关协议移管的被判刑人员

E. 拖欠劳动者的报酬,省级人民政府规定不准出境的

15. 外国人擅自进入限制区域非法获取的(　　　)和其他物品,予以收缴或销毁,所用工具予以收缴。

A. 地理信息　　B. 机密情报　　C. 文字记录　　D. 音像资料　　E. 电子数据

16.《中华人民共和国旅行证》分为(　　　)两种。

A. 一年一次有效　　B. 一年多次有效　　C. 二年一次有效

D. 两年两次有效　　E. 两年多次有效

17. 外国人有下列情形的,公务机关给予警告,并处 2000 元以下罚款。　　(　　　)

A. 拒不接受公安机关查验其出入境证件的

B. 骗取签证、停留居留证等出入境证件的

C. 未按照规定办理出生登记、死亡申报的

D. 冒用他人出入境证件的　　　　E. 非法居留或非法就业的

18. 根据《边防检查条例》规定的被拒绝出入境的人员有(　　　　)。

A. 未在限定口岸通行的　　　　B. 有持他人出入境证件嫌疑的

C. 拒绝接受边防检查的　　　　D. 有持伪造或涂改出入境证件嫌疑的

E. 持无效出境、入境证件的

19. 边防检查站的工作职责有(　　　　)。

A. 对出入境的人员、物品及交通工具实施边防检查

B. 对出入境的人员、物品及交通工具实施卫生检疫

C. 对出入境的交通工具进行监护

D. 对口岸的限定区域进行警戒

E. 对出入境的患病人员进行留验观察

20. 外国人免办签证的情形有(　　　　)。

A. 根据互免签证协议属于免办签证人员　　　　B. 持有效外国人居留证件的

C. 在中国境内工作的　　　　D. 过境中国前往第三国的

E. 来中国短期学习的

21. 违反《出境入境管理法》的有关规定，为外国人出具邀请函件或其他申请材料的，有关部门可对其处以(　　　　)。

A. 5000 元以上 1 万元以下罚款　　　　B. 1 万元以上 5 万元以下罚款

C. 有违法所得的，没收违法所得　　　　D. 10 日以上 15 日以下拘留

E. 责令承担所邀请外国人的出境费用

22. 接受入境检疫的交通工具有(　　　　)情形的，应当实施消毒、除鼠、除虫或其他卫生处理。

A. 来自检疫传染病疫区的　　　　B. 被检疫传染病污染的

C. 发现疑似检疫传染病的　　　　D. 有人非因意外伤害而死亡并死因不明的

E. 发现有与人类健康有关的啮齿动物或病媒昆虫的

23. 根据《边防检查条例》的规定，外国人有(　　　　)情形的，由边防检查站处以 500 元以上 2000 元以下的罚款或拘留。

A. 扰乱口岸管理秩序的　　　　B. 侮辱边防检查人员的

C. 未经批准或未按照规定登陆、住宿的

D. 持用无效出境、入境证件的　　　　E. 未持出境、入境证件的

24. 国境卫生检疫机关对有(　　　　)行为的单位和个人，根据情节轻重，给予警告或罚款。

A. 逃避检疫，向国境卫生检疫机关隐瞒事实真相的

B. 引起检疫传染病传播的　　　　C. 引起检疫传染病传播严重危险的

D. 未经许可擅自装卸货物且不听劝阻的

E. 恶意传播急性传染病的

25. 公民申请普通护照，应当提交本人的(　　　　)。

A. 居民身份证　　　　B. 财产证明　　　　C. 户口簿

D. 近期免冠照片　　　　E. 申请事由的相关材料

26.《卫生检疫法》规定，入境、出境的(　　　　)都应当接受检疫，经国境卫生检疫机关许可，方准入境或出境。

A. 人员　　B. 交通工具　　C. 运输设备
D. 走私物品　　E. 可能传播检疫传染病的行李、货物、邮包等物品

27. 对外国人冒用他人出境入境证件出境入境，情节严重的，合理的处罚措施是（　　）。
A. 处 1000 元以上 5000 元以下罚款　　B. 处 5 日以上 10 日以下拘留
C. 处 2000 元以上 1 万元以下罚款　　D. 没收违法所得
E. 单位处 1 万元以上 5 万元以下罚款

28. 出入境的人员和交通运输工具，必须经由对外开放的口岸或主管机关特许的地点通行，接受边防的（　　）。
A. 管理　　B. 服务　　C. 监护　　D. 检查　　E. 执法

29. 根据《出境入境管理法》的规定，外国人可以遣送出境的情形有（　　）。
A. 有非法出入境嫌疑的　　B. 被处限期出境，未在规定期限出境的
C. 有不准入境情形的　　D. 非法居留、非法就业的
E. 有协助他人非法出境入境嫌疑的

30. 护照签发机关不予签发护照的情形有（　　）。
A. 无法证明身份的　　B. 正在服刑的　　C. 弄虚作假的
D. 非法出境被遣返回国的　　E. 遗失护照的

参考答案

一、判断题

1—5 ABBAB　6—10 ABBAB　11—15 BAABA　16—20 BBAAA　21—25 AAABA
26—30 BAAAA

二、单选题

1—5 BCABC　6—10 DADBC　11—15 BCACD　16—20 ACCCB　21—25 DBBAD
26—30 BCDAB　31—34 CCDB

三、多选题

1. BCE　2. ACDE　3. AD　4. ABC　5. BCD　6. ABC　7. ACDE　8. ADE　9. ABE
10. ABE　11. ABC　12. BCE　13. BD　14. ABE　15. CDE　16. AE　17. ACD
18. ACE　19. ACD　20. ABD　21. ACE　22. ABE　23. DE　24. AD　25. ACDE
26. ABCE　27. BC　28. ABCD　29. BCD　30. ABC

第十四章　旅游安全法律制度

一、判断题（正确的填 A，错误的填 B）

1. 2013 年出台的《安全生产法》，使旅游安全管理规范日趋完善。（　　）
2. 政府应将旅游安全作为突发事件监测和评估的重要内容，纳入政府应急管理体系，制度应急预案，建立旅游突发事件应对机制。（　　）
3. 法律、法规和标准如果对商品和服务有明确规定的，必须符合规定，没有规定的，不用承担

法律责任。（ ）

4.旅游者不听劝阻参加不适合自身条件的旅游活动，导致发生人身损害、财产损失的，旅游经营者和旅游辅助服务者不承担责任。（ ）

5.《旅游法》首次正式提出高风险旅游项目的概念并制定了高风险旅游项目目录。（ ）

6.人身意外伤害保险的赔付，是以被保险人受到伤害的结果为前提，不考虑受到伤害的原因。（ ）

7.自建房屋、自家种地等非生产活动，属于《安全生产法》调整范围。（ ）

8.说明的内容主要是即使旅游者按照正确的方法使用，仍可能危及人身、财产安全的信息，一般都有相关法律、法规的明确规定。（ ）

9.旅游者在旅游行程中未经导游或领队许可，故意脱离团体，致使人身损害和财产损失的，旅游经营者承担补充责任。（ ）

10.旅行社责任险只有在旅行社有过错的前提下才支付赔偿。（ ）

11.政府是旅游安全监管责任主体，提供旅游安全公共服务，加强旅游安全监管。（ ）

12.《国内登山管理办法》规定，对西藏自治区7000米以上、其他省市4000米以上独立山峰的登山活动进行审批。（ ）

13.蹦极、攀岩项目应属于高空类高风险旅游项目。（ ）

14.旅游经营者未尽到安全保障义务，造成他人损害的，应当承担违约责任。（ ）

15.2013年，国家体育总局等部门公布了第一批高危险体育项目，明确了游泳、高山滑雪、自由式滑雪、单板滑雪、潜水、攀岩需要取得事先许可。（ ）

16.如果景区因改建、扩建、项目调整等，导致景区最大承载量发生变化的，无须重新核定最大承载量。（ ）

17.我国《安全生产法》规定的从事生产经营活动，主要是指为他人提供产品及劳务从而获取报酬的行为。（ ）

18.在旅游者自行安排活动期间，旅行业及其导游、领队人员没有责任对旅游者承担安全提示、救助义务。（ ）

19.旅行社为避免旅游者不投保人身意外伤害保险，而自行为旅游者投保人身意外伤害保险，将导致保险合同无效。（ ）

20.突发事件发生后，当地人民政府及其有关部门和机构应当采取措施开展救援，协助旅游者继续完成余下的行程。（ ）

21.旅行社质量保证金不得用于垫付旅游者人身安全遇有危险时紧急救助的费用，因为这属于旅行社责任险理赔的范畴。（ ）

22.旅游经营者应当保证其提供的商品和服务符合保障人身、财产安全的要求。（ ）

23.旅游者接受相关组织或机构的救助后，应当承担全部的施救费用。（ ）

24.旅游经营者、旅游辅助服务者未尽到安全保障义务，造成旅游者人身损害、财产损失，旅游者要求其承担责任，人民法院应予支持。（ ）

25.经营高风险旅游项目，应当按照国家规定取得经营许可。（ ）

26.发生重大及以上或者6个月内发生两次较大及以上责任事故的运输企业，5年内不得新增客运班线或旅游车辆。（ ）

27.国家强制标准《全民健身条例》对蹦极、攀岩等13个场所进行了规范。（ ）

28.《旅游法》关于“旅游安全”仅规定了监管者和经营者。 ( )

29. 旅游者是自我安全保护的责任主体,承担自我安全的防范、配合等义务。 ( )

30. 旅游者接受相关组织或者机构的救助后,不用支付任何费用。 ( )

二、单选题

1. 旅游安全法律规制内容更加注重以人为本的立法理念和( )。
   A. 注重部门协商职能　B. 注重提供旅游安全公共服务
   C. 采取综合治理手段　D. 注重安全风险提示和预警

2. ( )是直接责任主体,承担旅游经营的综合安全保障义务。
   A. 政府及其部门　B. 旅游经营者及其从业人员
   C. 社会有关机构和组织　D. 旅游者

3. 司机在高速上飙车导游未加制止,后来发生交通事故,旅行社应( )。
   A. 不用承担责任　B. 承担主要责任
   C. 承担直接责任　D. 承担补充责任

4. 旅行社可以作为( ),为旅游者提供人身意外伤害保险的代买服务。
   A. 保险经销商　B. 保险分公司　C. 保险营业部　D. 保险代理人

5. 景区应制定和实施旅游者流量控制方案,并可以采取( )等方式,对景区接待旅游者的数量进行控制。
   A. 关闭景区　B. 停售门票　C. 门票预约　D. 人数预警

6. 狭义的旅游安全仅指( )的安全经营活动。
   A. 旅游者　B. 旅游经营者
   C. 旅游活动各主体　D. 旅游履行辅助人

7. 当地人民政府对景区流量控制负有统筹职责,( )具有核定和监督景区承载量的职责。
   A. 旅游主管部门　B. 安全主管部门　C. 景区主管部门　D. 省政府

8. 高空旅游项目一般依照( )的规定,取得实施许可或监管。
   A.《民用航空法》　B.《旅游法》　C.《安全生产法》　D.《侵权责任法》

9. 攀登 7000 米以上的山峰,登山活动发起单位应当在活动实施前 3 个月向( )申请特批。
   A. 国家旅游局　B. 国家安全局　C. 国家工商局　D. 国家体育总局

10. 目前,一些探险旅游项目也在室内兴起,室内探险项目一般按照( )进行审批。
    A. 旅游项目　B. 体育项目　C. 娱乐项目　D. 观光项目

11. 运输企业应确保客运驾驶人 24 小时累计驾驶时间原则上不超过( )。
    A. 8 小时　B. 9 小时　C. 10 小时　D. 12 小时

12. 热气球、动力伞项目应属于( )类高风险旅游项目。
    A. 探险　B. 高速　C. 高空　D. 水上

13. 旅游安全既包括团体旅游者,也包括( )。
    A. 散客旅游者　B. 背包旅游者　C. 自助游旅游者　D. 商务旅游者

14. 旅行社在( )和合同履行过程中,应当向旅游者履行特别说明和警示义务。
    A. 旅游行程开始前　B. 旅游行程进行中
    C. 订立包价旅游合同时　D. 游客登上旅行社安排的交通工具前

15. 宾馆、商场等公共场所的管理人或群众性活动的组织者,未尽到安全保障义务,造成他人损害的，应当承担（　　）。

A. 补充责任　　B. 侵权责任　　C. 连带责任　　D. 违约责任

16. 旅游经营者应加强对一线旅游从业人员的（　　）培训，提升旅游从业人员安全素质。

A. 应急救助技能　　B. 安全常识知识　　C. 安全急救技能　　D. 意外伤害急救

17.《旅游法》明确了旅游经营者的事前安全说明和警示义务，以及旅行社事前（　　）的合同义务。

A. 安全提醒　　B. 安全预防　　C. 安全告知　　D. 安全救助

18. 旅游经营者及其从业人员的安全说明或警示应符合"明示"、（　　）等要件。

A. 准确　　B. 肯定　　C. 书面　　D. 事先

19. 高风险旅游项目的风险程度及发生事故的概率较大，需要通过（　　）的方式转嫁风险。

A. 意外伤害保险　　B. 责任保险　　C. 特许经营　　D. 特别许可

20. 旅行社提示旅游者购买人身意外伤害保险的人员范围是参加（　　）的旅游者。

A. 自助游　　B. 散客游　　C. 团队游　　D. 包价游

21. 客运驾驶人日间连续驾驶不超过 4 小时，夜间连续驾驶不超过 2 小时，每次停车休息时间不少于（　　）。

A. 20 分钟　　B. 30 分钟　　C. 40 分钟　　D. 1 小时

22. 旅游安全法律规制从"重事中"向"事前、事中、事后并重"转变，事前的（　　）、事后的应急处置、救援和报告被更加重视。

A. 旅游安全公共信息服务　　B. 旅游安全事项说明

C. 安全风险提示和预警　　D. 景区流量及风险控制

23. 客运车辆夜间行驶速度不得超过日间限速的（　　），并严禁夜间在达不到安全通行条件的三级以下山区公路通行。

A. 70％　　B. 80％　　C. 90％　　D. 100％

24. 景区接待旅游者不得超过景区主管部门核定的（　　）。

A. 最大接待量　　B. 最大容积量　　C. 最大业务量　　D. 最大承载量

25. 某酒店将自己大堂的一角租给张某从事咖啡厅经营，因咖啡质量低劣，造成顾客食物中毒，某酒店（　　）。

A. 不用承担责任　　B. 承担主要责任

C. 承担连带责任　　D. 承担补充责任

26.（　　）规定高危险性体育项目属于特许经营项目，相关体育设施须符合国家标准。

A.《体育场所开放条件与技术要求》　　B.《全民健身条例》

C.《国内登山管理办法》　　D.《中华人民共和国旅游法》

27. 旅游者在购买、接受旅游服务时，应当向旅游经营者如实告知与旅游活动相关的（　　）信息。

A. 个人健康　　B. 个人身份　　C. 个人兴趣　　D. 旅游安全

28. 旅游景区可能达到最大承载量时，景区应当提前公告并同时向（　　）报告，并采取分流措施。

A. 景区主管部门　　B. 建设主管部门

C. 旅游行政部门　　D. 当地人民政府

29.旅行社应当(　　)参加团队旅游的旅游者按照规定投保人身意外伤害保险。

A.协助　　B.告知　　C.提示　　D.警示

30.突发事件或旅游安全事故发生后,旅游经营者应当立即采取必要的救助和处置措施,依法履行(　　),并对旅游者做出妥善安排。

A.抢救义务　　B.报告义务　　C.警示义务　　D.保险义务

三、多选题(五个选项中,至少有两个正确)

1.我国与旅游安全相关的法律、法规、标准规范非常多,与旅游经营者和从业人员直接相关的行政法规有(　　)。

A.《中华人民共和国安全生产法》　B.《中华人民共和国旅游法》

C.《消费者权益保护法》　D.《旅行社条例》

E.《中国公民出国旅游管理办法》

2.事前预防制度包括:政府的风险提示、(　　)和提示旅游者购买意外保险。

A.流量控制　B.旅游经营安全评估

C.高风险旅游项目许可　D.购买责任保险

E.政府的安全监管要求

3.旅游安全从"重监管"向"监管、协调、服务并重"转变,更加注重(　　)。

A.采取综合治理手段　B.以人为本的立法理念

C.旅游部门的协调职能　D.提供旅游安全公共服务

E.旅游安全服务社会化

4.旅游者在人身、财产安全遇到危险时,有权请求(　　)进行及时救助。

A.各级红十字会　B.当地政府和相关机构　C.旅游经营者

D.当地专业救援团体　E.当地军队

5.《旅游法》所指的"自行活动期间"主要包括(　　)。

A.旅游行程中独立的自由活动期间

B.旅游者不参加旅游行程的活动期间

C.旅游者经导游或领队同意暂时离队的个人活动期间

D.游客擅自离开团队的自由活动期间

E.旅游者与旅游团失散的活动期间

6.县级以上人民政府的安全监管责任有(　　)。

A.统一负责旅游安全工作　B.加强对旅游安全和应急工作的领导

C.督促履行旅游安全的监管职责　D.对旅游安全监管重大问题予以协调、解决

E.发布旅游目的地安全预警信息

7.旅游经营者的事中管理责任主要是(　　)。

A.遵守相关安全制度　B.制定安全事故应急预案

C.对员工进行应急救助技能培训　D.对老年人等特殊群体予以特殊保护

E.对产品和服务进行检测、检验、评估

8.我国《安全生产法》规定的从事生产经营活动包括(　　)。

A.农业生产　B.自建房屋　C.工业生产　D.自家种地　E.第三产业服务

9.旅游经营者应当制定的专项应急预案有(　　)。

A. 消防　B. 卫生　C. 治安　D. 交通　E. 意外

10. 旅游经营者应当就旅游活动中的(　　)事项,以明示的方式事先向旅游者做出说明和警示。

A. 正确使用相关设施、设备的方法　B. 必要的安全防范和应急措施
C. 未向旅游者开放的经营、服务场所和设施、设备　D. 不适宜参加相关活动的群体
E. 可能危及旅游者安全的情形

11. 国家应识别境内外旅游目的地的(　　)等旅游安全风险的类别、等级,提出旅游出行的建议,按规定权限向社会发布相关提示信息。

A. 风俗禁忌　B. 自然灾害　C. 事故灾难
D. 公共卫生事件　E. 社会安全事件

12. 对可能危及人身、财产安全的商品和服务,应当向消费者做出(　　),并说明和标明正确使用商品或者接受服务的方法及防止危害发生的方法。

A. 真实的说明　B. 温馨的提示　C. 善意的提醒　D. 明确的警示　E. 肯定的答复

13.《旅游法》关于旅游安全是以(　　)为双核心的。

A. 旅游行政部门安全监管　B. 旅游经营者安全经营
C. 旅游者安全活动　D. 社会保障安全旅游环境
E. 旅游从业人员提供安全旅游服务

14. 旅游景区开放应当具备的条件有(　　)。

A. 必要的安全设施　B. 必要的安全制度
C. 经过安全风险评估　D. 满足安全条件
E. 经过旅游行政管理部门批准

15. 景区应当在其(　　),必要时通过旅游公共服务信息平台、公共媒体等途径公布最大承载量,保障旅游者的知情权和选择权。

A. 官方网站　B. 入口处　C. 显眼处　D. 收费处　E. 售票处

16. 旅游安全法律从"安全第一、预防为主"向(　　)转变。

A. 以人为本　B. 公共服务　C. 安全第一　D. 预防为主　E. 综合治理

17. 旅游景区可采取的控制旅游者流量的可行性措施有(　　)。

A. 合理设计景区内的游览线路　B. 设置明确、清晰的指示牌
C. 提前、及时公布景区流量　D. 合理设计旅游者排队的方式和途径
E. 及时关闭售票窗口

18. 事后应急处置制度包括(　　)。

A. 政府的救助和处置　B. 旅游从业人员积极善后
C. 旅游经营者购买责任保险　D. 旅游经营者救助和必要处置
E. 旅游者的配合和依法承担责任和费用

19.《旅游法》明确规定的高风险旅游项目有(　　)。

A. 高空　B. 高速　C. 水上　D. 潜水　E. 探险

20.《旅游法》关于"旅游安全"的规范对象包括(　　)。

A. 政府及其部门　B. 旅游经营者　C. 旅游从业人员
D. 旅游者　E. 社会整体环境

21. 旅游景区安全风险评估主要包括的步骤有（　　　　）。
A. 接受旅游专家的风险考察　　B. 旅游行政管理实地检查
C. 识别景区可能发生安全事故的危害
D. 评估危害的风险　　E. 评估控制风险的措施及管理

22. 一线旅游从业人员的应急救助技能培训的主要内容包括（　　　　）。
A. 现场急救　　B. 创伤急救　　C. 心肺复苏
D. 呼吸道梗塞急救　　E. 意外伤害应急技能

23. 明示主要指旅游经营者或其从业人员用积极的、直接的、明确的方式，将需要说明或警示的内容表达、告知旅游者，具体包括（　　　　）。
A. 口头明示　　B. 电话明示　　C. 书面明示　　D. 行动明示　　E. 警示牌标示

24. 旅游安全法律规制的内容从“重政府、企业”向“政府、企业、（　　　　）并重”转变。
A. 经营者　　B. 社会　　C. 信息　　D. 个人　　E. 科技

25. 旅游经营者应当制定的旅游者安全保护制度主要有（　　　　）。
A. 旅游安全风险监测评估制度　　B. 旅游安全信息披露和告知制度
C. 旅游安全隐患排查制度　　D. 教育培训制度
E. 应急值守制度

26. 事中安全管理制度包括（　　　　）。
A. 景区流量控制　　B. 政府安全监管要求
C. 旅游者遵守安全规定　　D. 旅游从业人员安全警示
E. 旅游经营者安全经营规范

27. 创伤急救四项技术指的是（　　　　）。
A. 止血　　B. 包扎　　C. 固定　　D. 搬运　　E. 按压

28. 我国的旅游安全法律规制内容呈现出的新的趋势和特点主要表现为（　　　　）。
A. 从忽视安全生产到重视旅游安全转变
B. 从“重事中”向“事前、事中、事后并重”转变
C. 从“重监管”向“监管、服务、协调并重”转变
D. 从“安全第一”向“预防为主”转变
E. 从“重政府、轻企业”向“政府、企业并重”转变

29. 《中华人民共和国旅游法》规范的主体包括（　　　　），明确各自的安全保障责任，形成权责统一的安全治理模式。
A. 政府及其部门　　B. 旅游行业组织　　C. 旅游者
D. 旅游经营者及其从业人员　　E. 社会有关机构和组织

30. 《中华人民共和国旅游法》规定的旅游经营者主要包括（　　　　）。
A. 旅行社　　B. 旅游景区　　C. 导游及领队
D. 旅游汽车公司　　E. 旅游行政管理部门

参考答案

一、判断题

1—5 BABAB 6—10 ABBBA 11—15 ABBBA 16—20 BABAB 21—25 BABAA 26—30 BBBAB

二、单选题

1—5 CBDDC 6—10 BCADB 11—15 ACCCB 16—20 ACDBC 21—25 ACBDC 26—30 BADCB

三、多选题

1. DE 2. ABCD 3. CD 4. BC 5. ABC 6. ABCD 7. ACDE 8. ACE 9. ABCD 10. ABCDE 11. BCDE 12. AD 13. BC 14. ABCD 15. ABD 16. ACDE 17. ABCD 18. ADE 19. ABCDE 20. ABCD 21. CDE 22. ABCDE 23. ACE 24. BD 25. ABCDE 26. BCE 27. ABCD 28. BC 29. ACDE 30. ABD

第十五章 旅游资源管理与保护法律制度

一、判断题(正确的填 A,错误的填 B)

1. 自然保护区内保存完好的天然状态的生态系统以及珍稀、濒危动植物的集中分布区,应当划分为缓冲区。 ( )
2. 风景名胜区的门票收入和资源有偿使用费,实行自收自支管理。 ( )
3. 文物保护能够促进我国和世界各国的文化交流和友好关系的发展。 ( )
4. 严禁开设与自然保护区保护方向不一致的参观、旅游项目。 ( )
5. 国有不可移动文物的所有权要随着其依附的土地所有权或使用权的改变而改变。( )
6. 旅游景区质量等级划分为五级,从低到高依次为 5A、4A、3A、2A、1A 级旅游景区。 ( )
7. 一切单位和个人都有保护自然保护区内自然环境和自然资源的义务。 ( )
8. 人文旅游资源通常是在某种主导因素的作用和其他因素的参与下,经过长期的发展演变而形成的。 ( )
9. 景区内的核心游览项目因故暂停向旅游者开放或者停止提供服务的,景区门票价格应保持稳定。 ( )
10. 旅游景区是为旅游者提供游览服务、有明确的管理界限的场所或区域。 ( )
11. 禁止在自然保护区的实验区开展旅游和生产经营活动。 ( )
12. 自然保护区的核心区外围可以划定一定面积的缓冲区,不允许进入从事科学研究活动。 ( )
13. 具有科学价值的古脊椎动物化石和古人类化石同文物一样受国家保护。 ( )
14. 风景名胜区可以将规划、管理和监督等行政管理职能委托给企业或个人行使。 ( )
15. 依法从事旅游资源开发活动的单位和个人,应提前制订专项的旅游资源开发保护方案。 ( )

16. 旅游资源包括已开发的各类自然遗产、文化遗产等,不包括未开发的具有旅游利用价值的各种物质和非物质资源。 ( )
17. 风景名胜区管理机构的工作人员,不得在风景名胜区内的企业兼职。 ( )
18. 自然保护区核心区的外围是实验区,实验区的外围是缓冲区。 ( )
19. 风景名胜区管理机构应当对风景名胜区内的重要景观进行调查、鉴定,并制定相应的保护措施。 ( )
20. 外国人进入地方级自然保护区的,接待单位应当报国务院有关自然保护区行政主管部门批准。 ( )
21. 中国境内地下、内水和领海内遗存的一切文物,都属于国家所有。 ( )
22. 任何社会团体和个人都有权利和义务依法从事旅游资源保护工作。 ( )
23. 将不同旅游景区的门票或同一景区内不同游览场所的门票合并出售的,旅游者无权选择购买其中的单项票。 ( )
24. 风景名胜区的门票收入和风景名胜资源有偿使用费应当专门用于风景名胜区的资源保护和开发建设。 ( )
25. 自然保护区的核心区禁止任何单位和个人进入。 ( )
26. 国家应将自然保护区的发展规划纳入国民经济和社会发展计划。 ( )
27. 在国家级风景名胜区内修建缆车、索道等重大建设工程,项目的选址方案应当报国务院核准。 ( )
28. 4A 级旅游景区由省级旅游景区质量等级评定委员会组织评定,5A 级旅游景区由全国旅游景区质量等级评定委员会组织评定。 ( )
29. 禁止在自然保护区的实验区开展旅游和生产经营活动。 ( )
30. 旅游资源是旅游者进行旅游活动的基础和前提条件,是旅游业发展的基础。 ( )

二、单选题

1. 在地方级自然保护区的实验区开展参观、旅游活动的,须经( )批准。

A. 自然保护区管理机构　B. 省级人民政府
C. 省级自然保护区行政主管部门　D. 国务院

2. 文物工作的中心任务是( )。

A. 保护为主　B. 抢救第一　C. 合理利用　D. 加强管理

3. 被公告为 4A 级旅游景区满( )年以上的旅游景区才可以申报 5A 级旅游景区。

A. 2　B. 3　C. 4　D. 5

4. 设立旅游资源保护咨询专家组,建立旅游资源保护( )制度。

A. 专家咨询报告　B. 专家咨询热线
C. 专家服务旅游　D. 专家权威建议

5. 1994 年 10 月 9 日,国务院颁布施行的( ),是我国目前自然保护区管理的主要法规。

A.《风景名胜区条例》　B.《中华人民共和国文物法》
C.《旅游资源保护暂行办法》　D.《自然保护区条例》

6. 依法从事旅游资源开发活动的单位和个人,在取得有关部门的立项和建设许可后,应及时到( )的旅游行政管理部门备案。

A. 开发单位所在地　B. 开发个人户籍所在地

C. 旅游资源所在地　　D. 立项或建设许可所在地

7. 以下对自然保护区的保护措施表述不正确的是（　　）。

A. 禁止在自然保护区内进行砍伐、放牧、狩猎等活动

B. 禁止任何人进入自然保护区的核心区

C. 严禁开设与自然保护区保护方向不一致的参观、旅游项目

D. 外国人进入自然保护区的，接待单位应当事先报经国务院旅游行政主管部门批准

8. 旅游景区拟提高门票价格的，应当（　　），征求旅游者、经营者和有关方面的意见，论证其必要性、可行性。

A. 提前向社会公告　　B. 经价格主管部门批准

C. 咨询相关专家　　D. 举行听证会

9. 各级旅游行政管理部门对本地区发生的重大破坏旅游资源事件应及时报告（　　）和上级旅游行政管理部门。

A. 上级人民政府　　B. 同级人民政府　　C. 国家旅游局　　D. 新闻媒体

10. 景区擅自提高门票或者另行收费项目的价格，由（　　）依照有关法律、法规的规定处罚。

A. 价格主管部门　　B. 工商行政管理部门

C. 旅游行政管理部门　　D. 当地人民政府

11. 原批准建立自然保护区的人民政府认为必要时，可以在自然保护区的外围划定一定面积的（　　）。

A. 缓冲区　　B. 外围保护地带　　C. 外围建设地带　　D. 外围控制地带

12. 风景名胜区的景观和自然环境，应当根据（　　）的原则，严格保护，不得破坏或随意改变。

A. 合理利用　　B. 开发服从保护　　C. 科学规划　　D. 可持续发展

13. 景区在旅游者数量可能达到最大承载量时，未及时采取分流措施，情节严重的，由景区主管部门责令停业整顿（　　）。

A. 1～3 个月　　B. 3～6 个月　　C. 1～6 个月　　D. 3～9 个月

14. 在风景名胜区内举办大型游乐活动，应当经（　　）审核后，报有关主管部门批准。

A. 风景名胜区管理机构　　B. 当地旅游行政管理部门

C. 工商行政管理部门　　D. 当地人民政府

15. 旅游资源的地域性表现在：在空间分布上，旅游资源的形成与（　　）有内在联系。

A. 地质地貌　　B. 地理位置　　C. 地理环境　　D. 地壳运动

16. 下列有关景区门票的说法，错误的是（　　）。

A. 景区提高门票价格应当提前 12 个月公布

B. 景区内的核心游览项目因故暂停向旅游者开放或者停止提供服务的，应当公示并相应减少收费

C. 将不同景区的门票或者同一景区内不同游览场所的门票合并出售的，合并后的价格不得高于各单项门票的价格之和，且旅游者有权选择购买其中的单项票

D. 应当在醒目位置公示门票价格、另行收费项目的价格及团体收费价格

17. 强调在确保文物安全的前提下，正确发挥文物在经济和社会发展中的作用，这是文物保护的（　　）方针。

A. 保护为主　B. 抢救第一　C. 合理利用　D. 加强管理

18. 进入国家级自然保护区核心区的，必须经（　）批准。

A. 自然保护区管理机构　B. 省级政府自然保护区行政主管部门

C. 省级人民政府　D. 国务院自然保护区行政主管部门

19. 加强文物保护对一个民族、国家的重要性越来越突出，对保持（　）的重要性越来越显著，联合国先后制定了若干有关遗产保护的国际公约。

A. 文化代表性　B. 文化多样性　C. 地域特色性　D. 民族多样性

20. 国家旅游局颁布的（　），该标准在我国服务领域、甚至在国际上对旅游景区管理的理论研究具有较强的创新性，在行为导向上具有积极的指导意义。

A.《服务质量与环境质量评分细则》　B.《景观质量评分细则》

C.《旅游景区质量等级的划分与评定》　D.《游客意见评分细则》

21. 属于国家所有的（　）的所有权不因其保管、收藏单位的终止或者变更而改变。

A. 不可移动文物　B. 珍贵文物　C. 可移动文物　D. 重点文物

22. 利用公共资源建设的景区的门票以及景区内的游览场所、交通工具等的收费，实行政府定价或（　）。

A. 市场定价　B. 政府指导价　C. 行业指导价　D. 逐步免费

23. 按照《风景名胜区条例》的规定，我国的风景名胜区可以分为国家级和（　）风景名胜区。

A. 县级　B. 地市级　C. 省级　D. A 级

24. 国务院（　）负责全国风景名胜区的监督管理工作。

A. 建设主管部门　B. 旅游主管部门　C. 环境主管部门　D. 国土资源部门

25.（　）是旅游资源开发和旅游业可持续发展的前提与保障。

A. 利用旅游资源　B. 规划旅游资源　C. 保护旅游资源　D. 爱护旅游资源

26. 楠溪江石门台景区的门票价格是 35 元，旁边的崖下库景区的门票价格是 50 元，棣头古村门票价格是 20 元，现欲将三个景区门票合并起来销售，定价为（　）最符合法律规定。

A. 100 元　B. 105 元　C. 110 元　D. 120 元

27. 景区不符合开放条件而接待旅游者的，由景区主管部门责令停业整顿直到符合开放条件，并处（　）罚款。

A. 1 万元以上 10 万元以下　B. 2 万元以上 20 万元以下

C. 3 万元以上 30 万元以下　D. 5 万元以上 50 万元以下

28. 旅游资源保护坚持严格保护、（　）的原则。

A. 永续利用　B. 可持续发展　C. 科学发展　D. 开发服从保护

29. 景区提高门票价格应当提前（　）向社会公布。

A. 3 个月　B. 6 个月　C. 9 个月　D. 12 个月

三、多选题（五个选项中，至少有两个正确）

1. 根据《中国旅游资源普查规范》，自然旅游资源可以分为（　）。

A. 地貌景观类　B. 水域风光类

C. 古迹与建筑类　D. 天气气象类　E. 生物景观类

2. 我国旅游资源开发中存在的主要问题是（　）。

A. 水体污染　B. 植被破坏　C. 建筑违章

D. 空气和噪声污染　　　　E. 文化古迹破坏及野生动植物生存威胁

3. 加强旅游资源的开发保护，重点应做好（　　）。

A. 加快推进旅游资源保护的立法工作　　B. 强调保护和可持续
C. 建立科学合理的参与机制　　D. 加强旅游资源普查
E. 保护范围上进一步拓宽覆盖面

4. 各级旅游行政管理部门负责本地区旅游资源的（　　）及相关保护工作。

A. 普查　B. 调查　C. 分类　D. 定级　E. 公告

5.《旅游法》对景区开业、经营管理和安全等方面作了一些规定，积极引导行业朝（　　）的方向发展。

A. 服务精细化　B. 功能多样化　C. 景观生态化　D. 管理信息化　E. 管理法制化

6. 旅游资源是指自然界和人类社会凡能对旅游者产生吸引力，可以为旅游业合理利用，并可产生（　　）的各种事物和因素。

A. 政治效益　B. 经济效益　C. 社会效益　D. 生态效益　E. 文化效益

7. 因教学科研目的，需要进入自然保护区的缓冲区从事非破坏性的（　　）活动的，应经自然保护区管理机构批准。

A. 科学研究　B. 旅游观光　C. 观测考察　D. 教学实习　E. 标本采集

8. 景区开放应当具备的条件有（　　），并听取旅游主管部门的意见。

A. 有必要的经营管理机构
B. 有必要的旅游配套服务和辅助设施
C. 有必要的安全设施及制度，经过安全风险评估，满足安全条件
D. 有必要的环境保护设施和生态保护措施
E. 有必要的科学发展、资源保护规划

9. 旅游资源管理与保护的主要内容有（　　）。

A. 规定旅游资源的保护范围
B. 规定旅游资源管理机构的职权和任务
C. 确定旅游资源开发、利用和保护的原则
D. 规定各级旅游资源主管机关和旅游者的义务
E. 规定相关的法律责任

10. 景区应在醒目位置公示（　　）。

A. 门票价格　B. 交通工具的收费　C. 团体收费价格
D. 另行收费项目的价格　E. 管理机构的监督电话

11. 自然保护区的等级可以分为（　　）。

A. 国家级　B. 省级　C. 市级　D. 县级　E. 地方级

12. 构成旅游资源必须具备的条件有（　　）。

A. 对旅游业具有经济价值　B. 对旅游市场具有旅游吸引力
C. 对旅游者具有游览和使用价值　D. 能促进旅游经济的发展
E. 具有多样性等基本特征

13. 对自然资源、文物等人文资源进行旅游利用，应当维护资源的（　　），并考虑军事设施保护的需要。

A. 地方特色性 B. 区域整体性 C. 资源本色性 D. 文化代表性 E. 地域特殊性

14. 风景名胜区必须具备的条件有（　　）。

A. 具有观赏、文化和科学价值 B. 具有一定的环境质量和容量

C. 自然景观和人文景观比较集中 D. 接受旅游行政主管部门管理

E. 可供人们游览、休息和进行科学文化活动

15. 购物类人文旅游资源主要包括（　　）。

A. 风物特产类 B. 著名店铺 C. 地方产品

D. 市场与购物中心 E. 小商品市场

16. 风景名胜区内禁止进行（　　）活动。

A. 在核心景区内修建宾馆 B. 举办大型游乐活动

C. 在景物或设施上刻画、涂污 D. 设置、张贴商业广告

E. 改变水资源、水环境自然状态的活动

17. 文物是人类在自身发展过程中遗留下来的遗物或遗迹，具有物质性、时代性、（　　）、永续性等特征。

A. 不可再生性 B. 不可替代性 C. 禁止买卖性 D. 客观性 E. 年代久远性

18. 旅游资源的休闲性主要体现在：旅游资源具有（　　）的作用。

A. 度假 B. 观赏 C. 疗养 D. 娱乐 E. 消遣

19. 风景名胜区的利用、管理应当遵循（　　）原则。

A. 科学规划 B. 统一管理 C. 严格保护 D. 依法治理 E. 永续利用

20. 依照《文物保护法》的规定，文物工作贯彻（　　）的方针。

A. 保护为主 B. 科学规划 C. 抢救第一 D. 永续利用 E. 加强管理

21. 狭义上的旅游资源主要包括（　　）。

A. 地质旅游资源 B. 自然旅游资源 C. 生态旅游资源

D. 人文旅游资源 E. 红色旅游资源

22. 我国旅游资源开发中存在问题的主要原因是（　　）。

A. 过分追求经济效益 B. 法治不够健全 C. 过度开发

D. 商业化严重 E. 游客意识不到位

23. 申报5A级的旅游景区，由所在地的旅游景区评定机构逐级提交（　　），由省级旅游景区评定机构组织初评。

A. 申报报告 B. 创建工作汇报 C. 创建资料

D.《旅游景区质量等级评定报告书》 E. 景区发展规划文本

24. 全国旅游景区质量等级评定委员会有权对达不到标准规定的各级旅游景区做出（　　）的处理。

A. 通报批评 B. 限期整改 C. 警告通知书

D. 降低或取消等级 E. 向社会公告

25. 旅游资源的基本特征是：多样性、（　　）、休闲性。

A. 独特性 B. 地域性 C. 社会性 D. 文化性 E. 持续性

26. 风景名胜区管理机构应当在风景名胜区内设置（　　）等标牌。

A. 风景名胜区等级 B. 风景名胜区标志 C. 路标

D. 安全警示牌　　　　　　E. 景点游览示意图

27. 在自然保护区中禁止的行为有(　　　)。

A. 狩猎　　B. 采药　　C. 观测　　D. 保护　　E. 捕捞

28. 根据《中国旅游资源普查规范》,人文旅游资源可以分为(　　　)。

A. 地貌景观类　　　　　　B. 购物类

C. 休闲求知健身类　　　　D. 宗教民俗类　　　　　　E. 古迹与建筑类

29. 自然保护区按照构成和保护要求可以划分为(　　　)。

A. 核心区　　B. 延伸区　　C. 缓冲区　　D. 实验区　　E. 游览区

30. 旅游资源的多样性主要表现在(　　　)。

A. 与人类互动密切　　　　B. 品种繁多　　　　　　C. 可持续利用

D. 类型复杂　　　　　　　E. 形态多样

参考答案

一、判断题

1—5 BBAAB　6—10 BABBA　11—15 BBABA　16—20 BABAB　21—25 AABBA
26—30 ABBBA

二、单选题

1—5 CABAD　6—10 CDDBA　11—15 BDCAC　16—20 ACDBC　21—25 CBCAC
26—29 ABDB

三、多选题

1. ABDE　2. ABCDE　3. ABCE　4. ACDE　5. ABCD　6. BCD　7. ADE　8. BCD
9. ABCDE　10. ACD　11. AE　12. AC　13. BDE　14. ACE　15. BCD　16. AC
17. ABD　18. ACDE　19. ABCE　20. ACE　21. BD　22. BCE　23. ACD　24. ACD
25. ABCE　26. BCD　27. ABE　28. BCE　29. ACD　30. BCDE

第十六章　旅游饭店法律制度

一、判断题(正确的填 A,错误的填 B)

1. 我国先后发布并修订了四个饭店星级评定标准,除第一个为行业标准外,其余三个都为国家标准。(　　)

2. 旅游饭店是以间夜为单位出租客房,以住宿服务为主,并提供商务、会议、休闲、度假等相应服务的住宿设施。(　　)

3. 一星级饭店属于经济饭店,代表适合大众消费的最基本的住宿设施,只需要达到安全、卫生即可。(　　)

4. 凡在中国境内正式营业一年以上的旅游饭店,都可以申请星级评定。(　　)

5. 饭店星级标志的有效期为 3 年。(　　)

6. 国家对食品生产经营实行许可制度。(　　)

7. 四星级和五星级饭店是完全服务饭店,全方位关注饭店的产品和服务。 ( )
8. 旅游饭店的法定代表人是本单位的消防安全责任人。 ( )
9. 除法定节假日外,歌舞娱乐场所不得向未成年人开放。 ( )
10. 旅游饭店发现其经营的食品不符合食品安全标准,应立即停止经营并召回。 ( )
11. 饭店星级评定的国家标准是强制性标准。 ( )
12. 旅游饭店应对职工进行岗前消防安全培训,定期组织消防安全培训和消防演练。( )
13. 任何单位或个人未经授权或认可,不得擅自制作和使用饭店星级标志。 ( )
14. 旅游饭店违反《食品安全法》的规定,应当承担民事赔偿责任和缴纳罚款、罚金,其财产不足以同时支付时,应先承担罚款、罚金。 ( )
15. 游艺娱乐场所设置的电子游戏机不得向未成年人提供。 ( )
16. 饭店星级复核分为年度复核和2年期满的评定性复核。 ( )
17. 包括白星五星级在内,我国旅游饭店星级分为六个级别。 ( )
18. 评定星级时可以因为某一区域所有权或经营权的分离,或因为建筑物的分隔而区别对待。 ( )
19. 饭店不能因为民族、种族、宗教、性别等因素,对不同的旅客有不同的服务,更不能歧视某一类别的旅客。 ( )
20. 地区级星评委负责向国家星评委推荐五星级饭店。 ( )
21. 四星级饭店设施设备最低得分线是420分。 ( )
22. 取消星级的饭店,5年之内不得重新申评星级。 ( )
23. 旅游饭店应经常组织有针对性的消防演练。 ( )
24. 二星级饭店属于适用饭店,代表大众经济型消费的住宿设施,需达到安全、卫生、便利的要求。 ( )
25. 五星级饭店的星级评定和复核工作由全国旅游星级饭店评定委员会负责组织或实施。 ( )
26. 旅客可以私自留客住宿或转让床位。 ( )
27. 旅游饭店对建筑消防设施每处至少进行一次全面检测,确保完好有效,检测记录应当完整准确,存档备查。 ( )
28. 任何饭店以“准×星”“超×星”“相当于×星”等作为宣传手段的行为均属于违法行为。 ( )
29. 旅客住宿饭店期间,客房的所有权归旅客所有,未经允许,饭店从业人员不得进入客房。 ( )
30. 饭店营运中发生重大安全责任事故,所属星级将被立即取消,相应星级标志不能继续使用。 ( )

二、单选题

1. 四星级饭店属于高档饭店,代表较高的软硬件配备和服务,不论在饭店的建设、管理还是服务等方面都有明确的要求,讲究饭店的( )。

A. 总体效果　　B. 整体效果　　C. 主体效果　　D. 全体效果

2. 饭店开业( )年后可以申请评定星级,经相应星级评定机构评定后,星级标志有效期为( )年。期满后应进行重新评定。

A. 1、3　　B. 1、5　　C. 2、3　　D. 2、5

3. 旅游饭店的首要权利是(　　)。

A. 要求旅客不得损害饭店的利益

B. 要求旅客不得损害饭店从业人员权益

C. 要求旅客在饭店内的行为符合法律、法规规定

D. 有权向旅客收取各种消费费用

4. 一、二、三星级饭店的共同特点是有限服务饭店，特别关注饭店(　　)产品。

A. 住宿　　B. 餐饮　　C. 娱乐　　D. 康体

5. 设立娱乐场所，应当向所在地县级人民政府(　　)主管部门提出申请。

A. 公安　　B. 旅游　　C. 工商　　D. 文化

6. 旅馆饭店对旅客遗留的物品经招领(　　)个月后无人认领的，要登记造册，送当地公安机关按拾遗物品处理。

A. 1　　B. 2　　C. 3　　D. 4

7. 旅游饭店的工作人员每年应当进行健康体检，取得(　　)后方可参加工作。

A. 执业许可　　B. 健康证明　　C. 体检证明　　D. 从业资格

8. 改革开放后，为扭转我国饭店业管理落后、设施陈旧、服务欠缺的通病，引进了国际上通行的(　　)制度。

A. 科学管理　　B. 星级评定　　C. 优质服务　　D. 品质经营

9. (　　)是饭店的法定义务，也是饭店的首要义务。

A. 尊重和保护旅客的隐私　　B. 提供约定的服务

C. 保障旅客的人身财产安全　　D. 明码标价，出具发票

10. 每日(　　)，娱乐场所不得营业。

A. 凌晨 2 时至早上 6 时　　B. 凌晨 0 时至上午 8 时

C. 凌晨 2 时至早上 5 时　　D. 凌晨 2 时至上午 8 时

11. 三星级饭店的设施得分最低为(　　)分。

A. 220　　B. 320　　C. 420　　D. 520

12. 娱乐场所取得营业执照后，应当在(　　)内向所在地县级公安部门备案。

A. 7 日　　B. 10 日　　C. 15 日　　D. 20 日

13.《旅游饭店星级的划分与评定》附录 A 规定了各星级必须具备的硬件设施和(　　)，要求相应星级的每个项目必须达标，缺一不可。

A. 软件设施　　B. 服务流程　　C. 清洁卫生　　D. 服务项目

14. 接待境外旅客住宿，应当在(　　)小时内向当地公安机关报送住宿登记表。

A. 12　　B. 24　　C. 36　　D. 48

15. 饭店星级评定采取(　　)，是否参加星级评定，由饭店自行决定。

A. 主动申报制　　B. 积极申报制　　C. 指定申报制　　D. 逐级申报制

16. 娱乐场所应当在安全出口设置明显(　　)，不得遮挡、覆盖。

A. 安全警示　　B. 限人标志　　C. 消防标志　　D. 指示标志

17. 饭店星级标志应置于(　　)最明显位置，接受公众监督。

A. 饭店大堂　　B. 饭店前厅　　C. 饭店总台　　D. 饭店门口

18. 举办大型群众性活动，旅游饭店应当依法向（ ）申请安全许可。
A. 公安机关 B. 消防机关 C. 安全机关 D. 旅游机关
19. 五星级饭店运营质量的规定得分率为（ ）。
A. 70% B. 80% C. 85% D. 90%
20. 旅游饭店的消防工作应贯彻预防为主、（ ）的方针。
A. 安全第一 B. 消防结合 C. 防消结合 D. 依法监管
21. 饭店星级标志已在国家工商行政管理总局商标局登记注册成为（ ），其使用要求必须严格按照《星级饭店图形证明商标使用管理规则》执行。
A. 注册商标 B. 说明商标 C. 证明商标 D. 标识商标
22. 发生食品安全事故后，旅游饭店应立即予以处置，及时向事故发生地的县级（ ）报告。
A. 旅游行政管理部门 B. 公安部门
C. 工商行政管理部门 D. 卫生行政管理部门
23. 经评定达到二星级标准的饭店，由（ ）颁发相应的星级证书和标志牌。
A. 全国星评委 B. 省级星评委 C. 地区星评委 D. 县级星评委
24. 食品原料、食品添加剂、食品相关产品进货查验记录应当真实，保存期限不得少于（ ）年。
A. 一 B. 二 C. 三 D. 四
25. 星级饭店的星级复核分为（ ）和 3 年期满的评定性复核。
A. 季度复核 B. 年度复核 C. 自查复核 D. 委托复核
26. 设立中外合资经营、中外合作经营的娱乐场所应当向所在地的（ ）提出申请。
A. 省级文化主管部门 B. 省级公安部门
C. 县级文化主管部门 D. 县级公安部门
27. 四星级旅游饭店的星级评定和复核工作由（ ）组织实施。
A. 全国星评委 B. 省级星评委 C. 地区星评委 D. 县级星评委
28. 旅馆饭店接待旅客住宿必须（ ）。
A. 查验证件 B. 如实登记 C. 保护安全 D. 提供发票
29. 旅客到饭店住宿时，不属于遵守义务的是（ ）。
A. 如实登记义务 B. 向饭店告知个人健康信息的义务
C. 支付住宿等服务费用义务 D. 不得在饭店内从事违法犯罪活动
30. （ ）是参评星级饭店的首要条件，如果缺项，一票否决，该饭店就不能参加星级评定。
A. 必备项目 B. 设施设备 C. 运营质量 D. 顾客体验
31. 有关旅游行政处罚，下列说法错误的是（ ）。
A. 旅游行政处罚由违法行为发生地的县级以上地方旅游主管部门管辖
B. 旅行社组织出境旅游违法行为的处罚，由组团社所在地县级以上地方旅游主管部门管辖
C. 吊销旅行社业务经营许可证、导游证、领队证的行政处罚由省级旅游主管部门做出
D. 旅游主管部门发现已立案的案件不属于自己管辖的，应当在 10 日内移到有管辖权的旅游主管部门或者其他部门处理
32. 旅游行政处罚有一般程序和简易程序。简易程序适用的条件是，违法事实清楚、证据确凿并有法定依据，对公民处以（ ）元以下，对法人或者其他组织处以（ ）元以下罚

款或者警告的旅游行政处罚。

A. 50、500　　B. 50、1000　　C. 100、500　　D. 100、1000

33. 甲某参加旅行社组织的旅游，同团大部分游客都参加一个自费项目，只有甲某等 3 人参加旅行社安排的购物项目，为此旅行社将旅游大巴安排给大部分游客，并叫了一辆在路边拉客的黑车将 3 人送往购物店，结果在路上发生车祸，甲某当场死亡，甲某死亡给其家属造成的损失为 80 万元。甲某家属依法最多可以要求从旅行社获得(　　)赔偿金。

A. 80 万　　B. 160 万　　C. 240 万　　D. 320 万

34. 旅行社以不合理的低价组织旅游活动，诱骗旅游者，并通过安排购物或者另行付费旅游项目获取回扣等不正当利益的，由旅游主管部门责令改正，没收违法所得，责令停业整顿，并处(　　)罚款。

A. 5000 元以上 5 万元以下　　B. 1 万元以上 10 万元以下

C. 2 万元以上 20 万元以下　　D. 3 万元以上 30 万元以下

35. 旅行社在旅游行程中，采取"甩团"的方式，恶意终止旅游行程的，旅游主管部门应责令改正，可以对带团的导游处(　　)元罚款，并吊销导游证。

A. 500 元　　B. 1000 元　　C. 1 万　　D. 3 万

三、多选题(五个选项中，至少有两个正确)

1. 三星级饭店属于中档饭店，代表饭店软硬件适中，有一定的档次但不苛求，强调饭店的(　　　)。

A. 科学性　　B. 安全性　　C. 规范性　　D. 舒适性　　E. 大众性

2. 星级饭店评定对服务质量总体要求包括(　　　)。

A. 服务基本原则　　B. 服务基本要求　　C. 管理要求

D. 安全管理要求　　E. 服务品质要求

3. 在住宿饭店期间，旅客应履行的义务有(　　　)。

A. 如实登记　　B. 支付服务费用　　C. 赔偿饭店损失

D. 维护饭店从业人员合法权益　　E. 遵守法律和公序良俗

4. 申请开办旅馆饭店，应当经(　　　)，领取营业执照后方准开业。

A. 主管部门审查批准　　B. 当地公安机关签署意见

C. 向旅游行政主管部门备案　　D. 旅游行政管理部门申请业务许可

E. 向工商行政管理部门申请登记

5. 五星级饭店代表软硬件设施的豪华和高档，软件服务的全面和精致，注重饭店的(　　　)，位于星级饭店群体中的顶峰。

A. 建筑设施　　B. 服务品质　　C. 文化

D. 顾客体验　　E. 旅客的满意度

6. 国内旅客住宿，可以凭(　　　)等有效身份证件进行登记。

A. 居民身份证　　B. 户口簿　　C. 机动车驾驶证

D. 出生证明　　E. 有照片的户籍证明

7.《食品安全法》规定，食品安全标准包括食品及相关产品中的致病性微生物、(　　　)以及其他危害人体健康物质的限量规定。

A. 农药残留　　B. 兽药残留　　C. 重金属　　D. 转基因成分　　E. 污染物质

8. 星级饭店应倡导(　　)的绿色理念。

A. 绿色设计　B. 清洁生产　C. 绿色建筑　D. 节能减排　E. 绿色消费

9. 患有(　　)疾病,不得从事接触直接入口食品的工作。

A. 艾滋病　B. 病毒性肝炎　C. 性病

D. 活动性肺结核　E. 心脏病

10. 旅游饭店应建立食品原料及相关产品的进货查验记录制度,如实记录食品原料、添加剂、相关产品的名称、规格、数量、(　　)等内容。

A. 供货者名称　B. 供货者的许可信息　C. 进货日期

D. 供货者联系方式　E. 价格

11. 饭店星级评定条件由(　　)组成。

A. 必备项目　B. 附属项目　C. 设施设备

D. 饭店运营质量　E. 旅客体验调查

12. 旅游饭店的食品安全事故处置制度有(　　)。

A. 应急预案制度　B. 及时报告制度　C. 食品召回制度

D. 紧急处置制度　E. 查验贮存制度

13. 住店旅客应如实填写(　　)。

A. 本人姓名　B. 户籍地址　C. 出差事由

D. 身份证件种类及号码　E. 安全承诺书

14. 发生食物中毒或疑似食物中毒事故后,旅游饭店正确的做法有(　　)。

A. 立即停止生产经营活动　B. 向所在地人民政府安全部门报告

C. 保留造成中毒的食品和现场　D. 配合相关部门调查

E. 如实提供有关材料和样品

15. 星级饭店的建筑、(　　)应符合国家现行的安全、消防、卫生、环境、劳动合同等有关法律、法规和标准的规定和要求。

A. 附属设施设备　B. 服务项目　C. 顾客评价

D. 运行管理　E. 员工满意率

16. 旅游饭店及其员工都有(　　)的义务,都有参加有组织的灭火工作的义务。

A. 维护消防安全　B. 学习消防常识　C. 保护消防设施

D. 预防火灾　E. 报告火警

17. 旅馆应对旅客寄存的财物建立(　　)制度。

A. 登记　B. 领取　C. 交接　D. 提取　E. 时长

18. 旅游饭店应保障(　　)畅通,保证防火防烟分区、防火间距符合消防技术标准。

A. 安全出口　B. 消防车通道　C. 楼道安全门　D. 疏散通道　E. 消防管道

19.《旅游饭店星级的划分与评定》附录 C"饭店运营质量评价表"包括对饭店(　　)的评价。

A. 各项服务的基本流程　B. 硬件设施　C. 服务项目

D. 设施维护与保养　E. 清洁卫生

20. 申请人取得娱乐经营许可证和有关(　　)的批准文件后,方可到工商部门办理登记手续,领取营业执照。

A. 消防　　B. 文化　　C. 卫生　　D. 安全　　E. 环保

21. 2010 年 10 月,(　　　)发布了《旅游饭店星级的划分与评定》。

A. 国家旅游局　　B. 国家文化部

C. 国家质量监督检验检疫总局　　D. 全国星评委　　E. 国家标准化管理委员会

22. 饭店取得星级后,因改造发生(　　　)的变化,导致达不到原星级标准的,必须重新申报评定。

A. 建筑规格　　B. 建筑格局　　C. 设施设备　　D. 服务档次　　E. 服务项目

23. 贮存散装食品,应当在贮存位置标明食品的名称、(　　　)等内容。

A. 生产日期　　B. 保质期　　C. 进货日期

D. 生产批号　　E. 生产者名称及联系方式

24. 旅游饭店的星级标志由(　　　)图案组成。

A. 天安门　　B. 长城　　C. 五星　　D. 稻穗　　E. 山水

25. 复核结果达不到相应标准的星级饭店,相应级别星评委根据情节轻重给予(　　　)的处理,并公布处理结果。

A. 口头警告　　B. 书面警告　　C. 限期整改　　D. 停业整顿　　E. 取消星级

26. 发生火灾后,公安机关消防机构根据(　　　),及时制作火灾事故认定书,作为处理火灾事故的证据。

A. 火灾现场勘验　　B. 目击证人的证言　　C. 调查情况

D. 消防记录档案　　E. 检验、鉴定意见

27. 旅游饭店消防工作应按照(　　　)的原则,实行消防安全责任制,建立健全社会化的消防工作网络。

A. 依法管理消防　　B. 政府统一领导　　C. 部门依法监管

D. 单位全面负责　　E. 公民积极参与

28. 旅馆饭店应专门设置免费的旅客财物(　　　),并安排专人负责对寄存物品进行检查、登记。

A. 保管人　　B. 保险柜　　C. 保管室　　D. 意外险　　E. 保管箱

29. 旅游饭店采购食品原料等,应当检验供货者的(　　　)。

A. 健康证明　　B. 营业执照　　C. 许可证

D. 产品合格证　　E. 经营地址及生产环境

30. 五星级饭店的评定程序有:申请、推荐、(　　　)、审核、批复、申诉、抽查等。

A. 明察与暗访　　B. 审查与公示

C. 旅客满意度调查　　D. 国家级星评员检查

E. 全国星评委复核

参考答案

一、判断题

1—5 BABAA 6—10 AABBA 11—15 BAABB 16—20 BBBAB 21—25 BBABA 26—30 BAABA

二、单选题

1—5 CADAD 6—10 CBBCD 11—15 ACDBA 16—20 DBACC 21—25 CDABB 26—30 ABBBA 31—35 CBCDC

三、多选题

1.CD 2.ABCD 3.ABCE 4.ABE 5.CE 6.ACE 7.ABCE 8.ABDE 9.BD 10.ACD 11.ACD 12.ABD 13.ABD 14.ACDE 15.ABD 16.ACDE 17.ABC 18.ABD 19.ADE 20.ACE 21.CE 22.ACE 23.ABE 24.BC 25.CE 26.ACE 27.BCDE 28.BCE 29.CD 30.BCD

第十七章 旅游市场监管法律制度

一、判断题(正确的填A,错误的填B)

1.不属于旅游投诉处理职责范围或者管辖范围的投诉,旅游投诉处理机构可以不予理会。( )

2.同一旅游行程中,旅行社提供相同服务,因旅游者年龄、职业等差异增收费用的,旅行社应返还增收的费用。( )

3.旅游侵权纠纷一般都通过调解来解决,通过诉讼来解决的可能性较小。( )

4.导游遗漏无门票景点的,每遗漏一处旅行社向旅游者支付旅游费用总额5%的违约金。( )

5.旅行社事先征得了旅游者同意、确定购物时间、明确购物商场名称,虽然从购物商场获得了一些好处,也不能认定为行为违法。( )

6.《旅行社服务质量赔偿标准》是旅行社服务质量赔偿的唯一标准。( )

7.在和旅游者协商自费项目时,旅行社应当将自费项目的价格明确告知旅游者,由旅游者自行选择。( )

8.处罚公开原则要求对在行政处罚中获取的涉及相对人商业秘密或个人隐私的内容,旅游主管部门及其执法人员应当予以保密。( )

9.委托实施行政处罚,可以设定委托期限。( )

10.吊销旅行社业务经营许可证、导游证、领队证或取消出国旅游业务经营资格的行政处罚,由县级以上旅游行政主管部门作出。( )

11.旅游投诉只能采取书面形式,一式两份。( )

12.如果旅行社推荐的自费项目存在严重的安全隐患,导致旅游者人身伤害的发生,旅行社既要承担民事责任,也要承担刑事责任。( )

13. 旅行社可以设定自费项目必须达到的最低限额。（　　）

14. 只要斩断了旅行社回扣的利益链，就能够迫使旅游路线报价回归理性。（　　）

15. 旅游主管部门发现已立案的案件不属于自己管辖的，应当在 7 日内移送有管辖权的旅游主管部门或其他部门处理。（　　）

16. 旅游者在合同约定的购物场所所购商品系假冒伪劣商品的，旅行社应负责挽回或赔偿旅游者的直接经济损失。（　　）

17. 当场作出行政处罚决定的，执法人员应当自决定之日起 3 日内向旅游主管部门报告并上缴罚款所得。（　　）

18. 旅游行政处罚文书不得采用传真、电子邮件等方式送达当事人。（　　）

19. 当事人申请行政复议或提起行政诉讼的，应当停止行政处罚决定的执行。（　　）

20. 当事人逾期不履行行政处罚决定的，做出处罚决定的旅游主管部门可以向有管辖权的人民法院申请强制执行。（　　）

21. 上级旅游投诉处理机构无权处理下级旅游投诉处理机构管辖的投诉案件。（　　）

22. 旅游主管部门不得因当事人申辩而加重处罚。（　　）

23. 要现场检查中发现旅游违法行为时，认为证据以后难以取得的，可以先行调查取证，并在 7 日内决定是否立案和补办立案手续。（　　）

24. 对当事人的同一违法行为，不得给予两次以上罚款的行政处罚。（　　）

25. 违法行为在两年内未被发现的，发现后应当追加处罚。（　　）

26. 被投诉人应当在接到通知之日起 15 日内做出书面答复，提出答辩的事实、理由和证据。（　　）

27. 旅行社事先在旅游合同中明确购物商场的名称即可，时间长短由旅游者自己把控。（　　）

28. 对专门性事项进行鉴定、检测的时间计人投诉处理时间。（　　）

29. 导游私自兜售商品，旅行社应责令导游退还旅游者购物价款。（　　）

30. 旅游投诉处理机构应当在其职责范围内处理旅游投诉。（　　）

二、单选题

1. 发生需要立即制止、纠正被投诉人的损害行为的，应当由（　　）的旅游投诉处理机构管辖。

A. 旅游合同履行地　　B. 损害行为发生地

C. 被投诉人所在地　　D. 投诉人所在地

2. 超过旅游合同结束之日（　　）天的，旅游投诉受理机构可以不予受理。

A. 30　　B. 60　　C. 90　　D. 120

3. 旅行社与旅游者签订合同或收取旅游者预付费用后，因旅行社原因不能成行的，国内旅游应提前（　　）通知旅游者，否则承担赔偿责任。

A. 7 日（含 7 日）　　B. 7 日（不含 7 日）

C. 30 日（含 30 日）　　D. 30 日（不含 30 日）

4. 旅行社未经旅游者同意，擅自将旅游者转团、拼团的，旅行社应向旅游者支付旅游费用总额（　　）的违约金。

A. 10%　　B. 15%　　C. 20%　　D. 25%

5. 旅行社与旅游者订立了出境旅游合同，因旅行社原因不能成行的，应在合理期限内通知旅游者，否则应退还全部预付旅游费用，出发前（　　）通知的，还应支付旅游费用总额 2%

的违约金。

A. 30 日至 15 日　　B. 14 日至 7 日　　C. 6 日至 4 日　　D. 3 日至 1 日

6. 旅游服务中最为常见的旅游纠纷是(　　)。

A. 旅行社侵权　　B. 旅行社违约

C. 旅行社约定不明　　D. 旅行社没有明码标价

7. 因旅行社原因造成旅游者未能乘坐预订的公共交通工具的,旅行社应赔偿旅游者的(　　),并支付相应的违约金。

A. 全部经济损失　　B. 直接经济损失　　C. 实际经济损失　　D. 精神损失

8. 旅行社与旅游者订立了出境旅游合同,因旅行社原因不能成行的,应在合理期限内通知旅游者,否则应退还全部预付旅游费用,出发前(　　)通知的,还应支付旅游费用总额 10% 的违约金。

A. 30 日至 15 日　　B. 14 日至 7 日　　C. 6 日至 4 日　　D. 3 日至 1 日

9. 导游或领队未按照国家或旅游行业对旅游者服务标准提供导游或者领队服务,影响旅游服务质量的,旅行社应当向旅游者支付旅游费用总额(　　)的违约金。

A. 1%～3%　　B. 2%～5%　　C. 3%～5%　　D. 1%～5%

10. 2010 年 1 月 4 日,国家旅游局颁布了(　　),成为各级旅游主管部门处理旅游投诉最为重要的依据。

A.《旅游投诉处理办法》　　B.《旅游投诉实施细则》

C.《旅游投诉赔偿标准》　　D.《旅游投诉处罚办法》

11. 导游或领队人员强迫或变相强迫旅游者购物的,每次向旅游者支付旅游费用总额(　　)的违约金。

A. 5%　　B. 10%　　C. 15%　　D. 20%

12. 旅行社与旅游者签订合同或收取旅游者预付费用后,因旅行社原因不能成行的,出境旅游应提前(　　)通知旅游者,否则承担赔偿责任。

A. 7 日(含 7 日)　　B. 7 日(不含 7 日)

C. 30 日(含 30 日)　　D. 30 日(不含 30 日)

13. 未经旅游者签字确认,擅自违反合同约定增加购物次数、延长停留时间的,每次向旅游者支付旅游费用总额(　　)的违约金。

A. 5%　　B. 10%　　C. 15%　　D. 20%

14. 旅游投诉受理机构应当在受理旅游投诉之日起(　　)内做出处理。

A. 30 天　　B. 60 天　　C. 90 天　　D. 15 天

15. 旅行社与旅游者订立了出境旅游合同,因旅行社原因不能成行的,应在合理期限内通知旅游者,否则应退还全部预付旅游费用,出发前(　　)通知的,还应支付旅游费用总额 5%的违约金。

A. 30 日至 15 日　　B. 14 日至 7 日　　C. 6 日至 4 日　　D. 3 日至 1 日

16. 旅游投诉处理机构应当在(　　)的基础上,促使投诉人与被投诉人相互谅解,达成协议。

A. 依据事实　　B. 依据法律　　C. 查明事实　　D. 自愿合法

17. (　　)是旅行社与旅游者双方权利义务的载体,也是旅行社旅游者双方纠纷处理的重要依据。

A. 旅游合同　　B. 旅游行程单　　C. 旅游报价单　　D. 口头承诺

18. 自费项目的本质是(　　)。

A. 旅游项目的增加　　B. 旅游行程的更改

C. 旅游合同的变更　　D. 旅游消费的增加

19. 旅行社与旅游者订立合同或收取旅游者预付旅游费用后，因旅行社原因不能成行，出发当日通知旅游者的，应支付旅游费用(　　)的违约金。

A. 10%　　B. 15%　　C. 20%　　D. 25%

20. 对旅行社收取回扣的监管，既是保护旅游者合法权益的需要，更是促使旅行社(　　)的需要。

A. 依法经营　　B. 转型升级　　C. 科学发展　　D. 品质经营

21. 旅行社与旅游者订立了出境旅游合同，因旅行社原因不能成行的，应在合理期限内通知旅游者，否则应退还全部预付旅游费用，出发前(　　)通知的，还应支付旅游费用总额15%的违约金。

A. 30 日至 15 日　　B. 14 日至 7 日　　C. 6 日至 4 日　　D. 3 日至 1 日

22. 投诉不符合规定的，旅游投诉受理机构应当向投诉人送达(　　)，告知不予受理的理由。

A.《旅游投诉转办通知书》　　B.《旅游投诉转办函》

C.《旅游投诉受理通知书》　　D.《旅游投诉不予受理通知书》

23. 旅游行政处罚由(　　)的县级以上地方旅游主管部门管辖。

A. 委托社所在地　　B. 受托社所在地

C. 违法人所在地　　D. 违法行为发生地

24. 旅行社与旅游者订立合同或收取旅游者预付旅游费用后，因旅行社原因不能成行，出发前 3 日至 1 日通知旅游者的，应支付旅游费用(　　)的违约金。

A. 10%　　B. 15%　　C. 20%　　D. 25%

25. 旅行社以低于旅游成本的报价招徕旅游者的，由(　　)依法给予处罚。

A. 旅游行政主管部门　　B. 工商行政管理部门

C. 商务行政主管部门　　D. 价格主管部门

26. 旅行社违反合同约定，中止对旅游者提供住宿、用餐、交通等服务，应当负担旅游者在中止期间所预订的同等级别的住宿、用餐、交通等必要费用，并向旅游者支付旅游费用总额(　　)的违约金。

A. 10%　　B. 20%　　C. 30%　　D. 40%

27. 旅游投诉处理机构处理旅游投诉，实行(　　)制度。

A. 和解　　B. 调解　　C. 仲裁　　D. 处罚

28. 旅行社与旅游者订立合同或收取旅游者预付旅游费用后，因旅行社原因不能成行，出发前 7 日(含 7 日)至 4 日通知旅游者的，应支付旅游费用(　　)的违约金。

A. 10%　　B. 15%　　C. 20%　　D. 25%

29. 对专门性事项需要鉴定或检测的，鉴定、检测费用应当由(　　)承担。

A. 投诉方　　B. 被投诉方　　C. 双方平均承担　　D. 双方约定

30. 旅游投诉处理机构接到投诉后，应当在(　　)内做出处理。

A. 5 个工作日　　B. 5 日　　C. 7 个工作日　　D. 7 日

三、多选题(五个选项中,至少有两个正确)

1. 旅游投诉产生的原因有(　　)。
A. 旅行社违约　B. 旅游者过度维权　C. 旅游者要求赔偿
D. 不可抗力导致服务质量下降　E. 旅行社约定不明

2. 旅游投诉受理机构应当做出划拨旅行社质量保证金决定的情形有(　　)。
A. 旅行社因解散、破产造成旅游者预交旅游费用损失的
B. 不可抗力原因造成巨额损失,旅行社无力承担的
C. 组团社与地接社发生巨额债务纠纷的
D. 因旅行社中止合同造成旅游者滞留而发生了食宿等费用的
E. 旅游者中止合同产生的返程交通费用

3. 旅游者提出的投诉,旅游投诉处理机构不予受理的是(　　)。
A. 人民法院已经做出判决的
B. 旅游投诉处理机构此前已经做出处理,且没有新情况、新理由的
C. 不属于旅游投诉处理机构职责范围的
D. 超过旅游合同结束之日 60 天　E. 没有明确的被投诉人的

4. 适用《旅行社服务质量赔偿标准》的范围包括(　　)。
A. 旅行社不履行合同　B. 旅行社履行合同不符合约定
C. 旅游者与旅行社对赔偿标准未做出合同约定的
D. 旅游投诉受理机构在处理投诉时　E. 投诉双方进行和解时

5. 旅游投诉必须具备的条件有(　　)。
A. 旅游投诉的形式必须符合要求　B. 符合旅游投诉管辖范围
C. 投诉人与投诉事项有直接利害关系　D. 符合旅游投诉相关法律规定
E. 有明确的投诉人、具体的投诉请求、事实和理由

6. 旅行社不承担赔偿责任的情形有(　　)。
A. 因地接社原因造成的损失　B. 不可抗力原因造成的损失
C. 旅游者个人的原因造成的损失　D. 因旅游景区原因造成的损失
E. 因航空公司、铁路等公共服务部门造成的损失

7. 2013 年,国家旅游局颁布了《旅游行政处罚办法》,属于旅游行政处罚的是(　　)。
A. 罚金　B. 没收违法所得
C. 暂停或者取消出国(境)旅游业务经营资格　D. 暂扣或者吊销导游证、领队证
E. 吊销旅行社业务经营许可证

8.《旅游法》对虚假宣传做出了明确的禁止性规定,对发布虚假宣传的旅行社予以(　　)的处罚。
A. 责令改正,没收违法所得
B. 处 5000 元以上 5 万元以下罚款
C. 违法所得 5 万元以上的,并处违法所得 1 倍以上 5 倍以下罚款
D. 情节严重的,责令停业整顿或吊销旅行社业务经营许可证
E. 对直接责任人员,处 2000 元以上 2 万元以下罚款

9. 旅行社与旅游者没有签订书面旅游合同,或者虽然签订了旅游合同,但合同缺项,旅行社

将面临(　　　　)的行政处罚。

A. 责令改正　　B. 处1万元以上5万元以下罚款

C. 限期整改　　D. 处2万元以上10万元以下罚款

E. 情节严重的,停业整顿1～3个月

10. 旅游投诉是指旅游者认为旅游经营者损害其合法权益,请求(　　　　)对双方发生的民事争议进行处理的行为。

A. 旅游行政管理部门　　B. 工商行政管理部门　　C. 价格管理部门

D. 旅游质量监督管理机构　　E. 旅游执法机构

11. 组团社向不合格供应商订购产品和服务,由旅游主管部门责令改正,并且(　　　　)。

A. 没收违法所得　　B. 处5000元以上5万元以下罚款

C. 责令停业整顿　　D. 吊销旅行社业务经营许可证

E. 对责任人员处2000元以上2万元以下的罚款

12. 台州的甲旅行社受宁波的乙旅行社委托,在台州招徕游客小刘参加北京、河北5日游,并在台州签订旅游合同。乙旅行社将小刘转团给杭州的丙旅行社,丙旅行社委托北京的丁旅行社及河北的戊旅行社负责地接工作。丁旅行社在提供地接服务时,擅自调整行程,降低服务质量。戊旅行社在接待时擅自安排游客参加购物。小刘回到台州后,要投诉旅行社。根据《旅游投诉处理方法》,有权受理投诉的是(　　　　)的旅游投诉处理机构。

A. 台州　　B. 宁波　　C. 杭州　　D. 北京　　E. 河北

13. 旅游行政处罚除遵循行政处罚的一般原则外,还要遵循(　　　　)原则。

A. 处罚法定　　B. 一事不二罚　　C. 保护隐私　　D. 处罚公正　　E. 公开

14. 旅游投诉处理机构在处理旅游投诉中,发现被投诉人或其从业人员有违法或犯罪行为的,应当(　　　　)。

A. 组织双方进行调解　　B. 依法作出行政处罚　　C. 移送司法机关

D. 向有关行政管理部门提出行政处罚建议　　E. 依法吊销责任人从业资格

15. 两个以上旅游主管部门都有管辖权的行政处罚案件,由(　　　　)。

A. 最先立案的旅游主管部门管辖　　B. 相关旅游主管部门协商处理

C. 最后立案的旅游主管部门管辖　　D. 由上级旅游主管部门管辖

E. 报共同的上级旅游主管部门指定管辖

16. 旅游行政处罚决定书应当载明的内容有(　　　　)。

A. 当事人的姓名等相关信息　　B. 处罚所依据的法律法规

C. 行政处罚的种类和依据　　D. 逾期不缴纳罚款的后果

E. 做出处罚的部门名称和做出决定的日期

17. 下列可以适用简易程序的有(　　　　)。

A. 违法事实清楚、证据确凿且有法定依据　　B. 对公民处以100元以下罚款

C. 对法人处以1000元以下罚款　　D. 对社会组织处以警告的

E. 违法情节简单的

18. 作为旅游市场监管主体的旅游主管部门或者相关主管部门,其法定职责是(　　　　)。

A. 维护旅游者合法权益　　B. 保护旅游业健康发展

C. 维护旅游市场秩序　　D. 维护旅行社的合法权益

E. 保护旅游资源科学合理的开发利用

19. 旅游行政处罚的种类有(　　)。

A. 限期整改　　B. 责令停业整顿　　C. 没收违法所得

D. 支付罚款滞纳金　　E. 吊销业务经营许可证

20. 旅游投诉受理机构调解不成,或者调解书生效后没有执行的,投诉人可以按照国家法律、法规的规定,(　　)。

A. 向消费者协会投诉　　B. 向上级旅游局申诉

C. 向上级人民政府申诉复议　　D. 向仲裁机构申请仲裁

E. 向人民法院提起诉讼

21. 书面旅游投诉必须载明的事项有(　　)。

A. 投诉人的通信地址　　B. 投诉要求

C. 投诉的事实依据　　D. 被投诉人的名称、所在地

E. 证人的相关信息

22. 旅游行政执法人员当专场做出处罚决定的,应当遵守的规定有(　　)。

A. 不得少于两人　　B. 必须出示执法证件

C. 向当事人说明违法行为　　D. 责令当事人现场缴纳罚款

E. 依法对当事人采取强制措施

23. 旅游投诉应当由(　　)县级以上地方旅游投诉处理机构管辖。

A. 投诉人所在地　　B. 被投诉人所在地　　C. 侵权发生地

D. 旅游合同签订地　　E. 旅游合同履行地

24. 旅游主管部门申请人民法院强制执行前,应当催告当事人履行义务,催告应当以书面形式做出,并载明(　　)。

A. 履行义务的期限　　B. 履行义务的方式

C. 催告的时间及催告人　　D. 当事人享有的陈述权和申辩权

E. 拒不执行处罚的法律后果

25. 旅游主管部门委托实施行政处罚的,应当与受委托机构签订书面委托书,载明(　　)和责任等内容,报上一级旅游主管部门备案并向社会公示。

A. 受委托机构名称　　B. 受委托机构地址

C. 受委托机构负责人　　D. 委托的依据、事项

E. 委托的权限

26. 投诉人可以向旅游投诉处理机构投诉的事项有(　　)。

A. 认为旅游经营者违反合同约定的

B. 因旅游经营者的责任致使投诉人人身、财产受到损害的

C. 因不可抗力原因致使合同不能履行,双方发生争议的

D. 旅游者不听劝阻发生意外伤害要求旅行社进行赔偿的

E. 因旅游者患恶性传染病,旅行社解除旅游合同的

27. 旅游行政执法机构对经营资质的监管主要包括(　　)。

A. 旅游景区的经营资质　　B. 导游及领队人员的资质

C. 旅行社经营资质　　D. 旅游服务供应商资质

E. 旅游执法人员资质

28. 旅游投诉双方达成调解协议的，应当制作《旅游投诉调解书》，载明(　　　)，由当事人双方签字并加盖旅游投诉处理机构印章。

A. 投诉请求　　B. 查明的事实　　C. 处理过程

D. 调解结果　　E. 当事人反应

29. 对于旅行社不合理的低价组团，《旅游法》的规定是(　　　)。

A. 没收违法所得　　B. 责令停业整顿

C. 吊销业务经营许可证　　D. 处违法所得 1～5 的罚款

E. 处 2 万元以上 20 万元以下的罚款

30. 发生旅游投诉管辖争议，解决的途径有(　　　)。

A. 由第三方旅游投诉处理机构管辖　　B. 抽签决定争议双方管辖

C. 争议双方协商确定　　D. 由投诉人确定管辖方

E. 报请共同的上级旅游投诉处理机构指定管辖

参考答案

一、判断题

1—5 BABAB　6—10 BABAB　11—15 BABAB　16—20 ABBBA　21—25 BABAB
26—30 BBBBA

二、单选题

1—5 BCBDA　6—10 BBCDA　11—15 DDBBB　16—20 CACCB　21—25 DDDBD
26—30 CBADA

三、多选题

1. ADE　2. AD　3. ABCE　4. ABCD　5. CE　6. BC　7. BCDE　8. ABCDE　9. ADE
10. ADE　11. ABCDE　12. ABCE　13. CE　14. BCD　15. ABE　16. ACDE
17. ACD　18. ACD　19. BCE　20. DE　21. ABCD　22. ABC　23. BD　24. ABD
25. ADE　26. ABC　27. CD　28. ABCD　29. ABC　30. CE

第四编 《导游文化基础知识》

第一章 中国历史文化

一、判断题(正确的填 A,错误的填 B)

1. 山顶洞人学会使用打制石器和天然火,墓葬遗存说明了他们已经有了原始的等级意识。( )
2. 距今约 200 万年的建始人化石是中国境内最早的古人类化石。此外还有距今 170 万年的元谋人、距今 110 万年的蓝田人等。( )
3. 东周的前半期称为春秋时期,因周王朝的史书《春秋》而得名。东周的后半期称为战国时期,因列国混战不休的形势而得名。( )
4. “中国五千年文明史”是指从炎帝时代开始的中华民族的发展史。( )
5. 距今 7000 多年的仰韶文化以西安半坡遗址最为典型,尤其以在陶器上绘制彩色图案而被称为“彩陶文化”。( )
6. 秦国于公元前 220 年扫平六国,统一全国。秦王嬴政自诩“功高三皇,德高五帝”,自称“秦始皇”。( )
7. 战国时期《甘石星经》上记明 800 多颗恒星的名字,并划分其星宿,其体系对后世发展很有影响。( )
8. 商朝又叫殷朝的原因是商朝前期盘庚将都城迁到殷。( )
9. “连中三元”是指分别在乡试、会试、廷试中考取解元、会元、状元。( )
10. 《汉书·五行志》中有世界公认的较早的黑子记录。唐代和尚一行在世界上第一次度量日影的长短。( )
11. 西汉晚期氾胜之所著的《氾胜之书》一般被认为是我国最早的一部农书。( )
12. 在秦汉时期,姓和氏有不同的含义,姓是一种族号,氏是姓的分支。( )
13. 中唐最负盛名的画家是吴道子,他的画有“吴带当风”之誉,代表作有《送子天王图》《步辇图》等,被后人尊称为“画圣”。( )
14. 唐玄宗开元时期,国力强盛,疆域辽阔,创造了当时世界上最发达的文明,唐朝是开放和包容的时代,国内各民族的接触和交往空前发展,民族关系进一步融合。( )
15. 科举制度正式开始于唐朝,发展于宋朝,完备于明清。( )
16. 商代的甲骨文的自然数已经使用十进位制,而先秦的八卦说是古老的二进位制。( )
17. 明代陆九渊继承了宋代王阳明“直探本心”的主张,强调知行合一,成为明代最大的理学家,反映了儒家学说为适应明代社会出现的个性解放要求而进行的调整,对后代有深远的影响。( )

18. 被誉为“中国 17 世纪的工艺百科全书”是明朝宋应星所著的《天工开物》。 ( )
19. 唐太宗首办世界上第一座医校。 ( )
20. 古代分一日为十二个时辰，也就是现在的每天 24 个小时，2 小时为一个时辰。 ( )
21. 干支纪年萌芽于西汉，当时以政府命令的形式在全国通行。 ( )
22. 行书是介于隶书和楷书之间的一种字体。 ( )
23. 中国哲学的流变大体是周代子学、两汉经学、魏晋玄学、隋唐佛学、宋明理学、清代朴学。 ( )
24. 中国是世界上天文学起步最早、发展最快的国家之一，古代天文学成就大体可以归纳为天象观测、仪器制作、编订历法三个方面。 ( )
25.《唐本草》是世界上第一部由国家编定颁布的药典，比欧洲早 900 多年。 ( )
26. 二十四节气是我国历法的独到之处，它表示了地球在轨道上运行的二十四个不同位置，刻画出一年中气候变化的规律。 ( )
27. 三国时期的刘徽对《九章算术》的注释是中国数学史上的重要文献，他最早提出十进小数的概念。 ( )
28. 北魏贾思勰的《齐民要术》是我国现存最早、最完备的农书。 ( )
29. 八卦中的“离”所代表的物象是山。 ( )
30. 唐代诗文中常常见到以排行相称，或以排行和官职连称，如李绅被称为李二十侍郎，这种排行是按照同曾祖兄弟的长幼次序来排算。 ( )

二、单选题

1. 在原始社会的氏族公社时期，首开世界种植水稻之先河的氏族是( )。
A. 黄河流域的半坡氏族　B. 长江流域的父系氏族
C. 长江流域的河姆渡氏族　D. 黄河流域的母系氏族
2. 我国的原始社会，西安半坡氏族是黄河流域母系氏族公社( )一个典型代表。
A. 大汶口　B. 仰韶　C. 龙山　D. 良渚
3. “禅让”制度下产生的最后一个部落联盟首领是( )。
A. 尧　B. 舜　C. 禹　D. 启
4. 至今约( )的北京山顶洞人能够加工石器和骨器，已经学会人工取火。
A. 70 万　B. 40 万年　C. 20 万年　D. 3 万年
5. 明朝开国皇帝朱元璋又称明太祖，这里“太祖”是( )。
A. 谥号　B. 庙号　C. 年号　D. 尊号
6. 在我国古代医学家中，被誉为“医圣”的是( )。
A. 张仲景　B. 扁鹊　C. 孙思邈　D. 李时珍
7. 下列为儒家代表的是( )。
A. 老子 孟子 庄子　B. 孔子 庄子 荀子
C. 孔子 老子 庄子　D. 孔子 孟子 荀子
8. 我国最早的诗歌总集是( )。
A.《离骚》　B.《诗经》　C.《九歌》　D.《天问》
9. 第一个提出“以形写神”的是( )。
A. 张萱　B. 周昉　C. 吴道子　D. 顾恺之

10. 最早建立郡县制的是(　　)。

A. 秦　　B. 汉　　C. 隋　　D. 唐

11. (　　)出现了筒车和曲辕犁,犁耕至此基本定型。

A. 秦　　B. 汉　　C. 唐　　D. 元

12. 宋代(　　)设计制造的水运仪象台的一套动力装置"可能是欧洲中世纪天文钟的直接祖先"。

A. 苏颂　　B. 张衡　　C. 郭守敬　　D. 刘徽

13.《齐民要术》是哪一类书(　　)。

A. 医书　　B. 科技书　　C. 农书　　D. 天文书

14. 郑和率领庞大的船队(　　)下西洋是中国对外交往的重大事件,也是世界航海史上的壮举。

A. 五　　B. 六　　C. 七　　D. 八

15. 已知 2002 年为壬午年,请根据干支纪年法推算,2003 年为(　　)年。

A. 庚辰　　B. 辛卯　　C. 癸未　　D. 丙戌

16. 西周时的(　　)是见于著述的中国古代第一位数学家。

A. 商高　　B. 刘徽　　C. 徐光启　　D. 郭守敬

17. 下列不属于楷书四大家的是(　　)。

A. 欧阳询　　B. 柳公权　　C. 赵孟頫　　D. 钟繇

18. 保存了世界上关于哈雷彗星的最早记录的是(　　)。

A.《汉书》　　B.《春秋》　　C.《论衡》　　D.《诗经》

19. 被誉为我国古代长篇叙事诗的艺术典范的是(　　)。

A.《离骚》　　B.《孔雀东南飞》　　C.《长恨歌》　　D.《西洲曲》

20. 明代出现了以地区为中心的名家和流派,下列说法错误的是(　　)。

A. 特色人物画家陈洪绶,代表作品有《九歌》《水浒叶子》

B. 以沈周、文徵明为首的吴派

C. 以徐渭、陈淳为代表的"勾花点叶派"

D. 以戴进为代表的浙派

21. 下列事件不是发生在唐朝的是(　　)。

A. 安史之乱　　B. 贞观之治　　C. 开元盛世　　D. 文景之治

22. 齐桓公任用(　　)为相,改革经济、政治成为春秋时期第一个霸主。

A. 管仲　　B. 商鞅　　C. 孙武　　D. 孟尝君

23. 东晋灭亡后,下列不属于南朝的是(　　)。

A. 宋　　B. 齐　　C. 梁　　D. 楚

24. 下列属于宋朝的科学技术是(　　)。

A. 第一次测出地球子午线长度　　B. 圆周率精确小数点后七位

C. 发明了麻沸散　　D. 活字印刷术

25. 下列属于编年体通史的是(　　)。

A.《史记》　　B.《汉书》　　C.《资治通鉴》　　D.《三国志》

26. 被誉为"中国科技史的里程碑"的是(　　)。

A.《授时历》　B.《梦溪笔谈》　C.《水经注》　D.《论衡》

27.《史记》是我国第一部(　　)。

A. 国别体史书　B. 编年体　C. 纪传体通史　D. 断代史

28. 孙思邈在他的书中将硫黄、硝石、木炭制成药粉用以发火炼丹的配方,说明最迟在(　　)就已经发明了火药。

A. 唐初　B. 唐末　C. 北宋　D. 南宋

29. 东汉南阳太守杜诗发明(　　),利用水力鼓风冶铁,比欧洲早1000多年。

A. 水排　B. 风车　C. 井渠　D. 水柱

30. 古代丝绸之路的开拓者是(　　)。

A. 唐代的玄奘　B. 西汉的张骞　C. 西汉的司马迁　D. 西汉的卫青

31. 金灭北宋,俘虏了宋徽宗和宋钦宗,史称(　　)。

A. 靖难之役　B. 靖康之变　C. 土木堡之变　D. 安史之乱

32. 每两年一次会集各省举人在京城举行的考试叫作(　　)。

A. 院试　B. 乡试　C. 会试　D. 殿试

33.(　　)皇帝因为避讳自己的名号而把"玄武门"改为"神武门"。

A. 乾隆　B. 唐高宗　C. 唐太宗　D. 康熙

34. 1840年,英国发动鸦片战争,清政府最后同英国政府签订了丧权辱国的(　　)。

A.《南京条约》　B.《辛丑条约》　C.《北京条约》　D.《马关条约》

35. 隶书的形成时间大约在战国晚期,成熟于(　　)。

A. 秦代　B. 汉代　C. 东晋　D. 隋朝

36. 明朝兰陵笑笑生的《金瓶梅》是我国第一部文人创作的(　　)。

A. 长篇世情小说　B. 长篇浪漫小说　C. 长篇白话小说　D. 长篇言情小说

37. 早在(　　)时期,我国南方地区就已经出现了"双季稻"。

A. 春秋战国　B. 秦朝　C. 汉朝　D. 唐朝

38. 姓起源于母系氏族社会,其作用是(　　)。

A. 明贵贱　B. 表赞美　C. 取名字　D. 别婚姻

39. 以下被称为"茶圣"的人是(　　)。

A. 王祯　B. 王叔和　C. 王维　D. 陆羽

40. 古代著名史学著作《史记》和《资治通鉴》的作者分别是(　　)。

A. 司马迁和司马昭　B. 司马迁和司马光

C. 司马炎和司马迁　D. 司马相如和司马昭

三、多选题(五个选项中,至少有两个正确)

1. 下列哪些是人类过渡到父系氏族阶段的代表(　　　)。

A. 大汶口文化中晚期　B. 红山文化　C. 龙山文化

D. 良渚文化　E. 彩陶文化

2. "赋"是汉代著名的文学体裁,汉赋名家有(　　　)。

A. 枚乘　B. 司马相如　C. 班固　D. 嵇康　E. 张衡

3. 下列哪些中国近代史上的重大事件是用干支纪年来表示的?(　　　)

A. 甲午战争　B. 九一八事变　C. 戊戌变法　D. 辛亥革命　E. 七七事变

4. 山水画在魏晋南北朝仍作为背景附属于人物画，而在隋唐独立，其代表有（　　）。

A. 展子虔的设色山水　B. 李思训的金碧山水　C. 王维的水墨山水

D. 王蒙的写意山水　E. 王洽的泼墨山水

5. 蔡伦在吸收前人经验的基础上改进了造纸术，用（　　）为原料造出了用途广泛的纸，人称“蔡侯纸”。

A. 树皮　B. 泥板　C. 麻头　D. 破渔网　E. 羊皮

6. 伏羲为人类的文明发展的贡献有（　　）。

A. 钻木取火　B. 养蚕桑　C. 画八卦　D. 刻文字　E. 结绳记事

7. 元曲的代表作有（　　）。

A. 王实甫的《窦娥冤》　B. 白朴的《墙头马上》　C. 关汉卿的《西厢记》

D. 马致远的《汉宫秋》　E. 郑光祖的《木兰辞》

8. 王士性是中国人文地理学的开山鼻祖，著有（　　）等地理著作。

A.《五岳游草》　B.《广游志》　C.《广志绎》　D.《梦溪笔谈》　E.《游花》

9. 下列属于名人的号的是（　　）。

A. 放翁　B. 智多星　C. 青莲居士　D. 板桥　E. 武穆

10. 元朝郭守敬先后创制和改进了 10 多种天文仪器，如（　　）。

A. 简仪　B. 高表　C. 天文钟　D. 仰仪　E. 指南针

11. 汉武帝采用了董仲舒的（　　）建议，使儒学获得了独尊地位。

A. 罢黜百家　B. 独尊儒术　C. 统一文字　D. 教授五经　E. 设立太学

12. 下面属于颜真卿的作品的是（　　）。

A.《多宝塔碑》　B.《麻姑仙坛记》　C.《玄秘塔碑》

D.《神策军碑》　E.《祭侄文稿》

13. 有“草圣”之誉的书法家有（　　）。

A. 张芝　B. 王羲之　C. 怀素　D. 颜真卿　E. 张旭

14. 墨子提出（　　）等很有价值的思想，并在自然科学方面也有精辟的见解。

A. 仁治　B. 兼爱　C. 大爱　D. 非攻　E. 尚同

15. 下列关于哲学思想说法正确的是（　　）。

A. 哲学在文化系统中居于最高层次

B. 在春秋战国时期，产生了儒、道、墨、法、阴阳、纵横、兵、杂家等思想潮流

C. 道家以辩证思维，主张清净、无为、淡泊名利，寄情山水而著称，对中国的人生哲学影响较大

D. 道家的代表人物除了老子还有庄子、墨子

E. 战国时期的孙膑著有《孙膑兵法》。兵家思想不仅在历代军事上有影响，对经济的影响也很大

16. 阴阳五行八卦中五行相生的是（　　）。

A. 金生水　B. 水生木　C. 火生土　D. 土生金　E. 木生火

17. 中国五行论中，下列匹配正确的是（　　）。

A. 土—中—黄　B. 水—北—黑　C. 金—南—白　D. 木—西—青　E. 火—东—红

18. 传统的纪年方式包括下列（　　）。

A. 干支纪年法　　B. 岁星纪年法　　C. 太岁纪年法
D. 王公年次纪年法　　E. 年号纪年法

19. 张衡著有(　　)等著作,奠定了我国天文仪器制造的基础。
A.《浑天仪图注》　　B.《天工开物》　　C.《五行志》
D.《甘石星经》　　E.《漏水转运浑天仪》

20. 我国帝王谥号中属于贬义的有(　　)。
A. 灵　　B. 厉　　C. 悼　　D. 幽　　E. 炀

21. 五行之间相互影响,它们之间相克的是(　　)。
A. 金克木　　B. 木克土　　C. 土克水　　D. 水克火　　E. 火克金

22. 金元时期,出现了各有创建的四大医学流派,被称为"金元四大家"的是(　　)。
A. 刘完素　　B. 王惟一　　C. 张从正　　D. 李杲　　E. 朱震亨

23. 唐代书法是书法艺术的鼎盛时期,唐代著名的书法家有(　　)。
A. 欧阳询　　B. 张旭　　C. 颜真卿　　D. 柳公权　　E. 钟繇

24. 纪年方式中,为帝号纪年法的是(　　)。
A. 周平王元年　　B. 永乐十八年　　C. 鲁孝公二十七年
D. 乾隆四十七年　　E. 雍正十年

25. 古人观测日月星辰的变化来确定四季,制订历法,以下说法正确的是(　　)。
A. 我国历史上早的一部历法是出现在远古时代的《黄帝历》
B. 夏代出现以阴历正月为岁首的《夏历》
C. 商周时代,为适应农业生产发展的需要,采用阴阳合历,设置闰月以调整历差
D. 西汉落下闳《太阴历》是我国现存第一步完整的历法,奠定了后世历法的根本要素
E. 南北朝时期祖冲之的《大明历》和唐朝一行的《大衍历》都是当时最优秀的历法

26. 下列各组天干地支名称中,完全由地支组成的是(　　)。
A. 子、丑、寅、卯　　B. 丙、丁、戊、巳　　C. 未、辰、巳、午
D. 子、酉、戌、亥　　E. 甲、酉、戌、亥

27. 华佗被誉为"神医",他的成就包括(　　)。
A. 首创望、闻、问、切"四诊法"　　B. 主持监制针灸铜人　　C. 发明"麻沸散"
D. 创编"五禽戏"　　E. 著有《难经》

28. 下列成就中,属于两宋的有(　　)。
A. 出现了古代兵器专著《武经总要》,其中记录了最早的火药兵器
B. 完成了第一部编年体通史
C. 出现了以人工磁化金属法制造的指南鱼和指南针
D. 发明了活字印刷术,这是排版印刷的开始,既经济又快捷,堪称人类印刷史上的空前革命
E. 中国历史上正式开设画院

29. "五行"与"五方""五声""五色""五脏"相对应,其中与"五行"中的"金"对应的是(　　)。
A. 黄　　B. 西　　C. 肝　　D. 商　　E. 肺

30. 铸在青铜器上的文字叫金文,又叫钟鼎文、铭文。金文字画丰腴、体势凝重,下面属于著名的铭文代表作是(　　)。

A.《毛公鼎》 B.《散氏盘》 C.《石门颂》
D.《龙门十二品》 E.《张猛龙碑》

参考答案

一、判断题

1—5 BABBA 6—10 BABAB 11—15 ABBAB 16—20 ABAAA 21—25 BBAAB
26—30 AAABA

二、单选题

1—5 CBCDB 6—10 ADBDA 11—15 CACCC 16—20 ADBBC 21—25DADDC
26—30 BCAAB 31—35 BCDAB 36—40 ACDDB

三、多选题

1. ABCD 2. ABCE 3. ACD 4. ABCE 5. ACD 6. CD 7. BD 8. ABC 9. ABCD
10. ABD 11. ABDE 12. ABE 13. AE 14. BDE 15. ABC 16. ABCDE
17. AB 18. ABCDE 19. AE 20. ABDE 21. ABCDE 22. ACDE 23. ABCD
24. AC 25. ABCE 26. ACD 27. CD 28. ABCD 29. BDE 30. AB

第二章 中国民族民俗

一、判断题(正确的填 A,错误的填 B)

1. 藏族的唐卡是用纸或布做底,用彩缎装裱而成的彩色卷轴画,因品种和质地的不同可分为刺绣唐卡、织锦唐卡、贴花唐卡和珍珠唐卡。 ( )
2. 藏戏是广泛流行于藏族地区的以歌舞形式表现故事内容的综合性艺术,已被列入世界口头与非物质文化遗产。 ( )
3. 藏族的《格萨尔王传》是世界上最长的英雄史诗。 ( )
4. 丽江古城的纳西族人还流行男不娶、女不嫁的“阿注”婚。 ( )
5. 纳西族普遍信奉东巴教,东巴文被称为“活着的象形文字”。 ( )
6. 奉祀“本主”是白族的一大特点,“本主”有的是自然神,有的是南诏、大理国的王子,有的是为民除害的英雄。 ( )
7. 彝族男子头上的“天菩萨”,严禁他人特别是幼辈触动。 ( )
8. 逢年过节,彝族姑娘就会抱出一坛酒,插上几根麦秆放在家门口的路边上,供来往的过客饮用,这叫喝“转转酒”。 ( )
9. 彝族的十月太阳历科学价值很高,其民间禁忌中的“日忌”与太阳历有关,如马日忌建房、羊日忌治病等。 ( )
10. 苗族扎染、银饰、刺绣、挑花、漆器等工艺非常精致美观,有很高的艺术水平。 ( )
11. 苗族的飞歌高亢嘹亮,极富感染力。 ( )
12. 黎锦是黎族人最为著名的纺织工艺品,以其技术精巧细密、色彩艳丽、富有特色而驰名天下。 ( )

13. 土家族戏剧“茅古斯”模拟远古先民劳动和生活的故事情节，并通过舞蹈、道白来表达内容，从形式到内容都别具一格。（　　）

14. 壮族人能歌善唱，被誉为“歌仙”的刘三姐是其中的杰出代表。（　　）

15. 回族的清真寺和民居建筑基本上保留了阿拉伯和中亚建筑的风格，布局和装修独具民族特色。（　　）

16. 维吾尔族人喜欢戴白色无檐儿小帽。（　　）

17. 维吾尔族历史悠久，历史上有鸟护、回纥、回鹘和九黎等不同叫法。（　　）

18. “好来宝”是满族一种自拉自唱、即兴创作的表演艺术，流行很广。（　　）

19. 云南是我国少数民族成分最多的省，共有 51 个少数民族，人口超过 6000 人的世居少数民族有 25 个，15 个民族为云南特有。（　　）

20. 成吉思汗经过几十年的征战，统一中国，建立了元朝，基本上确立了现代中国的版图。（　　）

21. 中秋节又称“八月节”“八月半”“团圆节”，但也有些地方将中秋节定在八月十六，如浙江的宁波、舟山、台州等地。（　　）

22. 在七夕节，比较风行的乞巧形式有对月穿针、盆水浮针和卜蛛丝等。（　　）

23. 朝鲜族能歌善舞，著名的民间舞蹈有板凳舞、铜鼓舞、扇舞、顶水舞等。（　　）

24. 满族历史悠久，最早可追溯到 2000 多年前的肃慎人，隋唐时期称“靺鞨”，唐末五代时称为“女真”。（　　）

25. 满族主要分布在东北地区，以辽宁省最多。（　　）

26. 汉族主要源于黄炎、东夷、百越等部落联盟，同时吸收了周围部分苗蛮、戎狄等部落联盟的成分而逐渐形成，所以汉族本身就是由不同民族融合而成的。（　　）

27. 汉族以前被称为华夏族，“华”是“章服之美”的意思，“夏”是“礼仪之大”的意思。在外族眼里，汉族是一个身着华彩衣服、讲究礼仪的泱泱大族。（　　）

28. 我国西南地区的少数民族，如傣族、壮族、白族等，受东南亚地区的影响，大多信仰上座部佛教。（　　）

29. 我国少数民族人口所占的比例虽小，但分布地区很广，占全国总面积的 60%以上。（　　）

30. 中国人口的分布呈现东部密、西部疏的格局；形成以汉族为主体的大聚居、小杂居、交错居住的格局。（　　）

二、单选题

1. 关于少数民族的禁忌，下列说法错误的是（　　）。

A. 朝鲜族青少年对长辈必须使用敬语　　B. 蒙古族忌讳生人用手摸小孩的头部

C. 壮族人家有产妇，要在门上悬挂一顶草帽，外人不得入内

D. 苗族人不吃猪肉，忌狗肉上灶，忌在屋里煮蛇肉

2. 我国很多著名的旅游胜地往往与少数民族风情有关，比如，到海南五指山、湖南张家界、云南大理、新疆吐鲁番分别可以欣赏到（　　）的风情。

A. 壮族、土家族、白族、回族　　B. 傣族、苗族、纳西族、维吾尔族

C. 黎族、土家族、白族、维吾尔族　　D. 黎族、苗族、纳西族、回族

3. 琵琶肉、坨坨肉、牛羊肉泡馍、白肉血肠分别是（　　）的民族美食。

A. 白族、彝族、维吾尔族、蒙古族　　B. 纳西族、苗族、维吾尔族、蒙古族

C. 白族、苗族、回族、满族　　D. 纳西族、彝族、回族、满族

4. 干栏式竹楼、船形屋、吊脚楼、土掌房分别是(　　)的传统建筑形式。

A. 壮族、黎族、土家族、纳西族　　B. 傣族、黎族、苗族、彝族

C. 汉族、壮族、苗族、满族　　D. 傣族、壮族、土家族、纳西族

5. 马头琴、鼻箫、象脚鼓、芦笙分别属于(　　)的乐器。

A. 蒙古族、苗族、白族、苗族　　B. 藏族、黎族、壮族、侗族

C. 维吾尔族、土家族、彝族、侗族　　D. 蒙古族、黎族、傣族、苗族

6. 我国少数民族满族、回族、黎族的主要分布省区依次为(　　)。

A. 辽宁、内蒙古、广西　　B. 吉林、海南、广西

C. 吉林、海南、河南　　D. 辽宁、宁夏、海南

7. 赶年、牯脏节、赛装节、那达慕分别是(　　)的节日。

A. 土家族、苗族、彝族、蒙古族　　B. 土家族、彝族、苗族、蒙古族

C. 壮族、苗族、彝族、满族　　D. 壮族、彝族、苗族、满族

8. 三月街、雪顿节、三朵节、歌圩分别是(　　)的民族节日。

A. 白族、藏族、纳西族、壮族　　B. 壮族、傣族、纳西族、白族

C. 彝族、藏族、纳西族、白族　　D. 纳西族、白族、傣族、布依族

9. 铁木真、松赞干布、刘三姐分别是(　　)等民族的杰出人物。

A. 蒙古族、藏族、汉族　　B. 满族、蒙古族、壮族

C. 满族、蒙古族、汉族　　D. 蒙古族、藏族、壮族

10. 始建于公元7世纪的布达拉宫是举世闻名的(　　)。

A. 殿宇式建筑群　　B. 干栏式建筑群

C. 独立封闭式瓦房建筑　　D. 宫堡建筑群

11. 藏族的(　　)意为吃酸奶子的节日,时间在藏历七月,历时4～5天。

A. 藏历年　　B. 雪顿节　　C. 望果节　　D. 白节

12. 泸沽湖畔的摩梭人的传统住房形式是(　　)。

A. 木楞房　　B. 土掌房　　C. 三坊一照壁　　D. 四合五天井

13. (　　)妇女穿大褂,宽腰大袖,外加坎肩,系百褶围腰,穿长裤,披羊皮披肩,披肩上缀有刺绣精美的七星,肩两边缀日、月,象征着"披星戴月"。

A. 白族　　B. 纳西族　　C. 摩梭人　　D. 苗族

14. 主要分布在云南丽江地区的少数民族是(　　)。

A. 白族　　B. 纳西族　　C. 傣族　　D. 苗族

15. "云南十八怪,大理粑粑叫饵块",这"饵块"是(　　)用糯米制作的一种美食。

A. 白族　　B. 纳西族　　C. 傣族　　D. 苗族

16. 下列关于白族的描述,不正确的是(　　)。

A. 白族人访友或探病忌在上午

B. "三朵节"是白族的传统节日,"三朵"是白族人民笃信的保护神

C. 客人光临,白族人常以"三道茶"招待

D. 砂锅鱼是白族的风味菜肴

17. 白族共同体形成是在(　　)时期。

A. 大理国　　B. 南诏国　　C. 吐蕃国　　D. 蒙古国

18. 下列民族中,(　　)史籍文献的数量在我国居于第二位。
A. 回族　B. 纳西族　C. 壮族　D. 藏族

19.《创世记》是(　　)的史诗。
A. 纳西族　B. 彝族　C. 苗族　D. 傣族

20. 长篇叙事诗《阿诗玛》反映了(　　)人民不畏强暴、追求自由和幸福的愿望。
A. 彝族　B. 纳西族　C. 畲族　D. 苗族

21. 插花节、耍海会分属于(　　)的节庆活动。
A. 彝族、纳西族　B. 苗族、纳西族　C. 彝族、白族　D. 苗族、白族

22.《阿细跳月》是(　　)族的集体舞蹈。
A. 壮　B. 苗　C. 彝　D. 白

23. 喜戴银饰是(　　)姑娘的天性,素有"花衣银装赛天仙"的美称。
A. 纳西族　B. 土家族　C. 苗族　D. 白族

24. "芦笙节"是(　　)的节日。
A. 彝族　B. 苗族　C. 壮族　D. 白族

25. 公元8～10世纪,在云南建立的南诏国政权是以(　　)为主体的。
A. 白族和汉族　B. 彝族和傣族　C. 白族和傣族　D. 彝族和白族

26. 傣族的重大节日有泼水节、关门节和开门节,均与(　　)有关。
A. 小乘佛教　B. 大乘佛教　C. 藏传佛教　D. 东巴教

27. (　　)是黎族同胞在原木上敲击出节奏的一种古老而独特的乐器。
A. 象脚鼓　B. 叮咚琴　C. 霸王鞭　D. 木鼓

28. 食鼠是(　　)族人的风俗。
A. 黎　B. 纳西　C. 白　D. 傣

29. 黎族人民最隆重、最热闹的传统节日是(　　)。
A. 春节　B. 三月三　C. 三月街　D. 三朵节

30. 烟熏腊肉是最有特色的(　　)风味菜。
A. 苗族　B. 白族　C. 黎族　D. 土家族

31. 西兰卡普是(　　)妇女独特的织锦工艺品,仅织锦图案就达数百种。
A. 苗族　B. 白族　C. 土家族　D. 傣族

32. (　　)的房屋一般靠山或近水,呈老虎坐山形状。
A. 苗族　B. 土家族　C. 壮族　D. 傣族

33. 关于壮族的描述,下列说法中错误的是(　　)。
A. 壮族历史悠久,是由先秦"百越"的一支发展形成的
B. 壮族信仰多神,崇拜土王(祖先神)
C. 壮族人的屋内生活以火塘为中心,每日三餐都在火塘边进行
D. 壮族妇女有嚼槟榔的习俗,结婚送聘礼,槟榔是必须送的东西

34. 2000多年前(　　)族先民创作的"花山崖壁画"是极为珍贵的人文景观,世所罕见。
A. 黎　B. 土家　C. 壮　D. 傣

35. 关于回族的饮食下列说法错误的是(　　)。
A. 回族清真菜肴在中华饮食文化中别具一格

B. 回族人只吃牛、羊、驼等反刍类偶蹄动物，不吃马、驴、骡、狗肉
C. 回族的烤羊肉串以其独特的风味风行全国各地，成为人们熟悉和喜爱的街头小吃
D. 回族人严禁食用猪肉

36.（　　）舞蹈轻盈优美，通常以快速旋转和多变著称。
A. 白族　　B. 朝鲜族　　C. 维吾尔族　　D. 傣族

37.“坎儿井”是（　　）一大发明创造，是新疆特有的水利灌溉工程。
A. 维吾尔族　　B. 纳西族　　C. 白族　　D. 回族

38. 维吾尔族的《十二木卡姆》是一部著名的（　　）。
A. 叙事长诗　　B. 佛教经典　　C. 音乐舞蹈史诗　　D. 医药典籍

39.《嘎达梅林》是（　　）族的民歌。
A. 蒙古　　B. 满　　C. 朝鲜　　D. 藏

40. 朝鲜族能歌善舞，下列不属于朝鲜族传统舞蹈的是（　　）。
A. 长鼓舞　　B. 顶水舞　　C. 扇舞　　D. 打柴舞

41.（　　）族长期以农耕为业，为开发培育我国高寒水稻、种植东北优质大米做出了贡献。
A. 满　　B. 朝鲜　　C. 蒙古　　D. 苗

42. 伽倻琴是（　　）最有名的乐器。
A. 满族　　B. 朝鲜族　　C. 维吾尔族　　D. 苗族

43. 满族的族庆日是（　　）。
A. 颁金节　　B. 回甲节　　C. 白节　　D. 满洲节

44. 满族传统住房的尊位是（　　）。
A. 东炕　　B. 南炕　　C. 西炕　　D. 北炕

45.“封建头，民主肚，节约衣，浪费裤”说的是（　　）服饰的特征。
A. 陕北妇女　　B. 惠东女　　C. 黎族少女　　D. 苏南妇女

46. 相传与孟姜女有关的寒衣节在（　　）。
A. 七月十五　　B. 十月初一　　C. 十月十五　　D. 十二月初八

47. 1989 年，我国把每年的（　　）定为老人节。
A. 中秋节　　B. 端午节　　C. 七夕节　　D. 重阳节

48.“独在异乡为异客，每逢佳节倍思亲。遥知兄弟登高处，遍插茱萸少一人”讲的是（　　）。
A. 中秋节　　B. 端午节　　C. 七夕节　　D. 重阳节

49. 玩“兔儿爷”是（　　）的习俗。
A. 清明节　　B. 中秋节　　C. 端午节　　D. 重阳节

50. 被誉为“中国情人节”的日子是（　　）。
A. 三月初三　　B. 六月初六　　C. 七月初七　　D. 九月初九

51. 下列活动在春节时进行的有（　　）。
A. 守岁、祭祖　　B. 放风筝、踏青　　C. 耍灯、吃元宵　　D. 赛龙舟、采药

52. 王安石的《元日》诗：“爆竹声中一岁除，春风送暖人屠苏。千门万户曈曈日，总把新桃换旧符。”诗中所写的习俗发生在（　　）。
A. 元旦　　B. 端午节　　C. 春节　　D. 中秋节

53. 汉族（　　）民居一般遵循“小河—房屋—街道—房屋”的建筑格局。

A. 江南　　B. 徽州　　C. 闽粤　　D. 北京

54. 不属于精神民俗的是(　　)。

A. 巫术　　B. 宗教　　C. 禁忌　　D. 神话传说

55. 我国少数民族最多的省份是(　　)。

A. 广西　　B. 西藏　　C. 云南　　D. 贵州

56. 我国人口最多的少数民族是(　　)。

A. 回族　　B. 彝族　　C. 苗族　　D. 壮族

57. 我国人口最少的少数民族是(　　)。

A. 独龙族　　B. 高山族　　C. 壮族　　D. 塔塔尔族

58. 我国分布最广的少数民族是(　　)。

A. 回族　　B. 汉族　　C. 蒙古族　　D. 壮族

三、多选题(五个选项中,至少有两个正确)

1. 关于我国少数民族的描述,下列说法正确的有(　　　)。

A. 首饰、长袍、腰带和靴子是蒙古族服饰的四个主要组成部分

B. 除了最盛大的节日"火把节",彝族还有插花节、赛装节、虎节等民族节日

C. 在泼水节这一天,傣族人民要拜佛、赕佛,然后彼此泼水嬉戏,相互祝愿

D. 纳西族长达 15 米的《神路图》堪称稀世瑰宝

E. 酥油茶是回族不可缺少的饮料,有砖茶、盐巴和酥油做成

2. 我国由古代百越人发展演变而来的民族是(　　　)。

A. 傣族　　B. 苗族　　C. 黎族　　D. 彝族　　E. 壮族

3. 下列已被列为世界口头与非物质文化遗产的有(　　　)。

A. 蒙古族长调民歌　　B. 蒙古族短调民歌

C. 藏族史诗《格萨尔王传》　　D. 维吾尔族《十二木卡姆》艺术

E. 维吾尔族民间故事《阿凡提的故事》

4. 关于少数民族的民俗风情,下列说法正确的是(　　　)。

A. 到蒙古族人家做客,客人不能坐西炕

B. 到傣族人家做客,不能坐在火塘上方或跨过火塘,可以坐门槛,但不要进主人内室

C. 朝鲜族人喜欢吃狗肉,一年四季都吃,表现出非常浓郁的"狗肉文化"

D. 土家族不准把山上、野外死的雀鸟野兽拿到家里来

E. 到壮族地区做客,严禁捕杀青蛙,也不要吃蛙肉

5. 下列少数民族中,崇尚或喜爱白色的有(　　　)。

A. 蒙古族　　B. 朝鲜族　　C. 畲族　　D. 白族　　E. 壮族

6. 藏族的葬仪有(　　　)等多种,等级森严,界限分明。

A. 树葬　　B. 塔葬　　C. 火葬　　D. 土葬

7. 对于纳西族灿烂文化的描述,正确的有(　　　)。

A.《创世记》是一部歌颂劳动、反映男女忠贞爱情的长篇史诗

B.《东巴经》是古代纳西族社会生活的百科全书

C. 丽江壁画,笔法既有藏画的洗练和匀称,又具明代道释画的风格

D. 丽江古城从选址到建筑风格均融会了汉、藏、白等多种民族的建筑艺术风格

E. 东巴文是目前世界上唯一保留完整的象形文字,被称为“活着的象形文字”

8. 关于白族艺术的描述,正确的是(　　)。

A. 白族的白沙细乐称得上是一块音乐的活化石

B. 白族民间最为普及的一种演唱艺术是白族调

C. 大理的绘画和雕塑有近2000年的历史,具有浓厚的地方、民族特色

D. 白族的著名古建筑有大理崇圣寺三塔等

E. 白族舞蹈主要有霸王鞭、八角鼓舞、龙狮舞等

9. 彝族服饰的特点是(　　)。

A. 反映了黑之尊、黄之美的审美观

B. 反映了彝族“顾头”的生活习惯和荣誉意识

C. 男子服饰多体现其英勇善战的气概

D. 男装为对襟短衫,钉上七对、九对、十一对不等的扣子

E. 服饰图案纹样体现了彝族对自然的理解和崇敬

10. 土家族的传统舞蹈有(　　)。

A. 铜鼓舞　　B. 八角鼓舞　　C. 赛乃姆　　D. 摆手舞　　E. 八宝铜铃舞

11. 壮族歌圩的活动有(　　)。

A. 抛绣球　　B. 射箭　　C. 碰红蛋　　D. 摔跤　　E. 放花炮

12. 下列少数民族语言属于阿尔泰语系的是(　　)。

A. 回族　　B. 藏族　　C. 满族　　D. 蒙古族　　E. 维吾尔族

13. 关于回族的描述,正确的有(　　)。

A. 是我国人口最多的少数民族

B. 油香、馓子是回族的传统食品,喜喝“盖碗茶”

C. 全民信仰伊斯兰教

D. 对开斋节特别重视,庆祝场面十分隆重

E. 回族通用汉语,使用汉字

14. 我国的少数民族有不同的茶俗,如回族喜欢喝(　　)。

A. 盖碗茶　　B. 三道茶　　C. 奶茶　　D. 冰糖锅锅茶　　E. 酥油茶

15. 关于维吾尔族禁忌的描述,正确的有(　　)。

A. 维吾尔族人不吃未念经而宰杀的牲畜,不吃自死的牲畜,禁食猪肉

B. 禁止穿袒胸露背和短小的衣服,最忌户外着短裤

C. 饭前饭后必须洗手,洗手后必须用手巾把手擦干或者顺手将水甩干

D. 维吾尔族的住宅大门忌朝西开

E. 睡觉的时候忌头朝东脚朝西或四肢平伸直仰

16. (　　)是维吾尔族平时的主食。

A. 馕　　B. 拉面　　C. 烤全羊　　D. 抓饭　　E. 手扒肉

17. 著名的三大英雄史诗是(　　)。

A. 蒙古族的《江格尔》　　B. 藏族的《格萨尔王传》

C. 维吾尔族的《福乐智慧》　　D. 纳西族的《创世记》

E. 柯尔克孜族的《玛纳斯》

18. 将献哈达作为一种高贵礼节的民族有(　　)。
A. 壮族　B. 藏族　C. 蒙古族　D. 维吾尔族　E. 白族

19. 信仰伊斯兰教的有(　　)。
A. 回族　B. 藏族　C. 维吾尔族　D. 壮族　E. 蒙古族

20. 蒙古族能歌善舞,传统的舞蹈有(　　)。
A. 安代舞　B. 孔雀舞　C. 赛乃姆　D. 马刀舞

21. 关于蒙古族的描述,正确的有(　　)。
A. 族名“蒙古”最早见于唐代　B. 信仰伊斯兰教
C. 有英雄史诗《江格尔》　D. 喜食腌渍的酸食
E. “坎儿井”是蒙古人的一大发明

22. 朝鲜族的传统特色食品有(　　)。
A. 打糕　B. 乳扇　C. 团馓　D. 竹筒饭　E. 冷面

23. 满族的传统点心有(　　)。
A. 驴打滚　B. 油香　C. 团馓　D. 萨其玛　E. 锅贴乳饼

24. 关于端午节的来源有多种说法,其中有与(　　)等名人有关的。
A. 屈原　B. 李白　C. 伍子胥　D. 曹娥　E. 陶渊明

25. 下列属于清明节的主要节日习俗有(　　)。
A. 吃月饼　B. 扫墓　C. 闹社火　D. 踏青　E. 赛龙舟

26. 关于汉族的描述,正确的有(　　)。
A. 乐天知命和尊敬祖先是汉族主要的传统观念
B. 居住在晋陕黄土高原的汉族,根据天然条件居住土楼和围屋
C. 汉族传统的民族服装,从文王“垂衣裳而治天下”开始,延续了超过 2500 年的时间
D. 陕北农民的白羊肚手巾是他们标志性的装束
E. 汉族是中国这个礼仪之邦的代表性民族,从周公制礼,到孔孟复礼,再到朱熹护礼,礼已成为维系社会稳定的工具

27. 汉语的八大方言包括(　　)。
A. 北方方言　B. 客家方言　C. 蜀(四川)方言
D. 闽南方言　E. 粤方言

28. 属于物质民俗的民俗文化有(　　)。
A. 民间建筑　B. 饮食民俗　C. 工艺民俗　D. 丧葬习俗　E. 宗教信仰

29. 据 2000 年第五次全国人口普查,下列民族中人口超过 500 万的有(　　)。
A. 水族　B. 裕固族　C. 回族　D. 鄂伦春族　E. 苗族

参考答案

一、判断题

1—5 AAABA　6—10 AABAB　11—15 AAAAB　16—20 BBBAB　21—25 AABAB
26—30 BABAB

二、单选题

1—5 DCDBD　6—10 DAADD　11—15 BABBA　16—20 BADAA　21—25 CCCBD

26－30 ABABD 31－35 CBBCC 36－40 CACAD 41－45 BBACB 46－50 BDDBC
51－55 ACADC 56－58 DDA

三、多选题

1. ABCD 2. ACE 3. AD 4. DE 5. ABD 6. BCD 7. ABDE 8. BCDE
9. ABCE 10. DE 11. ACE 12. CDE 13. BCDE 14. AD 15. ABDE 16. AB
17. ABE 18. BC 19. AC 20. AD 21. AC 22. AE 23. AD 24. ACD 25. BD
26. ADE 27. ABDE 28. ABC 29. CE

第三章 中国自然旅游景观

一、判断题(正确的填 A,错误的填 B)

1. 泰山以雄伟著称;华山以峻著称;嵩山以险峻著称;恒山以幽静著称;衡山以风景秀丽著称。 ( )
2. 祝融峰之高、藏经殿之秀、方广寺之深、水帘洞之奇,称为衡山四绝。 ( )
3. 武陵源由四大风景区组成,分别是张家界国家森林公园,索溪峪、天子山、杨家界三个自然保护区。 ( )
4. 黄河发源于青海巴颜喀拉山,全长 5464 公里,流经青海、四川、甘肃、宁夏、内蒙古、陕西、山西、河南、山东,最后注入渤海。 ( )
5. 一般把水温超过 20 度或显著高于当地年平均气温的地下水天然露头称为温泉。我国温泉主要分布在台湾、云南、西藏、广东、福建五省区。 ( )
6. 纳木错位于西藏中部,为断陷构造湖,并具有冰川作用的痕迹,是朝圣者心中的圣地。 ( )
7. 长白山天池拥有 14 座新老时期火山,喷发年代跨越 200 多年,被誉为“天然火山博物馆”和“打开的火山教科书”。 ( )
8. 佛光是因光线衍射作用而产生的一种特殊自然景观。 ( )
9. 每年 7 月份是青海湖观鸟的最好季节。 ( )
10. 人称“三三秀水清如玉,六六奇峰翠插天”说的是武陵源的山水奇胜。 ( )
11. 德天瀑布位于中越边境的云南省大新县,是东南业第一大跨国瀑布。 ( )
12. 日月潭是台湾省最大的天然湖泊,由玉山和阿里山之间的断裂盆地积水而成。 ( )
13. 雨凇的产生,前提是低层空气有逆温现象。 ( )
14. 垦丁位于台湾省,地质以珊瑚礁为主,有三面环海北依山峦的地形,景观具有多样性。 ( )
15. 我国海岸线总长度为 3.2 万公里,北起中越边境的鸭绿江,南到中朝边境的北仑河口,全长 1.8 万公里。 ( )
16. 江西鄱阳湖与湖南洞庭湖、江苏和浙江之间的太湖、江苏洪泽湖、安徽巢湖并称我国五大淡水湖,洞庭湖之大,位居第一。 ( )
17. 京杭大运河是世界上里程最长、工程最大、最古老的的运河,全长约 1794 公里,北起北京,南到杭州。 ( )

18. 黄龙风景区位于四川省松潘县境内，是中国唯一保护完好的高原湿地，地表钙华是黄龙景观的最大特色。 ( )

19. 阿里山位于台湾省嘉义市东北，高山铁路、森林、云海、日出及晚霞，号称“阿里山五奇”。 ( )

20. 北戴河海滨风景区 10 公里长、曲折平坦的沙质海滩，以滩缓、沙细、浪小、潮平而著称。 ( )

21. 花岗岩属于岩浆岩中的深层侵入岩，岩性坚硬，岩体造型丰富，中国是花岗岩地貌景区最多的国家之一。 ( )

22. 自然旅游资源主要包括地貌景观、水体景观、天文景观、生物景观等。 ( )

23. 泸沽湖为黔滇两省界湖，将自然景观与摩梭人的人文景观融为一体。 ( )

24. 庐山是一座地垒式断块山，主峰为汉阳峰，海拔 1474 米。 ( )

25. 悬空寺为恒山景观之最，其建筑特色可以概括为“奇、悬、巧”三个字。 ( )

26. 唐朝诗人王维的“江作青罗带，山如碧玉簪”的诗句，是桂林山水的最佳写照。 ( )

27. 西岳庙是古时祭祀西岳华山神的庙宇，有“陕西故宫”之称。 ( )

28. 嵩山寺，三教殿内，释迦牟尼、老子、孔子共居一室，耐人寻味，堪称中国宗教史上的一段佳话。 ( )

29. 三亚海滨位于海南岛最南端，著名景区有海棠湾、亚龙湾、大东海、崩崖等。 ( )

二、单选题

1. 五岳中以险峻著称的是( )。

A. 泰山 B. 衡山 C. 华山 D. 恒山

2. 五岳中以雄伟著称的是( )。

A. 泰山 B. 衡山 C. 华山 D. 恒山

3. 五岳中以幽静著称的是( )。

A. 嵩山 B. 衡山 C. 华山 D. 恒山

4. 五岳中以秀丽著称的是( )。

A. 嵩山 B. 衡山 C. 华山 D. 恒山

5. 世界最大的水利枢纽工程三峡工程位于( )中段的三斗坪。

A. 瞿塘峡 B. 巫峡 C. 西陵峡 D. 虎跳峡

6. 我国最大的亚洲象聚集地位于( )省，生长着亚洲野象、野牛、绿孔雀、猕猴等珍稀动物。

A. 云南 B. 广西 C. 贵州 D. 海南

7. 享有“金顶祥光”之誉的是( )。

A. 峨眉山佛光 B. 庐山佛光 C. 泰山佛光 D. 五台山佛光

8. 以下不属于植物景观的是( )。

A. 香山红叶 B. 满陇桂雨 C. 巴山夜雨 D. 蜀南竹海

9. 我国( )雨凇最多。

A. 长白山 B. 庐山 C. 峨眉山 D. 黄山

10. ( )分 10 级跌落，各级瀑布瀑姿各异，景色随着季节和水流大小变化无穷，各级瀑布之间以浅滩、深潭相连。

A. 九龙瀑布　B. 壶口瀑布　C. 诺日朗瀑布　D 黄果树瀑布

11. 位于川滇两省界湖，青山环抱、湖岸曲折，水清岛美，有“高原明珠”的美称的是(　　)。

A. 喀纳斯湖　B. 纳木错　C. 泸沽湖　D. 草湖

12. 湖面海拔 4718 米，为世界上海拔最高的大型湖泊，也是中国第二大咸水湖的是(　　)。

A. 喀纳斯湖　B. 纳木错　C. 泸沽湖　D. 长白山天池

13. 敦煌的月牙泉成因类型属于(　　)。

A. 构造湖　B. 风成湖　C. 冰川湖　D. 堰塞湖

14. 新疆喀纳斯湖成因类型属于(　　)。

A. 潟湖　B. 构造湖　C. 冰川湖　D. 堰塞湖

15. (　　)海滨是一处以山、海、礁、岛自然景观为主的风景名胜区。

A. 厦门　B. 北戴河　C. 青岛　D. 大连

16. (　　)是长江三峡中最短的一个，以雄伟险峻著称，有“夔门天下雄”之称。

A. 虎跳峡　B. 巫峡　C. 西陵峡　D. 瞿塘峡

17. 长江三峡中，以幽深秀丽著称的是(　　)。

A. 虎跳峡　B. 巫峡　C. 西陵峡　D. 瞿塘峡

18. 长江三峡中，以滩多水急著称的是(　　)。

A. 虎跳峡　B. 巫峡　C. 西陵峡　D. 瞿塘峡

19. 长江的(　　)，具有“狂涛卷地，飞瀑撼天”的雄伟气势。

A. 虎跳峡　B. 巫峡　C. 西陵峡　D. 瞿塘峡

20. 泰山主要是由片麻岩和花岗岩组成的山体，主峰(　　)海拔 1532.7 米

A. 祝融峰　B. 玉皇顶　C. 天峰岭　D. 峻极峰

21. (　　)主峰白云峰海拔 2691 米，为景色迷人的“关东第一山”。

A. 阿里山　B. 三清山　C. 长白山　D. 天山山

22. (　　)是我国以鹤类等大型水禽为主的珍稀水禽分布区，是世界上最大的丹顶鹤繁殖地。

A. 江苏盐城　B. 江西鄱阳湖　C. 湖南洞庭湖　D. 黑龙江扎龙

23. 日食是月球遮掩太阳的一种天象，只发生于(　　)。

A. 朔日　B. 上弦日　C. 望日　D. 下弦日

24. 蜃景一般出现在海滨与沙漠地区，(　　)蜃景出现次数最多。

A. 甘肃敦煌　B. 辽宁大连　C. 山东蓬莱　D. 海南三亚

25. 有“中国古代道教建筑的露天博物馆”之誉的是(　　)。

A. 龙虎山　B. 武夷山　C. 雁荡山　D. 三清山

26. (　　)摩崖石刻是各名山之最。

A. 泰山　B. 华山　C. 嵩山　D. 衡山

27. 黄山四绝是指(　　)。

A. 青松、奇石、飞瀑、云海　B. 奇松、怪石、温泉、云海

C. 奇松、怪石、毛峰、云海　D. 青松、温泉、云海、林芝

28. 江苏镇江中泠泉由(　　)饮用后，命名为“天下第一泉”。

A. 陆羽　B. 乾隆　C. 刘伯刍　D. 刘鹗

29. 我国(　　)雨淞誉称“玻璃世界”。

A. 峨眉山　　B. 长白山　　C. 泰山　　D. 庐山

30. “家家泉水，户户垂杨”指的是“泉城”(　　)。

A. 昆明　　B. 济南　　C. 福州　　D. 苏州

31. 有温泉城之称的是(　　)市。

A. 昆明　　B. 济南　　C. 福州　　D. 苏州

32. 我国最宽的瀑布是(　　)瀑布。

A. 黄果树　　B. 壶口　　C. 德天　　D. 诺日朗

33. 享有“中华第一瀑”之盛誉的是(　　)瀑布。

A. 黄果树　　B. 壶口　　C. 德天　　D. 诺日朗

34. 亚洲第一大跨国瀑布是(　　)瀑布。

A. 黄果树　　B. 壶口　　C. 德天　　D. 诺日朗

35. 我国水流量最大的瀑布是(　　)瀑布。

A. 黄果树　　B. 壶口　　C. 德天　　D. 诺日朗

36. 被清人曾作霖称为“山中有水水中山，山自凌空水自闲”的是(　　)。

A. 泸沽湖　　B. 瘦西湖　　C. 大明湖　　D. 日月潭

37. 我国最大的火山堰塞湖是(　　)。

A. 镜泊湖　　B. 五大连池　　C. 长白山天池　　D. 草海

38. 我国第一淡水湖泊是(　　)。

A. 鄱阳湖　　B. 长白山天池　　C. 青海湖　　D. 太湖

39. 杭州西湖、日月潭、长白山天池和镜泊湖分别是(　　)。

A. 潟湖、构造湖、火山口湖、堰塞湖　　B. 风成湖、冰川湖、火山口湖、潟湖

C. 堰塞湖、构造湖、火山口湖、风成湖　　D. 潟湖、火山口湖、构造湖、堰塞湖

40. 长江、黄河分别从哪个省(市)入海(　　)。

A. 浙江、山东　　B. 上海、山东　　C. 上海、江苏　　D. 江苏、浙江

41. 我国的长白山、武夷山、嵩山、武陵源的地貌特征依次为(　　)。

A. 丹霞地貌、流纹岩山地、登封朵岩、岩溶山地

B. 粗面岩、丹霞地貌、登封朵岩、石英砂岩

C. 粗面岩、岩溶山地、流纹岩山地、石灰华阶地

D. 花岗岩山地、丹霞地貌、流纹岩山地、石英砂岩

42. 有“海上花园”之誉，“城在海上，海在城中”的海滨城市是(　　)。

A. 厦门　　B. 三亚　　C. 大连　　D. 青岛

43. 以滩缓、沙细、浪小、潮平著称的旅游胜地是(　　)海滨。

A. 大连　　B. 北戴河　　C. 青岛　　D. 厦门

44. 青山、碧海、绿树、红瓦是(　　)海滨的景观特色。

A. 北戴河　　B. 厦门　　C. 青岛　　D. 大连

45. 野柳风景区位于(　　)省，由海蚀、风化、地壳运动等作用，造就了奇特景象，尤其以蕈状石“女王头”为代表。

A. 福建　　B. 台湾　　C. 广东　　D. 海南

46. 海拔在 2000 米以上，遍布原始森林，有 108 个湖，以高原钙华湖群、瀑群、滩流等著称的旅游地是( )。

A. 九寨沟　　B. 桂林山山水　　C. 黄龙　　D. 武陵源

47. 下列名山中属于花岗岩名山的是( )。

A. 庐山、衡山、华山　　B. 黄山、庐山、恒山

C. 华山、黄山、衡山　　D. 雁荡山、三清山、天山

48. 世界上最大的独立纬向山系，同时也是世界上距离海洋最远的山系和全球干旱地区最大的山系是( )。

A. 长白山　　B. 天山　　C. 阿里山　　D. 庐山

三、多选题(五个选项中，至少有两个正确)

1. 奇特泉是景观奇特、具有观赏价值的泉，如( )。

A. 北京玉泉　　B. 镇江中泠泉　　C. 大理蝴蝶泉

D. 黄山温泉　　E. 安徽寿县的喊泉

2. 下列不属于天象景观的是( )。

A. 佛光　　B. 蜃景　　C. 雾凇　　D. 极光　　E. 月食

3. 嵩山位于河南省登封市境内，著名的景观有( )。

A. 玉泉院　　B. 观星台　　C. 中岳庙　　D. 嵩阳书院　　E. 嵩岳寺塔

4. 以下景区位于台湾省的有( )。

A. 垦丁　　B. 阿里山　　C. 日月潭　　D. 野柳　　E. 纳木错

5. 以下属于庐山景观的是( )。

A. 仙人洞　　B. 古鄱口　　C. 三叠泉　　D. 五老峰　　E. 周公桧

6. 华山壁立千仞，群峰挺秀，以险峻著称，登华山的三道险关是( )。

A. 百尺峡　　B. 千尺幢　　C. 苍龙岭　　D. 老君犁沟　　E. 天都峰

7. 武陵源位于湖南省西北部的张家界市境内，素有“奇峰三千，秀水八百”之称，以下属于五绝的是( )。

A. 奇峰　　B. 幽谷　　C. 秀水　　D. 叠瀑　　E. 溶洞

8. 极光是高纬度地区高空发生的一种发光现象，以下会发生极光现象的地方是( )。

A. 海南三亚　　B. 云南丽江　　C. 黑龙江漠河

D. 内蒙古包头　　E. 新疆阿勒泰

9. 峨眉山佛光出现次数最多，是因为峨眉山( )。

A. 多云雾　　B. 湿度大　　C. 少云雾　　D. 湿度小　　E. 风速小

10. 我国长江流域四大云海指的是( )。

A. 黄山云海　　B. 庐山云海　　C. 峨眉云海　　D. 恒山云海　　E. 衡山云海

11. 历史上有“天下第一泉”之称的名泉有( )。

A. 镇江中泠泉　　B. 北京玉泉　　C. 杭州虎跑泉　　D. 济南趵突泉　　E. 庐山谷帘泉

12. 以下属于天山的著名景点的有( )。

A. 博格达峰　　B. 托木尔峰

C. 汗腾格里冰川　　D. 夏季牧场　　E. 骆驼山

13. 三江并流是指( )这三条发源于青藏高原的大江在云南省境内自北向南并行奔

流170多公里,“江水并流而不交汇”的奇特自然地理景观。

A. 金沙江　B. 乌江　C. 岷江　D. 澜沧江　E. 怒江

14. 长江、黄河共同流经的省(区)是(　　)。

A. 甘肃　B. 青海　C. 宁夏　D. 西藏　E. 四川

15. 长白山天池是中国和朝鲜的界湖,是(　　)三江的源头,是我国最大的火山口湖,也是我国最深的湖泊。

A. 松花江　B. 图们江　C. 鸭绿江　D. 乌苏里江　E. 黑龙江

16. 黄山位于安徽省南部的黄山市境内,(　　)为黄山三大主峰。

A. 莲花峰　B. 峻极峰　C. 光明顶　D. 祝融峰　E. 天都峰

17. 以下关于喀纳斯湖说法正确的是(　　)。

A. 位于新疆阿勒泰地区

B. 是典型的堰塞湖

C. 湖面海波1375米,湖形如弯月,最深188米

D. 是有名的“变色湖”,会随着季节和天气变化而变换颜色

E. 我国唯一的南西伯利亚系动植物分布区

18. 下列著名的喀斯特地貌景观有(　　)。

A. 四川九寨沟　B. 四川黄龙　C. 湖南武陵源

D. 广西桂林山水　E. 台湾野柳

19. 下列是著名的钙华地貌景观有(　　)。

A. 四川的九寨沟　B. 福建武夷山　C. 四川的黄龙

D. 桂林山水　E. 黑龙江的五大连池

20. 下列关于京杭大运河的描述正确的是(　　)。

A. 北起北京,南至杭州

B. 流经北京、河北、山东、江苏、安徽、浙江6省市

C. 沟通海河、黄河、淮河、长江、钱塘江五大水系

D. 是我国也是世界开凿最早的运河

E. 凿于春秋,隋代时全线贯通

21. 下列对镜泊湖的描述错误的是(　　)。

A. 位于黑龙江牡丹江市,是典型的冰川湖

B. 具有摩梭人独特的文化和民族风俗

C. 以湖光山色为主,兼有火山口地下原始森林、地下熔岩隧道

D. 有唐代渤海国遗址

E. 吊水楼瀑布是其一道亮丽的风景

22. 我国著名的温泉旅游胜地是(　　)。

A. 云南安宁　B. 台湾的草山　C. 广东的从化　D. 西安华清池　E. 黄山

23. 泰山四大奇景指的是(　　)。

A. 云海玉盘　B. 旭日东升　C. 晚霞夕照　D. 黄河金带　E. 擎天神木

24. 京杭大运河流经的省市有(　　)。

A. 河北　B. 河南　C. 山西　D. 山东　E. 江西

参考答案

一、判断题

1—5 BAAAA 6—10 ABABB 11—15 BAAAB 16—20 BAAAA 21—25 ABBBA 26—29 BABB

二、单选题

1—5 CADBC 6—10 AACCA 11—15 CBBCD 16—20 DBCAB 21—25 CDACD 26—30 ABCDB 31—35 CDACB 36—40 DAAAB 41—45 BABCB 46—48 ACB

三、多选题

1. CE 2. ABC 3. BCDE 4. ABCD 5. ACD 6. ABD 7. ABCE 8. CE 9. ABE 10. ABCE 11. ABDE 12. ABCD 13. ADE 14. BE 15. ABC 16. ACE 17. ACDE 18. AD 19. BC 20. ACDE 21. AB 22. ABCDE 23. ABCD 24. AD

第四章 中国古典园林

一、判断题(正确的填 A,错误的填 B)

1. 中国古典园林深受传统儒道思想自然审美观的影响,追求“天人合一”即在尊重自然的前提下改造自然,创造和谐的园林形态。 ( )
2. “四君子”是指:梅、松、竹、菊。 ( )
3. 游览古典园林讲究“游”和“停”的结合。 ( )
4. 叠山的根本目的是起到登高望远、扩大空间的作用。 ( )
5. 石一般用于假山的基础部分。 ( )
6. 书房馆斋是待客与集会活动的场所,也是园林中的主题建筑。 ( )
7. 匾额是指悬置于门楣之上的题字牌,楹联是指两侧柱上的竖牌。 ( )
8. 唐宋时期是中国园林发展的转折点。 ( )
9. 唐宋写意山水园林在体现自然美的技巧上取得了很大的成就,如叠石、堆山、理水等。 ( )
10. 舫大多将船的造型建筑化,是仿造舟船造型的建筑,常建于水际或池中。 ( )
11. 中国古典园林在明清已进入精深发展阶段,官僚及文人墨客自建园林或参与造园工作,将诗与画融入园林的布局与造景中。 ( )
12. “凡园圃立基,定厅堂为主。”园林中的厅堂位置确定后,全园的景色布局才依次衍生变化,厅堂一般空间环境相对开阔。 ( )
13. 春秋时期我们的先人就已经开始了利用自然的山泽、水泉、树木、鸟兽进行初期的造园活动。 ( )
14. 承德避暑山庄又名热河行宫或承德离宫,是清代皇帝夏天避暑和狩猎的场所。 ( )
15. 中国古代园林源于自然,高于自然,是大自然形象的高度概括。 ( )
16. 北方类型的园林按气候带划分也可称“中温带园林”。 ( )
17. 岭南类型的园林虽地处亚热带,终年常绿,又多河川,所以造园条件比北方好,但是没江

南好。 ( )

18. 楼,四周开窗,每层设围廊,有挑出平座,以便眺望观景。 ( )

19. 花木对园林山石景观起衬托作用,又往往和园主追求的精神境界有关。 ( )

20. 从“停”的角度来讲,遇到园中的亭、榭、厅、堂、阁等重要建筑物,最好驻步停留,以便观赏。 ( )

21. 廊有交通的功能,也有观赏的用途。 ( )

22. 杭州雷峰塔和保俶塔是一组绝妙的借景。 ( )

23. 自然式园林对花木的选择有三个标准,即要求姿美、花美和色美。 ( )

24. 中国古典园林叠山的石材主要有两种:一是浙江武康的花岗岩,质地坚硬,用于假山的基础部分,称“叠脚”;二是太湖石,置于假山的上部,供游人玩赏品味,称“收顶”。 ( )

25. 苏州的拙政园,按其占有者身份划分,属私家园林;按其所处地理位置划分属扬子江类型。 ( )

26. 江南园林也称“南方园林”或“扬子江类型”。江南园林的代表大都集中于南京、上海、无锡、扬州、洛阳、开封等地。 ( )

27. 苏州拙政园取名自魏代文学家潘岳《闲居赋》。 ( )

28. 园林中的匾额、楹联及刻石内容,多数是直接引用千人已有的诗句,比如苏州拙政园的浮翠阁引自苏东坡诗句“三峰已过天浮翠”。 ( )

29. 计成在《园冶》中指出,“园林巧于因借”,说的是借景以小见大的巧妙之处。 ( )

30. 中国古典园林重视饲养动物,最早的苑囿里,以动物作为观赏娱乐对象,宋徽宗所建艮岳,汇集天下珍奇异兽数以万计,并有训练过的鸟兽。 ( )

二、单选题

1. 下列不属于皇家园林的是( )。

A. 颐和园　B. 北京的恭王府　C. 承德避暑山庄　D. 北海公园

2. 公元前 11 世纪,( )曾建“灵囿”。

A. 周幽王　B. 周武王　C. 周平王　D. 周文王

3. 下列选项中不属于按园林所处的地理位置划分的是( )。

A. 黄河类型　B. 江北类型　C. 广东类型　D. 扬子江类型

4. 从“游”的角度来说,一般不顺着( )的走向漫步游览和观赏。

A. 路　B. 亭　C. 廊　D. 径

5. ( )时期的园林中已经有了成组的风景,既有土山又有池沼或台,自然山水园林已经萌芽,不再是简单的囿了。

A. 商周　B. 春秋战国　C. 唐宋　D. 宋元

6. 下列选项中不属于皇家园林的特征的是( )。

A. 真山真水多　B. 建筑物高大

C. 色彩金碧辉煌　D. 居住和游览合一

7. ( )园名意为和煦普照之日光,喻父母之恩德。

A. 豫园　B. 清晖园　C. 梁园　D. 余荫山房

8. ( ),园林艺术进入精深发展阶段,无论是江南的私家园林还是北方的帝王宫苑,在设计和建筑上都达到了高峰。

A. 魏晋南北朝　B. 唐宋时期　C. 宋元时期　D. 明清时期

9. 下列选项中不属于“江南三大名廊”的是(　　)。

A. 沧浪亭的复廊　B. 拙政园的水廊　C. 复廊　D. 留园的曲廊

10. (　　)辋川别业中养鹿放鹤,以寄托“一生几经伤心事,不像空门何处销”。

A. 王维　B. 杜甫　C. 李白　D. 杜牧

11. 园林入口处常迎门挡以假山,其构景作用是(　　)。

A. 透景　B. 抑景　C. 借景　D. 障景

12. 中国现代保存下来的园林大多属于(　　)时代。

A. 秦汉　B. 唐宋　C. 元朝　D. 明清

13. (　　)是小巧玲珑、开敞精致的建筑物,室内简洁雅致,室外或可临水观鱼,或可品评花木,或可极目远眺。

A. 榭　B. 轩　C. 亭　D. 廊

14. (　　)可用来观赏风景,储存书画,还可以供佛。

A. 书房　B. 厅堂　C. 楼阁　D. 亭

15. 扬州的个园以——“月映竹成千个字”之句命名(　　)。

A. 王维　B. 袁枚　C. 李白　D. 杜牧

16. 无锡寄畅园因园外惠山的景色而显得更加秀丽,产生这一效果的构景手法是(　　)。

A. 对景　B. 抑景　C. 借景　D. 障景

17. 坐在苏州网师园的集虚斋内,透过月洞门可见园内的假山、花木等美景,该月洞门的构景作用是(　　)。

A. 对景　B. 透景　C. 借景　D. 框景

18. 在上海大观园内,登大观园可观赏怡红院、潇湘馆,同样,登怡红院、潇湘馆也可观赏大观园,这种构景手段称(　　)。

A. 对景　B. 透景　C. 借景　D. 框景

19. 在扬州瘦西湖划船,远方的主景是白塔,通向白塔的两岸是长堤春柳,从湖中看,两岸长堤春柳与远方的塔形成的造景手段是(　　)。

A. 夹景　B. 漏景　C. 借景　D. 添景

20. 透过葡萄、老梅、修竹等图案的窗隙,可见园外或院外的美景。这类窗户的构景作用是(　　)。

A. 夹景　B. 漏景　C. 借景　D. 添景

21. 北京颐和园内,在昆明湖和万寿山之间的湖畔种有不少垂柳,这些垂柳的构景作用是(　　)。

A. 夹景　B. 漏景　C. 借景　D. 添景

22. 个园中以(　　)为植物主景。

A. 梅　B. 兰　C. 竹　D. 菊

23. 圆明园内的双鹤斋是仿(　　)而建的。

A. 寄畅园　B. 清晖园　C. 拙政园　D. 颐和园

24. (　　)时期出现了以宫室建筑为主的宫苑。

A. 春秋时期　B. 秦汉时期　C. 商周时期　D. 唐宋时期

25.(　　)建于水边或花池畔,借以成景。

A. 榭　B. 楼阁　C. 舫　D. 廊

26. 承德避暑山庄占地面积为(　　),始建于康熙年间,建成于乾隆年间。

A. 654 万平方米　B. 564 万平方米　C. 53 万平方米　D. 5.2 万平方米

27. 下列景点,依次属于颐和园、拙政园、清晖园的是(　　)。

A. 十七孔桥、留听阁、澄漪亭　B. 佛香阁、大戏楼、六角亭

C. 佛香阁、六角亭、留听阁　D. 十七孔桥、大戏楼、澄漪亭

28. 谐趣园是依照(　　)仿建的。

A. 个园　B. 留园　C. 寄畅园　D. 豫园

29.(　　)是岭南园林的代表作,为适合南方炎热气候,疏而不空,密而不塞,院内有大量装饰性和可供欣赏的陶瓷、灰塑、木雕、玻璃。

A. 清晖园　B. 可园　C. 余荫山房　D. 留园

30. 个园的园主是(　　)。

A. 梁九图　B. 黄至筠　C. 潘允端　D. 刘恕

31. 杭州西湖主要运用了(　　)的理水手法。

A. 掩　B. 挡　C. 隔　D. 破

32.(　　)是园林中属较高层的建筑,不仅体量大,而且造型丰富,在园林中起到重要的点景的作用。

A. 楼阁　B. 厅堂　C. 书房馆斋　D. 轩

33. 北方园林以(　　)为代表。

A. 北京　B. 西安　C. 洛阳　D. 开封

34. 引渭水作长池并在池中筑蓬莱山以象征神山仙境的上林苑是由(　　)下令修建的。

A. 汉武帝　B. 唐太宗　C. 秦始皇　D. 康熙皇帝

35. 著名太湖石"玉玲珑"是(　　)的主要景观之一。

A. 个园　B. 留园　C. 可园　D. 豫园

36.(　　)时期起,中国园林的组成要素都已具备。

A. 商周　B. 春秋战国　C. 秦汉　D. 唐宋

37. 中国古代营造园林,早在(　　)时期就开创人为造山的先例。

A. 商周　B. 春秋战国　C. 秦汉　D. 唐宋

38. 中国古典园林的成熟阶段是(　　)。

A. 商周　B. 春秋战国　C. 秦汉　D. 唐宋

39. 我国皇家园林中最完整,最典型的是(　　)。

A. 北海公园　B. 避暑山庄　C. 郭庄　D. 颐和园

40. 当甲风景点在远处,如果两侧用建筑物或树林花卉屏障起来,使甲风景点更显诗情画意,这种构景手法叫(　　)。

A. 框景　B. 夹景　C. 障景　D. 抑景

41. 用山、石、花等将园林中一些不足之处加以掩盖或处理,使之变成一种美景的方法叫(　　)。

A. 框景　B. 夹景　C. 障景　D. 抑景

42.(　　)意谓“渔父钓叟之园”,园内的山水布置和景点题名蕴含着浓郁的隐逸气息。

A. 个园　　B. 寄畅园　　C. 留园　　D. 网师园

三、多选题(五个选项中,至少有两个正确)

1. 下列选项中被称为“江南三大奇石”,假山中的佼佼者的是(　　)。

A. 豫园的玉玲珑　　B. 留园的冠云峰　　C. 环秀山庄的假山

D. 竹素园的绉云峰　　E. 个园的四季假山

2. 关于古典园林的特征下列说法正确的是(　　)。

A. 中国古典园林重在体现均衡对称的观念;西方园林重在表现人文的力量

B. 中国古典园林布局形式以自由、变化、曲折为特点,要求景物源于自然,又高于自然

C. 中国古典园林在师法自然的同时,意在营造一个充满诗情画意的艺术空间

D. 中国古典园林中园名、景题、匾额、楹联都受到山水画“外师造化,中得心源”写意原则的启发,无不体现情调,烘托园林的内涵和意境

E. 中国古典园林多封闭,以有限面积打造无限空间,小中见大,重视分隔空间、虚实对比,含蓄不尽,追求一种意的幽静和境的深邃

3. 以下园林中,位于苏州的有(　　)。

A. 留园　　B. 清晖园　　C. 网师园　　D. 豫园　　E. 个园

4. 亭在古代有停止的意思,在园林中的作用有(　　)。

A. 供人休息　　B. 纳凉、避雨　　C. 点景　　D. “引景”　　E. 赏景

5. 理水之法理论上有(　　)。

A. 掩　　B. 遮　　C. 隔　　D. 透　　E. 破

6. 园林中植物的选择要注重(　　)。

A. 姿态　　B. 颜色　　C. 季节性　　D. 气味　　E. 数量

7. 颐和园全园可分为(　　)三个区域。

A. 以明道堂组成的休闲活动区　　B. 以仁寿殿为中心的政治活动区

C. 以西山全峰组成的游览区　　D. 由昆明湖、万寿山组成的风景区

E. 以乐寿堂、玉澜堂为主体的生活区

8. 关于豫园的说法正确的是(　　)。

A. 上海的豫园连造园专家也惊叹“造园者未见此山,正如学诗者不知李杜”

B. 玉华堂前的黄石“玉玲珑”,为江南三大名石之冠

C. 明代四川布政使潘允端于嘉靖年间建造,兼有明清两代南方园林建筑风格,被誉为“奇秀甲于东南”

D. 豫园的名字取自“愉悦老亲”之意

E. 豫园中五条龙墙将全园40余处分割为6大景区,体现中国园林“壶中天地”的境界

9. 属于岭南类型的园林有(　　)。

A. 拙政园　　B. 清晖园　　C. 可园　　D. 留园　　E. 余荫山房

10. 下列关于拙政园说法正确的是(　　)。

A. 拙政园占地5.2万平方米,是苏州现存最大的古典园林,花园可分为中园、东园、西园

B. 始建于明正德年间,为明代御史王献臣所建

C. 拙政园设计蓝图出自吴门画派代表人物文徵明之手

D. 拙政园主要建筑有远香堂、雪香云蔚亭、留听阁、十八曼陀罗花馆、三十六鸳鸯馆

E. 拙政园中建有苏州园林博物馆，是国内唯一的园林专题博物馆

11. 中国古典园林按占有者身份分为(　　　　)。

A. 皇家园林　　B. 规则式园林　　C. 私家园林

D. 混合式园林　　E. 官府园林

12. 私家园林是(　　　　)营造的园林。

A. 帝王　　B. 皇家的宗室外戚　　C. 富商大贾

D. 王公　　E. 官吏

13. 抑景可分为(　　　　)。

A. 山抑　　B. 水抑　　C. 树抑　　D. 曲抑　　E. 复抑

14. 以下景点都属于颐和园的是(　　　　)。

A. 佛香阁　　B. 十七孔桥　　C. 六角亭　　D. 大戏楼　　E. 宝云阁

15. 叠山的石材主要有(　　　　)。

A. 黄石　　B. 太湖石　　C. 土石　　D. 山石　　E. 岩石

16. 园林中常见的建筑有(　　　　)。

A. 厅　　B. 榭　　C. 楼　　D. 桥　　E. 轩

17. 下列选项中属于中国古代园林的组成要素的有(　　　　)。

A. 叠山　　B. 楼阁　　C. 厅堂　　D. 植物　　E. 理水

18. 下列选项中属于中国古代园林的观赏方法的有(　　　　)。

A. 借景　　B. 添景　　C. 夹景　　D. 对景　　E. 漏景

19. 对承德避暑山庄说法正确的是(　　　　)。

A. 避暑山庄按照地形和地貌特征选址和总体设计，完全借助于自然地势，同时融合南北造园艺术的精华为一身

B. 避暑山庄分别为宫殿区、狩猎区

C. 宫殿区是皇帝处理朝政、举行庆典和生活起居的地方，包括正宫、松鹤斋、万壑松风和东宫

D. 狩猎区包括湖泊区、平原区、山峦区，有72景之说

E. “外八庙”环绕山庄，象征民族团结和中央集权

20. 留园可分为(　　　　)。

A. 中部　　B. 东部　　C. 南部　　D. 西部　　E. 北部

21. 江南园林也被称为(　　　　)。

A. 自然园林　　B. 南方园林　　C. 扬子江园林

D. 长江园林　　E. 黄河园林

22. 对于植物以下说法正确的是(　　　　)。

A. 玉兰象征幽居隐士　　B. 松柏象征坚强和长寿

C. 莲花象征洁净无瑕　　D. 紫薇象征高官厚禄

E. 石榴象征荣华富贵

23. 属于太湖石特点的是(　　　　)。

A. 硬　　B. 皱　　C. 散　　D. 瘦　　E. 漏

24. 清代广东四大园林又称岭南四大园林包括(　　)。
A. 清晖园　B. 可园　C. 余荫山房　D. 留园　E. 梁园
25. 下属于苏州“四大园林”的是(　　)。
A. 狮子林　B. 网师园　C. 拙政园　D. 沧浪亭　E. 留园
26. 以下属于中国四大园林的是(　　)。
A. 北京颐和园　B. 北海公园
C. 河北承德避暑山庄　D. 苏州拙政园　E. 苏州留园
27. 下列描述正确的是(　　)。
A. 承德避暑山庄是我国现存最大的古典皇家园林
B. 颐和园前身是“清漪园”
C. 拙政园是苏州最大的古典园林
D. 寄畅园是清康熙、乾隆二帝多次游历至此的园林,并在此一再题诗
E. 网师园是苏州典型的府宅园林
28. 关于苏州网师园,下列说法错误的是(　　)。
A. 地处旧城东南隅,始建于明清,旧为侍郎史正志的“万卷堂”故址,花园名为“渔隐”
B. 由宋宗元重建定园,名为“网师园”,含有隐居江湖的意思
C. 网师园面积为 5300 万平方米,布局严谨,主次分明,园内有园,景外有景
D. 陈从周先生誉其为“苏州园林小园极则,在全国园林中亦属上选,是以少胜多的典范”
E. 园中有笋石、湖石、黄石、宣石表现的春、夏、秋、冬四季景色,号称“四季假山”
29. 下列园林始建于明朝的有(　　)。
A. 网师园　B. 拙政园　C. 个园　D. 寄畅园　E. 豫园
30. 属于留园三座石峰的是(　　)。
A. 冠云峰　B. 瑞云石峰　C. 岫云石峰　D. 绉云石峰　E. 凌云石峰
31. 有关廊的描述正确的是(　　)。
A. 不仅有交通的功能,还有观赏的用途　B. 是园林中的主体建筑
C. 让游人移步换景,品味周围景色　D. 有单廊和复廊之分
E. 著名的廊有北京颐和园 700 多米的长廊
32. 中国古典园林中的借景除了有远借、近借外,还有(　　)之分。
A. 前借　B. 后借　C. 仰借　D. 俯借　E. 应时而借

参考答案

一、判断题

1—5 ABAAB　6—10 BABBA　11—15 BABBA　16—20 BBBAB　21—25 ABBBA
26—30 BBAAA

二、单选题

1—5 BBBBB　6—10 DBDCA　11—15 BDBCB　16—20 CDAAB　21—25 DCABA
26—30 BACAB　31—35 CAACD　36—40 BCDDB　41—42 CD

三、多选题

1. ABD 2. BCE 3. AC 4. ABCDE 5. ACE 6. ABD 7. BDE 8. CDE 9. BCE 10. ABCDE 11. AC 12. BCDE 13. ACD 14. ABDE 15. AB 16. ABCDE 17. ADE 18. ABCDE 19. ACE 20. ABDE 21. BC 22. BCD 23. BDE 24. ABCE 25. ACDE 26. ACDE 27. ABCDE 28. ACE 29. BDE 30. ABC 31. ACDE 32. CDE

第五章　中国古代建筑

一、判断题(正确的填 A,错误的填 B)

1. 在商代已经有较成熟的夯土技术,建造了规模相当大的宫室和陵墓。（　）
2. 中国古代建筑以独特的取材、巧妙的木结构和别具风格的造型艺术在世界建筑史上占有重要的地位。（　）
3. 秦汉时期是中国古建筑体系的发展时期。（　）
4. 南京古城的聚宝门规模大,是我国现存最大、最完整的堡垒瓮城,在我国城坦建筑史上占有极其重要的地位。（　）
5. 全套嘉量从小到大依次为斛、斗、升、合、龠。（　）
6. 元朝是古代建筑体系的又一发展时期,普遍采用“减柱法”使梁架结构有所创新。（　）
7. 北京故宫和沈阳故宫是明清宫殿建筑群的实例,是中国现存著名的宫殿。（　）
8. 歇山顶,又称九脊顶,由一条正脊、四条垂脊和四条戗脊组成。前后两坡为整坡,左右两坡为半坡,半坡以上的三角形区域为山花。（　）
9. 须弥座从佛像底座转化而来,象征神圣高贵,形体复杂,其主要特征是带有雕刻花纹和角线的基座中间收腰。（　）
10. 城池包括城市的城墙和护城河,一般有两重,里面的称郭,外面的称城。（　）
11. 庑殿顶,屋面四坡五脊,前后屋面相交形成一条正脊,两侧屋面与前后屋面相交形成四条斜脊,俗称五脊顶。（　）
12. 硬山顶中,高出的山墙又称风水墙,主要作用是防止水灾与火灾蔓延。（　）
13. 卷棚顶为双坡屋顶,两坡相交处不做大脊,由瓦垄直接卷过屋面形成弧形的曲面卷棚顶,整体面貌与歇山、悬山、硬山一样,唯一区别是没有明显的正脊。（　）
14. 养心殿是清代后八位皇帝居住和处理政务的地方,正间在同治、光绪执政期间,曾是慈禧太后垂帘听政的地方。（　）
15. 华表是设在宫殿、城垣、桥梁、陵墓前作为标志和装饰用的大柱,一般为石柱雕有蟠龙,作为皇家建筑的特殊标志。（　）
16. 最早修筑长城的是秦国,是规模宏大的防御工程。（　）
17. 八达岭长城位于北京昌平区境内,是我国明长城中保存最完整、最具代表性的段落之一。（　）

18. 文溯阁是乾隆时期增设的沈阳故宫西路建筑。 ( )
19. 石狮有辟邪的作用，显示“尊贵”“威严”，按照中国文化的传统习俗，成对的石狮系左雌右雄。 ( )
20. 普通台基按部位不同分为正阶踏跺、垂手踏跺、抄手踏跺。 ( )
21. 我国古代的墓室结构依次经历了土穴墓、木椁墓、砖石墓三个发展阶段 ( )
22. 明孝陵在南京市东郊紫金山南麓，是明朝开国皇帝朱元璋和马皇后的陵寝。 ( )
23. 祭天、地、日、月等活动都在郊外进行，统称郊祭。 ( )
24. 中和殿是皇帝宴请外藩王公贵族和京中文武大臣之处，清后期也是殿试的场所。( )
25. 保和殿之后为内廷，是皇帝日常处理政务和帝后、嫔妃、皇子公主居住、游玩、奉神之处。 ( )
26. 因为君权“受命于天”，且要秉承天意治理国家。所以皇帝必须亲自去天坛祭天。祭天在西郊，时间在夏至日。 ( )
27. 因为万物生长靠太阳，所以必须去地坛祭日，祭日于东郊。 ( )
28. 天坛的设计采用象征表现手法，来展示中国传统文化的寓意，北圆南方的坛墙和圆形建筑搭配方形外墙，以象征古人“天圆地方”的观念。 ( )
29. 孔庙是祭祀我国古代著名的思想家、教育家、儒家学派的创始人孔子的场所。 ( )
30. 孔府、孔庙与孔墓，并称“三孔”。 ( )
31. 唐乾陵是中国古代最大的一座帝王陵墓，也是世界上最大的一座陵墓。 ( )
32. 大雁塔始建于唐高宗永徽三年，现存 7 层 64 米，为楼阁式著名古塔。 ( )
33. 北京真觉寺塔是我国现存最古老、最高的一座金刚宝座式塔。 ( )
34. 忽必烈敕令建造的一座喇嘛塔是妙应寺白塔。 ( )
35. 北方官式建筑以强烈的色彩对比创造华丽庄重的气氛，而江南民居则多以白色的粉墙，配以灰瓦、赭色柱子，形成一种清淡素雅的氛围。 ( )
36. 北方官式建筑以强烈的色彩对比创造著称，江南民居多以白色墙配以灰瓦赭色柱子，而闽南民居常用红黄墙面配以青绿色瓦饰。 ( )
37. 唐乾陵是唐代第二个皇帝高宗李治和女皇武则天的合葬墓。 ( )
38. 唐宋以前建筑物以方形等级最高，明清以圆形等级最高。 ( )
39. 程阳永济桥又名程阳风雨桥，建于 1916 年，具有侗族风格。 ( )
40. 北宋陵埋葬着北宋的 9 位皇帝。 ( )

二、单选题

1. 我国现存最早的木结构建筑的实物是( )。

A. 秦代的宁波宝国寺　　B. 唐代的五台山禅寺

C. 汉代的佛光寺　　D. 宋代太原晋祠圣母殿

2. 宋朝是中国古建筑体系的大转变时期，以下说法错误的是( )。

A. 都城采用沿街设店的街肆形式

B. 出现复杂式样的殿阁楼台，流行仿木结构形成的砖石塔和墓葬

C. 李诫的《营造法式》是管理各种建筑设计、结构、用料的规范

D. 现存著名的宋代建筑有泉州清净寺、正定隆兴寺、洪洞广胜寺

3. 下列屋顶规格按从低到高排列的是( )。

A. 硬山顶、悬山顶、重檐歇山顶、重檐庑殿顶
B. 悬山顶、硬山顶、攒尖顶、重檐庑殿顶
C. 硬山顶、悬山顶、庑殿顶、重檐攒尖顶
D. 歇山顶、攒尖顶、重檐攒尖顶、重檐庑殿顶

4. 居庸关长城位于北京（　　）。
A. 延庆县　　B. 怀柔区　　C. 昌平区　　D. 西南隅

5.（　　）是“九脊顶”的建筑类型。
A. 故宫太和殿　　B. 故宫角楼　　C. 天安门　　D. 岳阳楼

6. 为抵御鞑靼、瓦剌的侵扰，修筑长城，西起嘉峪关，东至鸭绿江的是（　　）。
A. 汉代　　B. 隋朝　　C. 北魏　　D. 明代

7. 中国建筑的屋顶有等级差异，以下屋顶中等级位居第二的屋顶是（　　）。
A. 重檐庑殿顶　　B. 单檐庑殿顶　　C. 重檐歇山顶　　D. 单檐歇山顶

8. 利用太阳的投影和地球自转的原理，借指针所生阴影的位置来显示时间的器具是（　　）。
A. 华表　　B. 嘉量　　C. 日晷　　D. 吉祥缸

9. 清后期殿试的场所是（　　）。
A. 太和殿　　B. 中和殿　　C. 保和殿　　D. 乾清宫

10. 为了使桥基和桥墩石胶结牢固，采用“种蛎固基法”的是（　　）。
A. 河北赵州桥　　B. 北京卢沟桥　　C. 福建洛阳桥　　D. 江苏宝带桥

11. “十八梭船廿四洲”说的是以下哪座桥？（　　）
A. 泉州洛阳桥桥　　B. 河北的安济桥　　C. 潮州湘子桥　　D. 程阳永济桥

12.《工部工程做法则例》统一了官式建筑模式和用料标准，简化了构造方法，是在（　　）编写的。
A. 隋朝　　B. 唐朝　　C. 明朝　　D. 清朝

13.（　　）是世界桥梁工程中的首创，也是世界上现存最大的敞肩桥，既减轻桥自重，省工省料，又减少洪水对石桥的冲击。
A. 河北赵州桥　　B. 苏州宝带桥　　C. 泉州洛阳桥　　D. 北京的卢沟桥

14. 我国现存完好的四座古城之一，其中城内街道、集市、楼房、商店均保留原有形制，是研究我国明代县城建置的实物资料的是（　　）。
A. 南京古城　　B. 西安古城　　C. 平遥古城　　D. 丽江古城

15. 我国现存最大型的，保存最完整的城墙是（　　），建于明朝。
A. 明南京城墙　　B. 西安城墙　　C. 平遥城墙　　D. 丽江古城

16. 玄奘西行求法、归国译经的纪念建筑物是（　　），具有重要的历史价值。
A. 登封嵩岳寺塔　　B. 大理千寻塔　　C. 西安大雁塔　　D. 西安小雁塔

17.（　　）含有统一度量衡的意义，象征着国家的统一和强盛。
A. 日晷　　B. 鼎式香炉　　C. 嘉量　　D. 石狮

18.（　　）是我国建筑年代最早、规模最大的一座喇嘛塔，由当时入仕元朝的尼泊尔匠师阿尼哥主持。
A. 妙应寺白塔　　B. 西安小雁塔　　C. 应县木塔　　D. 云南大理的千寻塔

19.（　　）中国古建筑体系的大转变时期。

A. 魏晋南北朝时期　B. 秦汉时期　C. 隋唐时期　D. 宋朝

20. 明十三陵中,明代第十三帝神宗朱翊钧及其二后的陵墓,在 1956 年开始考古发掘的是(　　)。

A. 永陵　B. 德陵　C. 定陵　D. 昭陵

21. (　　)木构架结构技术已日渐完善,其主要结构方法抬梁式和穿斗式已发展成熟。

A. 周代　B. 秦汉时期　C. 魏晋时期　D. 隋唐时期

22. 关于彩画说法错误的是(　　)。

A. 多出现于梁枋、斗拱及天花、藻井和柱头

B. 清代规定,庶民民居不得饰彩画

C. 构图与构件形状紧密结合,色彩丰富

D. 使用有严格的等级,分和玺彩画、旋子彩画、苏式彩画三种

23. (　　)开始出现"封土为坟"的做法。

A. 秦代　B. 周代　C. 汉代　D. 唐代

24. 中国古代最大的一座帝王陵墓也是世界上最大的一座陵墓是(　　)。

A. 汉茂陵　B. 唐乾陵　C. 秦始皇陵　D. 明十三陵

25. 唐乾陵是(　　)的陵墓。

A. 唐太宗和武则天　B. 唐太宗　C. 唐高宗和武则天　D. 武则天

26. 从(　　)开始,普遍采用砖石筑墓室。

A. 原始社会末期　B. 汉代　C. 唐朝　D. 宋朝

27. 有接见外国使臣、边疆少数民族代表的功能的宫殿建筑有(　　)。

A. 太和殿　B. 乾清宫　C. 保和殿　D. 清后殿

28. 北京太庙过去是(　　)的地方。

A. 帝王祭祀祖宗　B. 祭祀土地神和粮食神

C. 祭祀天神　D. 祭祀地神

29. 汉茂陵的封土形式是(　　)。

A. "方上"　B. "以山为陵"

C. 较小规模的"方上"　D. "宝城宝顶"

30. 与"落霞与孤鹜齐飞,秋水共长天一色"这句诗有关的是(　　)。

A. 黄鹤楼　B. 滕王阁　C. 岳阳楼　D. 烟雨楼

31. 黄鹤楼、岳阳楼、滕王阁分别位于(　　)。

A. 湖北武汉、江西南昌、湖南　B. 湖南、江西南昌、湖北武汉

C 湖北武汉、湖南、江西南昌　D. 江西南昌、湖北武汉、湖南

32. 我国最高最古的木构大塔是(　　)。

A. 西安大雁塔　B. 应县木塔　C. 泉州开元寺双塔　D. 嵩岳寺塔

33. 我国现存年代最早的砖塔是(　　)。

A. 西安小雁塔　B. 应县木塔　C. 泉州开元寺双塔　D. 嵩岳寺塔

34. (　　)塔又称喇嘛塔。

A. 楼阁式塔　B. 密檐式塔　C. 覆钵式塔　D. 金刚宝座式塔

35. (　　)是北宋郡守蔡襄主持修建的,建于北宋。

A. 安济桥　　B. 苏州宝带桥　　C. 泉州洛阳桥　　D. 卢沟桥

36. 多由夯土和石块组合建造而成，多层封闭式建筑，平面多为“回”字形，在中间留有大小不一的天井的是（　　）。

A. 开平碉楼　　B. 窑洞　　C. 云南一颗印民居　　D. 碉房

37. 一般有“三坊一照壁”“四合五天井”形式的民居建筑是（　　）。

A. 四合院　　B. 干栏式竹楼

C. 白族、纳西族民居　　D. 云南一颗印民居

38.（　　）城垣内侧周长 33 公里，为世界第一。

A. 南京古城　　B. 西安古城　　C. 平遥古城　　D. 丽江古城

39.（　　）是三国两晋以来为逃避战乱而迁移南方的中原移民客家人的住宅。

A. 碉楼　　B. 窑洞　　C. 土楼　　D. 一颗印

40.《园冶》的作者是（　　）。

A. 陈从周　　B. 蒯祥　　C. 喻皓　　D. 计成

三、多选题（五个选项中，至少有两个正确）

1. 我国现存的古代建筑与各朝代对应的是（　　）。

A. 宁波保国寺是宋代建筑　　B. 明朝的故宫

C. 唐代的五台山南禅寺

D. 世界上修建最早的敞肩连拱石桥是隋朝的安济桥

E. 山西太原晋祠的圣母殿是元代建筑

2. 古代屋顶的形式有（　　）。

A. 庑殿顶　　B. 歇山顶　　C. 攒尖顶　　D. 卷棚顶　　E. 硬山顶

3. 以下对长城描述正确的有（　　）。

A. 长城最早是由秦始皇主持修建的　　B. 汉长城东起辽东，西到甘肃临洮

C. 明长城东起鸭绿江，西到嘉峪关

D. 山海关老龙头长城是长城入海的端头，有“中华之魂”的盛誉

E. 嘉峪关被称为万里长城第一关

4. 我国古代宫殿布局的特点是（　　）。

A. 严格的中轴对称　　B. 以砖瓦结构为主，辅以木材　　C. 左祖右社

D. 前朝后寝　　E. 重在立体构图

5. 对地坛描述正确的是（　　）。

A. 始建于明嘉靖年间

B. 是明清两朝皇帝祭祀“皇地祇神”的场所

C. 是中国现存最大的祭地之坛，总面积为 37.4 公顷

D. 整个建筑呈方形，严格遵照古代“天圆地方”“天青地黄”“天南地北”等设计

E. 地坛现存有方泽坛、皇祈室、拜殿、五色土方坛等

6. 属于“内廷”的建筑有（　　）。

A. 交泰殿　　B. 保和殿　　C. 乾清宫　　D. 坤宁宫　　E. 养心殿

7. 沈阳故宫分为（　　）三部分。

A. 东路的大政殿　　B. 中路大中阙　　C. 中路的崇政殿

D. 中路的凤凰楼　　E. 西路的文溯阁

8. 我国现存完好的古代城池建筑有(　　　　)。

A. 江苏南京城　　B. 陕西西安城　　C. 布达拉宫

D. 山西平遥城　　E. 云南丽江古城

9. 以下对帝王祭祀活动描述正确的是(　　　　)。

A. 祭天在南郊的天坛,时间是夏至　B. 祭地在北郊的地坛,时间是冬至

C. 祭日在东郊的日坛,时间是春分　D. 祭月在西郊的月坛,时间是秋分日

E. 历史上很多帝王登五岳之首泰山祭泰山神,称封禅大典

10. 天坛下列说法正确的是(　　　　)。

A. 始建于永乐年间

B. 是隋朝皇帝祭天和祈祷丰年的地方

C. 是中国礼制建筑中规模最大、等级最高的建筑群

D. 布局上按使用性质分为五组建筑,其中圜丘坛和祈年殿是建筑主体,中间以 400 米长砖砌的甬道相连,称“丹陛桥”

E. 圜丘坛对“阳数”重视,祈年殿是按天象列柱设计

11. 以下对三孔描述正确的有(　　　　)。

A. 三孔是指山东阜的孔庙、孔府、孔林

B. 孔府是第一座祭祀孔子的庙宇,保存之完好,堪称世界建筑史上“唯一的孤例”

C. 总面积 21.8 公顷,东西长 1120 米

D. 整个孔庙的建筑群以中轴线贯穿,左右对称,布局严谨,共有九进院落,分成三路

E. 孔庙的主要建筑有棂星门、二门、奎文阁、杏坛大成殿、圣迹堂等。

12. 帝王陵的地面建筑主要由三部分组成(　　　　)。

A. 祭祀建筑区　B. 朝房　C. 神道　D. 石像生　E. 护陵监

13. 对清陵描述正确的有(　　　　)。

A. 由永陵、福陵和昭陵、清东陵、清西陵四部分组成

B. 永陵、福陵和昭陵位于辽宁,而清东陵、清西陵位于河北

C. 慈禧陵位于清西陵,是西陵最为考究的陵墓

D. 清东陵、清西陵平面布置沿袭了明代,并在其坟丘上部增设了月牙城

E. 清东陵内各陵的建筑规格布局大致相同均按照顺治皇帝的孝陵而建

14. 位于陕西的皇陵有(　　　　)。

A. 秦始皇陵　B. 汉茂陵　C. 唐乾陵　D. 北宋陵　E. 明十三陵

15. 属于密檐式塔的有(　　　　)。

A. 西安大雁塔　　B. 西安小雁塔　　C. 云南崇圣塔

D. 北京妙应寺白塔　　E. 郑州嵩岳寺塔

16. 以下描述正确的是(　　　　)。

A. 安济桥又名赵州桥,建于隋代

B. 泉州洛阳桥是我国孔数最多的桥

C. 卢沟桥的柱子上雕刻有很多石狮子

D. 程阳风雨桥具有广西侗族的建筑风格

E. 苏州宝带桥为纤道桥，不设栏板

17. 下列关于明显陵说法正确的是（　　）。

A. 位于湖北省钟祥市　　B. 是明世宗及皇后合葬墓

C. 其陵寝建筑中金瓶形的外罗城、九曲回环的御河、龙鳞神道等是明陵中仅见的孤品

D. "一陵两冢"为历代帝王陵墓所绝无仅有

E. 由瑶台相连呈哑铃状的两座隐秘的地下玄宫神秘莫测

18. 古代一品官员可以（　　）。

A. 行走天安门前王公桥　　B. 在门前放置有 13 个卷毛的石狮子

C. 私宅彩画使用金色　　D. 建造高度为 1.8 丈的坟丘

E. 建造六个石像生在陵前

19. 下列关于古建筑平面布局说法正确的是（　　）。

A. 大都采用均衡对称方式　　B. 讲究完整的院落组织

C. 以"间"为单位构成单座建筑

D. 以主要殿堂为中心，周围配以厢、夹室、廊庑、围墙等组成庭院

E. 采用"因天时、就地利"

20. 我国古建筑素有"墙倒屋不塌"的说法，木结构形式可包括（　　）。

A. 抬梁式是在立柱上架梁，梁上又抬梁，也成叠梁式

B. 穿斗式是用穿枋把一排排柱子穿成排架，然后用柱、檩直接连接而成

C. 井干式是用木材交叉堆叠而成

D. 叠梁式是用多种不同形状的木材堆叠而成

E. 混合式

21. 下面各塔中属于楼阁式塔的是（　　）。

A. 西安大雁塔　　B. 西安小雁塔

C. 河南登封嵩岳式塔　　D. 山西应县木塔　　E. 云南大理千寻塔

22. 北京社稷坛坛面是按"五行"中五方五色配置的，以下配置正确的是（　　）。

A. 中央为黄土　　B. 东方为黑土　　C. 西方为白土

D. 南方为红土　　E. 北方为青土

23. 判断主体建筑的主要标志是（　　）。

A. 单体建筑的大小　　B. 台基　　C. 开间

D. 进深　　E. 屋顶形式

24. 下列关于"左祖右社"说法正确的是（　　）。

A. 左祖右社又称左庙右社，是中国礼制思想的一个重要体现

B. 所谓"左祖"是在宫殿左前方设祖庙，是帝王祭祀祖先的地方

C. 所谓"右社"是在宫殿右前方设社稷坛

D. 社为粮食神，稷为土地神，社稷坛是百姓祭祀土地神、粮食神的地方

E. 祖庙是帝王祭祀祖先的地方，又称太庙

25. 中国古代建筑的特点为（　　）。

A. 梁柱式的木结构体系　　B. 整齐又灵活的平面布局

C. 优美的艺术造型　　D. 绚丽又淡雅的色彩、丰富多彩的雕塑装饰

E. 建筑与周围环境的配合与协调

26. 烽火台是利用(　　)来传达军情的高台建筑。

A. 射箭　B. 信鸽　C. 燃烟　D. 火炮　E. 举火

27. 福建土楼主要分布在福建西部和南部的崇山峻岭中,(　　)是福建土楼的典型代表。

A. 承启楼　B. 迎龙楼　C. 振成楼　D. 瑞士楼　E. 牙板楼源

28. 下列古代建筑屋顶中,有重檐的是(　　)。

A. 庑殿顶　B. 歇山顶　C. 攒尖顶　D. 悬山顶　E. 硬山顶

29. 以下关于台基的作用描述正确的是(　　)。

A. 承托建筑物　B. 防潮、防腐　C. 防涝　D. 防火　E. 防虫

30. 北京故宫前的三大殿是(　　)。

A. 太和殿　B. 大政殿　C. 崇政殿　D. 中和殿　E. 保和殿

参考答案

一、判断题

1—5 ABBAB　6—10 AAAAB　11—15 ABABA　16—20 BBABA　21—25 AAABA
26—30 BBAAB　31—35 BABAA　36—40 ABAAB

二、单选题

1—5 BDACC　6—10 DCCCC　11—15 CDACB　16—20 CCADC　21—25 BBBCC
26—30 BCAAB　31—35 CBDCC　36—40 DCACD

三、多选题

1. ABCD　2. ABCDE　3. CD　4. ACD　5. ABCD　6. ACDE　7. ABE　8. ABDE
9. CDE　10. ACDE　11. ABDE　12. ACE　13. ABDE　14. ABC　15. BCE　16. ACDE
17. ACDE　18. BDE　19. ABCD　20. ABCE　21. AD　22. ACD　23. BCE
24. ABCE　25. ABCDE　26. CE　27. AC　28. ABC　29. AB　30. ADE

第六章　中国四大宗教

一、判断题(正确的填 A,错误的填 B)

1. 灵官殿供奉道教的护法神王灵官,王灵官相当于佛教中的韦驮。(　　)
2. 基督教在 1054 年发生第一次大分裂,形成天主教和新教。(　　)
3. 逊尼派是伊斯兰教中人数最多的一派,中国穆斯林大多属于逊尼派。(　　)
4. 基督教起源于 1 世纪亚洲中部巴勒斯坦地区的犹太人中间,相传为耶稣所创。(　　)
5. 山西芮城县的永乐宫"大纯阳万寿宫",相传是吕洞宾的故居。(　　)
6. 民间流传的"八仙过海,各显神通"的故事发生在山东半岛的崂山太清官。(　　)
7. "三清"即玉清元始天尊、上清灵宝天尊、太清道德天尊。(　　)
8. 天王殿中,右手持伞,左手持银鼠的是南方增长天王。(　　)

9. 释迦牟尼成道像中，右手直伸下垂，名为“触地印”。（ ）

10. 我国佛教寺院中，一般以韦驮手中金刚杵的持法不同，其寓意也不同，若杵搁于肘间或举起，表示该寺为非接待寺；若韦驮以杵拄地，则表示该寺为接待寺。（ ）

11. 佛教寺庙的三门殿中，中间的门叫无相门，东西两门分别叫空门和无作门。（ ）

12. 在中国一般将公教称为“天主教”，将正教称为“东正教”，将新教称为“基督教”或“耶稣教”，作为广义的基督教也被称为“基督宗教”。（ ）

13. 合十是佛教最高礼节。（ ）

14. 三藏是佛教典籍的总称，由“经藏”“律藏”“论藏”三个部分组成，三藏皆分大小乘。（ ）

15. 罗汉全称为“阿罗汉”，是指自觉者，为大乘佛教最高果位，民间传说的济公也在罗汉之列。（ ）

16. 文殊菩萨，专司佛的理德，与普贤菩萨同为佛的胁侍，居于左，手持宝剑，身骑白象。（ ）

17. 原始佛教阶段是释迦牟尼创教和他涅槃后的100年间，也称为“和合一味”时期。（ ）

18. “众生度尽方证菩提，地狱未空誓不成佛”说的是人称“大悲菩萨”的地藏菩萨。（ ）

19. 在印度，佛教的发展历史大致可以分为原始佛教、部派佛教、小乘佛教三个阶段。（ ）

20. 格鲁派在清朝政府的册封和扶持下，在藏族聚居区建立了政教合一的政权，形成了“达赖”“班禅”等活佛转世制度。（ ）

21. 两宋时期，儒、道、佛互相磨合吸纳，三教融合，禅宗取代其他各宗，成为中国佛教史上流传最为久远、对中国文化思想影响最为广泛的宗派。（ ）

22. 公元13世纪，由于印度社会内部的分化和外来宗教的传入，佛教在印度彻底消亡。（ ）

23. 释迦牟尼涅槃后，佛教内部由于对戒律和教义的观点不同，发生了分裂，形成两大派，即大乘佛教和小乘佛教。（ ）

24. 释迦牟尼诞生于古印度迦毗罗卫国，蓝毗尼花园，该国位于今天的印度南部。（ ）

25. 世界各大宗教中，佛教是创立时间最早的一种宗教。（ ）

26. 公民在行使宗教信仰自由权利的同时，有遵守宪法和法律的义务。（ ）

27. 基督教认为圣父、圣子、圣女都是神，但不是三个独立的神，而是同一本体的三个“位格”，三者构成上帝的统一整体，即“三位一体”。（ ）

28. 在我国，信仰伊斯兰教的少数民族大多聚居于西北地区，信仰大乘佛教的少数民族主要居住在西南和东北等省的一些地区，而信仰上座部佛教的主要是云南省的一些少数民族。（ ）

29. 佛教中的三学指学佛者所修持的经、律、论。（ ）

30. 在我国，汉族信教群体主要信仰佛教、道教和基督教。（ ）

31. 在我国伊斯兰教清真寺主要分为两种风格：阿拉伯式和中国式，前者如宁夏银川南关清真大寺，后者如宁夏纳家户清真寺，近现代以来，新建的清真寺则几乎都采用阿拉伯式。（ ）

32. 我国现存最早的伊斯兰建筑为元代的清真寺。（ ）

二、单选题

1. 道教宫观建筑中，纯阳殿供奉的是（ ）。

A. 王重阳　　B. 丘处机　　C. 吕洞宾　　D. 张道陵

2. 藏传佛教各派中，“白教”是指（ ）。

A. 宁玛派　B. 萨迦派　C. 噶举派　D. 格鲁派

3.《道藏》之名始见（　　），是道教经书的汇编，道教经典的精华。

A. 东汉　B. 隋代　C. 唐代　D. 宋代

4. 到了（　　），伊斯兰教有了较固定的称呼“回回教”“回教”等，他们也拥有了坚实的社会性载体——“回回民族”。

A. 唐代　B. 宋代　C. 元代　D. 明代

5.（　　）穆斯林大多是“土生蕃客”，世居中国。此时伊斯兰教在中国得到了较大规模的发展。

A. 唐代　B. 宋代　C. 元代　D. 明代

6. 与其他三大宗教相比，（　　）是严格的一神教。

A. 基督教　B. 道教　C. 佛教　D. 伊斯兰教

7. 下列教堂中，属于新教教堂的是（　　）。

A. 广州圣心大教堂　B. 福建莆田大教堂

C. 尼古拉大教堂　D. 上海徐家汇天主教堂

8. 新教称教堂负责人为（　　）。

A. 牧师　B. 修士　C. 神甫　D. 主教

9. 金山寺、玉佛寺、法门寺、白马寺分别位于（　　）。

A. 江苏，上海，陕西，河南　B. 安徽，江苏，山西. 山东

C. 江苏，上海，山西，河南　D. 江苏，上海，甘肃，陕西

10. 通过主教祝圣仪式领受神职，即按照特定仪式，诵念规定经文，主教把手按于领受者头上，以使之圣化而奉献给上帝，称为（　　）。

A. 洗礼　B. 坚振　C. 告解　D. 神品

11. 基督教入教仪式称为（　　）。

A. 洗礼　B. 坚振　C. 告解　D. 神品

12. 基督教最早传入中国时，称为（　　）。

A. 天主教　B. 基督教　C. 景教　D. 也里可温教

13. 基督教中，教徒向神父告明对上帝所犯的罪过，并表示忏悔，神父指示应如何做礼赎而为自己赎罪，这一礼仪叫（　　）。

A. 洗礼　B. 坚振　C. 告解　D. 神品

14. 金殿是（　　）最突出、最有代表性的道教建筑，也是我国现存最大的铜建筑。

A. 崂山　B. 三清山　C. 武当山　D. 青城山

15.（　　）主生主死，并由此延伸为江山稳固、国家太平的象征。

A. 泰山神　B. 华山神　C. 嵩山抻　D. 恒山神

16. 最早的道教宗教团体——五斗米道的创始人是（　　）。

A. 张角　B. 张陵　C. 张伯端　D. 葛洪

17. 佛教四大圣地中，鹿野苑是佛的（　　）。

A. 初转法轮地　B. 涅槃地　C. 出生地　D. 成道地

18. 我国现存最古老的典型的阿拉伯式清真寺，也是沿海地区规模最大、建筑艺术最好的一座清真寺是（　　）。

A. 广州怀圣寺　B. 泉州清净寺　C. 北京牛街清真寺　D. 西安化觉寺

19. (　　)是我国唯一兼有汉地佛教和藏传佛教寺院的佛教圣地。

A. 五台山　B. 峨眉山　C. 普陀山　D. 九华山

20. (　　)是对造成痛苦与烦恼原因的分析。

A. 苦谛　B. 集谛　C. 灭谛　D. 道谛

21. (　　)是我国现存最大的元代道教宫观,《朝元图》代表了道教壁画艺术的极高成就。

A. 崂山太清宫　B. 山西永乐宫　C. 终南山重阳宫　D. 龙虎山上清宫

22. 手持如意棒,身骑六牙大象,人称"大行菩萨"的是(　　)。

A. 文殊菩萨　B. 观音菩萨　C. 普贤菩萨　D. 地藏菩萨

23. 玉皇大帝是众神之王,是天上的皇帝,仙界的主宰,供奉在(　　)。

A. 三清殿　B. 四御殿　C. 三官殿　D. 灵官殿

24. (　　)是冥界的地方官,既是守护城池、国家的守护神,也是主管生人亡灵、奖善罚恶、生死祸福和增进幸福利益的司法神。

A. 王灵官　B. 阎王　C. 东岳大帝　D. 城隍

25. 逊尼派称穆斯林的领袖为(　　)。

A. 安拉　B. 伊玛目　C. 阿訇　D. 毛拉

26. 穆斯林缴纳定量的税称为(　　)。

A. 朝功　B. 课功　C. 拜功　D. 善行

27. 拥有目前世界伊斯兰教寺院中极为罕见的巨型《古兰经》雕刻艺术的是(　　)。

A. 广州怀圣寺　B. 泉州清净寺　C. 西安化觉寺　D. 扬州仙鹤寺

28. 许多道教宫观以"太清宫""上清宫"命名,"太清""上清"分别指是(　　)。

A. 灵宝天尊和元始天尊　B. 元始天尊和道德天尊

C. 道德天尊和灵宝天尊　D. 灵宝天尊和道德天尊

29. 基督教二传和三传中国的主要教派是(　　)。

A. 景教,也里可温教　B. 天主教,景教

C. 也利可温教,天主教　D. 天主教,也里可温教

30. 新疆哈萨克族的穆斯林通常在(　　)时举行叼羊、赛马、摔跤等传统体育活动。

A. 宰牲节　B. 开斋节　C. 肉孜节　D. 圣纪节

31. 下列不属于我国三大妈祖庙的是(　　)。

A. 澳门妈祖庙　B. 台湾云林北港朝天宫

C. 湄洲岛妈祖庙　D. 天津天后宫

32. 下列不属于南传佛教著名的寺院的是(　　)。

A. 云南总佛寺　B. 山西华严寺　C. 德宏菩提寺　D. 勐泐大佛寺

33. 因老子在其经台上为之口授第一部道教经典《道德经》,故被认为是道教发祥地之一的是(　　)。

A. 齐云山　B. 龙虎山　C. 青城山　D. 终南山

34. 以数以千计的敷彩泥塑造像而著称于世,有"东方雕塑陈列馆"之誉的是(　　)。

A. 克孜尔千佛洞　B. 麦积山石窟　C. 大足石刻　D. 敦煌石窟

35. 敦煌石窟、云冈石窟、龙门石窟、大足石刻分别位于(　　)。

A. 宁夏,陕西,河南,四川　　B. 宁夏,山西,河南,重庆
C. 甘肃,山西,陕西,重庆　　D. 甘肃,山西,河南,重庆

36. 两宋是我国佛教石刻的三个高潮时期之一,这一时期的代表作是(　　)。
A. 敦煌石窟　　B. 云冈石窟　　C. 龙门石窟　　D. 大足石刻

37. 下列寺庙中,(　　)是藏传佛教格鲁派创始人宗喀巴的诞生地。
A. 扎什伦布寺　　B. 拉卜楞寺　　C. 塔尔寺　　D. 甘丹寺

38. 下列宗教中,产生于我国本土的是(　　)。
A. 基督教　　B. 道教　　C. 佛教　　D. 伊斯兰教

39. 我国内地最大的藏传佛教寺庙是(　　)。
A. 雍和宫　　B. 法门寺　　C. 色拉寺　　D. 塔尔寺

40. 正一道祖庭位于(　　)。
A. 茅山　　B. 龙虎山　　C. 三清山　　D. 青城山

41. 手持金刚杵,又称为"执金刚神"的是(　　)。
A. 伽蓝神　　B. 韦驮　　C. 广目天王　　D. 密迹金刚

42. 历史上,唯有武则天选择(　　)札祭封禅。
A. 东岳泰山　　B. 西岳华山　　C. 山西五台　　D. 中岳嵩山

43. 有"东南第一山"之美誉,为地藏菩萨道场,有"仙城佛国"之称的是(　　)。
A. 九华山　　B. 峨眉山　　C. 普陀山　　D. 五台山

44. 下列民族中,依次信仰大乘佛教、小乘佛教、伊斯兰教和藏传佛教的是(　　)。
A. 畲族,傣族,裕固族,蒙古族　　B. 白族,纳西族,维吾尔族,藏族
C. 白族,德昂族,哈萨克族,裕固族　　D. 畲族,阿昌族,鄂温克旗,满族

45. 藏传佛教各派中,黄教、白教、花教、红教分别是指(　　)。
A. 格鲁派,噶举派,萨迦派,宁玛派　　B. 格鲁派,萨迦派,宁玛派,噶举派
C. 噶当派,噶举派,宁玛派,萨迦派　　D. 噶当派,萨迦派,宁玛派,噶举派

46. 佛教四大圣地中,佛的成道地是(　　)。
A. 拘尸那迦　　B. 鹿野苑　　C. 菩提伽耶　　D. 蓝毗尼花园

47. 佛教史上,被尊为中国佛教"祖庭",有"释源"之称的是(　　)。
A. 白马寺　　B. 灵隐寺　　C. 寒山寺　　D. 东林寺

48. 隋唐时期,佛教繁荣的最主要标志是(　　)。
A. 佛经大量被翻译　　B. 众多寺庙的兴建
C. 众多石窟的开凿　　D. 众多宗派的形成

49. 佛教在中国处于鼎盛时期是在(　　)。
A. 东晋时期　　B. 南北朝时期　　C. 隋唐时期　　D. 两宋时期

三、多选题(五个选项中,至少有两个正确)

1. 关于宗教与邪教的区别,以下说法正确的是(　　　　)。
A. 宗教是一种思想信仰,一种世界观
B. 邪教是冒用宗教、气功或其他名义建立的异端邪说
C. 宗教有完整的理论体系,有严密的宗教制度和戒律
D. 邪教是通过教主崇拜、精神控制、编造邪说,敛收财产

E. 邪教是把人神合一，把现在的人神化，由他来驾驭和玩弄信徒

2. 基督教第三次在中国传播时，传教士中以其西学知识助其学术传教的有（　　）。

A. 利玛窦　B. 南怀仁　C. 聂斯脱利　D. 汤若望

3.（　　）为道教供奉的财神。

A. 比干　B. 范蠡　C. 关羽　D. 周心　E. 葛仙翁

4. 下列建筑中属于道教建筑的是（　　）。

A. 伽蓝殿　B. 罗　C. 灵官殿　D. 四御殿　E. 纯阳殿

5. 三清殿供奉的是（　　）。

A. 元始天尊　B. 玉皇大帝　C. 天皇大帝　D. 灵宝天尊　E. 道德天尊

6. 以下名寺中位于江苏的有（　　）。

A. 玉佛寺　B. 大明寺　C. 金山寺　D. 法门寺　E. 寒山寺

7. 伊斯兰教清真寺一般由（　　）等组成。

A. 礼拜殿　B. 望月楼　C. 邦克楼　D. 讲经堂　E. 水房

8.（　　）并称为九华山四大丛林。

A. 东崖寺　B. 甘露寺　C. 百岁宫　D. 祇园寺　E. 化成寺

9. 佛教的“三法印”是（　　）。

A. 诸法无我　B. 诸恶莫做　C. 诸行无常　D. 众善奉行　E. 涅槃寂静

10. “东方三圣”指的是（　　）。

A. 药师佛　B. 观音菩萨　C. 日光菩萨　D. 大势至菩萨　E. 月光菩萨

11. “峨眉三大奇观”指的是（　　）。

A. 佛光　B. 日出　C. 瀑布　D. 神灯　E. 云海

12. “皖南三秀”指的是（　　）。

A. 青城山　B. 齐云山　C. 终南山　D. 黄山　E. 九华山

13. 佛教中，“横三世佛”是指（　　）。

A. 释迦牟尼佛　B. 药师佛　C. 迦叶佛　D. 弥陀佛　E. 燃灯佛

14. 青城山最著名的自然景观包括（　　）。

A. 佛光　B. 日出　C. 瀑布　D. 神灯　E. 云海

15. 正一道“三山符箓”是指（　　）。

A. 庐山　B. 齐云山　C. 龙虎山　D. 阁皂山　E. 茅山

16. 下列关于全真道的描述，正确的有（　　）。

A. 全真道是金初创立的道教宗派

B. 主张道、佛、儒三教合一

C. 修行方法上，重内丹修炼，不沿符箓，不事黄白之术

D. 全真道士可以有家室，可不出家不住宫观

E. 主要流行于江南和台湾地区

17. 下列关于《道藏》说法正确的是（　　）。

A.《道藏》是道教经书的汇编与经典精华

B. 现存最早的《道藏》是明英宗正统年间刊成的《正统道藏》

C. 内容除与道教有关的经、论、戒律、符诀、法术、威仪

D. 还涉及中国古代的医学、化学、生物、体育、天文
E.《道藏》是中国古代文化遗产的重要组成部分

18.“释家三尊”中，除释迦牟尼外，另外两位是指(　　)。
A. 文殊菩萨　B. 普贤菩萨　C. 观音菩萨　D. 弥勒佛　E. 阿弥陀佛

19. 以下属于道观中“三官殿”的供奉对象的是(　　)。
A. 天官　B. 地官　C. 山官　D. 火官　E. 水官

20. 雍和宫“三绝”是指(　　)。
A. 绘画　B. 五百罗汉山　C. 檀木大佛
D. 金丝楠木佛龛　E. 堆绣

21. 下列寺庙中不属于拉萨的是(　　)。
A. 甘丹寺　B. 色拉寺　C. 扎什伦布寺　D. 塔尔寺　E. 哲蚌寺

22. 阿拉伯式清真寺中为沿海四大寺的有(　　)。
A. 广州怀圣寺　B. 泉州清净寺　C. 新疆清真寺　D. 杭州凤凰寺　E. 扬州仙鹤寺

23. 以下为中国式清真寺的有(　　)。
A. 新疆喀什艾提尕尔清真寺　B. 北京牛街清真寺
C. 山东济宁四大寺　D. 陕西西安化觉巷清真寺
E. 宁夏同心清真大寺

24.“出家四众”不包括(　　)。
A. 优婆塞　B. 优婆夷　C. 沙弥　D. 比丘　E. 沙弥尼

25. 在中国佛教中，四大菩萨是指(　　)菩萨。
A. 文殊　B. 普贤　C. 观音　D. 大势至　E. 地藏

26. 三身佛是指(　　)。
A. 法身　B. 正身　C. 应身　D. 会身　E. 报身

27. 佛教中“竖三世佛”是指(　　)。
A. 释迦牟尼佛　B. 药师佛　C. 燃灯佛　D. 阿弥陀佛　E. 弥勒佛

28. 佛教对“佛”的解释有三层含义，包括(　　)。
A. 真觉　B. 等觉　C. 满觉　D. 正觉　E. 圆觉

29. 以下少数民族中，信仰藏传佛教的有(　　)。
A. 蒙古族　B. 白族　C. 满族　D. 纳西族　E. 裕固族

30. 下列寺庙中，位于五台山的有(　　)。
A. 普济寺　B. 显通寺　C. 殊像寺　D. 报国寺　E. 化城寺

31. 佛教的三宝是指(　　)。
A. 佛　B. 律　C. 法　D. 戒　E. 僧

32. 佛教寺庙建筑中，观音殿又名(　　)。
A. 伽蓝殿　B. 圆通殿　C. 大悲殿　D. 祖师殿　E. 大雄宝殿

33. 以下关于中国伊斯兰教清真寺的叙述，错误的是(　　)。
A. 泉州清净寺又名“麒麟寺”，是伊斯兰教四大古寺，始建于北宋年间
B. 牛街清真寺以高 36.6 米的仿阿拉伯式邦克塔“光塔”著称于世
C. 广州怀圣寺始建于辽代，其格局采用中国宫殿式木结构为主，细部带有浓重的伊斯兰

教阿拉伯建筑的装饰风格

D. 西安化觉寺俗称“东大寺”，始建于唐，主要建筑建于明初

E. 艾提尕尔清真寺，始建于500多年前，是新疆乃至全国最大的一座伊斯兰教礼拜寺，古代还是传播伊斯兰教文化和培养人才的重要学府

34. 关于中国基督教堂的描述，正确的有（　　）。

A. 徐家汇天主教教堂始建于清光绪年间，为哥特式建筑，整幢建筑高五层，砖木结构，是当时上海的第一建筑，附近有明代杰出科学家、中国天主教先驱徐光启的墓地

B. 西什库天主教教堂是北京地区最大的天主教教堂，教堂两旁是中式碑亭

C. 沐恩堂是新教教堂，塔顶部安装着5米高的霓虹灯十字架，称为人民广场的一大景观

D. 圣索菲亚大教堂位于黑龙江的哈尔滨，是远东地区最大的东正教教堂，为拜占庭式建筑的典型代表，现为哈尔滨市建筑艺术馆

E. 圣保罗教堂始建于1915年，内设3000多个座位，是当时亚洲最大的教堂

参考答案

一、判断题

1—5 ABABA　6—10 BABAB　11—15 BABAB　16—20 BABBA　21—25 AABBA
26—30 ABABA　31—32 AB

二、单选题

1—5 CCCDB　6—10 DBAAD　11—15 ACCCA　16—20 BABAB　21—25 BCBDB
26—30 BCCCA　31—35 ABDBD　36—40 DCBAB　41—45 DDACA　46—50 CADC

三、多选题

1. ABCDE　2. ABD　3. ABC　4. CDE　5. ADE　6. BCE　7. ABCDE　8. ABCD
9. ACE　10. ACE　11. ABE　12. BDE　13. ABD　14. BDE　15. CDE　16. ABC
17. ABCDE　18. AB　19. ABE　20. BCD　21. CD　22. ABDE　23. BCDE　24. AB
25. ABCE　26. ACE　27. ACE　28. BDE　29. AE　30. BC　31. ACE　32. BC
33. BC　34. ABCD

第七章　中国饮食文化

一、判断题（正确的填A，错误的填B）

1. 过桥米线用大米发酵后磨制而成。以其制汤考究、吃法特异、滋味咸淡相宜而成为广西特色风味小吃。（　　）

2. 土笋冻是厦门及泉州一带的时令佳肴，是由竹笋烧制成的胶状物冻结而成的食品。（　　）

3. “大救驾”是安徽寿县的著名点心，相传为宋朝开国皇帝赵匡胤所喜爱。（　　）

4. 排骨年糕是常州一种经济实惠、独具风味的小吃。以“小常州”排骨年糕、“鲜得来”点心店的排骨年糕最具特色。（　　）

5. 馕，是以麦面为原料烤制而成的圆形面饼，近似烧饼，是新疆地区各族人民喜爱的特色美

食之一。（ ）

6.老边饺子是西宁传统风味小吃，由一位叫边福的人创制。（ ）

7.“大列巴”由俄罗斯传入，是哈尔滨独特的风味食品。（ ）

8.牛羊肉泡馍是陕西著名的风味美馔，古称“羊羹”，尤以西安最享盛名。（ ）

9.拨鱼儿是将小鱼儿拨到滚开水的锅里煮熟，因而得名。（ ）

10.刀削面、拉面、臊子面为山西具有代表性的面食。（ ）

11.一般来说，点心、小吃可分为南味、北味两大风味，京式、广式、苏式三大流派。（ ）

12.中国素菜以寺院菜、宫廷素菜、民间素菜三大派系著称。（ ）

13.粤菜由广府、客家、潮汕三种风味组成，以广府风味为代表。（ ）

14.淮扬菜主要由苏州、徐州、南京三个流派构成。（ ）

15.曲阜的孔府菜是我国延续时间最长的典型官府菜，其中最著名的菜肴当属“满汉全席”。（ ）

16.宫保鸡丁为湘菜名菜之一。（ ）

17.菜系，也称“帮菜”，是指在选料、切配、烹饪等技艺方面，经长期演变而自成体系，具有鲜明的地方风味特色，并为社会所公认的中国菜肴流派。（ ）

18.丝娃娃，别名素春卷，是上海街头最常见的小吃。（ ）

19.湖南长沙火宫殿的臭豆腐闻着臭，吃着奇香，是中国小吃一绝。（ ）

20.南京夫子庙秦淮风味小吃的历史悠久，有八个品种，为中国四大小吃群之一。（ ）

21.苏州糕团以“黄天源糕团”最为闻名，该店已有 100 多年历史，以按不同季节供应不同的糕团品种为经营特色。（ ）

22.扬州三丁包子是扬州的名点，被誉为“天下一品”。扬州富春茶社的三丁包子一直保持其传统特色。（ ）

23.小绍兴鸡粥是地道的绍兴风味小吃。（ ）

24.艾窝窝又称“驴打滚”，是北京小吃中的古老品种之一。（ ）

25.宋代人们已能利用发酵技术制作馒头。（ ）

26.粤菜用料广博，新颖奇异，形成“一菜一格、百菜百味”的风格。（ ）

27.佛跳墙是粤菜的代表名菜。（ ）

28.中国烹饪、法国烹饪和土耳其烹饪被认为是东方、西方和阿拉伯三大烹饪流派的代表。（ ）

29.我国的八大菜系包括“鲁、苏(淮扬)、粤、川、徽、浙、闽、豫”八个地方的菜系。（ ）

30.陶器的发明是烹饪技术的第一次飞跃，人类真正进入烹饪时代。（ ）

31.浙菜主要由杭帮菜、宁波菜、绍兴菜、温州菜和金华菜等地方风味组成，代表名菜有西湖醋鱼、龙井虾仁、东坡肉、三丝敲鱼、樟茶鸭子、火腿荷花爪。（ ）

32.茯苓夹饼是天津的一种滋补性传统名点，其形如满月，薄如纸，白如雪。（ ）

33.洛阳牡丹饼是洛阳最具代表性的点心，据说是武则天在感业寺修行时，用牡丹花瓣为原料制成的。（ ）

二、单选题

1.“赖汤圆”迄今已有百余年历史，因赖姓老板所制作的汤圆而得名，是（ ）著名的小吃。

A.成都 B.广州 C.合肥 D.重庆

2. 云梦炒鱼面主产于(　　)云梦，为其传统面食，已有100余年历史。

A. 贵州　　B. 湖北　　C. 四川　　D. 湖南

3. 竹筒饭用新鲜竹筒装入大米等，烤熟即可，是(　　)著名的风味美食。

A. 广西　　B. 广东　　C. 海南　　D. 福建

4. 广东虾饺，用(　　)做皮，鲜虾肉、猪肉泥、嫩笋肉等做馅，包成饺形，蒸制而成。

A. 澄粉　　B. 面粉　　C. 糯米粉　　D. 玉米粉

5. 红楼菜是依据《红楼梦》所记述的贾府的肴馔饮食所研制的菜肴，具有(　　)的特点。

A. 宫廷菜　　B. 仿膳宫廷菜　　C. 官府菜　　D. 私家菜

6. 谭家菜产生于中国(　　)的官吏谭宗浚家中。

A. 明朝末年　　B. 元朝末年　　C. 宋朝末年　　D. 清朝末年

7. 肠旺面是(　　)极负盛名的风味小吃。

A. 云南　　B. 青海　　C. 重庆　　D. 贵州

8. 黄桥烧饼产于(　　)黄桥镇，因著名的黄桥战役中百姓用烧饼犒劳新四军而更加出名。

A. 山东　　B. 江苏　　C. 山西　　D. 湖南

9. 南翔小笼馒头又叫南翔小笼包，是(　　)郊区南翔镇的传统名小吃。

A. 无锡　　B. 常州　　C. 上海　　D. 杭州

10. 糌粑是(　　)百姓的传统食品。

A. 藏族　　B. 彝族　　C. 蒙古族　　D. 朝鲜族

11. 烤羊肉串是(　　)最有名的民族风味小吃。

A. 宁夏　　B. 内蒙古　　C. 新疆　　D. 西藏

12. 中宁蒿子面，俗称长面或长寿面，是(　　)中宁的传统风味名点，已有400多年历史。

A. 宁夏　　B. 甘肃　　C. 山西　　D. 陕西

13. 打糕是将糯米煮熟后捶打而成，是(　　)著名的传统风味食品。

A. 苗族　　B. 彝族　　C. 傣族　　D. 朝鲜族

14. 由河北人李连贵始创的李连贵熏肉大饼是(　　)著名传统风味之一。

A. 山东　　B. 河北　　C. 东北　　D. 河南

15. 烩面是(　　)传统风味小吃，荤、素、汤、菜兼而有之，被评为“中华名小吃”。

A. 郑州　　B. 洛阳　　C. 安阳　　D. 开封

16. 开封灌肠包是(　　)流传至今的名点，也称灌汤包子、汤包，有“天下第一包”的美誉。

A. 清代　　B. 北宋　　C. 唐代　　D. 明代

17. 水晶柿子饼是(　　)风味名点。

A. 山东　　B. 山西　　C. 陕西　　D. 甘肃

18. 臊子面是陕西关中地区的一种传统特色面食，历史悠久，尤以(　　)最为著名。

A. 关中臊子面　　B. 岐山臊子面　　C. 乾州臊子面　　D. 渭南臊于面

19. 北京“都一处”烧卖因(　　)曾品尝而出名。

A. 康熙皇帝　　B. 乾隆皇帝　　C. 雍正皇帝　　D. 光绪皇帝

20. 中国素菜以(　　)、宫廷素菜、民间素菜三大派系著称。

A. 仿古菜　　B. 清真菜　　C. 官府素菜　　D. 寺院菜

21. 烧饵块是(　　)著名的民俗小吃。

A. 云南　B. 湖北　C. 四川　D. 贵州

22. 娥姐粉果其形如橄榄，色美味鲜，别具风味，是(　　)著名传统小吃。

A. 山东　B. 广东　C. 海南　D. 福建

23. 鼎边糊与蛎饼等配食，为(　　)等地传统的早点佳品。

A. 济南　B. 广州　C. 合肥　D. 福州

24. 麦糊烧是(　　)流行的大众化小吃。

A. 福建　B. 江苏　C. 江西　D. 广东

25. “秦淮八绝”的每道小吃有固定搭配，搭配正确的是(　　)。

A. 鸭油酥烧饼、豆腐脑　B. 什锦蔬菜包、麻油汤干丝

C. 小茶馓、回卤干　D. 汽锅乌鸡、油炸臭干

26. 八大菜系除了原有的四大菜系外，还有哪四个菜系(　　)。

A. 浙菜、京菜、豫菜、湘菜　B. 湘菜、徽菜、浙菜、闽菜

C. 沪菜、徽菜、鄂菜、闽菜　D. 豫菜、鄂菜、京菜、沪菜

27. 具有明显的石器时代“石烹”遗风的陕西关中地区流行的风味食品是(　　)。

A. 小窝头　B. 棋子烧饼　C. 乾州锅盔　D. 石子馍

28. 西安饺子宴与牛羊肉泡馍和(　　)被誉为“西安饮食三绝”。

A. 仿唐菜点　B. 刀削面　C. 清油盘丝饼　D. 酿皮子

29. (　　)已能利用发酵技术制作馒头。

A. 周代　B. 宋代　C. 汉代　D. 明代

30. 孔府菜的代表名菜有(　　)。

A. 诗礼银杏　B. 清汤燕窝　C. 扒大乌参　D. 黄焖鱼翅

31. (　　)十分讲究清汤和奶汤的调剂。

A. 川菜　B. 淮扬菜　C. 鲁菜　D. 粤菜

32. 我国著名的素餐馆之一是(　　)。

A. 西安曲江春　B. 上海功德林　C. 武汉老通城　D. 苏州松鹤楼

33. 下列名点中属于湖南风味的是(　　)。

A. 火宫殿臭豆腐　B. 钟水饺　C. 热干面　D. 马蹄糕

34. “豌豆黄”是(　　)的著名风味小吃。

A. 天津　B. 北京　C. 山东　D. 陕西

35. 下列不属于天津“风味三宝”的是(　　)。

A. 黄桥烧饼　B. 狗不理包子　C. 耳朵眼炸糕　D. 桂发祥什锦麻花

36. “驴打滚”是名点(　　)的又一称谓。

A. 小窝头　B. 豆面糕　C. 豌豆黄　D. 艾窝窝

37. 下列名点中，不属于广东风味的是(　　)。

A. 娥姐粉果　B. 马蹄糕　C. 肠粉　D. 蟹黄汤包

38. 下列都属于福建风味的是(　　)。

A. 土笋冻、马蹄糕、蚝仔煎　B. 厦门炒面线、蚝仔煎、豌豆黄

C. 土笋冻、厦门炒面线、马蹄糕　D. 蛎饼、土笋冻、鼎边糊

39. 四川民间传统美味面点，又称“馄饨”的是(　　)。

A. 钟水饺　B. 抄手　C. 肠粉　D. 担担面

40. 红楼菜是依据(　　)所研制的菜肴。

A. 小说《红楼梦》　B.《随园食单》　C. 御膳房宫廷菜　D. 颐和园听鹂馆

41. 谭家菜的代表名菜之一是(　　)。

A. 黄焖鱼翅　B. 蟹酿橙　C. 东坡脯　D. 鲤鱼

42. 谭家菜以燕窝和(　　)的烹制最为有名。

A. 鸭掌　B. 鱼翅　C. 虾仁　D. 莲花鸡签

43. 杭州的仿宋菜之一是(　　)。

A. 蟹酿橙　B. 怀抱鲤鱼　C. 两色腰子　D. 辋川小样

44. 现在人们所说的宫廷菜,一般是指(　　)的宫廷风味菜。

A. 明代　B. 唐代　C. 宋代　D. 清代

45. 湘菜的代表名菜之一是(　　)。

A. 水晶肴肉　B. 羊方藏鱼　C. 碧螺虾仁　D. 腊味合蒸

46. 徽菜的代表名菜之一是(　　)。

A. 符离集烧鸡　B. 吉首酸肉　C. 红椒腊牛肉　D. 淡糟香螺片

47. 闽菜的代表名菜之一是(　　)。

A. 毛血旺　B. 酸菜鱼　C. 佛跳墙　D. 红椒腊牛肉

48. 下列菜系中,(　　)以"汤多"为特色,因而有"一汤变十"之说。

A. 浙菜　B. 闽菜　C. 鲁菜　D. 徽菜

49. 下列菜系既是北方菜的基础又是御膳组成部分的是(　　)。

A. 川菜　B. 徽菜　C. 豫菜　D. 鲁菜

50. 川菜的代表菜之一是(　　)。

A. 爆双脆　B. 鱼香肉丝　C. 三套鸭　D. 龙虎斗

51. (　　)源于古代的巴国和蜀国,它是在巴蜀文化背景下形成的。

A. 湘菜　B. 川菜　C. 徽菜　D. 淮扬菜

52. 川菜调味多用三椒(辣椒、花椒、胡椒)和鲜姜、豆瓣酱等,不同的配比化出了(　　)、酸辣、椒麻、麻酱、鱼香、怪味等多种味型。

A. 咸鲜　B. 浓醇　C. 麻辣　D. 香鲜

53. 粤菜由广府、(　　)、潮汕三种风味组成,以广府风味为代表。

A. 港澳　B. 粤西　C. 雷州　D. 客家

54. 受西菜影响较大,吸收各地风味之长,以选料广博奇杂、菜肴新颖奇异而闻名全国的是(　　)菜系。

A. 粤菜　B. 京菜　C. 沪菜　D. 闽菜

55. 下列各道名菜不属于川菜(　　)。

A. 官保鸡丁　B. 鱼香肉丝　C. 夫妻肺片　D. 东安仔鸡

56. (　　)菜以烹制山珍野味著称,讲究火工,火大油重,制作的菜肴常常原锅上桌,原汁原味。

A. 徽　B. 泸　C. 京　D. 豫

57.《史记》中已经有浙人用鱼做羹的记载,(　　)都城临安的饮食业相当繁荣,浙菜就是此后逐渐发展起来的一个菜系。

A. 南宋　　B. 北宋　　C. 元朝　　D. 隋朝

58. 随园菜是因为(　　)袁枚的《随园食单》而得名的官府菜，其特色为讲究原料选择、加工精细卫生、讲究色香味形器，注重筵席的制作艺术，代表名菜有素燕鱼翅、鳆鱼炖鸭、白玉虾圆、雪梨鸡片。

A. 唐代　　B. 宋代　　C. 明代　　D. 清代

59. 鲁菜由齐鲁、胶辽、(　　)三种风味组成。

A. 德州　　B. 青岛　　C. 济南　　D. 孔府

60. (　　)是我国北方历史悠久、影响最大的一个菜系，在黄河流域、华北、东北、京津等地影响较大，有"北方代表菜"之称。

A. 秦菜　　B. 鲁菜　　C. 京菜　　D. 豫菜

三、多选题(五个选项中，至少有两个正确)

1. 陕西名点小吃有(　　)。

A. 石子馍　　B. 灌肠包　　C. 水晶柿子饼　　D. 烩面　　E. 臊子面

2. 山东名点小吃有(　　)。

A. 棋子烧饼　　B. 煎饼　　C. 高庄馒头　　D. 清油盘丝饼　　E. 臊子面

3. 素菜的特点有(　　)。

A. 原料全素，时鲜为主，清爽素净　　B. 选料极广，珍品繁多

C. 菜名寓意深远，古朴典雅　　D. 营养独特，健身疗疾

E. 模仿荤菜，形态逼真，口味相近或相似

4. 下列点心小吃不属于云南风味的是(　　)。

A. 过桥米线　　B. 烧饵块　　C. 肠旺面　　D. 肠粉　　E. 丝娃娃

5. 四川名点小吃有(　　)。

A. 钟水饺　　B. 龙抄手　　C. 热干面　　D. 赖汤圆　　E. 臊子面

6. 下列点心小吃不属于湖北风味的是(　　)。

A. 三鲜豆皮　　B. 竹筒饭　　C. 浏阳茴饼　　D. 肠粉　　E. 云梦炒鱼面

7. 下列点心小吃不属于安徽风味的是(　　)。

A. 徽州饼　　B. 大救驾　　C. 鼎边糊　　D. 蚵饼　　E. 油糖烧卖

8. 新疆名点小吃有(　　)。

A. 石子馍　　B. 馕　　C. 抓饭　　D. 蒿子面　　E. 烤羊肉串

9. 以下面食属于中国五大面食名品的有(　　)。

A. 刀削面　　B. 灌肠包　　C. 担担面　　D. 烩面　　E. 热干面

10. 台湾名点小吃有(　　)。

A. 马蹄糕　　B. 凤梨酥　　C. 蚵饼　　D. 太阳饼

E. 度小月担仔面

11. 红楼菜的代表菜有(　　)。

A. 扒大乌参　　B. 茄鲞　　C. 怡红祝寿　　D. 清汤燕窝　　E. 黄焖鱼翅

12. 徽菜的代表菜是(　　)。

A. 无为熏鸡　　B. 符离集烧鸡　　C. 火腿炖鞭笋

D. 酸菜鱼　　E. 沙茶焖鸭块

13. 开封的仿宋菜有(　　　)。

A. 莲花鸡签　B. 两色腰子　C. 东华鲊　D. 水晶脍　E. 蟹酿橙

14. 下列(　　)不属于中国四大菜系。

A. 鲁菜　B. 川菜　C. 浙菜　D. 淮扬菜　E. 湘菜

15. 下列不属于川菜代表菜的是(　　　)。

A. 三套鸭　B. 官保鸡丁　C. 鱼香肉丝　D. 水晶肴肉　E. 松鼠鳜鱼

16. 下列属于粤菜的是(　　　)。

A. 龙虎斗　B. 东江盐焗鸡　C. 灯影牛肉

D. 淡糟香螺片　E. 五彩炒蛇丝

17. 下列点心小吃不属于江苏风味的是(　　　)。

A. 过桥米线　B. 靖江蟹黄汤包　C. 三鲜豆皮

D. 黄桥烧饼　E. 酿皮子

18. 我国著名的素餐馆有(　　　)。

A. 上海功德林　B. 颐和园听鹂馆　C. 北京全素斋

D. 北京"都一处"　E. 天津真素园

19. 寺院菜大多就地取材,烹饪简单,品种不繁,但质量求精,(　　　)的素菜享有盛名。

A. 厦门南普陀寺　B. 杭州灵隐寺　C. 上海玉佛寺

D. 普陀慧济禅寺　E. 湖北武当山

20. 谭家菜在烹调中往往是(　　　),做出的菜肴口味适中,鲜美可口。

A. 糖盐各半　B. 以甜提鲜　C. 以咸提香

D. 善用红糟做配料　E. 高汤调制

21. 满汉全席选用(　　　)等名贵材料,采用满人烧烤与汉人炖、焖、煮、炸等技法,可谓汇满汉南北口味之精粹,丰富多彩,蔚为大观。

A. 山八珍　B. 果八珍　C. 海八珍　D. 禽八珍　E. 草八珍

22. 北京经营仿膳宫廷菜的著名饭店有(　　　)。

A. 北京饭店　B. 钓鱼台国宾馆　C. 来今雨轩饭庄

D. 颐和园听鹂馆　E. 北海公园仿膳饭庄

23. 下列属于北京风味小吃的是(　　　)。

A. 小窝头　B. 豆面糕　C. 豌豆黄　D. 艾窝窝　E. 肠粉

24. 下列属于官府菜的有(　　　)。

A. 孔府菜　B. 红楼菜　C. 满汉全席　D. 谭家菜　E. 百鱼宴

25. 清代宫廷菜主要是在(　　　)这几种各具特色的风味菜的基础发展而来的。

A. 山东风味　B. 满族风味　C. 粤闽风味　D. 苏杭风味　E. 川湘风味

26. 下列属于鲁菜代表菜的是(　　　)。

A. 宫保鸡丁　B. 怪味鸡　C. 糖醋鲤鱼　D. 炸蛎黄　E. 九转大肠

27. 下列属于川菜特征的是(　　　)。

A. 用料广博　B. 味道多样　C. 讲求香浓　D. 菜肴适应面广　E. 原汁原味

28. 中国十大菜系是在八大菜系基础上新增了(　　　)。

A. 闽菜　B. 沪菜　C. 湘菜　D. 浙菜　E. 京菜

29. 孔府菜的代表名菜有(　　　)。

A. 清汤燕窝　B. 八仙过海　C. 怀抱鲤鱼　D. 一品锅　E. 诗礼银杏

30. 菜系,也称“帮菜”,是指在(　　　)等技艺方面,经长期演变而自成体系,具有鲜明的地方风味特色,并为社会所公认的中国菜肴流派。

A. 选料　B. 饮食　C. 切配　D. 口味　E. 烹饪

参考答案

一、判断题

1—5 BBABA　6—10 BAABB　11—15 AAABB　16—20 BABAB　21—25 AABBB
26—30 BBABA　31—33 BBA

二、单选题

1—5 ABCAC　6—10 DDBCA　11—15 CADCA　16—20 BCBBD　21—25 ABDCD
26—30 BDACA　31—35 CBABA　36—40 BDDBA　41—45 ABADD
46—50 ACBDB　51—55 BCDAD　56—60 AADDB

三、多选题

1. ACE　2. BCD　3. ADE　4. CDE　5. ABD　6. BCD　7. CD　8. BCE　9. ACE
10. BDE　11. BC　12. ABC　13. BCD　14. CE　15. ADE　16. ABE　17. ACE
18. ACE　19. ABCE　20. ABC　21. ACDE　22. DE　23. ABCD　24. ABD　25. ABD
26. CDE　27. ABD　28. BE　29. BCDE　30. ACE

第八章　中国著名风物特产与大型节庆活动

一、判断题(正确的填 A,错误的填 B)

1. 鸡血石,因其含有鲜红色辰砂,色红如鸡血,故名。(　　)
2. “景泰蓝”工艺始于清代景泰年间,而且初创时多用宝石蓝、孔雀蓝等蓝色珐琅釉料,因此称为“景泰蓝”。(　　)
3. 北京雕漆以雕刻见长。在漆胎上涂几十层到几百层漆,厚 15～25 毫米,再用刀进行雕刻,故称“雕漆”。(　　)
4. 用漆涂在各种器物的表面所制成的日常器具及工艺品等,一般称为“漆器”。(　　)
5. 福建德化是我国白瓷的著名产地,在世界陶瓷史上,“中国白”一词也就成了德化白瓷的代名词。(　　)
6. 江苏宜兴被认为是中国的“瓷都”。(　　)
7. 瓷器的烧成温度必须在 1200℃以下,胎釉经高温烧结后,不易脱落。(　　)
8. 粤绣的一个独特现象就是绣工多为女工。(　　)
9. 云锦产于云南,因锦纹如云,故名。(　　)
10. 人参,为五加科植物人参的干燥根,因似人形而得名。(　　)
11. 中药指中医用以治病防病和保健养生的药物,在中国古籍中通称“本草”。(　　)

12. 葡萄酒原产于中国，汉代经“丝绸之路”传人西亚地区。（ ）
13. 葡萄酒是以新鲜葡萄或葡萄汁为原料，经酵母菌发酵酿制而成的酒的总称。（ ）
14. 果酒是用水果本身的糖分经酵母菌发酵而成的酒。（ ）
15. 啤酒是一种含有多种氨基酸、维生素、蛋白质和二氧化碳的饮料酒，素有“液体面包”的美称。（ ）
16. 黄酒酒精含量一般为36%～38%，因酒色黄亮或黄中带红而得名。（ ）
17. 董酒由于酒质芳香奇特，被人们誉为其他香型白酒中独树一帜的“药香型”。（ ）
18. 桂林三花酒属于清香型白酒的代表。（ ）
19. 山西汾酒可以说是我国历史上最早的名酒，素以醇香芬芳、清而不淡、浓而不艳的特色而著称。（ ）
20. 中国名酒是由国家有关部门组织的评酒机构间隔一定时期经过严格的评定程序确定的，它代表了我国酿酒行业酒类产品的精华。（ ）
21. 黄茶著名品种有“君山银针”等。“君山银针”产于湖南省岳阳市洞庭湖中的君山岛。（ ）
22. 黄茶加工过程中采用杀青、焖黄的方法，使鲜叶进行非酶性氧化。（ ）
23. 铁观音产于广东省安溪等县，也称为安溪铁观音。（ ）
24. 乌龙茶也称“青茶”，属半发酵茶，介于红茶与绿茶之间。（ ）
25. 红茶多以产地命名，以安徽祁红、云南滇红尤为出众。（ ）
26. 太湖碧螺春原名为“吓煞人香”，后经乾隆皇帝改名为“碧螺春”茶。（ ）
27. 茶叶按初加工可分为绿茶、红茶、青茶、黑茶、黄茶、紧压茶六大类毛茶。（ ）
28. 宋代茶圣陆羽的《茶经》是中国也是世界第一部茶叶科学专著。（ ）
29. 中国既是茶树的原产地，又是最早发现茶叶功效、栽培茶树和制成茶叶的国家。（ ）
30. 特产指一个地方特有的著名产品。（ ）
31. 白茶是我国的特产，分两大类，常见的白茶包括安吉白茶、太湖白茶、白毫银针、白牡丹、贡眉等。（ ）
32. 黑茶属于后发酵茶，品种丰富，可久藏不坏，耐煮泡，名品有云南普洱，“越陈越香”是区别于其他茶类的最大特点。（ ）
33. 古称“山阴甜酒”“越酒”的绍兴加饭酒，距今已有3000多年的酿造历史。（ ）
34. 上海留青竹刻产于上海嘉定，因其雕刻在毛竹内壁的簧面上而得名，又称“贴簧”“反簧”，始于明万历年间。（ ）
35. 天津泥人张彩塑始于清道光年间，创始人张明山，取材广泛，人物生动精致、神形兼具，其作品也有一些直接取材《水浒传》《红楼梦》《三国演义》等。（ ）
36. 凤翔泥偶产于陕西凤翔，始创于明代初年，制作方法简单，涂彩用色也不多，只有大红、大绿和黄色，以“挂虎”最有名气。（ ）
37. 北京面人是北京民间的一种传统塑造工艺品，其代表人物有“面人汤”“面人郎”“面人曹”，其中，“面人汤”擅捏戏剧人物。（ ）
38. 陕西合阳面花被称为“秦艺六绝”，又叫“花馍”，是广泛流传于民间的一种风俗礼馍。（ ）
39. 端砚、澄泥砚、洮河砚、歙砚被誉为中国的四大名砚。（ ）
40. 徽墨有高中低三种规格，高档墨中有特级松烟，其能分出浓淡层次，落纸如漆。（ ）

二、单选题

1. 湖南醴陵(　　)是醴陵日用瓷中具有独特艺术风格的传统产品。

A. 釉下彩瓷　B. 名贵色釉　C. 青花瓷　D. 粉彩瓷

2. (　　)与北京景泰蓝、江西景德镇瓷器并称中国传统工艺的“三宝”。

A. 扬州镶嵌漆器　B. 福州脱胎漆器　C. 北京雕漆　D. 金银花丝镶嵌

3. 今故宫所藏慈禧太后的(　　)为寿山石雕的代表作。

A. 祥龙献瑞　B. 古兽印纽　C. 神鸟朱雀　D. 寿山石玺

4. 青田石以(　　)尤为名贵。

A. 黄石　B. 冻石　C. 青石　D. 彩石

5. 湖笔产于浙江省湖州市(　　),古属湖州府,故称湖笔。

A. 南浔　B. 新市　C. 善琏　D. 练市

6. 宣纸产于安徽(　　),因历史上属宣州府,故名。

A. 芜湖　B. 安庆　C. 宣城　D. 泾县

7. 端砚产于广东省(　　),因隋在此地设端州府,所以称端砚。

A. 佛山　B. 中山　C. 肇庆　D. 惠州

8. 湖笔具有(　　)四大特点。

A. 尖、齐、圆、健　B. 轻、齐、圆、健

C. 尖、齐、软、健　D. 精、齐、圆、健

9. (　　)被称为文房四宝之首。

A. 宣笔、徽墨、宣纸、端砚　B. 湖笔、徽墨、宣纸、洮砚

C. 湖笔、贡墨、宣纸、端砚　D. 湖笔、徽墨、宣纸、端砚

10. (　　)被誉为其他型白酒中独树一帜的“药香型”或“董香型”典型代表。

A. 董酒　B. 五粮液　C. 贵阳大曲　D. 泸州老窖特曲

11. (　　)始创于 1997 年,每年 10 月在宁波举行,被国际节庆组织评为“中国最具国际影响力的十大节庆”之一。

A. 宁波国际海洋节　B. 宁波国际服装节

C. 宁波梁祝婚俗节　D. 中国开渔节

12. (　　)浙江省杭州市举办了具有国际影响的西湖博览会。2000 年,杭州恢复了西湖博览会,之后每年举办一届。

A. 1929 年　B. 1928 年　C. 1898 年　D. 1927 年

13. 中国豆腐文化节始创 于 1990 年,每年于淮南王刘安诞辰日(　　)在海峡两岸(淮南、台北)同时举办。

A. 农历九月初八　B. 公历 9 月 28 日　C. 农历九月十五　D. 公历 9 月 15 日

14. 宜昌三峡国际旅游节的吉祥物是(　　)。

A. 金丝猴　B. 白唇鹿　C. 大熊猫　D. 中华鲟

15. 岳阳国际龙舟节始创于 1991 年,每年(　　)在湖南岳阳举行。

A. 农历六月初五　B. 公历 6 月 28 日

C. 农历五月初五　D. 公历 5 月 5 日

16. (　　)制作历史悠久,属中国三大风筝派系之一,与京、津风筝齐名鼎立。

A. 贵州白云风筝　　B. 江苏南通风筝
C. 江苏乐余风筝　　D. 山东潍坊风筝

17. 曲阜国际孔子文化节始创于1989年，每年孔子诞辰(　　)在山东曲阜举行。
A. 农历九月二十八　B. 公历9月28日　C. 公历9月10日　D. 公历8月28日

18. 呼和浩特昭君文化节源于民间的昭君庙会，始创于1999年，每年(　　)在内蒙古呼和浩特举行。
A. 四五月份　B. 五六月份　C. 七八月份　D. 八九月份

19. (　　)只有开幕式(每年1月5日)，没有闭幕式，节庆活动一直持续到2月底冰雪活动结束为止，是世界上活动时间最长的冰雪节。
A. 吉林雾凇冰雪节　　B. 哈尔滨国际冰雪节
C. 长春瓦萨冰雪节　　D. 阿尔山国际冰雪节

20. 与日本"札幌雪节"、加拿大"魁北克冬季狂欢节"、渥太华"冬乐节"、挪威"奥斯陆雪节"齐名的冬令盛典之一是(　　)。
A. 吉林雾凇冰雪节　　B. 哈尔滨国际冰雪节
C. 长春瓦萨冰雪节　　D. 阿尔山国际冰雪节

21. 上海旅游节始创于1990年，每年9月(　　)开始。
A. 第一个周六　B. 第二个周六　C. 第三个周六　D. 第四个周六

22. (　　)被国际节庆组织评为"中国最具发展潜力的十大节庆"之一。
A. 上海旅游节　　B. 郑州国际少林武术节
C. 洛阳牡丹花会　　D. 北京大兴西瓜节

23. (　　)是以"宗教"为主题的大型节庆活动。
A. 呼和浩特昭君文化节　　B. 天水伏羲文化旅游节
C. 宁波梁祝婚俗节　　D. 福建湄洲妈祖文化旅游节

24. (　　)有"纸寿千年"之说法。
A. 夹江纸　B. 铜版纸　C. 宣纸　D. 梅红纸

25. 天津杨柳青年画与南方著名的(　　)年画并称"南桃北柳"。
A. 苏州桃花坞　B. 无锡桃花坞　C. 常德桃花源　D. 安徽桃花源

26. 无锡惠山泥人在清代就负有盛名。泥娃娃(　　)是惠山泥人中最具特色的代表作。
A. 小财童　B. 大阿福　C. 刘海戏蟾　D. 金寿星

27. 寿山石晶莹温润，色泽艳丽，其中尤以(　　)最为名贵。
A. 花田石　B. 桃花冻　C. 田黄石　D. 红田石

28. (　　)与东阳木雕、黄杨木雕并称为"浙江三雕"。
A. 青田石雕　B. 寿山石雕　C. 鸡血石雕　D. 安吉竹雕

29. 和田玉又称昆山玉，简称昆玉，其中以称为(　　)的白玉最佳。
A. 新山玉　B. 独山玉　C. 白脂玉　D. 羊脂玉

30. 中国玉雕原料玉石最著名的产地主要有(　　)，有"东有岫岩，西有和田"之美誉。
A. 甘肃和田、辽宁岫岩　　B. 新疆和田、辽宁岫岩
C. 新疆和田、山东岫岩　　D. 新疆和田、福建岫岩

31. (　　)是粤绣的代表作。

A.《猫》 B.《蜀宫乐女演乐图》

C.《百鸟朝凤》 D.《水草鲤鱼》

32. 扬州镶嵌漆器历史悠久,其产品以(　　)最具特色。

A. 镶嵌螺钿 B. 脱胎漆塑 C. 雕漆 D. 金银花丝镶嵌

33. 陶器是用黏土成型,经(　　)的炉温焙烧而成的无釉或上釉的日用品和陈设品。

A. 400℃～500℃ B. 500℃～600℃

C. 300℃～400℃ D. 700℃～800℃

34. 苏绣现代作品的代表作是(　　)。

A.《猫》 B.《虎》 C.《百鸟朝凤》 D.《芙蓉鲤》

35. 最能体现苏绣艺术特征的是(　　)。

A. 双面绣 B. 单面绣 C. 钉金绣 D. 金银绣

36. 被誉为我国"四大名绣"的是(　　)。

A. 湘绣、粤绣、顾绣、蜀绣 B. 苏绣、湘绣、粤绣、顾绣

C. 苏绣、湘绣、粤绣、蜀绣 D. 苏绣、湘绣、顾绣、蜀绣

37. (　　)并誉为当代三大名锦。

A. 壮锦、杭锦、宋锦 B. 壮锦、蜀锦、傣锦

C. 壮锦、侗锦、傣锦 D. 云锦、蜀锦、宋锦

38. 三七为五加科植物参三七的干燥根,因每株长叶七枚,顶端开黄花三枚而得名。三七主要产于(　　)两省区。

A. 云南、广西 B. 贵州、广西 C. 云南、宁夏 D. 云南、西藏

39. 人参是驰名中外的名贵药材,主要产于我国(　　)。

A. 山东 B. 山西 C. 云贵高原 D. 东北三省

40. (　　)与国画、京剧并称为中国的三大国粹。

A. 书法 B. 古琴 C. 中医中药 D. 昆曲

41. 青岛啤酒,系山东青岛啤酒厂出品,酒度______,麦芽浓度______。(　　)

A. 3.5%,12° B. 4.9%,14° C. 3.5%,14° D. 4.9%,12°

42. 张裕公司酿制的(　　)被评为国家名酒。

A. 桃红葡萄酒、金奖白兰地 B. 红葡萄酒、金奖白兰地

C. 干红葡萄酒、琼瑶浆 D. 桃红葡萄酒、雷司令白葡萄酒

43. 中国最著名的啤酒是(　　)。

A. 青岛啤酒 B. 燕京啤酒 C. 哈尔滨啤酒 D. 雪花啤酒

44. 啤酒按其色泽,可分为黄啤酒和(　　)。

A. 浓色啤酒 B. 黑啤酒 C. 浅色啤酒 D. 绿色啤酒

45. 我国最为著名黄酒的有绍兴加饭酒、(　　)。

A. 丰登封缸酒 B. 金坛封缸酒 C. 丹阳封缸酒 D. 福建龙岩沉缸酒

46. 一酒多香,主体香型未定的白酒,暂时统统划为其他香型白酒,以贵州遵义董酒、(　　)为代表。

A. 贵阳大曲 B. 五粮液 C. 陕西西凤酒 D. 桂林三花酒

47. (　　)属于米香型白酒的代表。

A. 习水大曲　B. 五粮液　C. 西凤酒　D. 桂林三花酒

48. 清香型酒的主要特征是:清香、醇甜、柔和,甘润爽口,(　　)是清香型酒的代表。

A. 山西杏花村汾酒　B. 五粮液　C. 西凤酒　D. 洋河大曲

49. (　　)是酱香型酒的典型代表,具有饮后空杯留香的特点。

A. 泸州老窖特曲　B. 五粮液　C. 贵州茅台酒　D. 洋河大曲

50. 白酒也称"烧酒",是中国特有的一种(　　)。

A. 酿造酒　B. 蒸馏酒　C. 勾兑酒　D. 发酵酿制酒

51. 君山银针的特点是芽头茁壮紧实,挺直不曲,长短大小匀齐,茸毛密盖,芽身金黄,称为(　　)。

A. 金镶玉　B. 金镶银　C. 银镶玉　D. 玉镶金

52. 武夷岩茶是产于闽北武夷山市武夷山岩上乌龙茶类的总称,其中以(　　)最为名贯。

A. 肉桂　B. 吕仙茶　C. 洞宾茶　D. 大红袍

53. 滇红是云南红茶的统称,分为滇红工夫茶和(　　)两种。

A. 滇红碎茶　B. 英德红茶　C. 政和工夫茶　D. 大吉岭红茶

54. (　　)主要产于安徽省,条索紧细秀长,色泽乌润,毫色金黄,汤色红艳透明,叶底鲜红明亮,入口醇和,回味隽厚。

A. 阿萨姆红茶　B. 英德红茶　C. 祁门红茶　D. 大吉岭红茶

55. 红茶多以产地命名,以安徽祁红、(　　)尤为出众。

A. 四川川红　B. 安徽霍红　C. 江苏苏红　D. 云南滇红

56. 碧螺春产于(　　)。

A. 湖南洞庭湖山区　B. 安徽洞庭山区

C. 江苏太湖山区　D. 浙江洞庭山区

57. 茶叶自古以来就是我国的三大特产之一,与(　　)并称世界三大饮料。

A. 咖啡、可乐　B. 咖啡、可可

C. 豆浆、可可　D. 咖啡、红葡萄酒

三、多选题(五个选项中,至少有两个正确)

1. (　　　)被列入国际节庆组织评选的"中国最具发展潜力十大节庆"。

A. 海南国际椰子节　B. 广州国际美食节

C. 湄洲妈祖文化旅游节　D. 北京大兴西瓜节

E. 成都国际美食旅游节

2. 海南国际椰子节始创于1992年,每年3月底或4月上旬在海南省(　　　)等地举行。

A. 雷州　B. 海口　C. 三亚　D. 通什　E. 文昌

3. (　　　)被列入国际节庆组织评选的"中国最具国际影响力的十大节庆"。

A. 海南国际椰子节　B. 曲阜国际孔子文化节　C. 大连国际服装节

D. 北京国际旅游文化节　E. 南宁国际民歌艺术节

4. 在我国青岛举办的大型节庆活动有(　　　)。

A. 啤酒节　B. 龙虾节　C. 海洋节　D. 风筝节　E. 服装节

5. 以"商品和物产特产"为主题的大型节庆有(　　　)。

A. 海南国际椰子节　B. 岳阳国际龙舟节　C. 大连国际服装节

D. 潍坊国际风筝节　　E. 新疆葡萄节

6.(　　)是我国著名的民间木刻年画产地。

A. 天津杨柳青　　B. 山东潍坊杨家埠　　C. 四川绵竹
D. 广东佛山　　E. 苏州桃花坞

7. 文房四宝产于安徽的有(　　)。

A. 宣纸　　B. 徽墨　　C. 洮砚　　D. 湖笔　　E. 端砚

8. 湖笔根据选用的原料不同,分(　　)等大类。

A. 羊毫　　B. 狼毫　　C. 鸡毫　　D. 紫毫　　E. 兼毫

9. 中国著名的泥塑有(　　)等。

A. 潮州彩塑　　B. 天津“泥人张”　　C. 无锡惠山泥人
D. 北京泥人“兔儿爷”　　E. 凤翔泥偶

10. 中国石雕的产地较多,各地石雕异彩纷呈,其中以(　　)最为著名。

A. 泉州石雕　　B. 青田石雕　　C. 南宁石雕
D. 寿山石雕　　E. 昌化鸡血石雕

11. 制作精美的“景泰蓝”,要通过设计、(　　)、磨光、镀金等步骤。

A. 制胎　　B. 掐丝　　C. 点蓝　　D. 烧蓝　　E. 剔红

12. 山东淄博陶瓷生产历史悠久。现以生产传统的名贵色釉(　　)等美术陶瓷著称。

A. 青花釉　　B. 黑釉　　C. 雨点釉　　D. 茶叶末釉　　E. 粉彩釉

13.(　　)为景德镇传统名瓷。

A. 青花　　B. 黑瓷　　C. 玲珑　　D. 粉彩　　E. 色釉

14. 江西景德镇瓷器以“(　　)”的独特风格蜚声海内外。

A. 青如天　　B. 白如玉　　C. 明如镜　　D. 薄如纸　　E. 声如磬

15. 除江西景德镇和湖南醴陵之外,现代中国瓷器的主要产地还有(　　)等地。

A. 江苏宜兴　　B. 福建德化　　C. 浙江龙泉　　D. 山东淄博　　E. 河北唐山

16. 宋代瓷器出现了百花争艳的局面,影响最大的名窑除了官窑之外,还有(　　)。

A. 汝窑　　B. 越窑　　C. 钧窑　　D. 哥窑　　E. 定窑

17. 唐代为我国瓷器史的发展期,代表性名瓷名窑有(　　)。

A. 汝窑——青瓷　　B. 景德镇——青花瓷　　C. 钧窑——花瓷
D. 邢窑——白瓷　　E. 越窑——青瓷

18. 湘绣以(　　)为代表作。

A. 猫　　B. 龙　　C. 狮　　D. 熊猫　　E. 虎

19. 下列项目中入选 2009 年《世界非物质文化遗产名录》的是(　　)。

A. 中国蚕桑丝织技艺　　B. 嘉定竹刻　　C. 龙泉青瓷
D. 四川绵竹年画　　E. 南京云锦

20. 我国著名中成药有(　　)等。

A. 山西定坤丹　　B. 清开灵　　C. 大活络丹　　D. 云南白药　　E. 六神丸

21. 中成药是根据各种验方、秘方确定的方剂配伍,经精加工可直接使用的成品药,分口服液、药酒、丸、(　　)等。

A. 末　　B. 散　　C. 膏　　D. 片　　E. 丹

22. 冬虫夏草又名虫草，产于青海、(　　　)等省，青海省为主要产区。
A. 贵州　B. 四川　C. 广西　D. 西藏　E. 云南

23. 三七，又名(　　　)，俗称“金不换”，有“三七补药第一”之誉。
A. 田七　B. 百草王　C. 田三七　D. 本草　E. 参三七

24. 啤酒按其加工时是否经过均衡程序及杀菌，可分为(　　　)。
A. 黄啤酒　B. 生啤酒　C. 黑啤酒　D. 熟啤酒　E. 低浓度啤酒

25. 浓香型酒具有窖香浓郁、绵甜甘冽、香味协调等特点，(　　　)属此类酒的代表。
A. 山西汾酒　B. 五粮液　C. 西凤酒
D. 泸州老窖特曲　E. 贵阳大曲

26. 白酒中的名酒是按香型评定的，分为(　　　)。
A. 酱香型　B. 浓香型　C. 米香型　D. 清香型　E. 药香型

27. 乌龙茶的产地主要集中在福建、广东、台湾一带，名品有(　　　)等。
A. 武夷岩茶　B. 铁观音
C. 广东凤凰单枞　D. 台湾乌龙茶　E. 顾渚紫笋

28. 绿茶是最古老的茶叶品种，其中以(　　　)最为著名。
A. 岳阳君山银针　B. 安徽祁红　C. 西湖龙井
D. 太湖碧螺春　E. 黄山毛峰

29. 根据商业习惯，茶叶可分为绿茶、红茶(　　　)和花茶。
A. 乌龙茶　B. 黄茶　C. 白茶　D. 紧压茶　E. 黑茶

参考答案

一、判断题

1—5 ABAAA　6—10 BBBBA　11—15 ABAAA　16—20 BABBA　21—25 AABAA
26—30 BBBAA　31—35 AABBA　36—40 AAAAB

二、单选题

1—5 ABDBC　6—10 DCADA　11—15 BADDC　16—20 DBCBB　21—25 CDDCA
26—30 BCADB　31—35 BADAA　36—40 CDADC　41—45 ABABD　46—50 CDACB
51—55 ADACD　56—57 CB

三、多选题

1. DE　2. BCDE　3. BDE　4. AC　5. ACDE　6. ABCE　7. AB　8. ABDE　9. ABCDE
10. BDE　11. ABCD　12. CD　13. ACDE　14. BCDE　15. BCDE　16. ACDE　17. DE
18. CE　19. ACE　20. ACDE　21. BCDE　22. BDE　23. ACE　24. BD　25. BDE
26. ABCD　27. ABCD　28. CDE　29. ABCDE

参考文献

[1]浙江省旅游局.浙江导游文化基础知识[M].2版.北京:中国旅游出版社,2014.

[2]浙江省旅游局.导游文化基础知识[M].4版.北京:中国旅游出版社,2014.

[3]浙江省旅游局.导游业务[M].4版.北京:中国旅游出版社,2014.

[4]浙江省旅游局.旅游政策与法规[M].北京:中国旅游出版社,2014.

[5]徐云松,汪亚明,张建融,等.浙江全国导游人员资格考试模拟试题集[M].北京:中国旅游出版社,2010.

[6]孙志惠.浙江导游考试一本通[M].北京:旅游教育出版社,2012.